U0684458

建德民国史料六种

徐重光 辑录

建德文史

政协建德市委员会 主编

建德文史资料第二十五辑

九州出版社
JIUZHOUPRESS

图书在版编目（CIP）数据

建德民国史料六种 / 徐重光辑录. -- 北京 : 九州出版社，2024.1

ISBN 978-7-5225-2550-1

Ⅰ.①建… Ⅱ.①徐… Ⅲ.①建德-地方史-史料-民国 Ⅳ.①K295.54

中国国家版本馆 CIP 数据核字（2024）第 016067 号

建德民国史料六种

作　　者	徐重光　辑录
责任编辑	刘　嘉
出版发行	九州出版社
地　　址	北京市西城区阜外大街甲 35 号（100037）
发行电话	（010）68992190/3/5/6
网　　址	www.jiuzhoupress.com
印　　刷	四川科德彩色数码科技有限公司
开　　本	710 毫米 × 1000 毫米　16 开
印　　张	36.75
字　　数	600 千字
版　　次	2024 年 1 月第 1 版
印　　次	2024 年 1 月第 1 次印刷
书　　号	ISBN 978-7-5225-2550-1
定　　价	108.00 元

《建德民国史料六种》编纂委员会

序

□俞　伟

人类社会自文字产生并日渐成熟之后，文字记载就成为记录历史的主要方式。人们对史料和文献遗存的收集和研究，无论是官方的还是民间的，无论是系统的还是零散的，已然成为社会文明与进步不可或缺的基石。一些新的史料和文献的发现，往往可以改变或不断校正人们对以往历史的认识。史料和文献的作用愈发凸显，愈发被社会所重视。

我国向称文献之邦，历代所积史料浩如烟海。而民国史料，又数倍于前代。原因是民国虽然短暂，却是一个非常重要的转折时期，短短三十八年间，发生了帝制摧毁、军阀混战、外敌侵略、共和国建立等重多事件。数量众多的民国史料，理应得到整理利用，收集、整理、出版民国史料亦是一件非常有意义的事。建德从自然风光来说，并不一定优于周边县市，然游人如织，主要还是因为这里深厚的人文积淀。文化的吸引力、向心力、凝聚力就显示在这些具体而细微的地方。当然，建德虽然有千年文化积淀，严州文化有其独特之处，但是留存下来的文物、典籍、建筑等，跟周边相比优势不是很突出，这也是不得不承认的事实。在近代化进程中，建德跟随时代发展的步伐，也有不容忽视的力量。致力整理、发掘民国史料，这对建德来说，尤其显得紧迫，是增加本市文化积淀的重要的、不可或缺的工作，是增强建德人的自信心、向心力、凝聚力的重要手段，也是增强建德影响力、吸引力，提高建德知名度的重要组成部分，符合市委、市政府建设文化强市的战略需要。

市政协换届伊始，一些热衷于文史工作的乡贤和老同志向我们建议开展民国史料编纂工作，对此我们高度重视，将其列为政协文史工作五年规划。去年，我们完成了《民国〈建德县志〉（点校本）》的编纂。今年，我们继续开展这方面的搜集、整理、编纂工作，《建德民国史料六种》就是这一成果的体现。

《建德民国史料六种》一书主要辑录了《建德县政考察总报告》《浙江经济调查·建德县》《浙江经济调查·寿昌县》《建德田赋之研究》《赴建德县调查日记》《改订建德乡土地理》等内容，所收史料涉及官方调查报告、统计清册、个人日记、乡土教材，主要目的是为文史研究者和爱好者提供民国时期建德经济社会的原始资料。这些史料的辑录者徐重光先生系建德人，杭州第九中学退休历史教师。他对民国建德史非常感兴趣，退休后二十余年间跑遍了全国多家档案馆和图书馆，收集史志资料，编纂书籍，著有《前辈的身影——杭州九中（树范）1932—1962 年实录》《晚清·民国报纸说建德》等书籍。此次辑录的这些稀见史料，均是徐老从各大档案馆和图书馆查找出来，复印后提供给我们的，尔后由文教卫体委同志逐字录入整理，这项工作前后也进行了将近两年时间。

习近平总书记说："文化是一个国家、一个民族的灵魂。文化兴国运兴，文化强民族强。"一个国家是这样，一个县市亦如是。作为人民政协一项基础性工作，政协文史工作理应在文化传承上发挥自身独特作用，希望继续立足本地的人文历史，更好地发挥文史资料存史、资政、团结、育人作用，为在高质量发展中奋力谱写"幸福宜居之城，文旅共富样本"而贡献智慧和力量。

是为序。

2023 年 12 月 1 日

（序作者系建德市第十五届政协党组书记、主席）

三江口

赴建德縣調查日記

胡冠臣

一月六日 星期日 晴

今日為出發調查之第一日，晨五時半起身，整理行裝，與蔡文國、尤保耕、潘萬程、徐振亞、謝俊、李盛唐、黎定難諸兄等八人驅車往西華門，乘京杭長途汽車赴浙。時尚晨光稀微，街燈照空，馬路上行人絶少，各商店門仍關閉，惟見清道夫三三兩兩打掃街道而已。一列人力車八輛，在寂靜之馬路上奔馳而過，滅却沉寂不少。抵車站，見乘客先吾輩而至者已大有人在。車於七時半開行，出西華門，過中山陵，得見吾校之新校舍四五幢，大致業已建築竣工，較租住之

74759

三日 星期日

今日為舊歷除夕，上午獨步街頭，見行人往來如織競相料理年事，商店彩友應接顧客，情境較平時忙碌百倍。雖當今農村經濟枯竭，而過年熱狂據仍不減往昔，可見民間對於舊歷年節之重視。下午洪君過我，談及建邑除夕風俗，如換桃符、貼春聯、燃歲燭等等，與我故鄉情形相類似，而骨肉團坐守以待旦之風，則為此間所特有。晚洪君邀吃年夜飯，堅辞不俗席間談笑甚歡，然返寓後隻身獨坐，當此良宵未免悽然，終夜四周爆竹不絶，尤覺令人難於入寐

胡冠臣《赴建德县调查日记》手抄本

建德市男女校教职员工学生合影

建德田賦之研究

胡冠臣

9835

第二章　地籍之整理

第一節　民三民十七之驗契

民國三年，北京財政部通令全國驗契，浙省奉令後，即遵飭各縣舉辦，建德亦曾奉行，惟成效如何，以舊時檔卷遺失，無可稽考。

民國十七年五月，國民政府財政部，為整理賦稅，保障產權計，復擬訂驗契條例，令飭各省財政廳轉飭各縣舉辦驗契，浙財政廳以浙省自民三辦理驗契以來，歷年仍循照辦理，並未間斷，但部例規定『在本條例施行以前成立之舊契，無論已稅契未稅契，均應一律呈驗』又『呈驗前項舊契，無論典賣，均應一律註冊，給予新契紙……

9879

中華民國66年12月初版

中國地政研究所叢刊　蕭錚 主編
民國二十年代中國大陸土地問題資料
衢縣田賦研究　蔡文園著
建德田賦之研究　胡冠臣著

出版者：成文出版社有限公司 (美國)中文資料中心 合作
發行者：成文出版社有限公司 (美國)中文資料中心 合作
發行人：黃成助
地址：臺北市羅斯福路三段二四〇巷五號
電話：三四一〇一三二，三九三一六四一～二
郵撥帳號：臺北市一四四四七號(全省通用)
印刷者：東南印製廠有限公司
登記證：行政院新聞局局版臺業字第一一四三號

胡冠臣《建德田赋之研究》书影

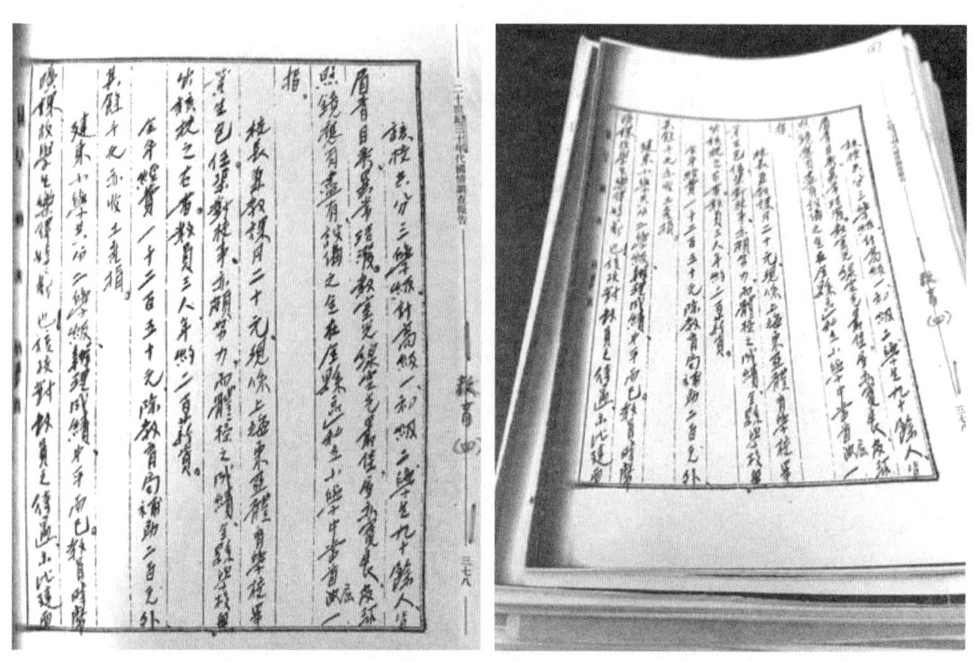

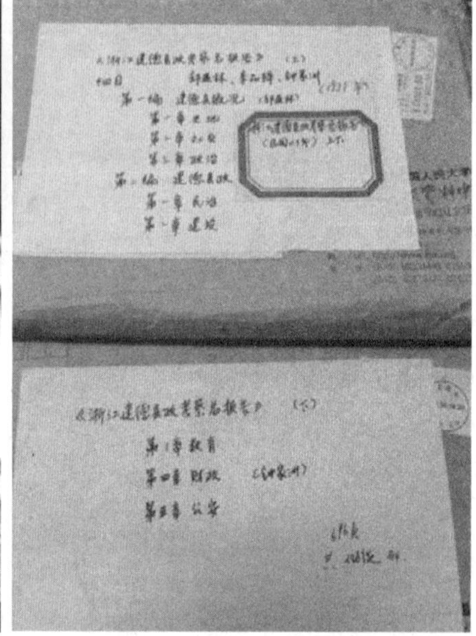

《建德县政考察总报告》手稿、复印件

古朱池

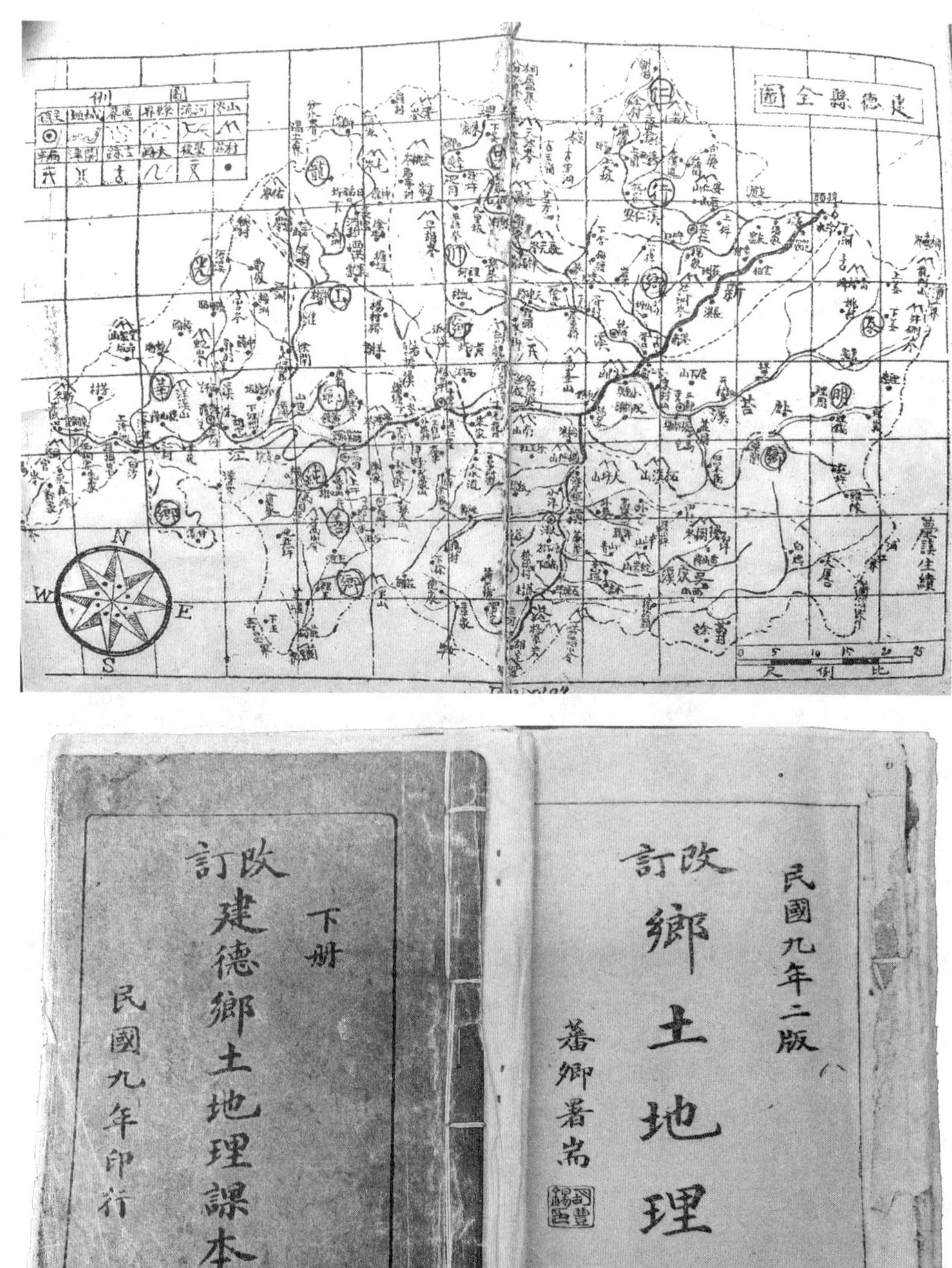

民国九年（1920）《改订建德乡土地理》书影和插图

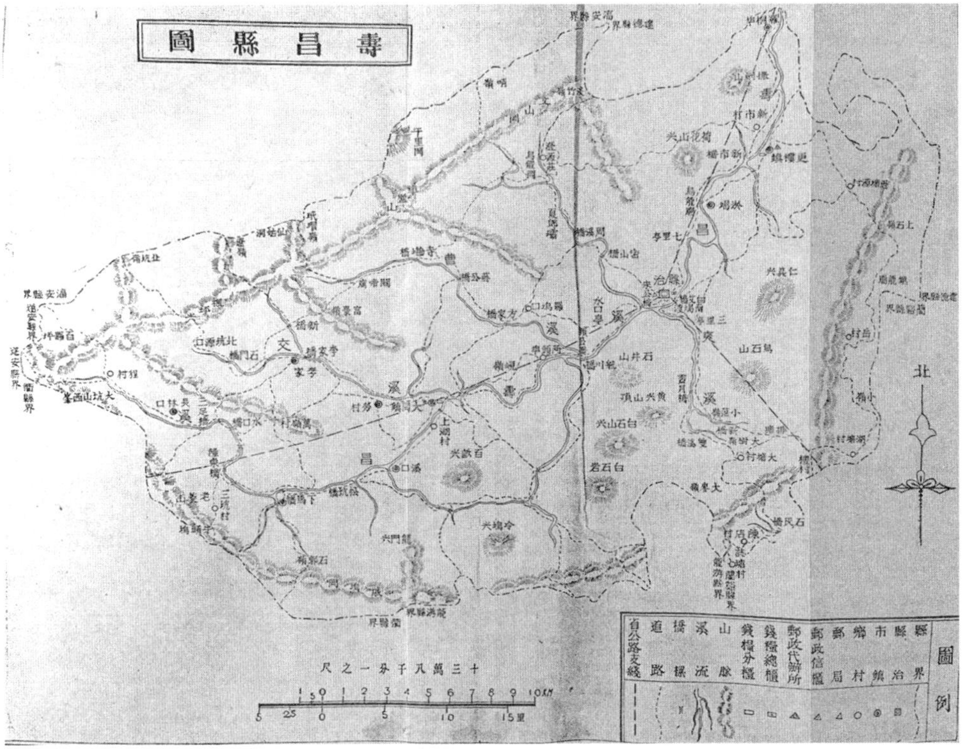

《浙江经济调查·寿昌县》中寿昌县地图

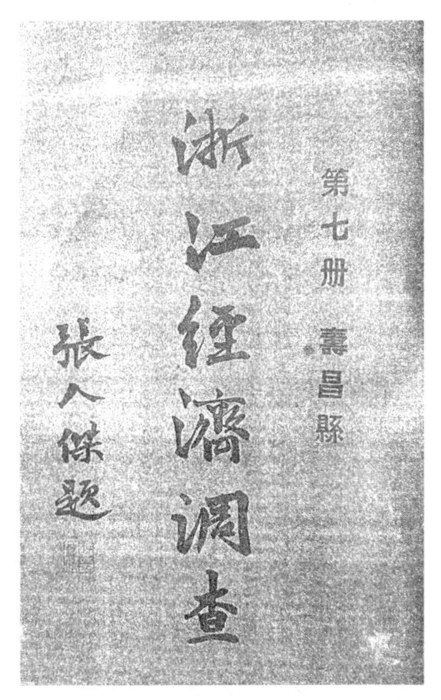

民国二十年（1931）

《浙江经济调查·寿昌县》封面

全縣土地地畝總數表

全縣熟地荒地比較表

項　　別	熟　　地	荒　　地
地　畝　數	524,600畝	2,195,930
百　分　比	19.20	80.80

全縣土地地價表

項　　別	旱　　地	田　　地	山　　地
平均價格	30.0	70.0	15.0
高價格	40.0	100.0	40.0
低價格	15.0	40.0	10.0

（1）

民国二十年（1931）《浙江经济调查·建德县》封面和内页

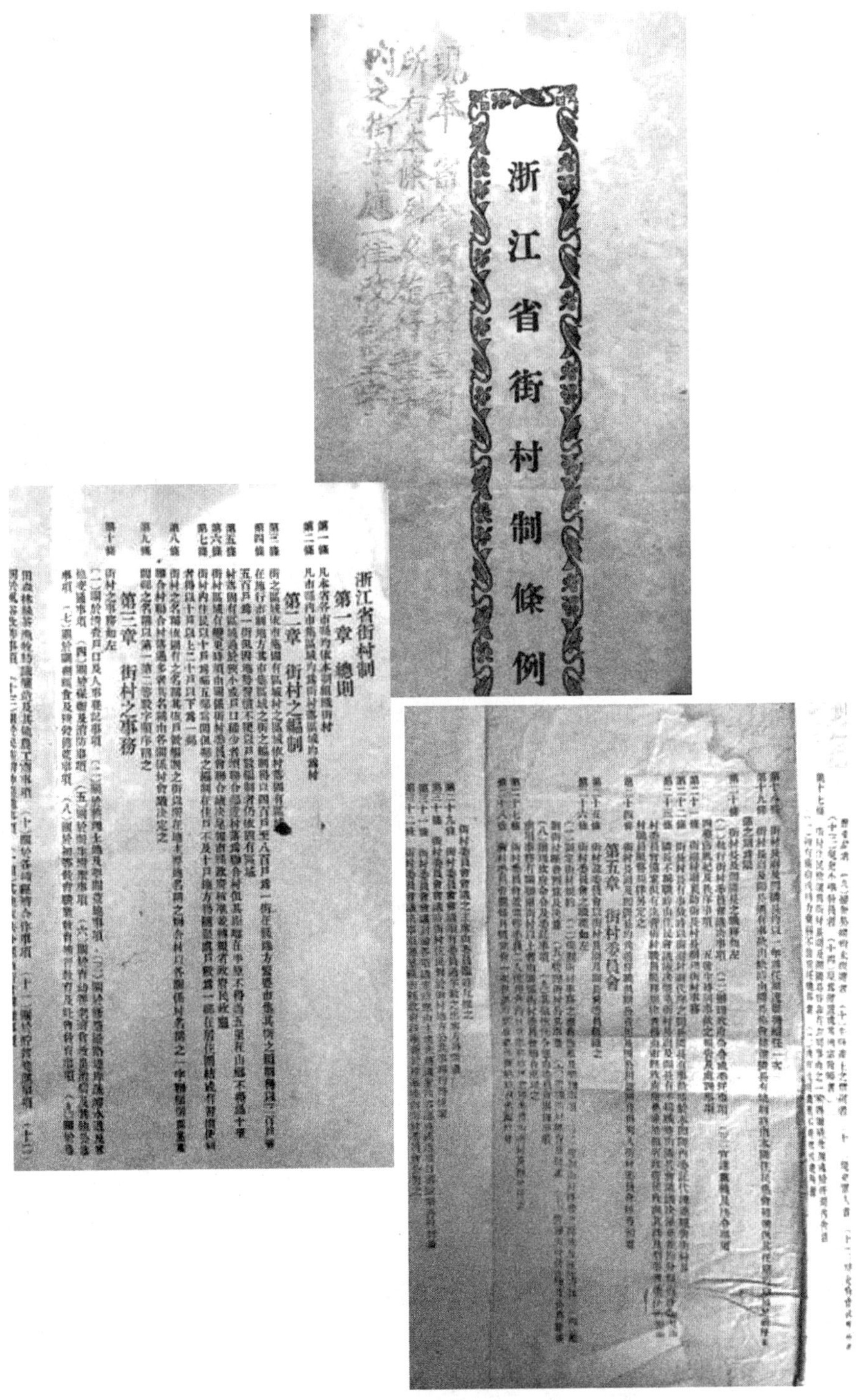
浙江省街村制條例

浙江省街村制

第一章 總則

第二章 街村之區制

第三章 街村之事務

第五章 街村委員會

民国十七年（1928）《浙江省街村制条例》

目　录

建德县政考察总报告

前　言*

一九二七年，南京国民政府建立以后，从军事上政治上大力整合，实施政治体制与财政经济改革，基本上实现了国家的统一。二十世纪三十年代，中国继续向现代社会转型，一方面是具有较多现代性特色的城市不断出现；另一方面在中国广大农村，仍然较多地维持着传统的社会关系和社会生活习俗。这一时期，中国的社会结构、社会功能及社会运行方式等，基本上已初具现代社会的雏形。同时，中国经济也经历了一个曲折的、缓慢的发展过程，国民政府进一步调整经济政策，推行币制改革和国民经济建设运动，至一九三六年达到了民国时期最高的经济水平，从而为随后爆发的全国抗日战争奠定了一定的物质基础。国民党积极推行党化教育，以“训政”为名，强化一党专政。

一九二七年五月，蒋介石把由黄埔军校扩充改组成的中央军事政治学校分离为中央陆军军官学校和中国国民党中央党务学校，中央党务学校直接隶属于国民党中央执行委员会。一九二九年六月二十七日，国民党第三届中执会第十九次常务会议决议，中央党务学校名称改为中国国民党中央政治学校，培养国民党党政干部。蒋介石任校长，丁惟汾任教育长，余井塘任教务处主任。初设政治、财政、地方自治、社会经济四系。后来又增设教育、外交等系。中央政治学校从一九二七年五月建校之日起，直至一九四七年，一直由蒋介石担任校长。虽因抗战几经迁徙，其规模却在不断扩大，到一九四七年已形成了“三院十系一研究部”的规模，名称也从一九四七年起改为国立中央政治大学，隶属于教育部，校长为顾毓琇。

---

* 此前言系《二十世纪三十年代国情调查报告》总序，为方便读者理解建德县政考察报告等，此处予以辑录。——编者注

中央政治学校的院系分大学部和附设学院，附设学院有地政、计政两院，另外还附设有蒙藏学校及华侨班。一九三〇年九月中央政治学校大学部本科第一期学生二百五十三人修学期满，依所学专业不同，分配江苏、浙江两省及南京、上海、杭州、汉口、青岛、济南各市实习，以资历练，实习期为四个月。以后各届毕业生的实习均沿用上述规定，实习地区还外延到安徽、福建、河南、江西等省。学生实习期满返校时须呈交调查报告，由各系主任、教授及专门老师负责审阅、批改、评分后，学生始得毕业，分配至各省市工作。学生的实习调查报告则装订成册，收存于中央政治学校图书室，并加盖印章。至抗战爆发前，中央政治学校几届毕业生完成的调查报告，已装订成几百册，蔚为大观。这批调查报告，历经风雨，一直保存完好，除地政学院学生的调查报告被带往台湾外，其余现均收藏于南京图书馆，作为历史文献珍本得到很好的保护。

《二十世纪三十年代国情调查报告》即根据收藏于南京图书馆的中央政治学校实习调查报告汇集影印而成，共收录实习调查报告四百六十余册，十七万余页，约一千万字。大部分为毛笔工楷手写本，字迹娟秀工整，一九三一年至一九三七年，实习地域为江苏、浙江、上海、湖北、山东、安徽、福建、河南、江西等地，实习部门为国民政府主计处、外交部、实业部、铁道部，各相关省、市、县政府、民政厅、财政厅、教育厅、土地局、公安局、工务局、建设局及地方法院等，实习内容涉及政党政治、实业、外交、普通行政、财务行政、工商行政、工务行政、土地行政、交通运输、统计、资源、金融、赋税、司法、公安、保甲、教育、卫生、公用事业、合作事业、救济慈善、禁烟等。学生将实习当地及具体部门实际情形及其重要文书及调查所得，收存于实习报告之中，全面反映了当时中国各地政治、经济、财政、社会状况及各级政府实际的行政能力。

中央政治学校是专门培养国民党党政干部及“新政治人才”的大学，具备良好的社会实践风气及学以致用的学风，学校对毕业生的实习极为重视，实习者对调查过程及撰写调查报告极为认真，这是《二十世纪三十年代国情调查报告》具有极高史料价值的重要原因。例如分派到外交部实习的外交系学生，全部由外交系主任徐叔谟亲拟实习纲要，确定的实习调查方向各有偏重，或侧重于外交部行政，或侧重于中国外交机构沿革，或侧重于外交官领事官甄选及资格待遇，或侧重于中外交涉研究，或侧重于南京国民政府与北京政府外交政策的比较，等等。因此，外交系学生呈缴的实习报告，既有独特的调查视角，亦有深入的见解和研究考察心得。再如被派到镇江地政局调查的社会经济系学生，不但要在地政局阅读所有有关文档，还要跟随当地地政人员到农民田头清查测量田地状况，了解农家婚姻、人口、种子、种植、农具、收支、田赋、公差（如出工修水利）、保甲等情况，经过四个月的实地调查，方能撰写成一份有关镇江农村农民生活状况的调查报告。又如关于上海市警政的调查，实习学生王梦周等用近五个月时间深入上海市公安、警察等有关部门，调阅所有卷宗，在各个部门依次实习后撰成调查报告。报告涉及上海市的警察行政、警区编制、官制薪饷、枪弹配备，以及户籍、保安、消防、司法调节、审讯、监狱管理、罪犯数目、监房分布等等，分类细化、数据详尽。学生提交十几万字的实习报告后，各系的系主任、教授、教师会认真审阅，撰写详细的评语，评定等次，这也促使学生更加认真地对待实习，更加严谨地撰写实习报告。

《二十世纪三十年代国情调查报告》涉及内容之广泛全面，客观公正，令人叹为观止。二十世纪三十年代的中国社会，千姿百态，纷繁复杂，本书就是对那个时代一个全面、真实、客观的解读，如同医院对病人所做的 X 光照相或 CT 扫描一样，原始而完整。因为撰写者时为在校大学生、未来的政府公务员，与实习所在部门的行政事务无直接利害关系，无涉政绩，无须溢美与粉饰，且仅仅是毕业作业，未曾打算公布或发表，因此调查报告直观真实地反映了南京国民政府建立后至抗战爆发前中国东部地区的民生和国情，反映了被战争摧残前中国各地政治经济的实际情况，具有极高的史料价值。

《二十世纪三十年代国情调查报告》除了对国情全景式地记录外，更难能可贵的是对所涉及领域的方方面面都进行了极其详细的个案分析解剖。例如，李超英的《安徽高等教育留学生情况考察》（第二〇八册），细述了二十世纪三十年代安徽省高等教育的情况，对民国历年以来安徽省内派出留学生的人数、留学地（国家与学校）、经费拨出情况、学成回国情况都予以翔实记录。也有的报告反映了历史事件的诸多细节，如外交系学生所做的若干份外交部实习报告，即详细记载了一些历史事件的过程，如国民政府致力收回各个租界的谈判交涉过程、扣留苏联汽船事件的交涉过程、蒋介石以国民政府主席身份贺美国等国国庆电文的起草等。当时中国社会生活的各个角落，大多在调查报告中有所涉及。

中央政治学校地政学院学生的实习调查报告及研究论文现藏台湾相关机构，一九七七年由台湾成文出版社与美国中文资料中心影印出版，名为《民国二十年代中国大陆土地问题资料》，编为二百册；现凤凰出版社与南京图书馆合作影印出版大陆特藏部分，即《二十世纪三十年代国情调查报告》，编为二百六十六册。两者相配，即成全璧，犹如元代黄公望《富春山居图》，分藏两岸，至此“圆合”，堪称出版佳话。

《二十世纪三十年代国情调查报告》为民国史研究提供了大量新史料。不仅呈现了二十世纪三十年代中国社会的国情画卷，更蕴含了那个时代青年的理想和见识，显示出那个时代青年的精神风貌：他们有明确的时代担当，眼光敏锐，有着“经邦济世”的追求，更有着深入基层，调查研究，踏实稳健的学风。他们的实习调查报告、他们的研究与思考也许并不完全成熟，但其忧患意识，尤其是那种直面民族国家命运的勇气，应当被郑重地纳入我们的精神资源，融入今天青年人的精神气质，以更多的求真求实戒除浮躁心态。本书的出版如确实能在这方面发挥作用，则是编辑出版者最大的心愿。

《二十世纪三十年代国情调查报告》编辑委员会

2012年5月

建德县政考察总报告细目*

第一编　建德县概况

* 为方便阅读，此细目页码由编者加注。

第二编　建德县政

第一编　建德县概况

第一章　史地

第一节　建德县分布地图*

第二节　疆域

建德之疆域，东至桐庐以冰水为界，西至淳安以芹坑为界，南至兰溪以荷花塘为界，西北至分水县以胥岭为界，东南至浦江县以西塘坞为界，西南至寿昌县以艾溪为界，纵横广阔，各一百卅里。设县始于吴，洎唐徙睦州治于此而建邑，遂为淳安、桐庐、遂安、寿昌等县之首县。宋睦世为严州军，明初又改为严州府，仍为首县，清因之，民国府制已废，县名仍称建德。

第三节　地势

建德地势如狭谷，西南高而东北低，四环多山，惟江流会合处最低，堪称平原也。黄山脉立于县之北境，仙霞岭位于县之南境。黄山脉东入浙省，由淳安、分水来，而进于新安江之北岸，跨江而南，系属仙霞岭，其经流曰“东阳江”。江之水由衢州来，衢属山川，俱系仙霞远脉，其环绕于浙省之西南，阳与江而分界者，皆仙霞岭也。新安、东阳两江会合于县南，而水势益盛，下流之七里泷，两岸皆山，江面甚窄，水流为之束而不畅，平时尚可渲泄，遇山水暴发，金、衢、徽、严四郡之水建瓴而下，悉屯聚于县城左右，陡涨水及南门雉碟，此建德

* 此处缺分布地图。——编者注

切肤之痛，无可捍卫，非徒农业受损，即城庙内外，亦不宜工厂，不宜行栈，工商业之不振，实一大原因也。

建邑因四面环山，中央最低，百道源泉皆汇于新安江，即县治所在之地。新安江东趋出境，自东至西，逐渐增高，地居冲要，表里河山，节立可守，乃浙东之屏蔽也。

第四节　土地

建德县全县面积，根据民十八年举行土地陈报统计，共 729179240 亩。内田面积 139731.644 亩，地面积 90467.889 亩，山面积 388440.499 亩，荡面积 4872.439 亩，河湖面积 67500 亩。当时办理土地陈报，一般无知识之人民，或则听共党之谣言，谓土地陈报完毕，政府将按陈报没收，或则因土地陈报费太重，群起反对，种种障碍，颇感棘手，卒因省府规定甚严，不得迟缓，且派有专员及区长指导进行，自七八月间开始工作，迄翌年（民国十九年）四月间办理完竣，得有上述比较确实之数目诚非易事。惟据浙省全国经济调查报告，建德造串亩分，除□□不纳税外，田面积 14313.92534 亩，地面积 66690.3 亩，山面积 314480.5696 亩，荡面积 4006.7444 亩，共计仅 537151.58534 亩，其余面积 728642089 之多，皆有地无税，虽据浙省民政所民国十七年调查各县之现征地亩，建德县之现征地亩虽较此造串亩为多，然亦仅 524003.215 亩，换言之，无税地仍占 76655.237 亩，即假定其中一半为道路、荒山、未开垦地，则尚有一半即 364327.616 亩为无税地，如将现无税地整理抽税，至少增加政府收入两倍，且实际上县政府现在征收田赋系按照造串亩分征收，而未照现征亩分，故无税之地更多，若能整理抽税，增加收入不仅两位也。中国不欲整理财政则已，如欲整理财政，使财政有办法，则整理土地，免除“有地无粮”之现象，实刻不容缓之事。

建邑之土地事项兹列表如次：

建德县人口密度土地税额比较表

表 1-1

项别	人口密度(每方里)	每人所得亩数	田地每亩现征银币
人数或亩数	21 人	25.20 亩	田 0.767　地 0.529

说明：1. 田地每亩现征银币仅就田及地面项计算，其他山荡田概不列入。

建德县土地地价表

表 1-2

项别	旱地	田地	山地
平均价格	300	700	150
高价格	400	1000	400
低价格	150	400	100

建德县土地分类占比表

表 1-3

项别	总面积	平原	山区	水区
百分比	100.0	7.0	90.3	2.7

第五节　主要市镇

建德之主要市镇，或为交通方便之所，商业较为繁华，或为本乡行政之中心，其重要情形，虽各有不同，然皆区公所所在地也。全县共有五处：东乡曰三都里，西乡曰洋溪，南乡曰大洋，北乡曰乾潭，西南乡曰马目。至于三河、安仁，虽可称为县中市镇，但较上述各镇之重要相差远矣。

建邑主要市镇之交通、距城里数，兹列表如下：

表 1-4

镇名	交通概况	距城里数
三都	除肩舆外，别无他代步	十五
洋溪	一部分系水路通帆船，陆路只有肩舆	卅五
大洋	水路有帆船，陆路有肩舆	廿五
乾潭	水路有帆船，陆路有肩舆	卅五
马目	水路有帆船，陆路有肩舆	—

第六节　户口

建德全县户口，据该县政府于民国十七年六月奉省政府令调查统计仅户口数二万一千四百零五，人口总数十二万五千九百十六口，其中男六万一千二百九十人，女六万四千六百二十六人。及至民国廿年县府又奉令举行户口调查，查统计户口全县共二万三千零十六户，共十二万二千三百七十六口，男六万九千六百九十七口，女五万二千六百七十九口。

前后两次调查，以第二次调查之数目较精确。因观浙省第一次调查户口办法（《浙江民政年刊》第四〇六页）第一条规定："本期调查户口以本年六月为开始期，八月卅一日以前为报告到省期，由市县政府依照期限酌定各该市县调查进行次序及全境查竣日期，督率警察兼机关及调查人员办理之。"夫以三个月办理手续至繁之户口调查可作，时间既嫌促迫，遗漏错误实所难免。调查机关（第二条规定）又为警察局署（现应称为公安局所），调查人员为各地乡警、里正、牌甲或村耆，实际警察局署仅为发交调查表，直接调查者为牌甲、里正或村耆，彼等多不明了调户口调查与地方自治之重要，甚或怀疑政府别有用意如抓夫派兵等事，故皆虚伪填造，以塞职责，其不精确也明矣。及之民廿九年，调查户口期限既长，公安局仅协助名区长协同村里长副□，按户填造。且浙省各县区长，皆为青年学生，对于地方自治统计、调查等事情，皆受有相当训练，自较认真而少错误，故民廿年户口调查之数目较民十七年时精确，凡此亦即拟订调查户口办法时所应注意之事项也。

关于建德民廿年所调查之户口，藉兹再分别列表于下，以清眉目。

全县人口密度表

表 1-5

项别	每方里人口密度	全县面积	全县人口
方里或人数	21 人	6537 方里	122376

全县人口职业别统计表

表 1-6

党	30	军警	166
政	25	商	1920
学	367	全县无学人数	26461
农	84915		
共计			113884

注明：内列各项统计根据各区公所户口调查及浙省经济调查之统计。

第七节　气候

建德县四周皆山，海风不到，日受山气熏蒸，人民多混毒之症，气候据华氏寒暑表温度，最高为九十七度，最低为廿八度*。冬天不甚结冰，雪每甚少。民间种稻甚早，收获亦早，利用梅雨，然利之所在，害亦随之，山水暴发，下流渲泄不及，即流滥为患，田禾尽淹，迨天气清朗，水泄千里，山水松疏，水分不易久蓄，故平畴尚不待雨，而此间早已忧旱，因此建德邑之气候影响于当地水旱灾甚巨。

* 此处为华氏度。——编者注

第二章　社会

第一节　农业

第一款　建德县农业实况

建德处崇山峻岭之中，平原极少。其田均系黄壤，土质甚佳，然仅十之二。地则土质每亦不恶，山则砂砾土，最为硗瘠，然居十之七。田种水稻，地种豆麦杂粮，山种松木，间有茶叶。但每遇新安江水骤增三四丈腹内山溪亦满，坑满谷低，田即成泽国，故每年稻麦收获甚薄，尚须仰给外境输入，以供民食。

建邑地势倾斜，由高而下之江水，既不适于用，所可资以灌溉者为湖塘是赖，其最称天然便利者，在水泉下注之区一层日壅遏，为堤防，为此间特别优点。然争夺斗殴，每由此而起。当遇山泉奔放，上流随意泄水，不免以邻为壑，下流因而一片汪洋，若遇上流泉源枯竭，上流壅遏不放，则下流争水，甚至偷挖上塍田中之水，以致纠葛纷纭，最难理喻。湖塘之利，有一宗私有者，有数宗共有者，有官为修筑者，于田中挖一小水坑，以备旱时取水，此私有之塘。山水下注间有蓄之潴而为湖，沿湖之田利益均沾，此点有之。湖贾出生于民间此为民有，贾筹于官者为官有，然为数无多，面积亦小，故利益并未能普及。

建德人民颇注重农事，即乡绅上户亦几于无家不耕。惟耕种方法仅知守旧，不知改良。但求种植及时即可。天然收获各持“广种薄收”主义，且肥料不用，至今亦然。即间或用之，亦不过厩肥腐草，而无新式肥料。至农具均系旧式，如耜、铲、犁、耙、扒耖、水车、风车、稻桶、篾簟等物，价值不等，蚕桑素不讲求，虽在县府左侧培植模范桑园一区，以资提倡，但收效甚微。

综之建邑山多田少，且乏水利，又常遭淹没，人民虽注重林农事，但耕耘方法皆拘守旧规，每年收获甚薄，凡此皆建德农业之实际情形。

第二款　建德县农产物及农田

农产物有稻、谷、粟、玉蜀黍、荍麦、大麦、小麦、青豆、黄豆、绿豆、赤豆、马料豆、蚕豆、豌豆、豆油麻、加皮酒等类，而皮酒又为此地特产。各乡每年所获米谷，即半年尚不敷民食。农田则极少，全县仅十之二，其余皆为地、山、荡等，惟建德农田有一特殊之规定，其在他处少有者即农田有大租、小租及旧户之区别：大租指业主而言，钱粮由业主自完，每亩岁纳租谷不等；小租指佃主而言，每亩岁纳租谷不一；旧户指大小租合并而言，建德佃业纠纷异常复杂，亦由是也。农田若有害虫，每以杀虫剂除之或用排水法治之，水害则大小暴发，无法可治，当地建设当局实应切实注意之。

全县农产物、产量及总价值表

表 1-7

物产名称	全年产量	全年总价值
米	210000	2100000
麦	35000	262500
黄豆	40000	320000
玉蜀黍	43000	258000
杂粮	8000	72000
加皮酒	1500000	300000

第三款　建德县农村经济

一、农村农民生活状况

建德地瘠民稀,乡村农民生活至苦,因每年所产米谷不足食用,各乡多以豆麦、玉蜀黍、番芋、荍麦等杂粮充作食品,终年不能米食者有之。居民业农者多,经商者稀,大半皆来自外境,以台州、温州、江西人为最多,浦江人次之。客籍民零落散布于山麓或山腰,结茅篷而居,以垦种为业,历年积蓄,因此致富者,各乡皆有。每区村里以一二十户三四十户为最普遍,三四十户为一村里者则少见,百户以上之村里更寥寥无几。六区中以西乡即第五区最富庶,以产黄豆、豆油、桐油、柴炭为大宗。

北乡即六区次之,以产生漆、桐油、米、桐子、柴炭为大宗。南乡又次之,以产柴炭、桐子、桐油为大宗。二区即东乡及四区,山脉最多,产物甚少,人民生活苦极,各以豆油、茶叶、稻谷、桐子为大宗,而马目之皮纸为四区之特产。

二、农村金融流通状况

建邑地瘠民贫,除少数之自作农为可足衣足食外,而多数佃农则除向人借贷外,真无经济可言,加之农村毫无组织,缺乏互助精神,终年勤劳尚不足以温饱,大都寅吃卯粮,至为可怜,其金融流通之方法,大别之分为:1. 借贷,2. 典当,3. 预约赊欠及抵卖。

借贷　农村除购置不动产外,本无大开支,故佃农借款均在五元至六十元之间,放款机关除乡村富户地方公款外,则以城内孙春阳号为最大,此号乃一商店,因营业甚大,兼以放债,其利息大都为周年二分三分不等。至期必将放出之本利,如数收清,始再放出。若当债主放款时,必有不动产为抵押品,至若向富户借贷,其手续亦均与此相同。

典当　建德城镇皆有典当,抵押品多为衣饰,月利六分,以十八个月满期,满期则不得回赎矣。

预约赊欠及抵卖　一般投机之人,期获大利,常以冬春之间赊放白米、谷,约期以某时清还,而其价值则常较冬春时值十之二三,故俗称“米旦粒米头”,盖谓一粒米价值一粒米也,其惨可知矣。

综观上述农村金融流通情形,不外于借贷、典当、预约赊欠及抵卖等途。然借贷等事,亦不能随时而得,此所以肥料欠施,而田园日就于荒芜也。救济之道普宜设农业贮储银行耳。

三、关于农村经济事项之调查表

建德县各区经济概况一览表

表 1-8

区名	区界	面积	经济概况
第一区	东:浦江县界　西:第一区 南:至五区　北:桐庐	939	本区出产有限,惟集县城地方商业荟萃,经济状况尚见充裕
第二区	东:浦江县界　西:第三区 南:兰溪界　北:第一区	1024	本区山多□,出产甚稀,地方经济状况异常浅薄下等也

续表

区名	区界	面积	经济概况
第三区	东:第三区　　西:第五区 南:兰溪寿昌县界　北:新安江	1069	本区出产较为丰富,人民生活而,经济状况尚佳,中等也
第四区	东:桐庐　　西:第四区 南:第一区　北:分水县	1499	面积小而又多山,盗匪出没,人生经济状况不佳
第五区	东:桐庐　　西:第四区 南:第一区　北:分水县	1499	本区面积最广,且多平原,经济小冠于各区,而富有之户较他区为多,在全县更称首屈一指
第六区	东:桐庐　　西:第五区 南:第一区　北:分水县	1109	本区经济次于第五区,水田甚多,谷米且夥,惟盐业生意,自改□为晒后,经济顿较往年为拮据矣

建德县农民工银调查表

表 1-9

工人别	每日工资
男	常时:0.25 元　　忙时:0.45 元
女	常时:0.10 元　　忙时:0.15 元
童	常时:0.07 元　　忙时:0.10 元

第四款　农林

一、建德县农林实况

建邑山多，平原极少，培养地方经济能力，以裕民生，首在造林，省府及前数任县长尚能见此，极力提倡，故造林一项尚有相当成绩，大约东、南、西三乡，以赤松油桐为最多，刺杉、麻、香榧、柏等次之。北乡以油柏、漆树、乌柏为最多，松柏次之。作者至各区考察，经过山岭，大半皆青苍浓郁，极为茂盛。沿江一带则以矮林作业为主，惟据各处报告，建德山居全县面积十之八九，现在未造林之地犹有十之六七，如何极力推广造林事业，尤待建邑当局努力也。关于农林产物以木材、柴炭、桐油、柏子、茶叶、生漆、石灰为大宗，东乡以小里埠、三都里，西乡以十里埠、下洋埠、洋溪，南乡以大洋，北乡以胥口、乾潭等地为出口。

二、建德县之苗圃及中山林

1. 苗圃　城内于民国十七年九月设立苗圃一所，于西门外宝华洲，面积十亩零，每年培育苗木可出卖者如赤松、刺杉、女贞、梧桐、侧柏等八万余株，其经费每年须六百二十元，由公益费下开支。作者调查建德荒山有廿余万亩，夫以十亩零之树苗，供给此廿余万亩荒山造林，诚有供不应求之憾也。

2. 中山林　一在建昌山，计十亩零，栽赤松七万余株；一在思落亭山，计十亩，栽松等八万余株；一在秀亭，计九亩，栽赤松等五万。合计共二十万株正，若与全县荒山廿余万亩相比较，则一亩荒山仅有树一株，知未造林之地甚多。

第二节　商工业

建邑以人口稀少，财力薄弱，商业不甚发达，现在城乡内外商店凡一百九十余家，其规模过小者亦凡五十余家。商店资本总额，凡九十余万。各业概况举其大者，如盐业、油浆业资本，类多宏巨，每年营业达十万元。如其昌盐栈、刘元利油坊等是。酒业以城内九德堂五加皮颇属著名，致中和、胡亨茂等酒店，每年营业多在八万元间，药业有九德堂号，营业亦盛。南货业如孙春阳栈，每年营业至十二万，可称首屈一指矣。

各乡镇商业亦甚清淡，作者至各区考察，经过东乡之三都、西乡之洋溪、南乡之大洋、北乡之乾潭等各乡镇，其营业状况以洋溪为最大，然大小商店不过三十家，资本总额约十万九千余元，次为乾潭，商业状况尚不如洋溪，仅有商店二十余，可资本总额只三万九千余元。至于三都、大洋两镇，商店既少，营业状况亦较乾潭更属次要矣。

全县入境货以洋油、土布、酒类、绸布、南北货等为大宗，出境货以生漆、黄豆、茶叶、柴炭、木材、皮酒、皮纸、桐油为大宗，其中严漆为乾潭所特产，皮纸为马目所产，皮酒为全县特产，颇受外商欢迎。商人以徽州帮、绍帮为多，全邑无一金融机关，商业之萧条零落可想见矣。

工业方面，以机械工业而论仅有电气公司一所，厂址在建德小西门内，创办于民国十五年五月，系商办性质，计分三百三十股，每股金额一百元资本定额为三万三千元，股息定率为年息八厘，其分配标准：股东占十四成，职员占三成，工人占二成，公债金占一成，合计二十成。营业状况以民十八年、二十年最佳，盖因无兵灾匪患之故也。全厂仅有男工、女工共十余人，每月工资最高至六十元，最低至十二元，自厂开办以来劳资□方，向未有纠纷发生。至于手工业因人民大多数业农或经商，鲜有从事于此业者，故无可述。

属于建邑商业事项之调查，兹列表如左：

全县商店总数表

表 1-10

区别	商店家数	百分比
总数	195	100. 0
第一区	126	65. 0
第二区	2	1. 0
第三区	10	5. 0
第四区	5	2. 5
第五区	30	15. 4
第六区	22	11. 1

全县输出物品表

表 1-11

种类		全年输出量	输出总值
禾穀类	玉蜀黍	15000	90000
	小麦	8000	60000
	大麦	800	4800
豆类	大豆	5000	40000
	小豆	3000	24000
	黄豆	2100	14700
茶类	绿茶	5000	125000
漆	严漆	200	46000
	桐油	10000	40000
	桐子	200000	1400000

续表

种类		全年输出量	输出总值
酒类	加皮酒	1000000	20000
烯料类	柴	50000	50000
	炭	25000	40000
木材类	松	—	50000
	杉	—	12000
肥料类	桐饼	—	2000

全县商店各区资本分类比较表

表 1-12

区别	项别	总数	固定资本	流动资本
第一区	资本数	743939	195239	548700
	百分比	100. 0	26. 4	73. 6
第二区	资本数	12056	4056	8000
	百分比	100. 0	34. 0	66. 0
第三区	资本数	17678	536	12350
	百分比	100. 0	30. 0	70. 0
第四区	资本数	7470	2270	5200
	百分比	100. 0	30. 0	70. 0
第五区	资本数	109210	27010	82200
	百分比	100. 0	24. 6	75. 4
第六区	资本数	39064	14464	24600
	百分比	100. 0	37. 0	63. 0

全县商店资本总数表

表 1-13

项别	总数	固定资本	流动资本
资本数	929417	248367	681050
百分比	100. 0	27. 0	73. 0

全县商店营业总数表

表 1-14

项别	总数	专营商店	兼营商店
营业数	2306050	1292950	1013100
百分比	100.0	56.0	44.0

全县商店组合分类营业总数表

表 1-15

项别	总数	独资商店	合资商店
营业数	2306050	1909250	396800
百分数	100.0	82.6	17.4

全县商店纳税数表

表 1-16

项别	总数	房捐	警捐	烟酒捐	屠宰捐	当帖捐	公益捐
纳税数	4990.0	1653.5	817.1	893.2	523.2	109.0	994.0
百分比	100.0	33.2	16.4	17.9	10.5	2.3	19.8

各区各业商店分配表

表 1-17

业别	数量	百分比	第一区	第二区	第三区	第四区	第五区	第六区
总数	195	100.0	126	2	10	5	30	22
烟纸杂货业	11	5.6	6				3	2
南北货业	33	16.9	11	1	3	2	9	4
绸布业	20	7.3	8	1	1		3	7
中药业	18	9.3	9		1	3	2	1
饮食业	13	5.6	9				1	3
洋货业	7	4.1	5				1	1
粮食业	10	5.6	8					2
盐业	5	2.0	1				1	3
酒业	19	9.8	17		1			1
鞋帽业	9	6.3	7		2			

续表

业别	数量	百分比	第一区	第二区	第三区	第四区	第五区	第六区
鲜肉业	10	2.6	5				4	1
纸业	3	1.5						
铁器业	2	1.5						
香烛纸炮业	1	1.0						
旅店业	4	2.0						
金银珠宝等	5	1.0	4		1			
瓷陶料器业	4	2.6	4					
衣装业	12	2.0	4					
洗染业	2	6.3	10				2	1
西药业	1	1.0	1				1	
茶漆业	2	0.5	1					
书籍文具业	3	1.0	2					
灯伞业	3	1.5	3		1		1	
典当业	1	1.5	1				1	
作坊业	2	0.5	1					
五金业	1	1.0	1					
草织业	1	0.5						
油酱业	2	1.0	1				1	

各区各业全年营业总数表

表 1-18

业别	全县总数	第一区	第二区	第三区	第四区	第五区	第六区
总数	2306050	1853850	4200	64500	24700	263500	95300
烟纸杂货业	22300	14400				5500	2400
南北货业	402300	283600		19500	15800	44400	39000
绸布业	326200	293700	4200	10000		18300	
中药业	187100	154800		4100	8900	7700	11600
饮食业	35050	29050				3000	3000
洋货业	33400	27600				1800	4000

续表

业别	全县总数	第一区	第二区	第三区	第四区	第五区	第六区
粮食业	99500	82000					17500
盐业	162000	90000		20000		40000	12000
酒业	362900	354000		8900			
鞋帽业	27700	27700					
鲜肉业	26800	24000				2800	
烟业	124600	112800				11800	
纸业	14300	14300					
铁器业	3800	3800					
香烛纸炮业	800	800					
旅店业	7400	7400					
金银珠宝等	19700	19700					
瓷陶料器业	11500	11500					
衣装业	195400	187000				2600	5800
洗染业	6000	4800				1200	
西药业	1900	1900					
茶漆业	10800	10800					
书籍文具业	27800	27800					
灯伞业	6000	1600		2000		2400	
典当业	58000	58000					
作坊业	10000	8000				2000	
五金业	9	9					
草织业	2800	2800					
油酱业	120000					120000	

第三节　交通

建德县崇山峻岭，陆路交通颇称不便，近县以人力车，乡镇以竹轿代步，但道路大都山路，崎岖狭窄不堪，亦常苦之。所赖者惟水路，新安江、兰江、桐江皆有航船或快船，上航可至兰溪，下航可迄桐庐。此外尚有航行徽州者，船埠甚多，但少组织可云。电报及长途电话与各方通讯尚属敏捷，县城有二等邮局一所，城外重要处所，分设信柜，乡镇亦有代办所，以司递送之事。

第四节　矿业

建德处于崇山峻岭之中，矿产甚多，惟未人探采，即已探明之矿亦无人开采，货弃于地，而无人过问，甚可惜也，建邑之矿业据作者调查：一、前经探采之矿，东乡杨家庄大场山村，有小石矿一区系产青石，虽经开采，旋即停止。二、现在探采之矿，西乡东铜官埠，有白煤矿一处，开采已久。三、未经探采之矿共有四处：一在西小洋庄铜山坞，系铜铅硫石矿；一在西小洋庄陈家坞，系铜铅硫石矿；一在西小洋庄下黄山，系五金煤矿；一在廓子坞，系铜铅硫石矿。均经查明，惟尚未勘验。

第五节　社会状况

建邑民风淳朴，无奢侈失荡之风，居民以土著少，客籍多，乡村及城区之贫民嗜食红凡鸦片者颇多，且城内及附近与主要市镇赌风盛行，近年来青年子弟，亦多染此恶习，若不急谋设法禁绝，则建德将变成烟赌世界矣。

第三章 政治

第一节 县行政组织及系统

第一款 概论

建德县昔称严州府，所属共五县，即遂安、兰溪、淳安、桐庐、寿昌。民国成立，将府制废除，府署址设县政府公署。民国十六年革命军抵定江浙。始改称县政府，以前县政府之组织设立秘书室，及民治、总务、财政三科。迨民国十八年六月五日，国民政府颁布《县政府组织法》，乃遵令改组，翌年浙江省政府规定各县政府设置科数及名称标准，十凡一二等县，政府均设第一、第二、财政、建设四科。建德县政府复照二等县之规定，设置第一科、第二科、财政科、建设科，分理政务、财务、建设诸务。此外，公安局于民国十八年就建德县警察所改组，称"建德县政府公安局"。教育局系民国十二年就建德县劝学所改组。全县初有自治区八，于民国十九年六月后分为六区，设区长，各区公所均已成立。区以下设村里，全县共一百十六村里，因村里制与中央颁布之乡镇不符，刻正进行改编为乡镇，尚未完竣。

关于建德县各机关统系，兹列表如下：

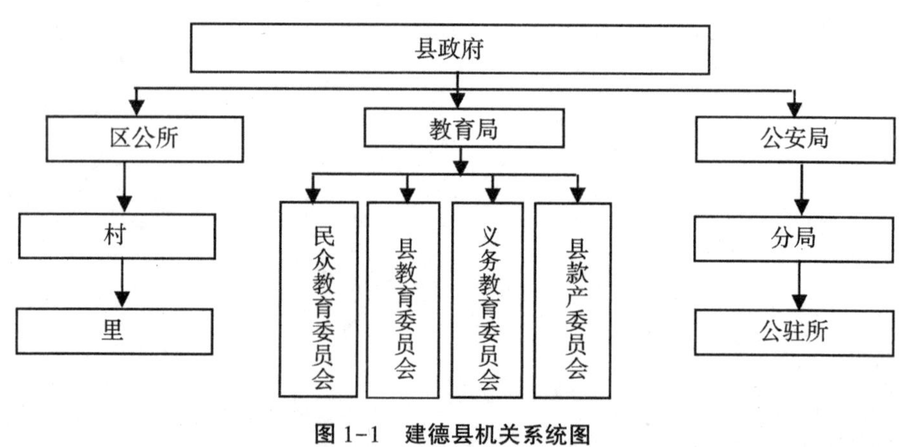

图 1-1 建德县机关系统图

第二款　县政府之组织

一、建德县政府设置科数、名称暨职员名额与内部预算标准

建德县为二等县。县政府之科数名称暨职员与内部预算，按照浙江省政府之规定，乃设第一科、第二科、财政科、建设科四科，设科长三人，第二科长由秘书一人兼任。科长三人，月各支洋一百元。秘书一人，月支洋一百四十元。此外科员八人，月薪分四十、四十五元两级；事务员三人，月支薪三十元；书记四人，月各支洋二十元。兹将建德县政府组织列表如下：

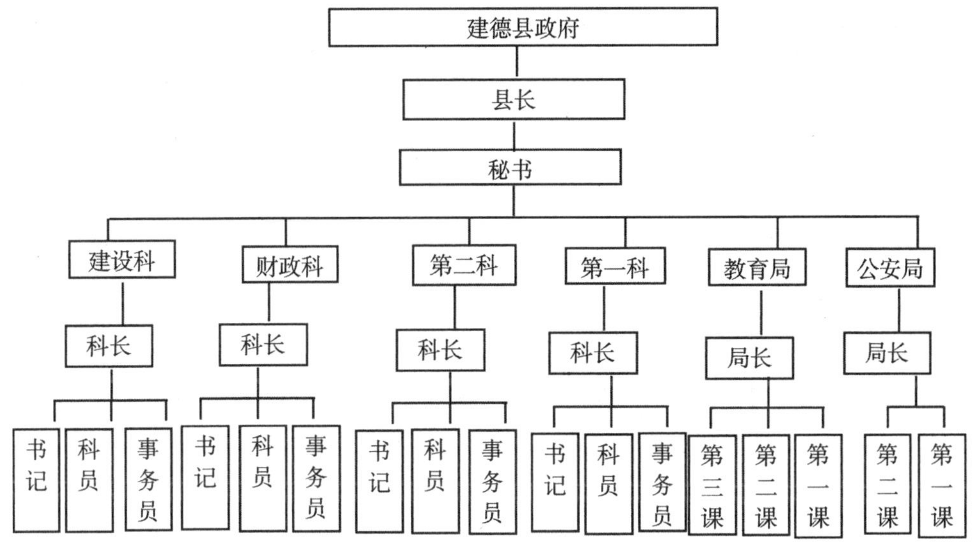

图 1-2　建德县政府组织系统图

附：浙江省十九年度各县政府设置科数、名称暨职员名额及内部预算标准一览表（浙江省政府规定）

A. 改组县　秘书一（每月支薪 180 元），科长二（每月各支薪 100 元），科员八人（每月各支薪 40 元），书记六（月各支薪 24 元），公役及送达工人十（月各支工资 12 元）。

B. 一等县　秘书一（月支薪 160 元），科长四（月各支薪 100 元），科员八（月各支薪 50 元），事务员四（月各支 40 元），书记六（月各支 24 元），公役及送达工人十（月各支工资 12 元）。

C. 二等县　秘书一（月支薪160元），科长四（月各支薪100元）。科员八（月各支薪50元），事务员四（月各支薪40元），书记六（月各支薪20元），公役及送达工人十（月各支工资12元）。

D. 三等县　秘书一（月支薪120元），科长三（月各支薪100元），科员六（月各支薪50元），事务员四（月各支薪40元），书记四（月各支薪20元），公役及送送工人八（月各支工资12元）。

前项改组县设第一科、第二科，第一、二等县设第一科、第二科、财政科、建设科，三等县设总务科、财政科、建设科。

二、建德县政府各科之组织与职权

建德县政府计分第一、第二、财政、建设四科，各科之组织与职权，依其办事细则之规定：

甲、第一科

第一科设科长一人，科员二人，书记二人，其所掌理事如下：

1. 关于地方自治之指导及实施事项。
2. 关于地方自治人员之训练事项。
3. 关于区、村、里、界之划分及核定事项。
4. 关于地方选举及监督事项。
5. 关于调查户口及审核事项。
6. 关于土地整理事项。
7. 关于公安教育事业之规定事项。
8. 关于公安、教育局所掌事务之考核事项。
9. 关于著作出版之审核事项。
10. 关于保卫团之编制及监督事项。
11. 关于毒物之查禁事项。
12. 关于风俗、礼教之改良事项。
13. 关于宗教典礼之管理事项。
14. 关于社会救济事项。

乙、第二科

第二科设科长一人，兼任秘书，故事实上秘书所掌理之事项，亦归该科办理，此外设科员二人，另设收发一人、书记三人。再，第二科有关于县政府之财务事项及机要事项较多，主管长官唯恐泄漏秘密，同学虽迭次请求，皆未得实习，故对于内幕情形异常隔阂，不甚清楚。作者受其他二实习同学之嘱，将该科之各种情形尽所知者作一番叙述，一则由于情不容辞，二则各科局皆有专章论述，独此科付阙如，不宜缺失，兹将其组织、职权及秘书之职权说明后，再将其该科科长及科员服务实况附述之，虽隔靴搔痒，难免与事实无出入处，然亦聊胜于无耳。

第二科之职权：

1. 关于文告函牍往来之事项。

2. 关于一切编辑事项。

3. 关于一切购置事项。

4. 关于其他监印事项。

5. 关于稽核文电事项。

6. 关于庶务事项。

依浙江省政府之规定，各县政府秘书由科长兼任，而建德县政府即由第二科长兼任秘书，自蒋丙华前任县长如是办理，现任县长陈政于廿年七月到任，亦萧规曹随、依样画兰也，事实上第二科科长兼理秘书职权内之事项。秘书之职权如下：

1. 关于机要事件之办理事项。

2. 关于文件之收发缮写及总核事项。

3. 关于县政会议之记录及管理事项。

4. 关于职员之考核事项。

5. 关于信印典守事项。

6. 关于档卷之编存事项。

7. 关于各项统计之汇编事项。

8. 其他不属于各科事项。

第二科科长及科员服务实况：现任第二科长陈礼设，系浙江绍兴人，陈县长之同乡也，廿年七月间随陈县长到任就事，兼任秘书，此人凡事目见苟简，惟小心翼翼，是其特长，无知人之明，任用乃弟陈礼耕为第二科员，竟致携款潜逃，未免遗白圭之玷。科员沈子明，其职务为保管档案，撰拟文稿，白发苍苍，年近不惑之老头也，其保管档案之方法，纯用旧法，虽每日不离卷室整理各种卷宗，然调阅一卷，费时甚久，尚不能取出，甚至常有遗失之事情发生。科员陈礼耕，系秘书兼第二科长陈礼说之弟，已述于前。所负责任、所司职务甚多，如公债之收集，物品之购买，对外之应付，平时任劳任怨，其同事及人民已有闻言矣。县长及秘书深居县府未能查悉，致生不幸事件。

浙江自张静江主席以来，对于各种事业皆极力兴办，因支出膨胀，经常收入势不足于应急需，于是除中央发行之公债外，复次发行省公债。建德僻处山乡，地瘠民贫，所有地丁民国十九年不过二万九千两，二十年不过三万一百两，民间资产在十万以上者原属绝无仅有，即五万以上者亦寥寥无几，商业衰落，生产绝少，但中央公债、省府公债则纷至沓来。

建德市县历年认派公债调查表

表 1-19

年月别	公债名称	发行机关	利率	派募数	实募数	派募方法
民国十六年	二五库券	省政府	八厘	30000 元	2200 元	四乡公正绅士分别募集、按量分派
民国十七年	公路公债	省政府	一分	55000 元	15785 元	同上
民国十七年	善后短期公债	同上	八厘	8000 元	3420 元	同上
民国十八年	续募公路公债	同上	一分	40000 元	20000 元	同上

以凋敝之建邑，亦有征输之苦，敲骨吸髓，村里间有偕亡矣。乃廿年浙江省清理旧欠公债，建德第一区所募得千元之多，竟被县政府第二科科员陈礼耕携款潜逃（廿年七月间事）。县府虽极端隐讳，而好事不出门、恶事传千里，各乡村固家喻户晓也。由是政府不见谅于民众，民众视政府为赃府、贪府，陈县长之愁眉不展，陈科长兼秘书之心感不安，事所必至理有固然也。主管人员事先既失监察，事后当然负赔偿之责，哑子吃黄连，说不出之苦亦事所必然也，以骨肉之

情，同乡之谊之人，尚且如此，其他何堪设想，中国人心之坏，一至于此，使贾谊犹能哭、郑侠犯善绘，当不知其痛心为何如。

丙、财政科

财政科设科长一人、科员二人、书记一人，掌理征收、会计等事宜，其职权如下：

1. 关于验契及不动产事项。
2. 关于清查财产事项。
3. 关于差徭收支计算事项。
4. 关于货币及公债事项。
5. 关于财政统计事项。
6. 关于审核地方公款事项。
7. 关于未列举之财政事项。

丁、建设科

建设科由科长一人、科员一人、书记一人组织之，其职权如下：

1. 关于农桑棉糖业畜牧提倡改良奖励事项。
2. 关于农林、渔牧各团体事项。
3. 关于荒地承垦，耕地整理及水利堤渠事项。
4. 关于种育苗事项。
5. 关于奖励工商业及特许工业品发明事项。
6. 关于商品检查及陈列事项。
7. 关于公司注册事项。
8. 关于监察地方物品输出度入事项。
9. 关于商会及其他各种商业团体事项。
10. 关于矿区调查、矿税稽核事项。
11. 关于官矿经营事项。
12. 关于贩运硝矿事项。
13. 关于划一度量衡事项。
14. 关于农工商统计、调查、报告事项。
15. 关于未列举之各种建设事项。

第三款　县政府之会议

一、县政会议

建德县政府每两星期开县政会议一次，其组织与职权及在法律上之性质如何，分述之如下：

甲、组织

依照国民政府（十九年七月七日）公布之修正县组织法第二十一条规定，县政会议由下列人员组织之：1. 县长；2. 秘书及科长；3. 各局局长，且规定开会时以县长为主席。

乙、职权

依国府公布之修正县组织第二十二条下列事项应经县政会议审议之规定，其职权可分为明文规定者与非明文规定者两种。

1. 明文规定者

（1）县预算决算事项。

（2）县公债事项。

（3）县公产处分事项。

（4）县公共事业之经营管理事项。

2. 非明文规定者

县长提议之事项。修正县组织法第二十二条又规定“县长认为必要时，得以其他事项提交县政会议审议”，换言之，除明文列举之四项以外，凡县长认为必要之事项皆为县政会议审议之范围，此项规定将县政会议之职权，规定至广矣。

丙、县政会议在法律上之性质

修正县组织法第二十一条云：“县政府设县政会议……”此为县政会议之法律根据，然其在法律中之性质如何？为县政府这最高权力机关？抑县长之咨询机关？因无明文规，令人疑惑不解。据作者意见，县政会议乃县长之咨询机关也，其理由述之如下：

1. 依修正县组织法第十条规定，“县长综理县政，监督所属机关所及职员”，县长乃一县之最高行政首领，再无高于县长之机关，是故县政会议亦不能高出县长之上。

2. 县政会议之职权，内有规定一项“县长认为必要时，得以其他事项提交县政会议审议”，即县长除明文规定之四项以外之事项，皆尚可自由提交事项于县政会议审议，故县长并不受县政会议之拘束。

3. 县政府会议之决议案，县长有自由酌量执行之权，且可提交复议，即此一项已将县政会议之性质确定为县长之咨询机关矣。

丁、建德县县政府会议之实况

建德县政府每两星期开县政会议一次，出席者为县长及县政府秘书一人、科长三人、公安局长一人、教育局长一人，其所讨论之事项，关系财政者甚少，大半皆自治、公安等一类之事项，说者因县政会议明文规定之四项职权，皆财政之范围，谓县政会议之性质乃一专门机关，证之事实，诚错误矣（关于建德县政会议议事规程等分述于后）。

二、县行政会议

甲、组织

县行政会议根据内政部公布之县行政会议规程第二条及第三条之规定，其组织有下列人员：

1. 县长及县政府各科长、秘书、局长。

2. 各区区长。

3. 地方团体领袖或地方公正士绅经县长聘约者。

4. 民政所得派员列席。

当开会时由县长任主席，副主席由会员票选之。

乙、职权

由县行政会议规程观之，其职权为：

1. 促进县属政务是也。其议事之范围（为县行政会议第二条规定）。

2. 县长交议者。

3. 出席会议提议者。

4. 地方各团体之建议经会员三人以上连署介绍者。

丙、县行政会议在法律上之性质

县行政会议在法律上之根据，即内政部颁布之县行政会规程之规定。其在法律上之性质如何，内政部虽无明文规定，但其规程第九条既曰：“本会议议决事项由县长采择办理之，”故县长对于县行政会议之决议事项，执行或不执行则有自由之权限，不受决议之拘束，其为县长之咨询机关，由此条已确定矣。

丁、建德县第二次县行政之情形

内政部公布之县行政会议规程第五条规定，“县行政会议每年举行两次”，由是建德县规定第一次在每年三月间举行，第二次在同年九月间举行。但事实上仅第一次如期在十九年三月间举行，第二次因前任县长蒋丙华患病，延至二十年九月廿日始举行。作者经县长允许，得参与其盛，所见所闻弗少，爰将其重要者分述于后：

1. 会员　出席者除民政所特派员外，皆建德县行政上之重要人物。（1）县长陈政。（2）各区长陈汝羲等六人。（3）县党部、商会，县款产委员会等三常委。（4）地方公正绅士邵延涛等六人。此为县政府聘约者。

2. 议案　提议案共卅七件，打消者仅五件，通过之议案关于教育者七件、关于公安者五件、关于自治者四件、关于建设者四件、关于财政者二件、关于卫生者二件、关于造林者二件、关于县仓者两件、关于保卫团者四件，共计卅二件。

3. 会期　自九月二十日上午开幕至二十二日下午闭幕，共三日。

4. 对于此次行政会议之批评：（1）优点：会场秩序尚好。（2）劣点：一是会员之提案、发言，未从全县利益上着想，大都皆为己身所阶级机关之利益所蒙蔽。二是县政府各科局事先无联络，言语常不一致，以致政府之提案未通过者甚多。三是主席无领袖之才，而表面萎弱之态，使会场空气异常沉闷。

第四款　县政府及其统率机关人员之任用

县政府设县长一人，依修正县组织法之规定，由民政所提出合格人员二人至三人经省政府议决任用之，此中央规定之原则也。但浙省任用县长可分为两种：一、为由委员推荐；二、于考取人员中任用之。全浙计七十五县，县长由委员推荐者十分之七，由考取人员中任用者占十分之三，惟浙省之推荐办法，各委员尚能慎重，故不得人之县长较少。

建德县陈县长政，于民二十年七月到任，乃由省府委员推荐也。前任县长蒋丙华，办理县政尚佳，对于当地各团体、士绅，感情融洽，因患病辞职，省府念其劳，仅予代理名义于现任县长。以此陈县长做事唯谨唯慎，不敢丝毫独断或亦有所恐惧所致。县政府之秘书一人，及各科长，依修正县组织法第十三条规定，应由县长呈请民政所委任，科员由县长委员报民政所备案。而事实则不然，建德县政府秘书一人、财政科长一人，系由县长呈请委任者，第一科科长系属前任县长之科长，建设科科长乃系省府建设所直接委任。科员由县长委任者虽占多数，其中仍有由省府直接委任之人，如建设科之科员是。至于公安、教育两局长，依法应由县长就考试合格人员中遴选呈请省府核准委任之，此为修正县组织法第十八条明文之规定，考其实际，皆乃省府民所、教所各直接委任。是县政府之重要科局长直接由省府委任者占六分之三，留用前任者占六分之一，其余仅六分之二，为县长呈请省府所委任，虽任用各科局长应由省府主管所直接委任，抑应由县长呈请省府委任，尚待阐其利弊，详细讨论，然此种情形，使县长之权与责不均，无可讳言也，故常发生流弊，如公安局局长不服从县长之指挥与县长殴打之笑谈，不能不归咎于省府剥夺县长“遴选”之权所致。盖省府直接委任之科局长，其脑中存有彼与县长均系省府委任，理应平等之成员，且似有所恃，故常不服从县长指挥也。说者有谓中国现行政制度之趋势，在中央方面极力将各种权限集中于中央，在省政府方面亦同样设法，将权限集中于一省，结果酿成各县政府负责最大，而权限最少，权责不均之流弊，果如是则此种流弊急应革除，否则影响于行政进行实非浅也。

第五款　对于建德现任县长之观察

建德现任县长，姓陈名政，浙江绍兴县人，北大毕业生也。其人忠实俭朴，是其特长，然处事缺乏魄力而少果断，致影响于县政之改革甚多，且无领袖之才，充任一县之最高行政长官，诚不如充一科长或秘书较适宜也。由好之方面讲，凡事小心翼翼，唯谨唯慎，无失足之虞，更不敢为非法之事，较诸贪污、阳奉阴违之官吏，胜百倍，犹过之，诚少见之县长也。然胆小而无果断力，仅知墨守成规，不知创造，县政百事不举，现任县长诚不能辞其咎。论其学识，则充当县长尚有余。据余观察，彼与其干县长，毋宁任一大学教授，尤以任秘书之职则更较相宜。

县长为县之最高行政长官，亦即一县之行政首领，学识渊博因为必具之基本条件，然行政领袖之才如魄力、果断力、机敏、知人……尤不能缺乏，否则虽合格，而尤不能胜任也。近各省所谓慎选县长之方法唯考试是赖，在考试中仅可试验某人之资格如何，学识如何，而不能试验其办事之才能及其是否适宜充当行政首领。此后慎选县长，应除考试之方法，再兼顾其他方法，为事择人之注意，方能胜任愉快也。

第六款　建德县政府每日工作之现状

建德县政府之内部组织，计分第一科、第二科、财政科、建设科等四科，每日名为八小时办公，然工作人员大半午前九时始到，十一时即离办公室矣，午后时过两点始来，钟未敲及五时，办公室又鸦雀无声，又全走完。每日工作时间实际上仅五小时。其不守时刻，因属其次，四科中工作皆不紧张，实一大不好现象。占县府各科中重要之地位，而工作稍繁者推第一科（旧民治科），合计第一科每日之事务，当抵其他三科每日共作之事犹有余。然考第一科每日所作之事为何？可以一言概括之，即例行之公文或承上或转下而已，盖第一科之职务甚广，凡地方自治、教育、公安、卫生、土地等事项无所不包，亦可谓一县之县政即第一科之事项，故来往于此科之公文最多。每日照例的办理等因奉此填报回复之事情外，至于如何自动的促进□□治之完成，改良县警、注重卫生等等，主管人员无此计划，亦无此心也。建设科因一县急待建设之事业至繁，其事务本宜最多，但设计而无专门人才，或限于经费，乃仅有设科之名，终日无事可做。至于财政科第二科，其所司本无成绩表现之可能，对于县政自少建树可言。故现在之县府，不啻一副公文之承上转下机器而已，除照例之公文外，直无工作可言。究其原因，经费缺乏，固为首要，然人才缺少，制度不良，关系尤大。应如何改革，容次章专节论述。

第二节 建德县之教育、治安、建设、财政现状

第一款 教育

建邑地瘠人贫，因经费困难，教育极不发达。全县学校仅九十九所，计县立完全小学二所、区立完全小学三所、县立中心初级小学五所、区立初级小学八十二所、私立初级小学七所。办理成绩县立以第一小学较优，区立以建西较优，建北次之，私立初小则以正谊最佳。共有男女学生三千一百六十八人，男生占总数百分之九十八以上。教师待遇每年薪修最高者一百余元，最低者三四十元。师资系高小毕业及前清老学究占其大半，其余一半无资者占二分之一，初制及旧制师范毕业者仅占百分之十。各校大都困于人才与经济，皆因陋就简，距完备之程度相差甚远。县教育经费全年仅银一万八千余元，尚不及两万元也。其来源县占四成，教育附捐占一成，其余为学产息、自治附捐拨补费、县行政拨补费与□□学费。其支出教育行政费约占总数百分之三十，学校教育约占百分之五十五，其余乃社会教育之经费。至于教育行政之组织、社会教育等各种详情，因李君品粹将有专章论述，故不再书。

第二款 治安

建德人民生计至艰，而四面环山，崇山峻岭，颇易藏匪，故常有盗匪出没也。省府鉴于此邑治安难于维持，乃将公安局置为二等局，并以大洋设分局一所，以示重视。但全县警士仅八棚计八十七名，不识字者占大半，枪械共三十余支，堪用者仅十余支，实力单薄，一旦有意外事情发生，则无法镇压。民国十九年，城南乡共党数十名仅有木壳枪数支，即敢暴动，蔓延两区之广，横行一周之久，即明例也。商家及人民经此祸害之后，幸皆自行出资购枪，以供当地警所使用，小偷类之匪尚堪扑灭也。南、北、东、西四乡虽各有分局或驻所驻扎，然公然赌博之事，仍有所闻也。此外东关驻有河上水警一队，平时尚有保安队驻防，地方治安得力不少。至于保卫团，今年冬防时成立，有城区保卫团、西区保卫团，团丁精神以城区为佳，实力及经费以西乡较优。

第三款　建设

建德全县建设甚少建树，城区乡镇以石板筑路，崎岖不平，行旅病之。城内道旁厕所甚多，臭气逼人，污秽不堪言状也。县政府虽有厘定县道干线之议，然并未着手举办，东关新筑江堤长八十四丈，高上面一丈，脚底深一丈，需费三千余元，尚系地方人士主动举办。建筑挖沟，以利农田，亦系当地倪君个人捐助举办。故建设事业虽万端方□，无奈建设科不举办，何若言其建设成绩？实无一可言！而组织国货提倡会，成立度量衡检定分所，十七年成立苗圃等，乃唯一之成绩表现，但此项成绩或为奉令所组织，或为设立已二三年余，且为固定，若谓之建设成绩，每年均可以此出示于外人。

第四款　财政

建德山多田少，商业又不发达，故地方经济单薄异甚。全县田赋，民十九年份仅二万九千余两，较之杭嘉湖各县，仅占其十分之一二，每年收入总数尚不及十万。财政收入之少，以此可见。每年县行政经费二万余，而教育经费犹不足三万元，由是建设无建树、教育不发达，经费之困难亦大原也。

第三节　批评及改进意见

第一款　对于建德县农林、工商业之改进意见与计划

建德地处多山，平原极少，全县面积共729179240亩，田地仅占十分之三，山地则居十分之七，其田、土壤虽佳，然面积甚小，收获至微。加之江水既不适于灌溉，仅恃湖荡之水，如遇旱年则有枯干之虞，虽为田地，农产仍属有限，当江水氾澜，水灾发生，田地皆被淹没，终年而无收获，亦屡见之事。因此发达农业诚非容易。反之，建邑山地极多，据作者调查，全县荒山共有廿余万亩之广，如能积极造林，非但地利其用，而且增加人民生产，尤为救济当地之地瘠民贫善策，故以建邑之天然环境而论，诚以努力发展林业为目前之唯一急务。虽然全县农民占总人口百分之九十以上，林业虽极重要，而谋农业发展之计划，亦不可

少。惟农业发展上之障碍已述之如上，必先疏浚江河，以利灌溉，修筑渠堤以防水灾不可，而挖河筑堤，工程浩繁，经费又巨，当此政治未上轨道国家财政拮据之时，实难顾及于此，且田少山地不适于发展农产之天然环境，又非人力所可改变，故以建邑之地势，经济而言则以注重林业较农业为重要也。

至于商业，建邑因崇山峻岭，道路崎岖，陆路交通至为不便，所赖者仅水路，然水深皆不及丈，通行帆船尚感不便，欲求商业发达至感困难，除非开辟县道干线，挖深江水，便利水陆交通，则无希望。故当地方经济支绌，无力筑路，挖河之时，应注重发达工业为上策，因该地所产茄皮酒、生漆皆称著名，而茶业每年产量又多，西乡且产皮纸，若能集资开办工厂，大规模生产制造方法又加以改良，即商业不能发达而工业仍可发展地方经济也。

关于发展建德县林业、农业、工业之计划，仅就管见所及，贡献如下，藉与建邑地方人士商榷焉。

一、林业

甲、扩充县立苗圃

建德虽有县立苗圃一所，培植树苗，以备造林之用，然面积仅十亩零，每年所育苗木不过八万余株而已，若以之供给全县廿余万亩荒山造林之用，实有供不应求之感。夫育苗为造林之基本准备，全县廿万余亩荒山，如分期造林，以十年内完成，则每年应造两万亩，每亩以八百株树苗计算，尚须一千六百万株也。即以对折计算，仍非八百万株不可，故建邑如不欲积极造林则已，若欲利用荒山增加生产，积极造林，当先扩充现有之苗圃，广育苗木，以足用为止。

乙、订定造林计划

有计划而后依此计划逐步实行，可收事半功倍之效也。其计划应包括下列主要事项：1. 划分林区。依据实际情形，将全县划为若干林区，分期完成，以免同时营造，顾此失彼之弊。2. 规定各林区实施次序及完成年限。各林区划分之后，按照实际情形，分别缓急，规定各区实施次序及完成年限。3. 准备事项。如苗木之培植、造林之宣传等计划，皆应规定于计划之中。

丙、调查区民荒山并订立不造林之惩罚规则

区民之荒山，每年应调查一次，凡自县府调查完毕，通知日期，业主应期造林或租他人营造，其逾期尚未着手或未造竣者，即由县府将其全部或一部分，代为处理，一切费用，仍由业主负责。如此强迫施行造林，庶几荒山不致荒废，而五年之内，林业定大有可观。

丁、订立奖励造林之办法

如树苗不收费的供给人民种植，木材出卖输运之便利，及区民逾期不造林之荒山，可交与热心林业者营造等。

戊、编印林业浅说

其内容应包括：1. 造林之方法；2. 造林之利益。

己、筹设乡村苗圃

建德县立苗圃面积甚少，应加扩充，已述之于前，即如能筹设乡村苗圃，非但可以救济树苗之不足，且予人民若干之便利。其经费可由乡村自筹一半，由县补助一半。

庚、每年派员至各乡举行林业推广茶话会

造林事业经过数年已有相当成绩时，每年应举行此会，一方面可以引起人民对于造林之兴趣，同时尚可藉此指导人民造林之方法，而人民对于造林中之一切困难，亦可由此转达于政府及研究解决之方法。

辛、调查造林成绩

以上之计划，如能逐步实现后，则建德之林业，必有相当成绩，此时当将成绩调查一次，以备此后改进之借镜。此外如指导人民组织林业合作事业，举行森林登记等，亦皆为切要，然非林业有长足发展之后，不足于言此，较之上述目前急应举办之工作，尚属次要，故未述之。

二、农业

建邑农民占总人口百分之九十以上，足见业农者占全县人民之最多数，如欲发展地方经济，对于发展农业，实不容轻视，惟建德农业生产极不发达，考其原因，固由于田少、山地土壤硗薄之故，而水利不兴，灌溉不便，且遭水患，关系尤大，此外农民耕种习于旧法，不知改良。种子不知选择，易于病虫之侵害，亦为最大之原因，作者审察建德县之环境，与农业生产不发达之原因，谨拟具发展建德农业之计划如下：

甲、兴办水利

建德之田，大半赖荡湖蓄水以资灌溉，江水不能利用，实农业发展上之大障碍，且各处之荡湖均已年久失修，以致淤泥涨塞，一遇天旱，则荡湖之水枯涸，救济乏术，故欲发展建德之农业，而应疏浚及挖江河水道与荡湖以兴水利。

1. 疏浚江河水道　建德之江河甚多，如桐江、新安江等皆经其县境，惜未疏浚，不能灌溉，且以地势倾斜，尚常遭水患也，如能加于疏浚，非但可以兴水利而发展农业，并可便利交通，由建至杭、桐、淳、兰等地能通汽船，发展该邑商业唯一之方法也。惟工程浩大，用费至多，非有大批款项，及早由工程师筹划不足举办。关于疏浚之经费，兴办之人才，则须借助于省方之接济。

2. 疏浚各村里之荡湖及河渠　未疏浚之前，应先将全县之荡湖、河渠之状况与数目，详细调查明白，然后规定施工方案与经费之筹划。

3. 交通上不能利用之水流小溪，筑闸便于港隔断，专归农田灌溉之用。

4. 组织水利委员会　负责筹划水利之兴办事项，如农田水利之调查，根据观察规定举办云云。

5. 设置坝闸，以利蓄泻。

6. 限令乡镇于溪旁之山，一律造林，以防水灾发生。

乙、改良农业

1. 创设农业改良场　从事栽种食用作物，选择谷麦各项杂粮之种子，逐一试验，择其优者劝告农民采办，以冀改进各种食物之种子，而充裕民食。

2. 试用化学肥料　首由农业改良场试用化学肥料，并指导农民使用化学肥料方法，同时调查本地所用肥料，以求改良。

3. 设立种子交换所　此场可附设于改良场内，由种子交换所调查本地农产种子，同时征集本地及外县佳良种子，分发改良场试用，并劝导农民购用之。

4. 改良农具　调查普通农具之后，再由改良试用新式农具，并劝导农民仿用。

丙、经费之筹划

上述之计划虽甚简单，然自信尚切实际，且如能规定一期限，分期办理，当计划完成之时，建邑之农业必有惊人成绩。惟各项事业之举办，在需款，如无筹划办法，仍系空谈，而无用处，以所有经费原则上应就地筹募，其办法可斟酌情形，由商家与殷实富户三七负担，此外当由省方接济若干，以补不足。

三、工业

建邑水陆交通皆感不便，商业极不易发达，故以振兴工业为上策，且以实际环境论，建德之茄皮酒、漆、桐油皆甚著名，而马目之皮纸每年产量亦复不小，若能改制造方法，创办大规模工厂，增加生产量，使出口货加多，未使非发展当地经济之良法。

1. 创办制漆厂　严漆素称著名，且运销至杭沪以及外洋各地，故实应注意。考其制造方法，多系旧法，而且多为家庭工厂制造，改进之法，一方面当召集企业家或由政府开办工厂制造之，以增生产量。

2. 创办造纸厂　建邑马目镇之皮纸，质料尚精。惟制造方法甚不进步，故产量甚少，影响于出口货甚大，间接影响地方经济之收入，当局应筹设造纸工厂，以增加产量。

3. 改良茶叶制造方法　建德茶树甚夥，每年产量八千担之多，输出总值十二万五千余元，惟以制法未加改良，品质不佳，只能销运于僻塞之地，良可惜也。

4. 提倡造酒　建德产茄皮酒，品质甚佳，每年产量一百五十余万斤，政府若能设法加于改良制造方法及提倡，则可与绍酒相抗衡。

作者根据事实及建德之经济情形，不骛空谈，而择其容易实行且最切要之事项，将愚见所及实施计划，谨贡献于上，惟对于林、农、工业等系门外汉，所谈难免有外行之处，尚乞有识人士指正。

第二款　对于县政之改进意见与计划

《建国大纲》第十八条规定："县为自治单位，省立于中央与县之间，以收联络之效。"由此而言，县政之实施，实为训政之基础。县政良，则百废俱举；县政不良，百举皆废。欲完成训政事业皆宜改进县政。

作者派往浙江建德县政府实习半载，环顾县政，诚多有因无革，有弊无利，皆须彻底改革，力谋更始，而改革之道，不外治人、治法二者并加注意而已，本节爰就依据实习中所见，将县政之改革及其办法，述之如次：

一、县长

县长古称为“亲民之官”，其在内政上之重要即此可知，县长好则人民均享其利，县长坏，财政府多办一分事，实多扰民一分，故刷新内政，首应慎选县长，窃以选用县长至少必须具备若干基本条件。

甲、县长必具之条件

1. 学识丰富，身体强壮　县官一身百务丛集，苟非如是则必竭蹶而难应付也。

2. 吃苦耐劳，慎终虑始　县政治理至繁，且处处皆发生障碍，如是然后始能遗大投艰*胜过一切难题。

3. 勤能将事，不涉因循　现在之县长大半皆阳奉阴违、敷衍塞责者，率多由于不具备此条件也。

4. 才气开展，谋虑周详　不然则做事必无作为，做事难免粗率也。

5. 知人　为政重在用人，县长宰百里之地，赖僚属之助甚多，对于某人之长短，须有透澈之观察，依此观察分配其职务，使才适其用，方事半而功倍也，否则县长用人不知分别贤愚，庸知其安分者必不群居伴食，其不安分者则作奸犯科，而无所不为，欲求内政进步，焉乎可？且所谓县长廉洁，不仅个人廉洁，尤宜督率僚属共同廉洁，所谓县长做事尤宜督率共同做事，若县长无知人之明，僚属中有一二不廉洁、不做事，即是玷污全体之名誉，纵县长束身自爱亦何以告无罪于人民？故县政之颓败不由县长律己之不严，而由县长之失当致误民误己。比比皆是也。

6. 魄力　县政百废待举，事务致繁，凡兴办一事，以社会只知小我之利害，不计大公之是非，而民风刁狡，各县新旧势力之暗斗，处处皆可发生困难障碍，县长虽具上述之条件而无做事之魄力，则必以腐旧势力之压迫，县政永无建设可言。

7. 判断力　一县之是非黑白，必经县长分明判断，得公正之解决，无冤纵之事发生，然后政府始能树立信仰，否则县长乏辨别之力，则免纵者将多，不平则鸣，必发生变故。

---

* “遗大投艰”，语出《尚书·大诰》：“予造天役，遗大投艰于朕身。”意指交给重大艰难的任务。——编者注

8. 操守　我国吏治窳败，首推县长。凡能不以利诱，不婪贿赂法，履正奉公，几仅无所见。以致世人视县缺为肥肉，趋为发财之唯一门径，政治永无澄清之望也。近年为县令者，在未得缺以前，其家属亲友，无不希冀劝说，博得一官，图占□□，迨已得缺之后，其家属亲友，他事不问，必先每月得钱若干而后可。以故自己即有廉洁之心，往往为环境所不许，而中途变更，若素性贪黩，其贪污更不可言喻，凡此皆县长者缺乏操守故也。昔人曾言："盖操守者，出仕之根柢，必于此处立稳，则事功、经济由此而起。否则大本先拨，虽有技业向荣，徒供斧斤摧折耳。"* 故省府遴用县长应首重操守，而县政始有清明之望。

以上所述乃县长必具之重要条件，果能照此遴用，虽不敢谓县县得人，然确能矫时中之弊。

乙、选用县长之方法

现在各省选用县长之方法，不外考试与介绍两种，此两种方法各有利弊已不待言，然不能试验某人是否完全具备县长之基本条件，则一如今各县之县长大多不得其人，而选用方法之不完备，乃一大原因也，作者意见今后选用县长当兼采下列数种方法，方可胜任愉快。

1. 考试

（1）笔试

（2）口试

由笔试试验其必须具有县长基本知识及其他学识。由笔试考询其人之经历，及办事成绩能力，并观察其精神言语、精神性情及测量其知识，如皆审查认为满意，任之县长必合格也。

2. 训练　考取之县长当加于训练，一则充实其学识，修养其品德，二则藉于考核其学识、经验、才力、品性，综其结果，参照其考试之成绩，别为等第，以备试用。

3. 练习　考试合格之县长受相当训练之后，当先留省练习，其练习方法或

---

* 语出《州县事宜》，此书由清雍正皇帝组织编纂。此处作者引用，强调操守对于为官的重要性，清廉的操守是政治与社会清明与否的基础。——编者注

委短差，或充机关职员或赴各县查案，或至省各调查事项，试验毫无遗误，再畀县缺，然仍以试用为宜。如此实地练习若干日，必贮有心得，而对于省府及各方情形又能洞悉，再试用县长，当因应咸宜。近来，各省似亦有鉴于此，或设学院，或设专所，藉以训练，并备练习，其夸日期短促且所授多系知识上之补充，办事经验，则由增益，故骤任县缺，莫知深浅，不克胜任，若使任职之前，实地练习数月，必增益县长之才能不浅。

4. 甄别　甄别乃就任之县长及候委之县长而言，当半年或一年举行一次。其试用之县长，成绩佳者当改为正式任命。其正式任命之县长政绩卓著，分别等次，以备升调，其过于贪酷庸懦，随时撤换。未经委任之县长，当委办其他事务，藉观其能力与成效而加以甄别，如实属不堪任用者，即不再提委。如此优者益加奋励，进而益上，而省者知所警惕，庶可得好县长矣。

5. 遴选　县有大小、繁简、难易之不同，繁大而难之县，宜就现任县长其才力较优，经验宏富，及曾任大县成绩著名者选委次等县分宜，就已实习认为胜任者选委。近来间，有分班轮委酌委之例，但必于规定范围内加以为地择人之注意，方能收“人地相宜”之效。

6. 公开介绍　欧美各国采用此法之例甚多。实行此法，可以广罗贤能及辅救考试之短，较之由省政府委员推荐，更胜百倍，谨拟数项原则如下：（1）由努力党国而有学识者介绍；（2）由党部、政府团体、代表人介绍；（3）凡介绍人对于所介绍之人品性、行为、学识，均须负完全责任，并同时宣布介绍者之姓名或名称。

二、县佐治人员

甲、任用县佐治人员应注意之点

前代县政，多为胥吏政治，拘文守墨，仅循旧例。民国县政，应为人才政治，改革创造，县长一人实难兼顾，必赖佐治人员辅助。故县长若能得人，则事半而功倍，否则纵心有余而力亦感不足也。且县中各局局长不仅承转案件，而且直接分辨地方之事，责专任重，尤须得人而理。穷以县政建设至繁且殷，选用各科长科员，固宜注意有学识与有能之人，然专门人才，尤不可少。以作者所知县政建设工作，所以百废不举，经费困难，犹属其次，而设计无人，乃最大原因。

至于各局局长非但考查其学识、才能是否胜任，尤须观察其做事之经验。以上所述，各县多未能注意，以致县政有旧无新。

乙、任用县佐治人员之方法

1. 自辟与省委之利弊　县长若能得人，其佐治人员由县长自委，彼此关系密切、熟习，较之省委办事自能顺手。但县长者若日见苟简，不择才能而用戚友，非但政治无清明之望，而且怀才之士，既难尽大用，有才莫展，势必激而走险，以纾积愤。由是应由省委为宜。

2. 现用之方法　县政府之秘书科长，依《县组织法》第十三条第二项规定，“应由县长呈请民政所委任。”依同法第十七条规定：“县政府各局长，应由县长就考试合格人员中遴选，呈请省府核准委任之。”然而事实上各局局长皆由省府直接委任，县长毫无遴选之权，故结果县长与各局长隔阂之处甚多，有局长与县长殴打之笑话。至于科长由县长呈请民所委任者固有，然少数仍由省府自委，如建设科是。如此将县长用人之权几已剥夺殆尽，任重权轻，必有碍县政之进行。

3. 应采用之方法

（1）原则　自辟与省委之利弊，前已言之，故原则上应采折中办法。凡科长、秘书，因与县长关系密切，由县长自辟，请省委任，省有核夺之权。至于各局局长因任重责专，由县长就中央及省府考试合格人员中遴选，由省委任，以昭郑重。

（2）办法

A. 候委县长可由县长聘任，或省府委派为秘书或科长，其期当有限定，以资练习。

B. 仿照美国地方用人制度，省府将考试合格及负责人介绍之人员登记入册，前列者三名，发交择用，试办六月，合则呈请给委，否则另请拣发试用。

第三款　增进行政效率

县政府各科以第一科事务范围最广最重要，然每日所忙碌者，不外乎办理等因奉此一类之公文已。对于公安、教育、自治之改进，不惟无计划、无意见，且无时过问，第一科（就建德县政府指民治科也）尚如此，其他（第二科）财政科等，终日或清闲无事或仅料理分内之事，更无何工作成绩之可言，故整个之县政府，无异一架机器，专为承上转下、运送公文而已，若不设法增进其行政上之效率，则县政将永无发展之希望矣。

甲、提要督责

考县府所以无政绩表现之原因，固由于经费与人才两项缺乏所致，然县长一身事务太繁，不能分身致力于县政建设，尤关重要。以建德县政府而论，此县尚属二等，较之杭嘉等县，行政简单恐在两倍。然县长近肩一省各项行政上之担，负远肩中央各项行政上之担负，至军事发生，如招待军队、供接粮糈，即系上驷，亦为所因，若属中材多患竭蹶，下此者更无论矣。加之法令如毛，非抽闲研究，不能逐一贯通，表册如山，几夜以继日详查填写，始能藏事。政事之担负既重，法令表册之担负又多，欲其因应咸宜，以寡厥过，已属难能，惟有事事敷衍，有名无实。以故汉时刺史省察郡国治状，只以六条问事；宋绍兴间，只立县令四课。盖一县人财物力有限，应摆于治标治本中之最重要者，立为一定课程，分期筹办，尅期劝成，其余可暂从缓。俟最要者办竣，再接办次要事务，是则今后除临时紧事务，应随时饬办不计外，凡通常之民政、财政、教育、建设等项，省府应度量人财物力，分为先后缓急，饬令举办，其急务应先办者，克期必须办竣，其可缓而后办者，如有余力，再为并办，否则俟至翌年再办，亦无不可。以此作为课程，按此严加督责，及期办竣者奖，及期末办竣者惩，如未及期而已竣事者优奖，逾期而仍未举办者严惩，庶不至于空文，乃可望理想之县政一一实现焉。

乙、由县长拟订一年县政计划

每一年度开始之前，由各县长审量县中经济能力、环境需要，分别先后缓急，拟具县政计划呈经省府考虑核准，次第举办，依期完成，则及期办竣者仍加于奖励，未及期办竣且加惩罚，使县长不致无事可做，或不知从何做起，县政工作必见紧张，十年之后，举凡民政、教育、建设等县政定大有可观。

丙、厉行巡察

行政方针虽已预定，而各县长办事之成绩如何，尚须加以视察，且各县县长、局长是否清廉，操守是否胜任愉快，尤非视察不能彻底明了，窃以巡察制度，一、洞烛民慧，利以措施；二、考证实政，藉杜欺饬；三、明了淑匿，以资旌别；四、亲临监察，各怀戒慎。证之事实，亦复如是。民十九年，河北民政所孙奂伦氏冬季出巡，事竣，编印出巡纪实，其序文曰："……迭次委派视察员，分赴各县视察。关于各县地方民生疾苦、官吏政绩等情形，自信稽考尚勤，殊少漏略。此次复查，恃有平日记录与心得，故一履县境，动能以最短之时间，了解最繁难之问题，或解最繁难之纠纷，譬之按图索骥，较暗中摸索者略胜一筹，综计此次出巡结果……接见民众约五千人，办理案件六十三起……吾人所谓坐言尤贵迟行、百闻不如一见者，洵可藉此，一一实验之，或亦从政所不可少者欤?"后将考察所得，按属分记，并将视察所见，择列各点，令饬各县注意遵办。又次作者在实习期中遇浙省民所视察员一人，此员住建德县，视察共一礼拜余，上及县府，下及各局，无不战战兢兢，各怀戒惧，精神振刷不少。由是可知出巡视察，所收效果至大。近内政部及省府民所各颁有民所长及民所视察员巡视章程，惟据作者所知，浙省民所长未出巡一次，仅有视察员每年巡视各县一周，而例行考绩，黜陟在实占少数，欲求县政改进，当厉行巡察，非但民所视察员巡视各县一次，即民所长亦须按时出巡，而距省较远之地方，鞭长莫及，尤应不时出巡，俾地方官吏有所畏惧，不敢放肆而安逸，如此面命耳提，较纸上告诫为亲切，为改进县政所不可少者也。

县政应兴应革事项，纬经万端，以上所述，仅就建德县政府所见而已。其详细办法，诚非片言所能罄其万一，故仅就原则略加意见，惟希民政长官注意研究焉。尤有进者，省对于县不可视为投闲之地，不可视为筹款之区，慎选县令，急筹兴革，庶乎县政可兴、自治可观矣！

第二编　建德县政

第一章　民治

第一节　民治科

第一款　民政科在县政府之地位

一县之县政，不外乎自治、公安、教育、土地等事项，凡此皆民治科范围内所辖之职务，故某县之县政是否进步，视其县政府民治科工作成绩如何，即可知矣。且训政时期，以地方自治为最重要工作，各种法规、方案，至为繁多，均由民治科指导实行，故责重任繁者，唯民治一科，而县政府各科亦以民治科之地位为最重要。

第二款　建德县政府民治科实况

民治科之地位，既如此重要，而职责又如此繁多，其应努力于实际之工作，自为必要。然观其每日所事，全为纸上公文，事实如何，非所注意。须知今日之公文，不能目为事实之代表，多出于粉饰装潢、借乱听闻，故信其为真，则县政将永无发展之一日！民治科既负有对公民教育等之设计责任，自必须时时体验计划实行之如何；既自有训练民众、遵守法律、协助人民、完成自治等任务，更不能忽视事实真况，而闭门以造车！如但求一纸公文，则认为责任已经完尽，县政府前途，必无发展。民治科为表现县政之最重要部分尚不务实际，亦求实效，亦何怪县政之迟迟其行何？

第三款　建德县民治科之组织与职务

一、组织

民治科之组织甚简单，即设科长一人、科员二人、书记二人。

二、职权

民治科掌理之事项至繁，依县政府办事通则之规定为：

1. 关于地方自治之指导及实施事项。

2. 关于地方自治人员之训练事项。

3. 关于区、村、里界之划分及核定事项。

4. 关于地方选举及监督事项。

5. 关于调查户口及审核事项。

（以上可综之为地方自治事项）

6. 关于土地整理事项。

7. 关于公安、教育事业之规定事项。

8. 关于公安、教育局所掌之事项。

9. 关于著作出版之审核事项。

10. 关于保卫团之编制及监督事项。

11. 关于毒物之查禁事项。

12. 关于风俗礼教之改良事项。

13. 关于宗教典礼之管理事项。

14. 关于社会救济事项。

第二节　地方自治

第一款　建德县地方自治筹备之经过

浙省本我国固有乡党闾邻之成例，及鉴于民国以来山西行之成效，乃斟酌地方情形实行街村制。首先拟定浙江省街村制及施行程序，于十七年六月九日训令各市县政府积极筹办，并拟定住户闾邻清册式样，统限自令到日期起，四个月将境内街村一律组成。

建德于六月间奉到省令之后，乃开始筹办，首将旧有之城区：泰明、亲睦、纯善、光华、龙山、芝川、仁行等八自治区域复分为六，计第一区：城区，第二区：东乡三都镇，第三区：南乡大洋镇，第四区：南乡马目镇，第五区：西乡洋溪镇，第六区：北乡乾潭镇。正进行期间，省府奉中央颁布《县组织法》，原法第一、第四、第五、第六各章对于区及村里闾邻均各有规定，而村里闾邻之组织编制核与该省原颁街村制互有出入，于是将原颁制度，修正为浙江省村里制，建邑乃遵照浙江省村里制之规定，筹备村里共成立九十二个联合村、十五个里、四百零五个闾、二千零三十五邻，至今仍未变更。

当时筹备之经费，各村里筹备会办公费为四十万元，县政府筹备村里经费数为十万元。

各村里筹备会筹备齐全之后，即正式选举村里会职员。计职员有村长一人、村副一人、里长一人。此外，闾置闾长，邻置邻长，其选举方法系由出席住民各先用口头提出候选人，由主席将各候选人姓名分次用蓝白票投票表决，赞成者投蓝票，不赞成者投白票，最后以各次投票中得蓝票最多数者为当选。票数同者抽签定之。

以上所述乃建德县地方自治筹备之经过情形，浙省之村里制既与中央规定之县政府区村里闾邻制不相符合，故各县尚须改编。当作者在建德县实习时，该县县政府亦正进行改编乡镇公所，以符定制，唯尚未完竣，故下节所述建邑之地方自治现状，只有就现行之村里制情形而言。关于村里制，此乃浙江省初办地方自治之制度，且乡镇尚未改编竣事时犹实行此制，甚关重要，特将此制附述于后。唯浙省府，初名之曰“街村制”，故仍以此名叙述，自将“街村制”修改为“村里制”后，其条文内之“街”字均应改为“里”字。

附：《浙江省街村制》

第一章 总则

第一条 凡本省各市县均依本制组织街村。

第二条 凡市县内，市集区域均为街，村落区域均为村。

第二章 街村之编制

第三条 街之区域依市集固有区域，村之区域依村落固有区域。

第四条 在施行市制地方，其市集区域之街之编制，得以四百户至八百户为一街。在县地方繁盛市集，其街之编制，得以三百至五百户为一街。但因地势习惯不便以户数编制者，仍依固有区域。

第五条 村落固有区域过于狭小或户口稀少者，须联合邻近村落为联合村，但其距离在平原不得过五里，在山乡不得过十里。

第六条 街村区域有变更时，须由关系街村委员会联合议决呈报市县政府核准并转报省政府民政所。

第七条 街村内住民以十户为邻，五邻为闾。但邻之编制，在住户不及十户地方，得随聚处数户为一邻；在居住团结或有习惯便利者，得以十户以上二十户以下为一邻。

第八条 街村之名称，依固有之名称，其依户数编制之街，以所在地主要地名称之。联合村以各关系村名称之一字，联称为“某某联合村”。联合村落过多者，其名称由各关系村会议决定之。

第九条 闾邻之名称以第一、第二等数字顺序称之。

第三章 街村之义务

第十条 街村之事务如下：

一、关于清查户口及人事登记。

二、关于整理土地及开垦荒地事项。

三、关于修筑桥路堤岸疏浚漏水道及其他交通事项。

四、关于保卫及消防事项。

五、关于育幼、养老、济贫、救灾、治病及其他公益事项。

六、关于卫生清洁事项。

七、关于调剂粮食及稻谷备荒事项。

八、关于初等教育、职业教育、补习教育及社会教育事项。

九、关于农田、森林、丝、茶、渔、牧、纺织、酿造及其他农工商事项。

十、关于各种经济合作事项。

十一、关于储蓄奖进事项。

十二、关于风俗改善事项。

十三、关于民族精神奖进事项。

十四、其他依法令应由街村办理事项。

第十一条　关于前条事项，如有街村联合办理者，由街村委员会联合办理之。

第四章　街村职员

第十二条　街村置街长一人、街副一人，村置村长一人、村副一人，闾置闾长一人，邻置邻长一人。

第十三条　邻长由本邻住民集会选举并呈报县市政府备案。前项选举须由出席住民各先提出候选人，由主席将各候选人姓名分次用蓝白票投票表决，以得票最多数者为当选，当选票数同者抽签定之。

住民集会时主席由住民临时互推之。

第十四条　凡本邻住民不论男女，具有本国国籍，年龄在二十岁以上者，均有选举邻长之权，但有下列情况事之一者不得参加选举：

一、有共产及其他反动之言论行为者。

二、有土豪劣绅之事迹者。

三、有精神病者。

四、吸食鸦片或服用其他麻醉药品者。

五、剥夺公权尚未复权者。

第十五条　闾长及街村长副，均由本闾街村之邻长集会选举，并呈报市县政府备案。其选举方法及集会时，主席准用第十三条第二项第三项之规定。

第十六条　凡居住本街村闾邻满一年以上之住民，不论男女，具有本国国籍，年龄在二十四岁以上，诚实公正，为人民所信赖者，均得被选为街村长副及闾邻长。但有下列情事之一者，除邻长得不限定识字者外，均不得被选：

一、有共产及其他反动之言论行为者。

二、有土豪劣绅之事迹者。

三、国民党党员曾受除名处分，而未回复党籍者。

四、不识文字者。

五、不务正业者。

六、有精神病者。

七、有废疾不能任事者。

八、吸食鸦片或服用其他麻醉药品者。

九、褫夺公权尚未复权者。

十、失财产上之信用者。

十一、现充军人者。

十二、现充官吏或警察者。

十三、现充小学教员者。

十四、现为僧道或其他宗教师者。

第十七条　街村住民被选为街村长副及闾邻长时，非有下列事由之一，不得谢绝当选或于任期内告退：

一、确有疾病或精力衰弱不动常任职务者。

二、确有他项职业不能常居境内者。

第十八条　街村长副及闾邻长均以一年为任期，选举只得续任一次。

第十九条　街村长副及闾长遇有事故出缺时，由邻长集会补选。邻长有缺额时由本邻住民集会补选，但其任期均以补足前任未满之期为限。

第二十条　街村长及闾邻长之职务如下：

一、执行街村委员会议决事项。

二、办理政府命令或委托事项。

三、宣传党义及法令事项。

四、整饬风纪及秩序事项。

五、发生特别事故之报告及处理事项。

第二十一条　街副、村副襄助街长、村长办理街村事务。

第二十二条　街长、村长有事故时，以街副、村副代理之；闾长、邻长有事故时，于本闾邻内委托代理并报告街村长。

第二十三条　邻长不称职时，由住民会议议决罢免。街村长副及闾长有不称职时，由邻长会议议决罢免。并均分报县政府及街村委员会备案。但有违背街村职员服务规律者，得由市县政府撤免，呈报省政府民政所，其涉及刑事者并依法治罪。

街村职员服务规律另定之。

第二十四条　街村长副及闾邻长均为义务职，但办公费用及因公川旅膳费得列入街村委员会经费预算。

第五章　街村委员会

第二十五条　街村设委员会以街村长副及闾长为委员组织之。

第二十六条　街村委员会之职权如下：

一、制定街村规约。

二、规划街村事务之应兴革及整理事项。

三、规划街村经费之筹集及征收方法。

四、编制街村经费预算及决算。

五、管理街村公共事业。

六、管理街村经费及财产。

七、管理街村营造物及公共设备。

八、办理政府命令及委托事项。

九、其他依法令应由委员会办理事项。

前项事务有关联两街村以上者，由关系街村委员会联合处理之。

第二十七条　街村委员会置常务委员二人，处理会内事务。

前项常务委员由街村长副兼之。

第二十八条　街村委员会应每月开常会一次，遇有应议事件应随时召集临时会。

街村委员会议之主席由委员临时互推之。

第二十九条　街村委员会会议须有委员过半数之出席，方得开议。

第三十条　街村委员会会议时，街村住民对于街村地方公共事务均得提案。

第三十一条　街村委员会议讨论各项议案时，应由主席先将议案内容逐条或逐项口头说明，再行讨论。

第三十二条　街村委员会议决事项，应呈经市县政府核准，并于核准后由街村委员会公告之。

第三十三条　街村委员会议决事项有违背党义、抵触法令、逾越权限或妨害公益者，市县政府得撤销之，但原议决案如系声请变通法令附有理由者，须呈请省政府民政所核办。

第三十四条　街村委员会议议决事项，如市县政府认有修正必要者，得加具理由呈请省政府民政所核办。

第三十五条　街村委员会因事务必要，得雇用事务员。

第三十六条　街村委员会办理事件，应按月公告住民，并呈报市县政府。

第三十七条　街村委员会应按年刊、年报，分送街村职员，并呈报市县政府，转报省政府民政所，其年报应载事项如下：

一、各项规约。

二、各项经费、全年预算决算。

三、各项财产目录。

四、各项统计表。

五、委员会办理各项事务经过情形。

第六章　街村经费

第三十八条　街村之经费以下列各款充之。

一、街村税。

二、街村财产之收入。

三、街村公共营业之收入。

四、使用费、手续费及过怠金。

五、补助费。

六、私人捐款及寄附金。

第三十九条　关于经费收支及财产管理事项，街村委员会应由委员互推二人或三人专责管理之。

第四十条　街村委员会于每会计年度前应将本街村经费之岁出、岁入编制预算书，附同事务报告书及财产表，呈报市县政府核定，于核定后由街村委员会公告之。

第四十一条　预算内除正额外得设预备费，以备预算不敷及预算外之支出，但不得充市县政府指驳事件之用。

第四十二条　街村委员会对于既定之预算，有追加或修正时，须呈请市县政府核准。

第四十三条　街村因公共营业，得设特别会计。

第四十四条　街村委员会经费之各项收支，街村委员会应按月编造收支计算书单据粘存簿，并按年编制全年度决算书，分别呈报市县政府审核，均于核定后由街村委员会公告之。

第四十五条　本制施行另定之。

第四十六条　本制由省政府公布之。

第二款　建德县地方自治之现况

一、建德县自治区域

甲、划分自治区域之标准

“各县按其户口及地形，分划为若干区。”此《县组织法》对于自治区域划分标准所规定之原则，准此原则可将标准分为下列四项：

1. 户口　户口稀少者，划区可大；户口繁密者，人事亦繁，划区可小。

2. 地形　在平原区交通便利者，划区可大；在山岳区交通不便者划区可小。

3. 面积　规定至面积标准数而划分区域。

4. 经济力　视该地经济能力之大小而划分区域。如土地硗瘠或人口稀少者，划区不宜过小，以期顾全负担自治经费之能力。

乙、建德县自治区域之划分及其沿革

全县初有自治区域八区，十九年五月由第一次县行政会会议决定，并呈报民政所核准改为六区，第一区即前城区，第二区即前泰明区，第三区即前亲睦区，第四区即前纯善区，第五区即前龙山、光华二区合并，第六区即前芝川、仁行二区合并，均依地形习惯为划区标准，兹将各区等级列表如下：

建德县各区面积、经济状况暨划分等级表

表 1-20

区别	面积（方里）	经济状况	划分等级
第一区	170.56	上	五等
第二区	682.67	下	五等
第三区	773.18	中	五等
第四区	405.46	下	五等
第五区	50.321	上	四等
第六区	49.312	中	四等

本年九月二十日，建德县第二次行政会议议决，将原来之第一、第二两区合并为第一区，原第三、第四两区合并为第二区，原第五区改为第三区，原第六区改为第四区，以节自治经费，但尚未经省府民所核准，故未实行。

二、建德县自治经费

甲、来源

1. 原有自治附捐　原有自治附捐于地丁项下带征每两一角，以五分充教育费，预算全年征收地丁银二万七千两，可得自治附捐银二千七百元，除二分之一教育费外，可得自治经费一千三百五十元。

2. 加增自治附捐　加增自治附捐亦于地丁项下带征每两银一角五分，预算全年约可得洋四千零五十元。

3. 水碓捐　此为本年（二十年）始呈准征收者，约计本年度可得捐款四百五十元。

4. 征收户捐　乡镇公所行将成立，二十年九月第二次县行政会议通过征收户捐，以充乡镇公所经费。每户每月分三角、二角、一角，三等征收，全年所得数目尚不能预定。且尚在计划中，犹未实行。

以上四项，除户捐每年征收之总数不能预定外，其余三项全年自治专款收入为五千八百五十元。

乙、用途

1. 经常费　各区公所经费预算，每月需洋560元，全年需洋6720元，计四等区二，每区月支112元，五等区四，每区月支84元。

2. 临时费　改编乡镇预算，需银1521.6元，除省税拨补1400元外，不敷121.6元，应由地方筹措。

3. 预备费　预备费共250元。

上列三项合计需洋7091.6元，而民政所又委派巡回协助员二名，每名每月需津贴川旅费卅元，收支相抵，不敷颇巨，因此而有减少区数，以节经费之决议。

三、建德县自治组织

甲、区公所

1. 组织与职权

（1）组织　区公所之组织，依《修正县组织法》第二十八条、第三十五条及《修正自治施行法》第四十六条之规定，区设区长一人，管理自治事务，并得用助理员辅助区长办理区务，若为缮写文件等事，得酌雇员。关于区助理员及雇员之名额，分别由县政府核定及区务会议决定，此《修正自治施行法》第四十四条、第四十七条之明文规定。此外，区公所为执行区务，得设置区丁，其额数由县长定之（《修正县组织法》第三十六规定）。

（2）职权　区公所之职权，依《修正自治施行法》第二十二条之规定，有下列各事项，惟均应由区务会议议决之，其执行则由区长负责：

①户口调查及人事登记事项；

②土地调查事项；

③道路、桥梁、公园及一切公共土木工程、建筑修理事项；

④教育及其他文化事项；

⑤保卫事项；

⑥国民体育事项；

⑦卫生疗养事项；

⑧水利事项；

⑨森林培植及保护事项；

⑩农工商业之改良及保护事项；

⑪粮食储备及调节事项；

⑫垦牧渔猎保护及取缔事项；

⑬合作社组织及指导事项；

⑭风俗改良事项；

⑮育幼、养老、济贫、救灾等设备事项；

⑯公营事项；

⑰区自治公约制定事项；

⑱财政收支及公款、公产管理事项；

⑲预算决算编造事项；

⑳县政府委办事项；

㉑其他依法赋予该区应办事项。

2. 区财政

区财政之收入，依《修正区自治施行法》第六十三条规定，有下列各种：

（1）区公产及公款之孳息；

（2）区公营业之纯利；

（3）依法赋予之自治款项；

（4）省县补助金。

3. 区务会议

（1）组织及会期　区务会议依《修正县组织法》第三十七条规定，以下列人员组织之：

①区长；

②区助理员；

③本区所属乡长及镇长。

区务会议以区长为主席，至少每月开会一次，由区长召集之。

（2）职权　依《修正县组织法》第三十八条规定，其职权有下列各事项：

①区公所经费事项；

②区公产之处分事项；

③区公约及其他单行规则之制定及修正事项。

4. 区长

（1）选任

①民选　依《修正县组织法》第二十九条规定，区长由民选任，并由县政府呈报民政所备案。

②委任　在区长民选实行以前，由民政所就训练考试合格人员委任之。

（2）职权

区长之职权依《修正区自治施行法》第三十三条规定，则为《修正县组织法》第二十八条及《修正区自治施行法》第三十六条所规定之事项，但其中有应为区长主办者，有应为县政府教育局、建设局主办而区长协助者两种。

①主办者

a. 自治事项；

b. 户口调查及人事登记事项；

c. 保卫事项；

d. 粮食储备及调节事项；

e. 合作社组织及指导事项；

f. 风俗改良事项；

g. 区自治公约制定事项。

②协助事项

a. 土地调查事项；

b. 道路、桥梁、公园及一切公共土木工程建筑修理事项；

c. 教育及其文化事项；

d. 保卫事项；

e. 国民体育事项；

f. 卫生疗养事项；

g. 水利事项；

h. 森林培植及保护事项；

i. 农工商业之改良及保护事项；

j. 垦牧渔猎保护及取缔事项；

k. 育幼、养老、济贫、救灾等设备事项；

l. 公营业事项；

m. 财政收支及公款公产管理事项；

n. 预算决算编造事项；

o. 县政府委办事项；

p. 其他依法赋予该区应办事项。

5. 建德县各区公所之实况

（1）各区公所筹备之经过及成立日期

浙江省民政所遵照中央政治会第二〇七次会议议决修正通过之《训政时期完成县自治实施方案内政部主管事务分年进行程序表》，其储备自治人才项下规定："十八年份应监督各省政府训练区长，十九年区长分期训练完毕，陆续派用之。"乃设地方自治专修学校，造就各县区长，十九年将建德籍学生张杰、黄国鑑、洪维新等六人派回县工作，十九年四月二日委署区长，令积极筹备区公所，十九年五月正式将区公所筹备就绪，于是五月二日各区公所乃成立。

（2）各区公所之组织

各区公所之组织，因等级不同而有区别。建德县自治区域划分为六区，其等级仅有四等与五等两种，计一、二、三、四各区列为五等区，各区设区长一人、助理员一人、区丁一名。五、六两区列为四等区，各区设区长一人、助理员一人、雇员一人、区丁二名。各区助理员悉由区长遴请县长核准。

（3）各区公所之经费

区公所经费之多寡，视区之等级而规定。建德县一、二、三、四四区为五等区，每月每区经费八十四元。五、六两区为四等区，每月每区经费一百一十二元。共需银六千七百二十元，其收入为自治附捐、水碓捐等。惟以建邑地瘠民贫，收入不多，县政府发款俱打八折，故各区公所经费备极支绌。兹为详细说明各区公所之经费起见，特将区公所二十年度预算缮录如下。

浙江省建德县区公所二十年度经费预算表

表 1-21

科目	本年度预算数	上年度预算数	较增减数
第一款　区公所经费	6750 元	7900 元	1150 元
第一项　自治捐	5400 元	7000 元	
第一目　原有自治附捐	1350 元	2800 元	1450 元
说明：地丁新旧约征银二万七千两，每两带征银一角，除五分教育费外，合计如上数。			
第二目　加征自治附捐	4050 元	4200 元	150 元
第三目　水碓捐	450 元		450 元
说明：每碓头征银一元五角，年约如上数			
第二项　补助金	900 元	900 元	
说明：奉民财两厅代电每年在省税项下拨助九百元，挹注区公所经费，但嗣又奉省令停止补助。			

岁出经常门

表 1-22

科目	本年度预算数	上年度预算数	比较增减数
第一款　区公所经费	6750 元	7000 元	250 元
第一项　薪工	4752 元	4752 元	
第一目　区长薪给	2160 元	2160 元	
说明：区长六员，每员每月各支银三十元，计如上数。			
第二目　助理员薪给	1440 元	1440 元	
第三目　雇员薪给	384 元	384 元	
第四目　区丁工食	768 元	768 元	
说明：四等区二区各设区丁二名，五等区四区设区丁二名，共八名，月支银八元，年计如上数。			
第二项　公费	1968 元	1968 元	

续表

科目	本年度预算数	上年度预算数	比较增减数
第一目　文具	360 元		
说明：每区每月支银五元，共六区计如上数。			
第二目　邮电	240 元		
说明：四等区二区每区月支银四元，五等区四区每区支银三元，年计如上数。			
第三目　购置	216 元		
说明：每区月支银三凶，共六区，年计如上数。			
第四目　消耗	360 元		
说明：每区月支银五元，共六区，计如上数。			
第五目　川旅	576 元		
说明：四等区二区每区月支银十元，五等区四区每区月支银七元，年计如上数。			
第六目　杂支	216 元		
第三项　预备费	300 元	280 元	20 元

关于各区公所经费之支配，兹再列表如下，以资明了。

各区公所经费支配表

表 1-23

区别	区等	区长薪水	助理员薪水	雇员薪水	区丁工食	文具	邮电	购置	消防	川旅	杂支	总计
一、二、三、四	五	30	20	0	8（1 名）	5	3	3	5	7	3	84
五、六	四	30	20	16	16（2 名）	5	4	3	5	10	3	112

（4）各区公所区务会议

区务会议依法由区长、区助理员、本区所属乡长镇长组织之，每月开会一次。建德因乡镇改编尚未完竣，现未有乡镇长而仅有村里长副，故区务会议之参加人则为区长、区助理员、村里长副，其会期并未按照法定一月举行一次，遇紧要事项发生时，始行召集，且各村里长副大半均系农家，每月耕作甚忙，而所讨论者又多为劝募公债或其他筹款之事项，故多不出席，以致常流会。

（5）各区公所区长

①各区长之任命

建德县六区区长，均系民政所就训练考试合格人员中再接委任。浙江省民政所设有地方自治专修学校，专为造就各县区长，其校长由民政所所长兼任，故各区长多与县长不甚融洽，以为渠之任命亦由民政所委，而县长之直属上级长官民政所长又为渠之校长，似有所恃，自大性傲，不甘于受县长指挥。

②各区长资格与服务成绩

建德县六区区长，均系浙江地方自治专门学校修业生，已受专门训练一年，非但对于地方自治之意义及各种自治法规均有深刻了解，而且概属少年英进，办事负责，故成绩尚佳。各区公所于十九年五月间成立后，第一区区长黄国鑑，二区区长为蔡楷，三区区长为洪维新，四区区长为张杰，五区区长为陈汝羲，六区区长为陈文象，六区长中以第四区区长及第三区区长为最佳。

第四区长张杰因该区屡开区务会议，各村里长均无故缺席，以致区务进行殊多阻滞，特于十九年九月二十九日偕同助理员朱明亲诣各村里长家，殷勤劝谕，行经坑横地方，竟遇盗匪绑缚吊打，施用严刑，指为侦探，目为间谍，身受重伤，体无完肤，困在匪穴，凡十余日，目不交睫，痛苦备尝，逸逃归所，尚不因此灰心，且加倍努力，亦可佳也。

区助理员等，亦皆中学毕业，区长得力不小。及至二十年二月，原第一、二、三、四区长调回原校，受后期训练，由民政所另委地方自治专校学生蔡先怀、庄有能、胡章法、邹信接充。六区中以蔡先怀服务成绩最坏，十月间因未参加反日市民大会，被大会弹劾，业已撤职，改为许某。许君江山人，尚肯努力。二区区长邹信，浦江人，做事认真，不畏艰难，堪称好区长，然均非本地人，对当地情形难免隔阂，终不如第五区长陈汝羲服务之成绩。陈君系建德本县人，毕业于省立第九师范，曾任县党务整理委员、县立中山小学校长、县督学多年，故经验最富，亦最能干，惜抱消极，且主观太强也。

③各区长与县长

各区长因系省府民所直接委任，似有所恃而轻视县长，双方不甚融洽，影响自治工作进行甚大，且县长因区长之设立，每奉省令，即交区办理，每有地方之事发生，亦交区办理，县政府自居于承上转下之机关，等于坐视，而区公所事务至繁，以致自治事务废弛，最近如代办派款、劝募公债均责成区长，实非所宜。

④各区长与公安分局长或分驻所所长

公安分局局长、分驻所所长，二者每区中必有其一。而其地位本与区公所对等。但区长用命令之口吻，指挥公安分局或分驻所，例如调用警察常书“仰派干警数名前往如何”，而不用公函，遂使公安分局局长或分驻所所长发生恶感，以致不能协作。此外，区公所所办调查户口、保卫地方、保护森林、保护渔猎、改良风俗、注重卫生等，又无不与公安分局有连带关系，双方职权常生争执，亦屡见之事。关于区公所事项，兹再列表如下：

建德县各区等级一览表

表 1-24

区名	等级	人口	面积（方里）
第一区	五等	24500	17056
第二区	五等	10300	68267
第三区	五等	19210	77318
第四区	五等	15320	40546
第五区	四等	32301	50321
第六区	四等	26365	49312

建德县各区公所一览表

表 1-25

区名	地址	组织	经费（每月）	事业及设计
第一区	城区	设区长一人，助理员一人，区丁一人	8400 元	
第二区	三都	设区长一人，助理员一人，区丁一人	8400 元	
第三区	大洋	设区长一人，助理员一人，区丁一人	8400 元	
第四区	马目	设区长一人，助理员一人，区丁一人	8400 元	
第五区	洋溪	设区长及助理各一人，雇员一人，区丁二名	11200 元	
第六区	乾潭	设区长及助理各一人，雇员一人，区丁二名	11200 元	

建德县各区比较表

表 1-26

区名	面积（方里）	户数	人口	组织	经济概况	交通概况
第一区	17056	2493	24500	设区长助理及区丁各一人	因处城市为全县商业中心，故位居第一为上等，惟出产有限	水路可通帆船，陆有人力车及肩舆等
第二区	68267	3133	10300	同上	本区地少山多，故出产稀少，经济状况异常浇薄，列为下等	因地多山，又不通水路，故仅有肩舆可通
第三区	77318	4689	19210	同上	本区出产颇为丰富，人民生活颇易解决，经济状况列为中等	一部分系水路，则通帆船，陆则有轿
第四区	40546	1876	15320	同上	本区林多山，不宜农业，且多土匪，人民生活极苦，经济情形列为下等	亦可由水道及陆路交通
第五区	50321	5592	22301	设区长助理雇员各一人，区丁二人	本区面积最广，出产茶、米，树为大宗，生活甚易，有达三十余万者，经济情形极为活跃，故列为上等	水路有帆船及大输，陆与其他同，但地较平坦
第六区	49312	4233	26365	同上	本区地势尚佳，出产与第三区相似，故列为中等	水路亦有帆船，陆路亦有肩舆

乙、村里

1. 村里之编制

村里之编制，依《浙省村里制》之规定：

（1）里之区域，依市集固有区域；村之区域，依村落固有区域。

（2）在市地方其市集区域之里之编制，得以四百户至八百户为一里。在县地方繁盛市集，其里之编制，得以三百户至五百户为一里，但因地势习惯，不便以户数编制者仍依固有区域。

（3）村落固有区域过于狭小或户口稀少者，须联合邻近村落为联合村，但其距离在平原，不得过五里，在山乡不过十里。

（4）村里之名称，依固有之名称，其依户口数编制之村里，以所在地主要地名称之。联合村以各关系村名称之一字，联称为“某某联合村”。联合村落过多者，其名称由各关系村会议决定之。

2. 村里之组织

依《浙省村里制》之规定，村里之组织村置村村长一人、村副一人，里置里长一人、里副一人。

3. 村里之职务

（1）执行村里委员会议决事项；

（2）办理政府命令或委托事项；

（3）宣达党义及法令事项；

（4）整饬风纪及秩序事项；

（5）发生特别事故之报告及处理事项。

4. 村里之经费

卫村里之经费，依《浙省村里制》第卅八条规定，以下列各款充之：

（1）村里税；

（2）村里村财政之收入；

（3）村里公共营业之收入；

（4）使用费用手续费及过怠金；

（5）补助费。

5. 村里委员会

（1）组织　依《浙省村里制》规定，以村里长副为委员组织之，并设常务委员二人，由村里长副兼任。

（2）职权　依《浙省村里制》第二十六条规定，其职权如下：

①制定村里规约；

②规划村里事务之应兴革及整理事项；

③规划村里经费之筹集及征收方法；

④编制村里经费预算及决算；

⑤管理村里公共事业；

⑥管理村里营造物及公共设备；

⑦管理村里经费及财产；

⑧办理政府命令及委托事项；

⑨其他依法令应由委员会办理事项。

（3）会期　村里委员会每月开会一次，遇有临时事件，临时召集临时会议，开会时之主席由委员互推之。

6. 建德县各村里之实况

（1）村里之编制与数目　城区及其他五区区公所所在地及东关均设里。西乡村则迳称为村，实则每村之内又包括附近各小村，称曰联合村，如西湖联合村，包括十数小村，户数共三百余，即其一例也。全县共九十二村，十四村里，合计村里共一百零六。每村里设村里长副各一，村里长负执行村里自治事务。关于各区之村里数目兹列表如下：

建德县村里统计表

表 1-27

区别		第一区	第二区	第三区	第四区	第五区	第六区
村里数	村（联合村）	1	20	21	11	22	17
	里	6	1	1	1	3	2

（2）各村里职员服务之状况　各村里职员，一半尚能尽职，乾潭区（第六区）有一村长，系日本留学生包汝羲，曾任省立第九师范学校校长，而以前旧制师范或旧制中学毕业担任村里长副者全县甚少。且以地瘠民贫，文化不开，故工作极感困难。民国十九年，办理土地陈报时，村里职员往往有招人怨者，继以十九年八月，“匪共”暴动，村长之被惨杀者有四五人之多，以致各村里长副纷纷辞职，因之村里长不愿担任，即皆畏首畏尾，不敢率直从事。且也各地村里长十分之三，皆目不识丁，对于村长分内应尽之职责，自不能应付裕如，一所空空洞洞徒拥自治之虚名，贤者犹乐为县长或区长迟转公文，承办委托案件，然实为县长之耳目、之佐贰，绅董其黠者、不肖者，假公济私，滥权罔法，一面伪托民意，以胁县长、区长，一面又凭借官威，以凌民众，不惟失吾党训政之本旨，且招致怨愤也。

7. 建德县各村里委员会之实况

村里长负执行村里自治事务之责。而计议村里自治之机关，则为村里委员会其组织以该村里所属各闾闾长及村里长副为委员，并以村里长为常务委员。关于会期，本定为每月开常会一次，但实际上因各村里长副、闾长对于自治既无兴趣，多无故缺席，而所讨论者大半皆派款、筹款等之事，为民众不乐闻之事，更无要员出席，因此，三四个月尚不开会一次也。村里委员会因无半文经费，除热心公益以服务为目的以赔钱为应当不惜亏欠由自己垫付之村里长外，其余村里长皆叫苦连天，累辞不准，因之村里事务，皆乏人办理，所有委办事项，亦皆置之不覆。且村里长副十分之三不识字，幼稚异常，是故乡镇自治，江河日下，如此办理，地方自治再逾百年亦无完成之望。

丙、闾邻

1. 闾邻之编制

闾邻之编制，依《浙省村里制》规定，村里内住民以十户为邻，五邻为闾。邻之编制，在住户不及十户地方，方得随聚处散户为一邻。在居住团结或有习惯便利者，得以十户以上二十户以下为一邻。至于闾邻之名称，则以第一、第二等数字顺序称之。

2. 闾邻之组织

依《浙省村里制》第十二条规定，闾邻之组织闾设闾长一人，邻置邻长一人。

3. 闾邻长之职务

（1）执行村里委员会议决事项；

（2）办理政府命令或委托事项；

（3）宣传党义及法令事项；

（4）整饬风纪及秩序事项；

（5）发生特别事故之报告及处理事项。

4. 建德县各闾邻之实况

全县共四百零五闾，二千零二十九邻。其编制十户为邻，五邻为闾，故浙省刻正进行改编。闾邻设闾邻长，由闾邻居民推举，执行闾邻自治事务。关于闾邻数兹列表如下：

建德县闾邻数统计表

表 1-28

区别		第一区	第二区	第三区	第四区	第五区	第六区
闾邻数	闾	42	50	83	27	111	83
	邻	210	294	413	149	555	414

四、建德县乡镇改编情形

浙江省实行村里制，迄今已历三载，现以此制与中央颁布《县组织法》所规定之县政府区乡镇闾邻制不相符合，故民政所已令各属各县市将村里改编为乡镇，以符中央法令。建德县奉令后，已就各村里会所在地设立乡镇筹备处，聘定各村里委员为筹备员，所有应行分发备用之誓词用纸、公民名册、乡镇长监察委员候选人名册、乡镇自治施行法、闾邻选举规则、乡镇公民宣誓登记规则俱经印发，乡镇民大会会议通则、闾邻居民会议通则、乡镇公所办事通则亦已拟送民所核定，惟须俟令到后始行颁布。将来村里改编、废除村里制后，闾邻之旧制当随之亦有一番变更。

第三节　救济事业

第一款　救济事业团体

甲、救济院之组织与设施

此院由政府设施。院内组织计分育婴、养老、残废、乞丐收容四所，设正副院长各一人。乞丐收容所另设主任一人，兹将四所分述于下。

1. 育婴所　现所内雇乳媪三名，抚养婴孩十名，每孩月给乳金二元五角，所外寄养一〇六名，每名每月给乳金二元五角。

2. 养老所。

3. 残废所　额定二十四名，每名每月给洋壹元。

4. 乞丐收容所　现收养十七名，每名每月约支伙食洋二元三角。

第二款　救济事业经费

建德县救济事业经费每年仅四千余元，其来源为田、地、房金、屠宰税、各户捐洋及县款产会拨补之数，入不敷出有四百余元之巨，兹为明了起见，将其二十年度预算写录如下：

建德县救济院二十年度预算

一、每年收入经常经费门：四千七百九十二

1. 田：九百六十三元

（1）由院完粮者一百五十六亩，每亩租一石二斗。

（2）由佃户完粮者一千五百九十九亩，每亩租三、五、四、六斗不等。

2. 地：二百零五元

3. 房金：五百五十六元

4. 款产会拨补：二百八十八元

5. 屠宰税：七百元

6. 乞丐收容所由各户捐洋：二千零八十元

二、入不敷出：四百三十八元

第四节　卫生

建德对于卫生行政之设施，可得而述者，有下列数项：

一、卫生委员会

此会系遵民政所令，为谋卫生事业之发展，及促进卫生行政之便利而设立。于十九年五月间成立，二十年七月间改组成立委员会，以各法团及村里会代表为当然委员，聘任热心地方公益人士五人，开业医师一人，为聘任委员，县长即该会主席，其职权：甲、关于筹议本县公众卫生应行设计事项。乙、关于筹划本县公众卫生经费事项。丙：关于督促并协助各项卫生行政实施事项。丁、关于调查地方病及搜集一切卫生统计材料事项。戊、关于县政府交议事项。其经费如下：

建德县卫生委员会二十年度经费支出预算书（岁常门）

表 1-29

科目	预算数	备　考
第一款　本会经费	108 元	

续表

科目	预算数	备　考
第一项　办公费	108元	
第一目　事务员津贴	72元	一人每月津贴六元，共计十二人如上数
第二目　文具	24元	纸张笔墨等每月支出二元，年以十月计算如上数
第三目　杂支	12元	开会时茶水等项，每月支一元，年以十二月计算如上数

说明：本预算所列经费，在广告捐下支给。

按浙江省民政所令发《县卫生委员会工作大纲》，其规定卫生委员会只有建议权而无执行权，办不办，仍须经县政府决定。故建德县卫生委员会成立虽已逾年，开会虽已十余次，但皆纸上谈兵，无裨实际，如二十年七月二十一日开会议决之改良厕所，而厕所之臭污如故也，取缔湖内洗涤便桶及倾倒秽物，但禁者自禁，倒倾者亦尽管任其倒倾也，而尤令人疑惑莫解者即卫生委员会会址，本在县政府大门内，但县政府由中门出大门之走道两旁，则粪朽污物，举目即睹，而二十年九月廿号全县极庄严之行政会议开会于县政府时，亦多污物载道，有口皆碑。

二、清道

清道主任一人，清道夫五名，每月工食银六元，其经费向县政府领银八元，县款产会十四元，人力车公司三元，小便处租金八元，路灯项下挪用三元，太平桥肉摊租金三元三角。

三、种痘局及夏令施诊所

由县政府每年聘请本邑医生秦又和担任主任，种痘经费由救济院种痘费项下拨用十元，其余不敷及施诊所经费由地方士绅分头担认。

第五节　民食

第一款　仓储状况

甲、义仓

查建德原有义仓一百零三处，囤谷自十余石至二三百石不等。十五年计全县各义仓存谷共九千八百余石，是年以军队过境，提用不少，仓储乃大告匮乏，且以历年放借之谷，多未收还，各仓经董后多侵蚀，各处义仓至有名无实，十九年将前县长任内曾订定整理积谷办法五条，通令各区，无论民欠、董欠，一律催收归仓，报请验封，但迄今只一、六两区已经报封，其余各区均未收催收齐全。

拟修葺旧府仓仓屋，为建德县县仓，于丰收之年，陆续筹集至一万担。所有派谷办法、县仓预算及管理县仓委员会章程，均经分别呈奉民所核定，即可遵照办理。

第二款　食粮调剂委员会

食粮调剂委员会为最近奉民所而组织。以县长，各区长，民治、建设、财政三科科长，公安局局长，商会主席及当地专家共十八人组织之，其职务：甲、遵照省颁表式调查本县之食粮产销暨主粮副粮及需要数量，函送县府呈送民所查核。乙、根据调查结果拟具变售或收买及转移意见，函送县府呈民所核办。

第六节　批评及改进意见

第一款　对于区制度之我见

区制度以山西实行最早，当时各区设行政长，相当现在之区长。自内政部颁令县组织法后，各省遵令施行此制已逾数载，浙省各县区公所成立虽迟，然亦二年有余。此制究竟应否采取，据办理地方自治人士之意见，主张分存在与废除两派：主张存在者，以为一县甚大，以县长一人之督促其势殊有难周，必须于县长之下、村里长副之上，复设一补助机关，方促足以促进行；主张废除者则谓区长乃土豪劣绅之变象既未辅助自治进行，复加害于乡民，且月需经费数百，徒耗国币而已，故前内政部如今之民政会议，曾有废除此制之提议。

窃以前说，仅就行政上而言，区制度之设置，本当补助自治进行，果如此则失去区制之意义矣。而后说又未免因噎废食，殊不成立。作者根据实地考察之经验，认区制实有存在之必要，惟其理由乃下列三端：

村里长副类多知识低浅，办事能力多为薄弱，时仰赖于上级之指导。而县长事繁，艰于应付，区长事简，易于迅速。其一。

村里长副等既系土著，对于村民率多亲友关系，其办事难免有困难之处，有区长直接监督于积极、消极两方面，皆可倚其权威，督促进行。其便利二。

县长耳目难周，而各区辖境，为县之一部分，对于人民易于监察，易于接近，是县长地远，区长地近。其三。

以故区之制度，在自治编制上，实不可少之制度也。

第二款　地方自治之困难及其补救方法

地方自治之原理，应由地方之人治地方之事，共同之意，皆可与为也。然在民智幼稚之中国，人民未达自治之程度，故将实行自治之责委托于政府机关，一则训导人民纳于自治之途，一则监督人民勿越法律之外。是故树立地方自治，为今日县政府主要事务之一部，而不容忽视者。然观建德县地方自治，起始于民国十八年，至今已有三载，成效论事，殊深怅然！究其进行中困难之点，归有下列六端：

1. 经费困难　任何事项之推进，必有经费始可，更何况地方自治之建设。举办地方不能专谈高论，以耸耳听闻，必须实地施事，使人民受其益，而后始可，庶能立自治之先声，人民闻风而随。但建德各区经费，几不能维持机关之存在，各村里会尤无丝毫公费，何有发展之余力？以致事不能举，计不能行，而遭人民之不信任。

2. 区公所忙于代办行政事务　县政府委托区公所所办之各项事务，在区公所立场而观，并非责内之任，应为代办之性质。而此项事务非常繁琐，今日催款，明日调查，日之所为，多属此类，因之区公所在困于经费之状态下，尽致力于此，而无闲计自治之进行。

3. 区长经验缺乏　建德各区区长自属青年，除一二人外，大多缺乏社会经验，且有过半数区长又系外籍，故以高傲之素性，视事太易，对人太严，同时关于当地情形，每多隔阂，于是与当地人士不能收和衷共济之效。

4. 积习未破　地方积习太深，一时难以矫正，区长与民众之观念相左，致事行之不顺。

5. 区公所少工作成绩之表现　区公所成立日期甚浅，无成绩可表现，对于人民谋福利之显著事业又少，故人民不相信区长、区公所为有用及真能解除人民痛苦，而对区长、区公所有不合作态度。

6. 村里长副知识太浅　各村里长副中尚有不识字者，有仅粗通文字者，非但不明了自治法规，且不知自治为何，狡黠者则虚与委蛇，暴虐者则起而反抗，如此何能求自治有进步？自治之不行，究其所以迟迟而无成，乃为上述复杂因素所结征。此种因素或非仅建德县所有，而为各地普遍之现象，故急应谋补救之道，以济此危机，地方自治庶有未完成之望。

兹将其补救之道，归纳言之如下，与注意地方自治人士商権焉。

1. 补拨地方自治经费　地方自治既受经费拮据之影响，而进行迟缓，则应筹补拨之方法以救济。补拨之法可就县税收入项下补拨一部分，以为正当开支，按本党政纲对内政策第三条第二项规定：各县对于国家负担，当以县岁入百分之几，为国家之收入，其限度不得少于百分之十，不得超过百分之五十。现时中央需款浩繁，地方税收又输解，一时固未易锐减，惟县自治既为地方基本建设，故凡关于地方需要事项不能不加以相当辅助，否则当此人民经济尚未发达之时，而欲从事地方种种建设，极不易着手。

2. 划分自治与行政事项分别办理　区公所专为辅助人民自治之机关。关于行政事项，应严定县府不得令区公所办理，即代办事项如派款、劝募公债等，亦不宜责成区长，使其专力自治，以免自治事务有所废弛。

3. 补选区长及其佐助人员　建邑各区区长皆浙省地方自治专修学校之学生，年龄较轻，故有知识及经验之村里长，多视区长如乳臭未干之幼稚青年，不懂社会情形因而不听从区长指挥，以致自治成绩甚寡及区公所不能树立威信。故此后选任区长，不仅注意其青年英进，有办事之热忱，尤须注重其能力，按内政部规定区长须：（1）了解党义并须明了民间情形。（2）须平民化不可稍带官气，并须勤苦诚恳，以期易唤人民接近。（3）须力求廉洁并须防土劣诱惑，倘操守稍有玷污即为人民所厌弃。（4）须有指导人民办理自治之热忱及能力。此诚区长必具之条件，以后选任区长，必具乎是始为任命，则必能扫除现时区公所无成绩无威信之弊。

第二章　建设

第一节　建设科

第一款　建设科之地位

县政府设县长一人，县政府下设公安、财政、建设、教育各局，县政府各局各设局长一人，各局局长为县政会议之构成人员，此《县组织法》第十一条、第十六条、第十七条、第二十一条所规定者，其第十六条后段复有“下列各局非有缩小范围之必要时，得呈请省政府改局为科，附设县政府内”。之变通办法。建德县因地瘦民贫，商务衰落，物产不多，建设科实有缩小范围之必要，故依《县组织法》之规定，改局为科，附设于县政府内。然建设科之地位，亦等于建设局之地位也，不过规模较小，人员较少耳。

建设科乃县政府组织之一部，建设行政为县政府整个行政之一种，依《浙江省县政府建设科规程》第三条“科长秉承县长，掌理本科一切事宜，并督率本科职员办理主管事务，科员承长官命令，佐理该科事务”之规定，是建设科乃一县建设之主管机关，但不能离县政府而独立，不受县政府之牵制也。

第二款　建设科之组织

依《浙江省县政府建设科规程》第二条“县政府建设科以科长一人，科员技术员若干人组织之”，是建设科除科长一人外，其余科员技术员可多可少，一依实际需要而定。此项规定本有伸缩余地，但建德县建设科组织因有“科员技术员若干人组织之”之规定，而无最少限度，须设科员若干人、技术员若干人之限制，故除一建设科长外，只有科员一人，此种组织，简陋非常，以致全县建设不能推广改良。非加以扩充，确定根本办法，一方严定建设科长之资格，提高其地位，一方改组建设机关，增加建设人员，使各部皆有负责之人，而科长则总其大成，而负全部建设责任，经营规划整个建设事业之发展不可。

第三款　建设科之职权

依照《县组织法》第十六条："建设局掌土地、农矿、森林、水利、道路、桥梁工程、劳工、公营业等事项及其他公共事业。"又照《浙江省县政府建设科规程》规定为：

一、关于修治全县道路、航路并一切交通事项；

二、关于农林、蚕桑、畜牧、水产之提倡及监督事项；

三、关于全县农村组织事项；

四、关于全县农田水利之计划及工程事项；

五、关于全县农工商矿各业之发展及承转注册事项；

六、关于办理县市乡各项公共建筑事项；

七、关于县立各建设机关之筹备管理及视察指导事项；

八、关于县市乡建设经费之筹集支配及编制预算事项；

九、关于全县建设事业之统计及建议事项；

十、其他关于一切建设事项。

法令规定建设科职掌虽如此之多，但建德县建设科则多致力于"等因奉此"之官样文章耳。

第四款　建设科长

县政府建设科既系以科长一人，科员技术员若干人组织之，故科长对于一县建设事业，所关甚大，其任用方法依《浙江省县政府建设科规程》第四条："县政府建设科长、科员由县长就省政府考试及格人员遴请省政府核委，但科长遇有必要时，得由省政府直接委任之。"现任建德建设科长，固一省政府考试及格人员，且系由省政府直接委任者也。

科长对于全县建设虽负专责，但其行使职务，须秉承县长，须得县长之同意而后可，盖前项规程第四条"科长既可由县长遴选请委"，而第三条则明文规定"科长秉承县长党理本科一切事宜，并督率本科职员办理主管事务，科员承长官命令，佐理该科事务”故也。县政府建设科科长于每年终了时，应将该县全年建设经过情形，及次年建设计划，编为县建设年报，送由县长转呈省政府备核，此规程第五条规定也。而第七条复有“县政府建设科办事细则”，由该科科长秉承县长订之，是建设科长除原规程第一条所规定建设科十项职掌外，复须编造每年业务报告，及订定建设科办事细则，其职务不可谓不复杂，责任不可谓不重大，若果努力从事，克尽厥职，则实匪易，幸乎中国官场、中国官吏对于民脂民膏固极力搜刮，对于每月薪水，固分文不肯放弃，而语及自己职务，则多能奉行“大事化小事，小事化无事”之圣言，一日八小时，闲坐办公厅，渠等处世哲学，做官法术，实令人敬佩也。

第二节　建设委员会

第一款　建设委员会之成立及沿革

浙江省在民国十六年以前，各县建设行政无专管之机关，即主管建设事业一部分之实业局，亦仅有海宁等十五县实行成立，故各县建设事业殊乏成绩可言。民国十六年五月，浙江省建设科改组为建设厅后，以为欲谋各县建设事业之发达，非先行正理各县建设行政不为功，故于浙江省务委员会等三十五次会议议决通过《浙江省县政府建设科规程》及《浙江省县政府建设委员会简章》，由省政府通令各县政府组织建设科及建设委员会，前者为建设主管机关，后者为筹议建设机关。建德县亦即遵照成立此两机关。建设委员会以一年为一届，现已至第四届矣。

第二款　建设委员会组织

建设委员会由下列两种委员组织之：

一、固定委员　1. 县党部代表一人；2. 县长；3. 县政府建设局长或未成立建设局各县之建设科长。

二、聘任委员　由固定委员多数之议决，以县政府名义，就下列资格之一者聘任之：1. 热心提倡本县建设事业卓有成效者；2. 富有建设事业之学识或经验者。

建德县建设委员共九人，即三固定委员与六聘任委员，其任期一年，连聘得连任。

第三款　建设委员会职权

照《浙江省县政府建设委员会简章》第一条："各县县政府为筹议全县建设事宜，设立建设委员会。"是建设委员会不过一县政府之咨询机关，建设委员不过县政府之建设顾问耳，其第四条明白规定建设委员会之职权如下：

一、建议县建设事业之方针及计划；

二、审议县政府交议及地方公私团体或个人请议之关于建设事项；

三、筹划县建设经费；

四、审查县建设经费预算及决算。

第四款　建设委员会会议

县建设委员会每月开常会一次，由主席召集之，但经委员三人以上之提议，或主席认为必要时，得召集临时会，议决事项由主席送请县政府查核施行，并由县政府呈报建设厅备案；其关系重要者，应先呈请建设厅核准；运用县建设经费须先经建设委员会通过，再由县政府呈请建设厅核示。

县建设委员会以县长为主席，建设科长为常务委员，处理日常事务，主席因事先不能出席时，由常务委员代理其职。

委员均为无给职，但聘任委员得支川旅费。

第五款　建德县建设委员会四年来之成绩及经费

建设委员会经费全年只有一百六十八元，系由地方公益捐项下按月拨给十四元，其用途则聘任委员出席川旅费每人月支二元，办公费每月二元，事务员每月津贴二元，经费既少，一切因之简陋，但其职权则并不因经费之微少而微小也。惟以该会议决案须由主席送请县政府查核执行之规定，执行须加查核，故建德县政府建设委员会四年来议决之事项，被县政府打消者、搁置者甚多，因县政府限于财力、人力或县长不愿执行故也。县长愿执行又以事实上之困难又不能见诸事实，使议案发生效力，而致等于纸上空文执行不能者，又居三分之二。例如，一、规划中山公园图志，并募集经费方法。自民国十七年起，迭经会议议决，择定北门秀亭山旧文昌阁为地址，业将该地详为规划，雇工估计并绘具图志，复于十七年十二月第一届第四次临时会议讨论筹募经费方法，呈请县政府召集各机关团体磋商，分头募集。而时经四年，至今尚未有所表现。二、十八年议决拟具提倡蚕桑办法，而至今全县栽桑仍依然是未议决前之状况。

诸如此类举不胜举，是皆事实上之困难，非全系人谋之不成也。而该会成绩该会议决能见诸实际者：

一、建德造林事业之提倡。建德崇山峻岭，蔓延全邑，颇宜于林，自经该会提倡以来，人民渐事栽种，该会复议有扩充林业计划，就已种者加功保护，未种者督促栽种，各区村已成立林业公会，从事造林者计八十余处，其经费由各该会自行筹集，共同负担。

二、改县城隍庙为中山纪念堂。查建邑每遇各界开会，苦无宽大场所以资集合，当经建委员议决改建县城隍庙为中山纪念堂，现已工竣，计用洋三百元，由过息金拨用。

三、拟定改良建德农事水利等等。

四、由县城东门至严东关路上装置电灯，并栽树于路旁，现已绿叶婆荫，灯明如昼，往来旅客夏无灼肤之痛，夜得光明之路，且风景清丽，游人徘徊，寄其逸兴焉。

第三节　治虫委员会

第一款　组织

由固定委员及聘任委员组织。

一、固定委员

1. 县长；

2. 县党部推举代表二人；

3. 县政府建设科科长；

4. 县公安局长；

5. 县教育局长；

6. 县建设会推举代表一人；

7. 县公款公产委员会推举代表一人；

8. 民众教育馆长；

9. 县农民推举代表一人。

二、聘任委员

1. 本县有乡望而热心治虫者；

2. 富有治虫学识经验者。

县治虫委员会聘任委员，由固定委员多数之议决，以县政府各议聘任之，其人数为九人。

第二款　职权

治虫委员会受省政府建设厅之指挥监督，办理县防治虫害事宜，其职掌事务为：

一、关于全县治虫之设计事项；

二、关于治虫经费之筹集保管事项；

三、关于预算、决算之编制审查事项；

四、关于各区治虫事务所之筹议设立与撤销事项；

五、关于邻县治虫工作之联合进行事项；

六、关于协助县长办理关于治虫之调查宣传报道督促事项。

每年冬季，由各委员赴各区宣传一次。惟因建德蝗螟之害较微，故历年未酿大害，不然治虫委员会久不履行其职务，而治虫委员会各委员既非专任，亦只随随便便，照章程以敷衍上级官厅，且宣传方面亦多偏于制标语、贴广告，虚而不实也。

治虫委员会既能议决案件，又能执行所议决之案件，权较大。

第三款　经费

治虫经费每年有二千余元之专款，颇为充足。十九年度且剩余至一千七百元之多，此项余款，依浙江省政府限制，又不能移作其他用途，故建德县各机关惟治虫委员会最富裕，而有余款也。

谨将二十年度经费预算书列下：

建德县政府治虫委员会二十年度经费预算书

表 1-30

科目	预算数（元）	备考
第一款　治虫经费	2100	地丁项下每两加征治虫费一角
第一项　事务费	624	
第一目　川旅	264	治虫专员下乡工作每月二十元计算，每日川旅费三角五分，月支七元，聘任委员每月开会川旅费约十五元，合共如上数
第二目　薪给	240	治虫专员一人，月支二十元
第三目　办公	120	邮电文具杂耗
第二项　防治费	1080	
第一目　印刷	360	关于治虫标语宣传品
第二目　防治器具	120	诱蛾灯杀虫药及各种捕虫用具
第三目　防治委员川旅费	240	必要时本会会员下乡帮同防治
第四目　奖励	360	奖状奖章及收买螟卵等
第三项　预备费	396	此费非经呈明不能动用

第四节　建设概况

第一款　交通

一、厘定县道干线

已由建设委员会厘定三大干线：

1. 建淳线　自县城西行经十里埠、乌渚市、洋溪、东铜官以至淳安县境，计长八十里。

2. 建兰线　自县城南行，渡严江，经大洋、三河至兰溪县，计长五十五里。

3. 建桐线　自县城北行经大坂、乾潭、安仁至桐庐县境，计长五十五里。

但限于经费，经费尚未有办法，故现在仍是纸上空文也。

二、整理城区街道

查建邑街道因商店住户之柜台摊架踏步往往占出，街面为之狭小，现经建设委员会拟订办法，呈请建设厅，但因未合浙江省颁布之街道宽度，拨回另拟，至今仍在计划中。

三、规定人力车租价

建德人力车行只有一家，车十五辆，对于租价往往意外需索，而车夫对于外来旅客又往往抬高数倍车价，行人告之，现由建设委员会拟订价格，公布施行，盖建德可通人力车只县城至严东关五里之路，而人力车又只十五辆，故拟订甚易，施行亦无困难也。

四、整顿无线电话

县政府原有无线电话一部，现置会客室，并添装放大器，改用干电池，业已收音，音甚宏大清晰，每日省内新闻及京沪消息皆可听。

第二款　水利

一、建筑东关江堤

计长八十四丈，堤面宽六尺，底宽一丈，堤高上面一丈，脚底深一丈，费用共三千三百余元。

二、建筑里黄水堰以利农田

计建洞挖沟修砌塘勘及原有壕沟挖泥六百工，需洋三百元，除由赈款补助七十元外，余由该处倪君个人捐助。

三、装设水文观察站及雨量站

建德县建设科自奉令筹设水文观察站后，即设水标站三处：一南门外、二严东关、三麻车埠，雨量站则设于县政府，其余如风力计等，亦在筹划设立。

第三款　工商

一、组织国货提倡会

由各机关法团共同讨论，推举代表组织成立，从事宣传提倡购用国货。

二、成立度量衡检定分所

建德县检定分所于民国二十年九月八日成立，专司度量衡检定事宜。

第四款　农林

一、苗圃

建德县设立县立苗圃一处，地址在西门外宝华洲，面积十亩零，四周风景甚佳，离城咫尺，地位相宜。按宝华洲即前清宝华书院旧址。苗圃办事处即在宝华书院。苗圃地本农会所有，几经交涉，始归苗圃，月纳租金二元，内设管理员一人。苗圃设立于民国十七年九月，现播培苗如赤松、刺槐、女贞、梧桐、柏等八万株，是地原种农作，故极为肥沃，惟因距新安江甚近，故江水一涨，即有被冲刷之虞，十九年被冲过一次，苗株尽毁，二十年因江水未涨，故所培八万余株松槐等苗，即可移植县有公山暨卖给私人。

经费每年六百零二元，由公益费项下开支，其支出预算如下：

薪工费：四百三十二元；

管理员一人，月支十六元；

工人即林夫二人，月各支十元；

事业费：六十二元；

种子：三十二元；

肥料：三十元；

办公费：一百零八元；

文具：二十四元。

杂费如修理农具、启用耕牛、临时租工及川旅等费，月支七元。

二、中山纪念林

1. 建昌山计十亩，另栽赤松七万余株；

2. 思范亭山计十六亩，栽赤松等八万余株；

3. 秀亭山计十亩，栽赤松等六万余株。

三、督促人民造林

经县政府建设科提倡督促，现已成立林业公会，从事造林者计八十余处，其经费由各该会自行筹集，共同负担，颇有合作性质云。

全县森林统计四万零一百亩。其中，第一区六千五百亩，第二区九千亩，第三区六千八百亩，第四区六千亩，第五区一万二千五百亩，第六区八千五百亩。

全县竹林统计三千七百亩。

四、防治虫害

设有治虫委员会。详前。

第五节　批评及改进意见

第一款　绪言

建邑山多田少，地瘠民稀，全邑米谷即在丰年尚不敷民食，工业不发达，矿业极幼稚，水利道路事项又以财力薄弱无法兴办，全县每年建设专款只千元，是故县长、建设科长暨一切建设人员，虽各具三头六臂，亦无用武之地。对症下药，爰述下列计划。

第二款　拟定建设计划

建设之范围甚广，举凡心理、社会、物质、建设皆包括在内，负一县建设责任者，不得不提纲挈领，念其所当急，纵曰心理建设非单单系建设人员所能负所应负之责任，即物质建设亦千头万绪，非先酌量情形环境。订阅建设之计划，而计划之中，不只单纯的一年的，即一县目前三年或五年之建设，亦应成竹在胸，权其轻重，大处着眼，小处着手，有此根本计划，则缓急轻重，知所适从，顺序进行，实可事半功倍也。着重某事，兴办某业，则又有某事某业之计划，如造林计划，治虫计划，即其例也，观夫苏俄之建设突飞猛进，固由于政府与人民之努力，但其五年之计划，规定实施建设步骤，使所有国民与负主管建设责任人员，集中此目标而向前努力，始有今日之成绩。一国如此，一县亦何可不如此？乃我国负建设事业之人员，上至中央，下及各地，皆不能高瞻远瞩，脚踏实地，而持“做一日和尚撞一日钟”之敷衍态度，以致百业皆废，可胜叹哉！

第三款　欲建设先须提高民智

现值训政开始，建设进行，胥有赖于国民之自觉与努力，顾国民何由而自觉？建设何由而完成？欲使国民深感建设之需要与获得建设之知识，其根本要图，又在国民皆能识字。

欲解此段之真意义，请先听受下列之真事实：

浙江省立第二林场主任林纲先生亲自述说云："省立第二林场，以前设总场于常山，对于常山森林极力提倡栽培，且由场育幼苗，分送与住民自栽。此种幼苗，不取苗资，乃当地人民以为公家送苗，想系为后来没收人民由苗木长大之树木之第一步，或系没收人民山地、林地之第一步，故皆不敢收受林场所送秧苗，盖人民之意，以为政府绝不肯轻易给人民以利益，而系别有所图也，故童山濯濯，皆由人民之无知所致，人民无知则又因未受教育也。"

是故训练民众、指导民众，使具有谋生之知识与技能，直接使生产增加，对于建设工作能努力，对于建设机关所作之建设工作，能同情、能赞助，至少能不加阻碍，然后众擎易举，关于一县之森林水利等等，自可改良或推广矣。建德县百分之八十以上之人民皆业农，此则农民教育之所以必须注重也。

第四款　建设人员之专家化

自专门之建设人才，然后能作专门之建设计划，而自另一面言之，有建设计划之后，更需有专门建设学识之人，始能将计划实现。若主管全县建设之人而不能拟一造林计划，如斯焉能望其谋划全县建设计划，举办整个县之建设事业耶？是故为一县之建设局长或建设科长者，除其必具之资格外，尤须有：一、建设知识；二、建设之才干；三、建设之经验；四、不怕苦，能实际努力实地去做之精神，否则单有资格，如农业学校毕业、森林学校毕业或甚至系省政府考格及格之建设人员之虎头牌，而一日八小时闲坐办公厅，又何裨益于建设事业？

古人云，为政不在多言，而建设事业尤须实际去做，实际努力，方能收相当之效果，若矜其地望、竣其崖岸，一当科长科员，即视乡村为地狱，驷车驰骋斥耕氓为野人，对于一县建设事业，即不见之于章程图表计划方案，学坐论之公孤，同画饼之名士，又未闻栉雨沐风，与田夫野老曲意周旋，温言咨访，查其痛苦，问其所欲，偶一行乡，坐必红轿，绅董拱候，顾盼自豪，人民茹苦含辛有欲睇诉希望而不敢者，一年三百六十日，一日八小时，稳坐办公厅，做其"等因奉此”或“呈悉此令”以点缀其行政责务，尽事吏之能事，忌建设之真义，以此而欲得建设成绩，痴人作梦矣。

第五款　增加县建设经费

经费为建设之母，无经费则建设事业无从着手，经费少则建设事业无从发展。建德县建设经费，系征收置产捐一项，举凡田、地、山、荡、基，各种契价均征建设费，每年各项征收数目：大约大小田买卖约有八百亩之数，每亩契价约三十元计，应征收洋九百元；地每年买卖约有三百亩之数，每亩契价约十元计算，应征收一百八十元；山每年买卖约有五百亩之数计算，应征收洋一百元。合计全年建设经费共一千一百八十元，以之补充建设经费，如各项拨补费或可若用之举办各项新事业，必感杯水车薪、无济于事之慨，以是肯负责任、肯积极努力于一县建设之人，又以巧妇无米难以为炊而致灰心，不肯负责，只知以建设机关谋自己之饭，□者更振振有词，偷懒有所藉口矣，是故欲建德县建设事业之稍有成绩，当先增加建设经费。

第六款　特别注重农村建设

今日之言建设者，似多注重于都市而忽视农村，重工商业而忽视农业，故企业家不投资于乡村事业，而投资了都市事业，农民弃耕种而雇工于都市，于是乡村事业日益颓废，农民生计日益窘困，共产党徒从中诱惑，社会秩序，因之大乱矣。

建德地处偏僻，故人民百分之八十以上业农。近年以来，一面受外货之大量输入，致人民生活日趋紧困，一面又因山多田少，农产不多，难于支持，于是农村经济陷于破产之境，故民国十九年七月建德共产党暴动，建德农民从之者千余也。建设之方：

一、农业技术之改良，如种子改良、新式农具之推广等。须先于县境内设一改良场，研究并指导农民。

二、农村组织之改善，如创办合作社、创办合作银行等。合作银行建德已着手计划，但未实现耳。

三、农村教育之兴办，如农民子弟教育、农民补习教育、农艺教育、社会教育等。

第七款　提倡造林

建德崇山峻岭，蔓延全邑，因地制宜，颇宜于林。

全县土地面积表

表 1-31

项别	总面积（方里）	平原	山区	水区
面积数	5037	355	4548	134
百分比	100. 0	7. 0	90. 3	2. 7

全县土地亩总数表

表 1-32

项别	地亩总数	平地	道路	山地	河湖	沙涂
面积数	2719933	188457	3240	2455877	67500	4859
百分比	100. 0	6. 90	0. 12	88. 70	2. 48	1. 80

故对于林业一项，宜特别提倡，就已种者加功保护，未种者督促栽种。查建德造林运动，虽迭经建设当局督饬施行，而邑人仍蔑视林业，放弃如故，不独生产缺乏经济上受无穷之损失矣，而于地质、气候、人文，亦受莫大之影响，故建德县第二次县行政会议有强迫实施造林案之决议，将全县划分为四林区，仿照区域，分别推行，依限完成造林计划，惟决议至今已年，事实上仍未见诸实行。此后一面宜劝导人民自行栽种，一面则以造林事业，完全责诸建设当局，以造林之多寡，为建设人员考成之标准。其有居心破坏林业者特别加以重典，有功者、热心者加以重奖，筹集造林经费，多培苗木。兹将具体计划述下：

以建德荒山旷土之广大，人民林学知识之浅薄，今欲造林，应采取之办法，约可分为三端：一强迫使人民不得不造林，二奖励使人民乐于造林，三教育及宣传使人民得知造林之利益及其方法。

一、强迫

建德人民知林学之知识者甚少，只知砍伐利用，不知培植抚育，是以森林面积与森林之蓄积日渐减少，无森林之处姑且不论，如南乡大洋镇之松栎，皆将伐采净尽，运至各地或杭州作卖，盖建德县大洋镇之松柴，即在浙省亦为著名也。伐采后又重行造者，实未之见，故建德县建设当局应采之办法：

（一）无论公有林或私有林，凡未得政府之许可者，一律禁止砍伐。

（二）无论公有荒山或私有荒山，应强迫具于四年内将林造齐，其强迫办法，即依建德县第二次县行政会议所通过之建设科长所提之强迫实施造林案办理，其议案如下：

1. 划分林区　全县造林，势在必行，划分全县为四林区。

2. 各林区实施次序及完成年限　二十二年终为第一林区完成年限，二十三、四、五年终为第二、三、四林区完成年限。

3. 造林办法　凡区民有荒山自经县政府调查完毕通知日起，业主应依限着手造林，或租与他人营造，其逾限尚未造竣者，即由县府将其全部分或一部分代为处理，一切费用，仍由业主负责，如业主一时无力偿还，依照《浙江省造林暂行规则》第六条之规定，订立分益契约，凡区内民有荒山面积过大，有不可抗力之灾祸，未能依限造林者，应由业主声明理由，呈请县府核展期限。

4. 苗木办法及规定种植时期　先向苗圃购定，于每年二月十日至三月十日为种植时期。

5. 准备事项　先由苗圃管理员与该区村里长副接洽，并充分宣传备足苗木。

（三）凡荒山上之散生杂木，无论大木小木，乔木或灌木，一律禁止砍伐。

诚如此则有森林之区，可得保持其固有之面积，并续保其蓄积，公私有之荒山，于五年内可得将林造齐。政府及人民不暇造林之处，因保护杂木关系，于一定年限内，亦可得有相当之效果。

二、奖励

奖励法较诸强迫，尤为重要，盖造林为永久事业，当初造林时，每年需用若干元之费用，并无任何收入，于造林困难之时，政府若不加以奖励补助，人民恐无此种伟大能力，人民因贪政府之奖励，必将竭力造林，故其收效甚大，办法如下：

（一）应广设苗圃。查建德县立苗圃面积只拾亩余，育苗仅八万株，实不足以敷分配，若能广设苗圃，多育苗木，凡人民造林者，政府无价供给以苗木及种子。

（二）政府应设立林业借贷所，于造林困难之处，斟酌情形，给以造林费百分之几十之贷金，至若干年后，无利益偿还云。

（三）凡与保安有关系之处，为促其造林早日完成起见，政府应斟酌情形，每亩设以若干元之津贴。

此种奖励法，在欧西各国行之者颇多，一九〇七年荷兰公布造森林法，国民造林时，政府给以每亩二十元之贷金，至五十年后，无利息偿还之。惟建德县政府收入不多，若不能另筹奖励财源，则法良意矣，恐终亦必无实现可能也，是以增加建设费，实必要事。

三、教育及宣传

教育及宣传，在此三种办法中，可称为最重要者，若人民知造林之重要后，虽不强迫、无奖励，亦必乐于造林矣。

（一）教育局编辑乡土教科书时，关于林业之材料多采入，使小学生心领神会。

（二）全县各小学皆造一学校林，使人民耳闻目见，观摩效法，并宣传小学生，使其宣传其家庭。

（三）对于造林之各种利益，及建德现在因无森林所受之灾害，或亲派人演讲，编纂小册，以广宣传。

《中央造林运动宣传纲要》中有云："中国现在已到了极贫之时代，而且沦于次殖民地之地位，事事受帝国主义之压迫，一时欲举大规模之实业，固然是不可能，而造林事业，为国民生产事业之要。重基础依赖自然力之作用甚多，不需多大之资，本与劳力，举办既易，收效又大，况我国荒地之广人民之众，为他国所未有，最适合兴办森林之条件，所以在此实行训政时期，除普通举行造林运动以外，实不足以言建设，更不足以言打倒帝国主义。不谈建德县之建设则已，谈建设除普通举行造林运动外，尚有何可更比此急需？粹幼为樵夫，对此所以津津乐道也。"

第八款　结论

以上弊端，不过举其轻而易举者设计为之。至若空中楼阁，画饼充饥之谈，虽欲设计，亦无补于实际，故均略而不述。在此民穷财尽之时，一县建设谈何容易，其余如：

一、防治害虫须实际去做

昆虫为人类之好友，农人之好友，如蜂可造蜜，又可传花粉，使得生育，昆虫又为人类之大敌，农村之至仇，诗曰：“去其螟螣，及其蟊贼，无害我田稚，田稚有神，秉畀炎火。”明郭登《飞蝗诗》曰：“飞蝗蔽空日无色，野老田中泪垂血。”夫以小小之害虫，竟使野老田中泪垂血。而十六年山东蝗灾，饥民达七百万人，美洲巴拿马运河曾因蚊害而不能开浚，是则人类之幸福与生命，且受虫类之支配矣！我国以农立国，治虫之法，至严且厉，宋淳熙中敕：“诸蝗虫初生，若飞落，地主邻人隐蔽不言，保甲不申举扑除者，各杖一百，许人报告，当职官承报不理，及受理而不即亲临扑灭或扑除未尽，而妄申尽净者，各加一等，诸官因荒田牧地，经飞蝗住落处，令佐应差募人取掘虫子，取不尽，因致次年发生者，杖一百，诸蝗虫发生飞落，及遗余而扑掘不尽，致再发生者，地主耆保各杖一百”等等记载，皆治虫严厉及注重实际之例证。而建德治虫，则偏宣传，而忽实际，且宣传方面又只知制标语，虚而不实，可以敷衍上级官厅，而不能造福利于人民也，故此后当实际防治害虫，宣传与做并重。

二、奖励垦殖荒地

建德山地面积既占全县面积百分之九十以上，而此等山地既多，未植森林，复未开垦利用，既地未能尽其利，而人民生活更万分艰苦，故奖励垦殖荒地，实为解决人民生计之好办法也，其详细办法则由建设当局妥订施行。

三、修浚堤塘防御水旱

四、整理城区街道建设公园

凡此种种亦列入计划之范围内，从事积极之建设焉。

建德住民生活，大多数皆极困难，不能丰衣足食，且知识幼稚，不能关心建设事业，兼之交通阻滞，所谓有水利而不知利用，荒径僻芜，不加开辟，以利行人，而福农家。总理自序中曾说：“民国之建设事业，实不容一刻视为缓图。”而建德建设事业实亦刻不容缓，而尤当努力于改进也。

数十年来，人进我退，人建设而我破坏，科学不兴，国产不振，兵匪一治，贫民日众，列强经济侵略愈逼愈紧，洪水一来，国人惟有待死，日寇一至朝野惶急失措，若再不积力建设，则将来之国难，必不止于强占东三省炮炸淞沪矣！

第三章　教育

教育一语见于《孟子·尽心篇》："得天下英才而教育之，三乐也。"若溯其语源，始于《说文》："教，效也。上所施，下所效也；育，养也。养于使作善也。"释其意义，即教育者对于被教育者施其所以使人能发达其身体及种种方面之影响之谓也。人类之目的在生存，教育即适应社会需要帮助社会生存，要求社会生活有永续之价值，民族生命有维持之可能。教育在教人做人，教人如何使其人格提高、知识发达、身体健全、通力合作。教育之使命，即在使到真善美之领域，推进社会、推进时代，使社会日趋于合理之轨道，使人群日趋于幸福之乐园。"知识即能力"，此培根之名言也。一国之强弱，一民族之盛衰，固不尽系于地之大、物之博、人口之繁多。而教育之发达与否，人民所受教育之良善与否，实为最大关键。我国自创办新教育，迄今已四十年矣，论其成绩，言质则学无实际，竟尚空谈，论量则全国大学生共只一万七千人普及义务教育，虽高唱入云，而国中文盲今独占全民百分之八十以上。建德县教育亦全国教育之缩影耳！

第一节　教育行政

第一款　教育行政机关之成立及沿革

查县教育局名称虽新，但县区教育行政机关之设置，实远在前清光绪三十二年四月二十日之学部奏定勤学所章程公布之际，当时以"教育之兴，贵在普及。兴办之责，则在各级官厅。初等教育尤赖于府厅州县地方官厅"。

因由学部一面札行各省提学使司，通饬地方调查境内一切有关教育事项，以便分区办理，一面颁行《劝学所章程》十条，限期设置，以为全境学务总汇之处，俾各地方自筹经费，自办学校，累经变改，成为现在之教育局。

建德之有学校，昉自清光绪二十七年五月知府刘宗标之将府立双峰书院更名为六睦学堂，及知县尹湛将西湖宝贤书院改组为宝贤学堂。其后二十九年九月，知府黄书霖复改六睦学堂为严郡中学堂，即现在之浙江省立第九中学。三十二年县绅包汝济等筹设建北高等小学。三十二年知县增春移宝贤学堂于柳树巷口，更名为建德高等小学。于是南区正谊初等小学、西区建西雨等小学、东区区立初高等小学、惠英女子初等小学等相继成立。然是时之学校教育，尚无统辖机关，故亦无学政可言。迨清光绪三十一年，邑人士之留学日本归者，假东门街范公祠组织学务公社，以蔡汝榕为社长，方旭副之。学政于是肇其端。三十四年提学使支恒荣饬改为建德劝学所，以蔡汝榕为劝学总董兼县视学。县教育行政至是始有正式机关。宣统二年改任包汝羲。三年七月县裁，改为严州府劝学所。九月光复，裁劝学所，设教育科于县署，即以包汝羲改充科长。民国三年，省公署以筹划教育进行调查学龄儿童，置教育委员三人，并专设县视学一员，督促教育事务。六年部令恢复劝学所。知事夏曰璈呈准于四月一日设劝学所于仇池邬。照金华道规定，乙等县经费，每年由县税项下拨发国币九百九十六元，以钱锜为劝学所长，王嘉禾、胡丰锡为劝学员。七年九月钱锜辞职，以包汝济改充。十年十月包汝济病殁，十二月改委方型接充。十二月奉令改组为教育局，知事余文熺呈荐方型、胡书羲、张炳文，经教育厅国委张炳文为局长。旋以地方士绅再起争议，教厅遂收回成命，改委邵延焘。至十三月一月二十七日，教育局方改组成立。十六年国民革命军进展至浙江。三月，县党部公推党员张如松为教育局局长，呈县加委，经核准暂代。施奉省政务委员会令，由县呈荐张如松、杨元昌、陈彰三人，经省圈定张如松为教育局长。委令甫下，而清共之事起。四月，市民大会以张本共产分子，公决请县停止其职权，一方由县遴荐洪同柏、杨泽、陈汝羲，呈省加委，一方即令教育局事务员张鋆等共同维持。五月省政府委定杨泽接充。六月接钤。十八年九月奉令改组为建德县政府教育局。十二月杨泽辞职，教育厅改委余杭县人董大本接替，于十九年二月十四日到局视事。至二十年四月董大本调任绍兴县政府教育局局长，教育厅改委现任局长刘策勋接替，即于二十年四月二十一日到局视事。此建德县政府教育局沿革之大略也。自清光绪三十一年邑人士之留学日本归者，假东门街范公祠组织学务公社，以蔡汝榕为社长，三十四年改为建德县劝学所，直至民国十八年底，教育局长杨泽，悉皆建德籍。十九年教育局长董大本为浙江余杭籍，同省不同县，开外县人任建德县政府教育局局长之例。现任局长刘策勋不惟系外县人，且系外省人，盖刘局长系湖南人云。

第二款　县教育局之地位

欲明县教育局之地位，当先明现制下之《县组织法》："县政府设县长一人（第十一条）。""县政府下设公安、财政、建设、教育各局。但以上各局如有缩小之必要时，得呈请省政府改局为科，附设县政府内（第十六条）。""县政府各局各设局长一人，由县长就考试合格人员中遴选，呈请省政府核准委任之（第十七条）。""县政府所属各局之组织及权限，除法令别有规定外，由各省政府定之。（第二十条）"各局局长为县政会议之构成人员。依此，则教育局乃县政府组织之一部，教育行政为县政府整个行政之一种。

《浙江省县教育局暂行条例》第二条："县教育局长秉承县长、主管全县教育事宜。"第七条："县教育局局长每一学年终，应将该县全学年教育经过情形及下一学年教育计划，编为县教育年报，呈由县长转呈省政府备核。"第九条："县教育局局长对于全县办理教育人员，应负随时考核报告县长之责，至少每一学期应以书面报告一次。"由是可知，依法令解释，教育行政不能超脱于一般行政之关系，县教育局非独立专管之官厅，直隶于教育厅，不受县政府之牵制。

但法令如此规定，实际未一一依此遵行也。以现在浙江之实情论，以现在浙江建德教育局之实情论，教育局局长乃由省教育厅直接委任。一切公文，教育厅既直接寄教育局，不须经县政府之转折，教育局亦直接呈教育厅，不须县政府之烦劳。故县教育局已变为独立专管之教育行政机关，直隶于教育厅矣。

第三款　县教育局之组织

依我国教育行政系统，县区为教育行政之单位，设教育局为全县教育行政之主管机关。一县之中，虽更分置学区，亦有专管委员。但在系统上，仅为县区之分划，并非独立之性质，故县教育局实为教育行政之下级管厅。

关于教育行政机关之组织，以前累经变改。民国十一年九月，教育部召集学制会议于山东之济南，因鉴于社会之注意，地方教育行政机关之改造，故由部提出县市乡教育行政机关组织大纲。会议结果，以地方教育行政以县区为单位，包括市乡镇，县设教育局，以局长一人、指导员及事务员数人组织之。但行之既久，各县皆安陋就简，以致地方教育不能推广改良。故江苏于十六年确定根本办法，浙江继即采用。一方严定教育局长之资格，提高其地位，一方改组县教育行政机关，使各部皆有负责之人，而局长则总其大成，负全部责任，经营规划整个的发展。组织分总务、学校教育、社会教育三课，各课设课长一人，课员若干人及事务员等。但在事务较简，经费又少之县，各课长得由局长、县督学、区教育委员兼充。建德县教育局之组织，即以此为根据。

地方教育行政之大病，在组织简陋、人才欠缺与经费过少三点。以致或则心有余而力不足，或则负责无人，彼此推诿。此制颇有伸缩余地，事权任务又极分明。故建德县教育只有局长兼总务课长一人，督学兼课长二人，课员一人，事务员二人，连工役共只七人也。

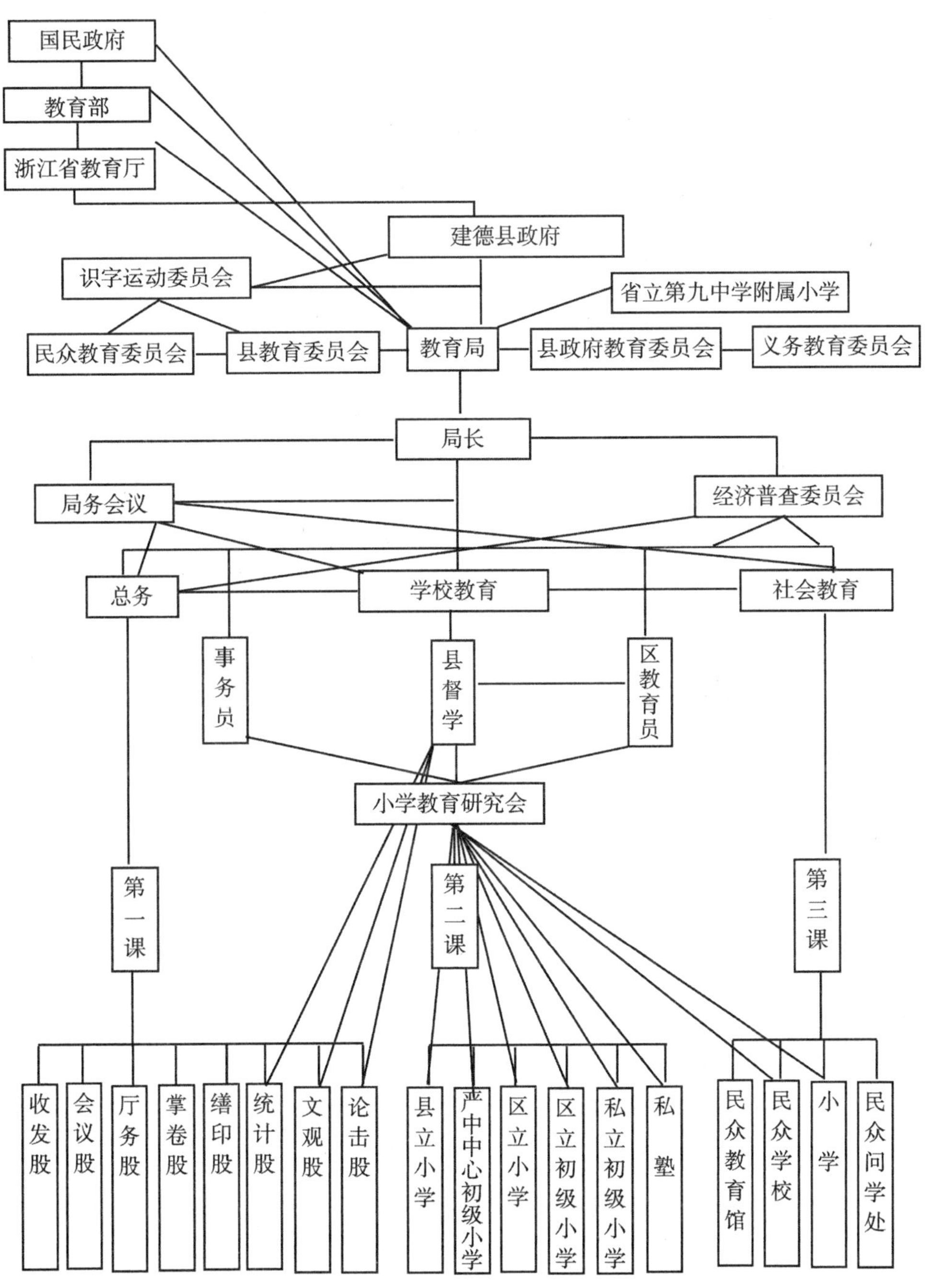

图 1-3　建德县政府教育局组织系统图

附：《建德县政府教育局组织大纲》

第一条　本局遵照省颁《县政府教育局规程》第一条之规定，并参酌地方实际情形组织之。

第二条　本局设局长一人，综理全局事务。

第三条　本局设县督学二人，视导全县教育事宜。

第四条　本局分设三课：第一课总务，由局长兼任。第二课学校教育，第三课社会教育，均由县督学兼任。各课事务分别担任如下：

一、第一课　掌理编造预算决算，稽核学款，编造表册，收发文件，出纳经费，保管信印、文卷、图书、器具等事项。

二、第二课　掌理学校教育之设置，变更整顿、扩充、调查、统计、研究、改良、考核、指导及厘定各项规程标准，并拟撰关于学校教育之文稿等事项。

三、第三课　掌理社会教育之计划、推广、调查、统计、研究、改良及撰拟关于社会教育之文稿等事项。

第五条　本局设课员、事务员各一人，分掌第一课及缮印文件等事务。

第六条　本局为行政便利，并补助督学起见，依照县行政区域，设区教育员一人，全县共六人。

第七条　本局为业务上之联络起见，由全局职员组织局务会议，每月视局务之缓急举行一次至四次，以局长为固定主席。

第八条　本组织大纲，经局务会议议决后，呈请教育厅备案施行。

查事务员照组织大纲规定只一人，现在实际为两人。盖固以前建德县管理教育款产委员会专设出纳员一人、事务员一人，现皆裁撤。此项职务即并归教育局总务科，故为事实上之需要，教育局即增加一事务员也。

组织大纲既只须经局务会议决定，呈请教育厅备案，是修改时亦须经同样程序。惟局务会议，乃以教育局全体职员为分子，是故局长若有意后改此大纲，事实亦最容易通过也。

第四款　县教育局之职权

《县组织法》第十六条规定："县政府下设教育局，掌学校图书馆、博物馆、公共体育场、公园等事项，及其他文化社会事业。"前段将教育局之职分别列出，尤恐不能概全，故复有"及其他文化社会事业"之概括、之规定。既不空洞、又不偏狭。《浙江省县教育局暂行条例》第二条："县教育局局长秉承县长，主管全县教育事宜。"笼统称全县教育事业，失之空洞。

学校图书馆等等，既为教育局之主要职权。其他文化社会事业，如古迹之保存也、家庭生活及儿童幸福之改良也、孤儿院济良所之设立也、合作事业之指导也……亦皆其职权之一，其执掌既如此之浩繁，欲平均发展而力有所不逮，财有所不能，欲分先后缓急，而标准又不鲜明，故教育局长多手足无措，不知究从何项下手。法令规定项项要办，实则项项都不能办，或办不好者，比比皆是！社会事业包括甚广，如救济事业之收容乞丐、育养无父母或其父母无能力乳哺之婴孩，以及残废之辈、老无所归之人，皆社会事业也，亦皆教育局之职掌也。但建德县则乞丐有乞丐收容所，婴孩有育婴堂，残废或老年无归之人有残疾院、养老院，而不归教育局。教育局主管之唯一职务，唯县立两个小学及五个中心小学，及区私立之小学耳，其他事项大多有名无实也。

教育局之职权，《县组织法》上既已分别兼顾，《浙江省各县教育局暂行条例》且概括的规定，概述如上矣。后者虽因大学区制取消，将《县教育局暂行条例》改颜为《县政府教育局规程》。但外颜改而内容未改，标题改而实际犹在也。乃党治下之教育局之职权责任，于教育局规程中既未有实行党化之文字之规定，实际上建德教育局为党工作，为党宣传之成绩太少，因之中央虽有实施三民主义教育之既定方针，然而事实上则未尝见县教育之三民主义化也！论职权则前清光绪末年劝学所、民国元年以后之劝学所、教育科，十年以后之教育局，以至北伐成功以后之教育局，固大同也，亦同样无党化教育之规定也！

第五款　县教育局局务会议

按现制，地方行政机关乃由主管人员一人负责，如县政府由县长一人负责，而科长、局长不过为县长之佐治人才，秘书为县长之僚属。由县政府各科、局长组织之县政会议，以县长为主席，其议决案只是供县长之采择施行，非能束缚县长有法律上之根据，县长不照县政会议议决案施行，县长即犯法也。此与国民政府委员制、省政府委员制，而国民政府委员会议决案法律上之束缚力，主席非照案执行者不同。县政会议既只是供县长之采纳，而县教育局局务会议，亦不过县教育局长为集思广益，征求众意，以备采择施行耳。在法律上其决议本无强追局长执行之根据，而事实上则局长为容纳众意，融合彼此感情起见，局务会议议决案亦照样执行。故除与教育局平行决定一县施教方针、计划、预决算之县教育委员会外，教育局局务会议甚关重要。

建德县政府教育局局务会议细则

第一条　本会议根据本局办事细则第八条之规定组织之。

第二条　本会议由本局全体职员共同举行之。

第三条　本会议以局长为主席，因事缺席时得另推临时主席。

第四条　本会议应行讨论之事项如下：

一、本年度教育计划之进行事项。

二、本局行政□规定之事项。

三、本局各项章则表册审定事项。

四、本局各职员业务上改进事项。

五、本局所需各机关一切审核事项及请议事项。

六、本局拟向外提出各案件或报告事项。

七、本局各职员提议事项。

第五条　本会议议决事项，由局长分配各课分别办理，遇窒碍难行时，局长得提交复议。

第六条　繁重议案提议者，应于会议前三日缮具议案，交局长印发各出席人员，先行考虑审核。

第七条　本会议视局务之缓急，每月举行一次，或每周举行一次，除在本局行政□每月规定一次外，其余由局长临时召集之。

第八条　本会议开会时由各职员轮流担任记录，或由主席临时指派之。

第九条　本会议开会秩序大要如下：

一、全体肃立，低声恭读总理遗嘱。

二、各课职员报告职务内重要事项。

三、提议讨论。

四、宣讲会议录。

五、散会。

第十条　凡议案由出席人员过半数取决之。

第十一条　本细则经局务会议通过施行。如有未尽事项，得由本会议修正之。

依第五条规定，是局务会议议决事项，局长必得要行。盖既曰“本会议议决事项，由局长分配各课分别办理”，而不曰“本会议议决事项得由局长分配各课分配分别办理”。文字显而易见也。“遇窒碍难行时，局长得提交复议”，但若复议而仍坚持原议，则局长当亦束手就范，执行之责，实无旁贷矣。此条规定与“局长总其大成，而负全县全部教育责任，经营规划全县整个的发展”之原则相反，宜改成“本会议决事项，得由局长分配各课分别办理”。盖责任既而事权即应放诸负专责之局长，否则亦委员制之变相局务会议不如称曰局务委员会之名实相符耳。

建德教育局局务会议议决案之比较重要者有：

1. 局址问题　教育局局址之累经变迁，于叙述地方教育行政机关之成立及沿革时，已连带述明矣。局址无固定，办事诸多不便，经几年之筹划，几任局长之经营，几次之局务会议之议决，乃因教款拮据，至今犹未得头绪，目前之办公处所，系租自民房，每月租金七元，位于建德县城内南门左侧，即邮政局之斜对面也。楼上房东自住，故教局之范围限于楼下。以堂堂教育行政机关竟栖人篱下，曷胜浩叹矣！局务会议累次议决，另建新屋或另拨局址之效力于此可见！闻二十年十月十三日刘局长又将此问题提议于县政会议，县政会议议决之效力比局务会议大故也。

2. 乡土教材编辑办法应如何遵办案　第四次会议十九年五月十四日议决：编辑办法内应分：（1）组成编辑委员会。委员人选：①辅导机关及教育局第二、三课职员。②民众教育馆职员。③各小学教职员。④各区教育员。（2）分组搜集材料搜集方法：①参考县志。②咨询父老。③调查各机关状况。（3）整理材料。拟定编辑大纲，分组编辑。（4）实验订正付印。实则至民国廿年底尚未见乡土教材之出现也！

3. 研究党义本局应如何切实遵行案　议决：从下星期（十九年九月二十二日）依照本局党义研究会规程，分期研究，书籍由局酌量采办，实则纸上谈兵，议决案上讲党议，而事实未必如此也！

由是可知局务会议所议决而能行者，多系琐细问题事件，否则议亦不行也。

第六款　教育局之办事情形及案件之管理

教育局之卷宗既依照各卷宗性质编制，略有门类次序，以便检查。而门类，先教育行政：自第元号至第九号是次教育经费；自十号至二十号是次小学教育；自二十一号至四五号是次各区小学；自四六至七七号是次社会教育；自七八号至八九号是次民众各团体；自九十号至九三号是次中学区事项；自九四至九六号是□□；而自九七号至一四八号，则为各项调查统计，亦即卷宗之最末一类也。故一阅标志，即可知其内容，非如县政府以一白发苍苍之老头儿任管卷之责，案件如何归档，如何查卷，悉凭彼个人之经验与记忆，不注意于近世分类方法。过寻卷时，则管卷者东抽一包，西抽一包，费去许多时间，而结果则五六案件，仅查得二三余。至翌日始能查出者，可比也；又非如公安局卷宗无一定之搁置处，所此地存一包，彼屋存一卷，查无从查，找无从找者可比也。教育局保管卷宗之方法，既较县政府及公安局进步，而局内各种重要办事细则，统计图表，皆分别写出悬挂墙壁之上，由此微小之事，即可证明教育界人之脑筋与行动，确比较清楚而有系统也。

附：《建德县政府教育局办事细则》

第一条　本细则遵照《浙江省县政府教育局规程》第二十一条所规定订定之。

第二条　本局遵照《规程》第一条所规定党理全县教育事宜。由局长督率县督学、各课职员及区教育员分别办理。

第三条　本局县督学除查照县督学服务细则服务外，仍须驻局办公，其服务细则另定之。

第四条　本局区教育员应查照区教育员服务细则服务，其细则另定之。

第五条　本局遵照《规程》第四条规定分设三课，处理规程内第五、六、七条所规定之事项，及本局组织大纲第四条所载各事项。

第六条　本局各课遇事务烦冗不及办理时，他课职员应协助之。

第七条　本局对于教育之设施计划，以及经费之预算决算，均提交县教育委员会审议之。

第八条　本局局务会议之进行，除订立行政历外，按时由局长召集局务会议，共同处理。其会议细则另定之。

第九条　本局对于教育经费依法核定后，交由县教育款产委员会收发之。

第十条　本局应编造年报，经由县长呈报教育厅，局长应副署。

第十一条　本局局长对于全县办理教育人员及本局职员，应负随时考核之责。

第十二条　本局局长除综理局务外，得亲历各区视察教育状况。

第十三条　本局局长因公外出，应委托局内职员兼代，并呈报县政府备案。

第十四条　本局收到文件应由第一课课员依次摘由编号，填注年月日，登入收文簿，逐日在办公完毕前送呈局长审核。发文稿簿发交各课办理，其紧要文件应随时呈送局长核办。

第十五条　本局各科课接到办稿簿拟妥稿件，或经办理完毕后，应加盖私章于簿内，连簿送请局长核判发缮，再由缮写者交由各课校阅，送印，即将原稿及来文送交第一课课员归档。其无须办稿之文件，经局长审核后，即行发课归卷。

第十六条　本局各课拟定稿件其须送县核判者，仍由主办课先送局长审核加章，交第一课课员摘由登明局稿送核簿，送请县长核备发还后再行发缮校阅，用送有签印簿载明件数等，送县签印将稿件等发课归档。

第十七条　本局每日发文由书记员摘由编号，填注年月日，登入发文簿，逐件对固用送文簿送发。

第十八条　本局文件不得携出局外或任人抄阅。凡未经公布之事件，各职员均应严守秘密，不得泄漏。

第十九条　本局办公时间除星期日及例假外，每日办公八小时，其办公时刻另定之。

第二十条　本局职员均应遵办公时间到局办公，不得迟到或早退。

第二十一条　本局职员因事请假，须经局长核准。

第二十二条　本局职员到局办公，逐日由值日员登记局务日记，以资考核。其值日员由全局职员按日轮值。值日规程另定之。

第二十三条　本局每年度召集区教育员会议二次，筹议各区教育上进行事项，其日期及筹议事项由局长酌定之。

第二十四条　本细则经局务会议通过，呈由县长转呈省教育厅备案（修正时同）。

此细则业于十九年二月二十二日第一次局务会议决议，经教厅备案故现在实行。

第七款　县教育局局长

一、县教育局局长之地位及任用

现行《县组织法》既有明文规定，一则曰“县政府设县长一人”，再则曰“县政府下设公安、财政、建设、教育各局，县政府各局各设局长一人”。是教育局长乃县长下之专负教育行政之责之人员也，故县教育局长秉承县长，主管全县教育事宜，而非离县政府独立不受县长之指挥监督。

县教育局局长一面既受教育厅长之指挥，而主管全县教育事宜，又须秉承县长，但一面又须综理局务，总各课之大成，而负全部责任，经营规划整个教育之发展，故本局局长对于全县办理教育人员及本局职员应随时负考核之责，故教育局长实为承上启下之机关也。

依《县组织法》之规定：“局长由县长就考试合格人员中遴选，呈请省政府核准后任命之。”此种规定既可使县长与局长发生关系，又能避免县长滥用无能力、无教育行政经验与学识之私人，充斥于教育界。盖考试既经合格，则其本身已具有教育学识。教育行政经验合格人中，又须经县长遴选。则被遴选者平素一定与县长有相当之关系，为县长所认识信任。以后办事自能收和衷共济之效，而不致相互攻击之弊。若完全由县长遴选，则：一、任用私人，贻误教育。二、县长不必皆贤，皆懂教育，则所选者亦不必皆能懂教育，努力于教育。三、受县长之牵制，于教育进行恐多妨碍；盖县长对于局长之进退，既可随己意操纵，则地方教育不欲受制于县长，实有不能；其结果高才必不屑就，既屑就矣，与县长必多冲突，而全权在县长掌握中；教育局长虽有本事，亦将动弹不得，而地方教育将永不能脱政治独立矣。

但若考试合格之人太少，甚且不敷各县分配，则县长遴选权亦等于零。盖考试合格之人既少，而县长又必须于合格之人中遴选，则假若此少数合格人中已被他县选去十分之八九，所余数人，即使此数人平素与县长不相能，不为县长所认识、信任，甚至为县长所厌恶，照《县组织法》规定，县长亦须于此数人中选任，则以后办事恐亦不能和衷共济，而必发生裂痕也，发生意见也。

且也县长时有更调，若被县长所遴选之教育局长，亦随县长之更调而变动，则教育局长当其就职之始，即存五日京兆之心，不努力于职务，视教育局为一己暂时之旅舍，则一县教育将江河日下矣。其或视职务为神圣，做一日和尚撞一日钟，稍有成绩，即随县长之更调撤职而不得不去职，岂不十年之功废于一旦哉？

故保障有成绩能努力于教育事业之教育局长，使其安心职务，按部就班进行，实为必要之事实，为政府必要之举。否则局长以县长之去留为去留，树倒猴狲散，现任局长即随时惊惶，教育进行即无确定的永久计划，以为努力施行之标准；后任者又各是其是，而无一定系统，故教育局长更迭一次，教育进行即停顿一次，进行之方式亦中变一次，影响所及，贻误地方教育，实非浅显也。

自清末创设劝学所，以至民国之教育科、教育局，其所长、科长、局长大都由地方选举，此种办法极合自治精神。当地方教育行政机关初创之时，因须开导人民劝学筹款，故所需资格不在教育学理之精深、办学经验之宏富，而在宣传号召之力，故人选不得不借重地方绅士。其积弊则教育上落伍之人斥充于地方教育行政机关。渠等思想陈腐，对于一般教育趋势，多所隔膜，以办学为差使，视学校为地盘，因师范毕业学生思想较新，目光较远，喜谈改革，不易合作，所以把持教育，拒绝新进，无所不用其极，加之内地薪俸菲薄，月薪少者仅十元。师范毕业生愿望较大，生活较高，大都望望去之。然在此辈大可优裕度日，不仅藉此另求别项收入，便可结交官厅，□动衙署。维持其绅士地位，使教育行政状况暮气重重，难希望进步，故私塾之设满坑满谷，正式小学寥寥无几，于此情形之下而欲发展地方自治，革新教育行政缺席，振刷教育界之精神，广筹经费，普及教育，难矣！故江浙等省县教育局长，多择人委任，以示国家在自治已有推行教育主权之意，而振刷地方教育；盖以地方自治之性质，并非脱离国家而独立国家之主管机关，在其范围内，亦得直达各地方，故以县教育局长代表国家主管地方教育，执行教育行政事宜，而以县教育委员会管理县教育款产委员会代表地方自治，参议地方教育设施之方针、计划、经济、所有地方之委任事务、与自治事务，双方皆有表现，此建德县教育局局长自前任董大本、现任刘策勋皆非建德籍也。

依浙江省政府颁布条例，县教育局局长由县长就省政府考试任用人员教育组及格人员中遴荐三人，呈请省政府择委一人，但遇必要时，得由省政府直接委任。所谓“必要时”者，即如遴荐时省政府考试任用人员教育组及格人员中不敷是也。此种办法，既合于学理，又能兼顾事实，不限定于本地人，亦不限定不用本地人，县长遴荐外，后得由省直委诚极妥商，此现任局长，不只系师范毕业生，且系高等师范毕业生、国立中山大学文学士，据省督学之报告对刘局长之办事精神，亦极赞美。

近来浙江省教育厅颇能注意地方教育。地方教育行政人员之地位及其报酬，颇有提高之动机，于是久应解决而未能解决之人选问题，多自行解决矣。人选问题一经解决，则地方教育行政人员之事业将由是一新。

二、县教育局局长之资格

依浙江省规定：

1. 省政府考试任用人员教育组及格者。

2. 国内外大学教育系或哲学系之教育组或师范大学或高等师范学校毕业者。

3. 高等师范学校选科，或旧制师范学校，或高中师范科毕业，曾任教育职务四年以上者。

4. 国内外专科以上学校毕业，曾任教育职务四年以上者。

查教育局长之资格规定太严，则无教育学识办学经验之人，固不易插足；但有时为地方信任有办学能力，且能努力于教育之人，亦因资格限制，不能展其所长；资格规定太低，则才高者不愿就，其结果必不圆满。是故教育局长资格之规定，因时、因地、因情形、因地方之教育之发达而不同。浙江省所规定极严，在江浙两省易行，在旁省教育不发达之省，则有种种困难矣。

三、县教育局局长之职务

局长为一县教

育之主管人员，负全县教育之全部责任，经营规划全县整个教育之发展，秉承县长，主管全县教育事宜。其责任不可谓之不大，其职务不可谓之不多，简而言之则为：1. 筹划县教育经费及保管县教育财产；2. 对于全县办理教育人员及教育局职员应负随时考核之责；3. 除办理局务外得亲历各区视察教育状况；4. 每一学年终应将当年县教育经过情形及翌年教育计划编为教育年报，呈由县长转呈省政府备案；5. 教育局局务会议主席。6. 出席县政会议，为县政会议之构成人员。

唯中国人皆好静而不多动，官厅为甚；教育行政，弊亦在此。局长、科长、科员除终日“呈悉此令”“等因奉此”点缀行政事务而外，所有计划与视察事务，久不执行。长官既多政客而组织根据于官僚，当事者多书吏，以公文程式为能事。普通概半皆如此，建德县现任局长、科长、科员、事务员等幸而不纯全如此。领袖长官如局长皆具有领袖之资格，不以“等因奉此”“呈悉此令”见长，而以善于活动见称；不摆官僚臭架子，实有平等之精神，科员、事务员亦上行不效，视局长为同事，互相纠正、互相问难、互相奋勉焉。兹将其名姓履历列下：

建德县教育局职员姓名履历及职掌表

表 1-33

职别	姓名	资格	经历	职掌事项
局长兼总务课长	刘策勋	广东高等师范学校毕业，国立中山大学文学士	历任中央军校政治教官、国民政府军事交通技术学校政治教官、旅鄂湖南中学校长、湖南民厅视察员、代理益阳县县长及浙江民厅新政指导员等职	掌理编造预算决算、稽核学款、编造表册、收发文件、出纳经费、保管印信、文卷图书、器具等事项

续表

职别	姓名	资格	经历	职掌事项
学校教育课课长兼督学	张　鋆	浙江省立第九中学毕业，受小学教员检定合格	曾任建德县建东小学教员三年、县立模范高级小学正教员兼教务主任七年、建德县督学三年	掌理学校教育之设备变更，整理扩充、调查统计、研究考核，指导及厘定各项规程标准，章则并关于学校教育之计划推广，拟撰文稿等事项
社会教育课课长兼督学	刘葆初	湖南第一师范毕业，曾任湖南益阳永泰等县劝学所长	曾任湖南益阳永泰等县劝学所长，广东东莞县教育科科长，旅鄂湖南中学国文教员	掌理社会教育之计划推广，调查统计研究，改良关于社会教育之拟撰文稿等事项
课员	洪同柏	严郡中学附设师范完全科毕业	曾任本县模范高小教员七年，省立第九师范学校教员六年半，附小主任教员五年，建德县教育课课员等职	协助办理第一课事项并兼管县教育委员会及教育款产会事务
事务员	汪思敬	浙江省立第九附属小学毕业	曾任严东关统捐局征收员及建德县政府土地陈报办事处督促员	掌理收发及缮印一切文件及其他事项
事务员	詹　璞	湖南省立第二中学毕业		掌理收发及缮印一切文件及其他事项

局长刘策勋、社会教育课长刘葆初、事务员詹璞皆湖南籍，余皆建德本地人。

第八款　县教育委员会

一、绪言

办理地方教育必须根据地方情况，其效乃宏。盖国家疆域广袤，人民性质又非单纯，设仅恃教育局筹划督率恐难适应各地人民特殊状况，故行政方面不能不与熟习地方热心教育人士通力合作，且近年以来，民智精神日益蓬勃，地方人民既负有教育上经济责任，自应有表示意见之机会，而教育行政必须周咨博访，广纳众论，方昭慎重，且利进行。故以前各县皆由教育部设有教董会专以参与行政官厅之教育计划及行政政策，但其权至审核议论为止也。浙江颁布之各县教育委员会，实行已五年，其职权比各省、各县之教育委员会大。

浙江省政府于公布《县政府教育科规程》时，当即公布《县政府教育委员会简章》十七条。十七年议复县教育局制度时，公布之《县教育局暂行条例》

第四条规定“县教育局设教育会，为筹议及辅佐全县教育行政之机关。”由简章适用县政府教育委员会简章。惟简章中之县政府教育科长，均应改为县政府教育局长，县政府教育科，均应改为县政府教育局。故旧颁简章，依然有效。建德县教育委员会简章，即全采《浙江省办教育委员会简章》。此外，另定《建德县教育委员会议事规程》以备会议时适用之，兹分别申述于下。

二、组织

县政府委员会由下列两种委员会组织：

1. 当然委员　县党部代表一人（每年由党部改推一次）、县长、县教育局长、县督学。

2. 聘任委员　热心提倡本县教育卓有成绩者，富有教育学识或经验者。

有上列资格之一者，由当然委员多数之议决，以县教育局之名义聘任之，其人数由三人至五人，任期一年。

查固定委员既有党部代表、县长，而聘任委员又不能由局长一手经营一手包办，因而由固定委员选出，是委员会之组织，既由各方面而成，而委员会实为代表各方面之意见。各委员之理想习惯不必与教育局长一致，会议时甚或发生辩论反对或专与局长为敌之事。人心之不同，意见之不同，各如其面，各是其所是，各非其所非，则局长办事，当感棘手矣！局长意见或遭压制矣！此其弊也，但若局长见解是有理由，局长办法计划果能周密，果能适应地方情形，得地方人士之赞助，则其他委员自亦必赞同。即使其他委员不以真正是非为是非，而一意破坏局长之计划，然而民言可畏，渠等亦不敢肆无忌惮也。况教育局长之一切计划，若果势在必行，行而有益，于地方教育即使通不过县教育委员会，亦可呈诸教育厅之鉴核，是县教育委员会委员，不必由局长一手操纵推选，而分固定与聘任委员两种，其利实多于其弊也。局长提案果有理由，则真理愈辩而愈明，愈易博得各委员之赞助，无理由或提出议案之动机不善或有理由而提议之动机又大公无私，但限于地方财力物力人力种种困难，则提议虽被打消，亦势所必至，理有固然也；此利多于弊。故教育行政方面不能不与熟悉地方热心教育人士通力合作，而不得不聘任委员也。

三、职权

查《县教育委员会简章》第一条："浙江省内各县应于县教育局设县教育委员会，筹议县教育行政事宜。"其职权似与一般审议机关更进一步，而有立法权之性质，第四条复明白规定教育委员会职权如下：

1. 审议县教育之方针及计划；
2. 筹划县教育经费；
3. 审核县教育经费之预算决算；
4. 议决县教育局交议事项；
5. 提议关于县教育事件。

此五项由第一项对县教育之方针及计划，其权止于审查议论，依"审议"二字释解，似不包括决定权，盖县教育方针及计划，照例须由教育局长拟出，呈由县长转呈教育厅备案故也。第四项对县教育局交议事件，虽有议决之权，但未明定何种事件须交会议，是教育局长臆拟提交而不能通过之事件，即不提出，提出之事件，又必有十分之七八之议决之把握也。

该会最大之权在第三、第五两项，盖审核县教育经费之预算决算，犹国会对内阁提出预决算之通过权。若内阁预决算而不能通过于国会，则内阁一切计划无从着手；且国会对内阁之预算，有缄缩之权，其所认为浪费或不必需之项目，可以大刀阔斧裁销，而内阁所设机关、所用人员，亦不得不受限制矣。依浙江省县教育局编造预算之程序，先须有局长提出，于县教育委员会通过，方能呈教育厅核准。县教育委员会不通过，则教育厅不受理，故县教育委员会对于一县教育费，实可操纵把控，而教育局长不得不低首下心，驯服照办也。教育厅核准县教育预算后，发交县政府，由县政府编入一县总预算，呈请民政厅、财政厅核准，由是预算方可成立。然教育预算，既经县教育委员会通过，教育厅核准，事实上预算已成立，而以后不过手续问题而已。

委员会职权照第五项规定，既有自动提议关于县教育事项之权，而不仅止于局交事件，此点关系委员会职权最大，否则仅止于被动的议论，为被动之发声虫而已。依第五项之规定，县教育委员会既负有筹划县教育经费之责，是第二条第二项聘任委员中，应增有筹划经济能力之委员在内，聘任委员之资格，似不必专限于热心提倡县教育局卓有成绩者，当有教育学识或经验。盖设立县教育委员会之用意，其大部分在于广筹经费，有经费则百政皆兴。以教育局长一人之能力有限，筹措经费，自感困难，故将筹划经费之责，加诸当地机关及当地教育界之代表，以思众擎易举，大家努力，若再能于聘任委员内增加有筹划经济能力之委员，如商会会长、殷实士绅或被民众信任得彼一倡民众即愿倾所囊之人，则筹划县教育经费之目的自易达到也。

四、教育委员会会议及委员待遇

1. 会议

每月开常会一次，遇有紧急事件则由主席临时召集开临时会，委员会主席每年推选，委员推选关于会议之记录等由教育局负任也，兹将议事规则如下：

第一条　本规程于会议时适用之。

第二条　本会依照省颁简章第三条之规定设主席一人，倘主席因事故不能出席时，应由委员推举临时主席代理其职务。

第三条　本会会期分常会、临时会两种。

第四条　开会时须有全体委员三分之二出席方得开议。

第五条　开会时各委员均须遵守开会秩序。

第六条　会议时如有提案与该委员本身有关系者须暂行回避。

第七条　提案之重要者须用书面说明理由及办法先期交会，以便印发各委员。

第八条　临时动议须有人附议方得成立。

第九条　每次常会或临时会委员均需出席，但遇特别事故不能出席时，应先向本会请假。

第十条　本规程经决议送县政府转呈备案施行。

第十一条　本规程如有未尽事宜得于常会提出修正。

2. 委员待遇

县教育委员会委员均为无给职，但聘任委员得于开会时，由县教育局于县教育经费项下，酌量交给川旅费。建德规定聘任委员五人，每人日支二元，但不出席者不给。

五、教育委员会某乡分会

依照简章第九条之规定："各县乡区视地方之需要，经省政府之核准，得酌设县教育委员会某乡分会，筹议该乡教育行政事宜。"盖恐县教育委员会之计虑容或未周，或不适于该乡特殊情况，故有此规定而得酌设分会之。

分会委员依照简章第十条："县教育委员会某乡分会委员，由县教育委员会委员多数之议决，以县教育局之名义聘任之；其人数由三人至五人；任期一年；资格与县教育委员会聘任委员同。"依照简章第十三条："分会委员均为无给职，但开会时由县教育局于该乡教育经费酌量支给川旅费。"

县教育委员会某乡分会得酌量设书记若干人，办理文牍庶务会计缮写等事宜，其薪水由县教育局于该乡教育经费项下酌量给之。

市乡分会对地方教育职权甚大，依简章第十二条规定，县教育委员会其乡分会职权准同第四条之规定事业：

1. 审议县教育之方针及计划；

2. 筹划县教育经费；

3. 审核县教育经费之预算、决算；

4. 议决县教育局交议事件；

5. 提议关于县教育事项。

但以该乡为限，除前项准用及但书外，不得因县教育局之委托管理并处理该乡教育行政事宜。第十五条规定："设有县教育委员会分会之乡区范围内之各区教育委员，应受该乡分会之指挥，并随时列席于该乡分会报告一切。"是区教育委员仅为其执行机关，某乡分会则为区教育委员之监督机关。指挥监督区教育委员之教育计划及行政方针。县教育委员会某乡分会盖为该乡全部教育行政之主体也。此为完全教育民办时代之现象也。

由此观之，浙江不特设县教育委员会且于市乡设立分会，分会之职除议决案件外，且能受县教育局之托管理行政事宜，并指挥区教育委员执行事件。此项机关实为促进地方教育普及最有效之方法。欲教育普及，实现总理教育计划，此办法实有推行各省各县各乡区之必要。

六、结论

在现在情况之下，各县设立县教育委员会以筹议一县教育事宜，某乡又设分会以谋地方教育之发展，委员除聘任支川旅费外皆不支薪，既收集思广益之效于县教育经费所耗无多，实属一举两得。

第九款　学区及区教育员

我国教育行政本采取三级制度，即中央、省区、县区是也。县区之下，又依户口之多寡及应设学校之量数，更分学区。但学区之分，只为施行教育之便利，学区仍为县区之行政，非能独立也。

区教育员乃办理学区教育之主要人员。受县教育局局长之委用，且直接受县教育局局长之指导，故区教育员为县教育局之办事员，非有独立机关之资格也。

建德在民国十九年以前，全县分八区，每区设区教育员一人，十九年三月二十日县行政会议议决，改为六区，设现在区教育员六人，每年每人不支薪水，只支工费二十元。照规定系由县中心小学校长、完全小学校长兼任，兹将其服务细则录下：

建德县政府教育局区教育员服务细则

第一条　本细则根据省颁区教育员服务细则标准设定之。

第二条　区教育员秉承教育局长，办理该区教育事宜，其职务如下：

1. 规划进行义务教育及社会教育一切措施事项；

2. 筹划整理区教育经费事宜；

3. 计划实施区教育兴革事项；

4. 呈报区内各小学设立及变更事项；

5. 呈荐区立小学校长、校董事项；

6. 督促各小学编造预算、查核设备及建筑、核定学级编制、增减教科及一切设施调查报告事项；

7. 处理关于教育宣传事项；

8. 办理区教育统计及报告事项；

9. 调解教育上纠纷事项；

10. 调查改良私塾事项；

11. 办理教育局各种委办事项；

12. 处理其他属于区教育事项。

第三条　区教育员办理区教育事宜，不得与中央及地方法令抵触或涉及教育范围以外。

第四条　区教育员每一学期至少须视导本区各小学及教育机关二次以上，遇各小学认为办理不合时，有直接纠正之责。

第五条　区教育员于每次视导完竣后，得召集本区各小学讨论改进方法，如与他区有关系者，应邀集他区教育员共同讨论之。

第六条　区教育员遇必要时，得召集本区内有关系人士协商本区内教育事项。

第七条　区教育员对于本区教育之改进意见及困难问题，得提交教育局局务会议讨论，共同解决之。

第八条　区教育员除将办理事件随时报告教育局外，应于每学期终了时，将本区教育状况作详细之书面报告。

第九条　区教育员遇上级机关莅区视察时，应将区内教育情形详细报告。

第十条　区教育员暂由中心小学校长、完全小学校长兼任之，除酌给公费外，不另支薪。

第十一条　区教育员遇教育局长召集开会讨论时，不得无故缺席。

第十二条　区教育员得于校内附设办公处。

第十三条　区教育员服务状况随时由教育局长考核，分别奖惩之。

第十四条　区教育员视导区内小学所用标准表格由教育局制发之。

第十五条　本细则经县教育委员会审定后呈请教育厅备案施行，修正时同。

区教育员职责既如此之重，似不应由中心小学校长、完全小学校长兼充，以免顾此失彼，努力小学即荒废区教育，应设专员，提高待遇，使负区教育之专责，盖以现在建德区教育员之待遇而论，年只得二十元之公费，草鞋费都不够，又何能望其尽心于职务也，故建德现在之区教育员亦不过承上转下之一盲肠而已。

普及教育为先总理遗教，且又定为政纲。上级教育官厅编造计划，求其贯彻，计划之内，亦有“用地方经费办理地方教育”为原则，而如何实现此原则，则“以地方信任且赞助之人用地方经济办理地方教育”是也。今日政府绝不能筹得巨款，用办普及地方教育事业，官厅亦不能强迫地方供出经费，完全由官厅办理地方教育事业。故只有勘酌地方户口、经济及交通情形，划分学区，学区之内，设置有训练、有干才而又获得地方之信任与赞助之把握之教育员一人，此项人员之待遇，必须较为优厚，以能用其全副精神力量于宣传运动，促进推行本地教育事业为标准。建德县学区教育员待遇之菲薄，与其职务之不被人重视，以此而欲求普及教育之实现是南辕而北辙也。

虽现在以教育经费拮据，教育事业不得应办尽办，区教育员待遇不能提高，但为增进教育之效率计，终须设法，终须打破每一区教育员每年待遇仅二十元之低等纪录，否则有名无实，不如裁撤区教育员，减一承上转下之盲肠也。如待遇提高，人选标准自可随之提高，俾区教育之推广指导，皆能顾及，而质量双方可期并进矣。

学区之划分，原不必与行政区一致，建德县学区按学龄儿童、地方习惯……只应分四学区而不应设六学区。

第十款　县督学

教育行政一语，概而言之，其任用有立法、设施、视察、指导四项。立法之责，由县教育委员会负之；执行之责，由教育行政长官任之；视察及指导之责，则县督学之职务也。

各乡村学务，每每分歧，各学校良窳唤否不一，必先熟悉情形，始可加以整顿改良，故督学一职关系一县教育之统一进步，至为重要。

建德县在民国十八年以前，设有视学员一人，职在依据委任视察教育机关所颁行之计划法令及教育标准实施之程度，周知弊害，以备改良。但因一人之精力有限，视察容或不周，且专视察而不注重指导，收效尚浅，故浙江省教育厅即将各县县视学改为县督学。督学职务除视察而外，且列举事项，得就办学者表示意见，讨论计划，分别指导之。盖指导与视察之作用，本不相同，指导乃于视察之外，加以详密之诊断，予以同情之辅助，使当事者乐就指导，相抵于成，对事外尚须对人，人事既恰，尤须期其成效，在促进教育之进步也。继以县督学一人，疲于奔命，于是再增一人，而建德县督学至今已额定两人矣。因县督学服务章则省定者寥寥数语，县又不加制定，以致督学处理各项事务无所根据，不免前后矛盾，或无所适从之苦，故于十九年董局长任内，遵照有定规程，拟订县督学服务细则如后。

建德县政府教育局县督学服务细则

第一条　本细则遵照省颁《县政府教育局规程》第二十一条订定之。

第二条　县督学秉承局长意志视导全县教育事宜。

第三条　全县视导分甲、乙两区，西北为甲区，东南为乙区。每学期内县督学对于全县小学及其他教育机关，至少须巡视一周；每年度内二督学交换区域视导；至城区由二督学共同负责，每学期至少须各巡视一周。

第四条　县督学应出席县教育委员会及其他教育行政人员会议，筹划及建议一切地方教育改进事宜。

第五条　县督学应与本学区辅导机关谋切实之联络，并随时参加小学教育研究会，做理论与实际之研究及指导。

第六条　县督学出发视察时应注意事项如下：

一、对于上级机关指定事项或本局教育法令应尽力督促之。

二、对于小学及其他教育机关设施状况认为不合时，有直接纠正之责。

三、得调阅小学及其他教育机关设施状况，认为不合时，有直接纠正之责。

四、对于私塾或新设小学，应查考能否与本局所颁改良私塾标准及设立小学规程相符。

五、每期视导前应根据上级教育机关所颁之调查表及视导方案，斟酌地方教育应注意事项，编定适当表册及方案，提交局务会议审定后应用之。

第七条　遇上级机关派员莅县视察时，应报告本县教育状况。

第八条　县督学遇必要时，得变更学校教学时间，并得随时至各校检查学生名额及试验学生成绩。

第九条　县督学于某校视察完竣后，将视察结果及指导事项，记入该校视察录，以资考核。

第十条　县督学于某区视察完竣后，于必要时得召集该区教育人员开会讨论，研究改进方法，并得指定相当之参考书报，令各阅读并令于相当时期将结果报告。

第十一条　县督学之视察指导，应与小学教育研究会谋密切之联系。

第十二条　每期视察指导完竣后，应将各小学及其他教育机关办理状况作成详细视察录，报由局长转呈教育厅备核。

第十三条　每期视察终了后，须拟具下期本县教育改进意见书，呈请本局长采用。

第十四条　每期视察终了后，对于各小学及其他教育机关之办理成绩，应分别优劣，呈请教育局惩奖之。

第十五条　县督学不得兼任局外其他职务。

第十六条　县督学如非出发视导时，仍应住局办公。

第十七条　县督学赴乡视察时，得寄宿小学及其他教育机关。

第十八条　县督学视察川旅费，由县教育经费项下支用之，实报实销。

第十九条　本细则呈请教育厅备案（修正时同）。

如是则县督学除督察学务外，更须明教育原理，于教育方面，有专门之研究与经验，否则盲人骑瞎马，夜半临深池，不惟自误，而且误全县教育矣。

依第四条、第十条、第十二条、第十三条等之规定，县督学除视察外并注重开会讨论辅导地方之进步，所应报告之事项亦较多，较之从前官样之报告，及机械式视察不可同日而语矣。

依第十五条"县督学不得兼任局外其他职务"，使能力专也。第十六条"县督学如非出发视导时，仍应住局办公"，使其对于局内事务不致隔阂也。而建德县督学照建德县教育局组织大纲，又规定必须兼任课长，是此条似可删除，以免重复。

县督学视察而不指导，则视察之事无益于地方，此第六条第二项第九条、第十条之所以订也。视察指导而不报告，或报告中不作改良之建议，则官厅仍不明了地方教育情形，而作整个之改良运动，旧制皆只有报告之规定，而浙江现在规定则更进一步，而规定视察后之改良意见，一方将报告中要点评语及改良意见赏罚办法，呈报局长转呈县长分别奖斥，故第十四条亦有此规定，诚极妥善。

惟照第三条规定“每学期内县督学对于全县小学及其他教育机关至少须巡视一周”，事实上办来弊端甚多，言至少“须巡视一周”，实则至多亦巡视一周也，因有此规定，故县督学即可藉此躲懒，每学期马马虎虎，巡视一周即以为县督学之职务已完毕，而巡视时之走马观花，固有口皆碑也，是以视察徒有虚名，指导更不言而喻矣。故第三条“每学期内县督学对于全县教育机关及小学至少须巡视一周”之“一”字宜改成“三”字，至少亦宜改成“二”字，庶乎督学即欲偷懒畚静，亦必视察三次或二次，使上级官厅及教育局长全县民众对小学能随时注意，随时加以改革，而各小学亦能常获督学之指导而自加奋勉也。

第二节　学校教育、私塾教育及义务教育

第一款　成立最早之小学

建德之有学校，昉自清光绪二十七年五月，知府刘宗标之将府立双峰书院更名为六睦学堂，及知县尹湜将西湖宝贤书院改组为宝贤学堂，前者为现在省立第九中学，而后者则为建德成立最早之小学也。初创时虽无小学之名，实具小学之实。光绪三十三年，知县增春移宝贤学堂于柳树巷口，更名为建德高等小学，于是名实相符，以致变化成现在之建德县立第一小学校，溯其初创以迄今兹，其历史已整整三十春秋矣。

乡立小学之最早者，当推现在之建北小学。该校于清光绪三十二年创办，初名建北高等小学，创办人中以包汝济力量居多，渠已于民国十年十月病殁矣！人已物化，功绩犹存，九泉有知，当能自慰也！

自光绪三十二年建北高等小学成立，三十三年知县增春移宝贤学堂于柳树巷口，更名为建德高等小学后，于是南区正谊初等小学、西区建西雨等小学、东区区立初高等小学、惠英女子小学相继成立。除惠英女子小学于民国十九年合并于县立第二小学外，余皆存在。正谊初小为私立小学之最早成立者，不可以不记也。

第二款　历年小学数

建德小学自前清光绪三十二年创办以来，直到民国十八年，已增至一百三十三校。

光绪三十二年　一校

三十三年　二校

宣统二年　四校

三年　八校

民国元年　十三校

二年　二九校

三年　三八校

四年　四五校

五年　四八校

六年　五七校

七年　八四校

八年　八六校

九年　九四校

十年　一〇〇校

十一年　一〇六校

十二年　一〇九校

十三、十四年　一一三校

十五年　一一四校

十六年　一一六校

十七年　一二一校

十八年　一三三校

乃因十九年暴动，校长、村长被杀者甚多，各乡村烧毁抢劫，以致无力维持小学。民国二十年，县教育局又因经费拮据，将县立中心小学停办二校，故现在全县只有小学校九十九，小学生数目亦由四千一百五十八人减至三千一百六十八人矣！

教育为立国之根本，关乎国家百年大计。视今日之教育成绩，即可以断他日国家之治乱、民族之盛衰。乃建德小学教育不惟不比前较有起色，甚至江河日下，直接则使目前应入学之儿童失学，亦即断丧国家之元气，掊掘国家之命根也，兹就现在概略状况述下：

第三款　全县小学数

全县学校共九十九所，计：

1. 县立完全小学二所，皆在城内。

（1）建德县立第一小学

（2）建德县立第二小学

2. 区立完全小学三所。

（1）建东小学

（2）建西小学

（3）建北小学

3. 县立中心初级小学五所。

（1）第二区　县立第一中心初级小学

（2）第四区　县立第二中心初级小学

（3）第三区　县立第三中心初级小学

（4）第五区　县立第四中心初级小学

（5）第六区　县立第五中心初级小学

4. 区立初级小学八十二校。

5. 私立初级小学七校。

共有男女学生三千一百六十八。

以现在小学校数与民国十八年比较为九十九比一百三十三，以现在小学学生数与民国十八年比较，为三千一百六十八比四千一百五十八，质不能改良，而量则鲜明减少四分之一，其原因其多最重要者为：

1. 教育经费不能增加。

2. 十九年七月共产党在建德县暴动毁损学校甚多，事后无力恢复。

3. 教育当局持因循敷衍态度，不能积极设法扩充，故遇有困难则停办之学校即陷于永久停办之状态，而无复学希望。

4. 因小学设备既简，老师多劣，乡民不愿送其子弟入校读书，而学校学生减少。

此诚建德教育当前之大问题，非设法解决不可。

第四款　县立完全小学

建德县县立完全小学只有二校，皆设于县城内。所谓完全小学者，即初级小学、高级小学兼而有之。换言之，即一校内兼有高初两级。初级四年，高级二年，皆遵照教育部之规定。

一、简史

县立第一小学　溯及原委，实自清光绪二十七年知县尹淮将西湖宝贤书院改组为宝贤学堂而正式创办，则为光绪三十三年知县增春移宝贤学堂于柳树巷口，更名为建德高等小学，继后校址累迁，而学生日见增加。民国十六年，国民革命军抵定浙江。即将该校与惠英女子小学并合为一，名曰县立中山小学。以陈汝羲为校长，学生达三百人。民国十八年后将县立中山小学划分为县立第一小学及第二小学。以凌成贵为县立第一小学校长，校址在城内西门大街，校屋以前系一私人所有，此人业典当业，因有一银器质当于该铺，该当业主人心起不良，私自将当铺烧毁一切，假名此银已被毁烧，实则系盗出另卖也。案破即判决将该典当铺充公，不久又拨作县立一小校舍焉。民国十九年，凌校长去职，蔡□继任，蔡品学兼优，教学努力，故成绩甚佳。民国廿八年暑假被人诬控吞款，蔡愤而辞职，教育局调委民众教育馆长包克祥充任校长云。

县立第二小学　系由惠英女子小学改成。民国十六年与县立第一小学合称县立中山小学，已述如前。民国十八年划分，即委省立第九师范学校毕业生赵振胡为校长，至今未改。查惠英女子小学系成立于光绪末年，故县立第二小学自惠英女子小学以迄现在，亦已有二十七年之历史。

二、概况

1. 学生数及学级数

县立一小学生共一百五十余，除一女生外，余皆男生。二小则女生甚多，占全校学生总数十分之四，计全校学生有一百四十余。两校皆各分五学级，计高级二、初级三。

2. 教职员

一小、二小教职员皆旧制师范本科毕业生，资格既合规定标准，而待遇之优，亦为全县各小学之冠。全校五学级，校长一人兼教课，月支二十四元，教员六人，师范生月支二十二元，中学生及师范讲习所毕业生月支十八元，平均月支二十元，此规定数目也，而实际则教员薪资皆一律支二十元。据校长云此系避除误会，故一律平等待遇。

3. 经费

由教育局支给计县立第一小学每年共支二千三百十元，县立二小年支二千二百四十二元，两校合计四千五百五十二元。

4. 设备及教学训管

一小教室及学生寝室，空气、光线皆觉不好，二小适得其反。盖一小校舍既系由私人当铺改成，一切自难改良，而二小则原为女学，设备既佳，又有景致。其他如篮球、图书等，两校设施大致尚全。所订课程，均遵照部颁课程标准。教学训管方面，一小甚佳，精神既好，而教者努力，学生亦勤，校长包克祥对付事件既热心而又具学力能力，实事求是，不尚粉饰，诚难能可贵也。

5. 学生活动及费用

一小将全校学生编为一村，设有村长、村副，以为执行机关。此外有委员会委员五人乃权力最大者，由各学生推出。村有五闾，以一学级为一闾，闾分四邻或三邻，以一排桌上之学生为一邻。在村委会下分图书部、合作部等，以办理图书馆及合作社，此外尚出周刊及揭示学生成绩等，此皆教职员指导下之学生活动也，县立二小亦类是。

一小、二小实际虽各另办理，原则上则分工合格，县城男孩多入一小，而二小则多女子。又，春季投考或报名者皆入一小，而秋季者入二小。以两校一在春季招生，一在秋季招生故也。

体育成绩，一小掌全县男生运动之牛耳，而二小则独霸女子运动焉。学生初级不收费，高级年收学费二元，其他经费需用时，亦向学生收取，但为数不多。

第五款　区立完全小学

区立完全小学，全县计共三校，即第五区区立建西小学（设于洋溪镇即第五区区公所对面）、第六区区立建北小学、第二区区立建东小学。

三校之中以建西小学办理之成绩最佳，可称建德县惟一良好小学。全校分四学级，学生人数一百二十余人，计高级一学级，初级三学级。校长兼课，月薪二十元，教务主任兼教员，训育主任兼教员共二人，教员二人，故全校教职员共五人，教员月薪十八元，皆师范或中学毕业生，经费年共一千四百元，除教育局年给补助费约二百元外，皆征收土产捐如柴炭等所得。设施颇佳，教管更极得法，故全县人士皆加赞许之称。惟校舍太狭，教员声浪讲解诵读时，常波及其他教室，盖该校校舍乃系租自民屋故也。

建北小学设立于第六区乾潭镇外，背山面河，风景之佳，为全县之冠。且其校舍隔壁即系伍子胥庙，据考证所得，以前伍子胥曾停住此地其久，并亲耕自给，种菜过活！庙中春花树一株，系其亲植，故至今已二千余年矣！若果确实，殊足与孔柏比美。保存古迹，不惟人民有责，政府亦有责焉！该校共分三学级，计高级一、初级二，学生九十余人，皆眉清目秀，异常活泼。教室光线、空气最佳，屋亦宽展，皮球、照镜应有尽有，设备之全在全县区私立小学中当首屈一指。校长兼教课，月二十元，现系上海东亚体育学校毕业生包任，渠对校事亦颇努力，而体操之成绩，全县学校无以该校之右者，教员三人年约二百薪资。全年经费一千二百五十元，除教育局补助二百元外，其余千元亦收土产捐。

建东小学共分二学级，办理成绩中平而已。教员时常旷课，故学生乐得嬉戏也！该校对教员之待遇，亦比建西、建北差。

第六款　县立中心初级小学

建德县县立中心初级小学自民国十七年创办七所，民国廿年因经费困难停办二所，故现在全县共设五所。其办理成绩最优者为第六区、第五区两县立中心小学。兹将规程录下：

建德县县立中心初级小学规程

第一条　本规程依据前国立浙江大学颁发《各县试办中心小学办法大纲》订定之。

第二条　中心小学由县政府就各学区内斟酌地点并校舍学童情形，及办理较有成绩之县区之小学校，提交县教育委员会核议后指定设立之。

第三条　中心小学之任务如下：

1. 规划区内各小学改进事宜；

2. 尽量采用最新而比较最有效之教育方法，以实验结果报告县政府采择施行；

3. 尽量搜集关于乡土教材资料，贡献县政府转呈教育厅编辑；

4. 辅导区内各小学及各私塾共同解决困难问题；

5. 调查及统计区内教育状况；

6. 核定一年度内辅导计划，呈报县政府核准施行；

7. 每学期结束前一月必须报告一学期内辅导工作经过，以资考核。

第四条　中心小学得举行区内小学各种展览会、竞赛会、研究会等，并得于假期内会同区内教师组织各种小学教育补习会，但须呈报县政府备案或请派员指导。

第五条　中心小学规划教育事宜时，有涉及行政者得建议县政府。

第六条　中心小学规划教育事宜之经费由县款交给之。其原有经费设经济委员会保管之。

第七条　中心小学职教员应尽量聘请经验丰富之师范生或成绩优良之教师充任之。其薪给亦得较区内普通初级教员略高，校长以兼教课为原则。

第八条　中心小学学生如不满四十人者，专办单级，过此定额，始得分级两学级，其编制方式经县政府核准后确定之。

第九条　中心小学编制之为单级者，教员薪给得较高于两级之复式编制，但须造具预算，经县政府核准。

第十条　中心小学校长由县政府依照本县小学校长任免规程，随时由县政府依照本县小学校长任免规程随时考核成绩，分别任免之，教员由校长遴请，县教育局填给聘书。

第十一条　本规程经县教育委员会通过后施行，并呈请浙江省教育厅备案，修正时同。

第七款　区私立小学

区立小学捌拾肆校，私立小学五校，大多因陋就简，经费既少，教师学历资格又低，例如第二区私立聚星初级小学，校长既供职外方，遥领空衔，教师又时时缺席，久假不归，三才初级小学所聘教师，头脑束烘，竟不知“年级”两字作何解释；第三区区立进修初小上午九时而校长兼教员之黄某尚酣睡未起，学生到有三人，一读百家姓，一读四言集字，一读六言集字；第四区区私立小学成绩皆中下，全县区私立小学最好者，当推洋溪正谊、竟华等校。

第八款　建德县小学教职员之任免

建德小学校长多系当地有势力财产者，或村长兼充。兹将《建德县小学校长任免规程》录下，而事实与规程不符也：

一、建德县小学校长任用期间分三阶段

1. 第一阶段半年；

2. 第二阶段一年；

3. 第三阶段二年。

其后每二年为阶段，小学校长于每一阶段内，经教育局考查后，分别成绩由县政府依照前列阶段任免。

二、充任校长之资格

县区立小学校长须具有下列资格之一，始得充任。

甲、完全小学校长须具有下列资格之一

1. 高中师范科或旧制师范本科，曾任教员一年以上者；

2. 高级中学或旧制中学毕业，曾任教员一年以上卓有成绩者；

3. 乡村师范毕业曾任教员二年以上；

4. 三年期以上师范讲习科毕业，曾任教员三年以上卓有成绩者。

乙、县立中心初级小学校长资格同前项，但遇特别情形时，得适用丙项之规定。

丙、区立初级小学校长须有下列资格之一

1. 有甲项资格之一者；

2. 初级中学毕业或曾受中等教育三年以上者；

3. 师范讲习科毕业者；

4. 高级小学毕业曾任教师三年以上卓有成绩者；

5. 最近三年内曾受小学教师检定合格者；

6. 办理地方教育事务三年以上卓有成绩者。

三、为尊重业务及谋进展计，各小学校长任用后，在未满阶段期间内，不任意撤换，惟有下列事项之一者，得以免之

1. 违背中国国民党党义或举动背谬者；

2. 违背国民政府教育方针及本县教育局所定学校规程者；

3. 治校不力，改进无方或少统驭能力者；

4. 操守不谨，侵蚀校款，或未经许可兼任有公职者；

5. 行为不检，人格堕落者；

6. 犯有嗜好或身心缺陷，不能执行职务者；

7. 受刑事上处分者。

四、校长为专任职，除有特别情形，或特种任务，经教育局许可外，不得在校外兼有公职。

五、校长须依下列各条服务

1. 对外代表一校一切事项，对内综理全校事务；

2. 执行校务会议议决事项，开校务会议时，并为主席；

3. 考查教员勤惰、商承教育局而进退之并支配其任务及薪额；

4. 不论完全小学初级小学校长，必须担任一级级任及教课，惟完全小学校长担任分数得减少自五百分至七百分；

5. 不得兼任校外事务；

6. 任期未满，不得中途辞职或擅离职守，遇必要时，须先一月呈准教育局，否则教育局得扣发校长薪水；

7. 不论因公私请假，须先呈准教育局核准；

8. 因故准辞或免职时，应将校中钤记、校具、款产簿籍、表册分别移交新任校长，点收清楚，并呈报教育局备案。

六、小学教员须依下列各条服务

1. 教员除担任教课外，应同负训导全校儿童之责，并分担校务之一部分；

2. 教员均为专任职，不得兼任校外职务。但非级任教员遇必要时，亦须先得校长之同意，方可兼任校外职务；

3. 教员接受聘书后，不得中途辞职，遇必要时，须先半月陈明校长，转呈教育局核准后，方可离职，否则校长得扣发教员一月以上薪水；

4. 因故辞职或去职时，应将所任职务及课务等详细交代校长清楚，否则校长得扣薪金。

七、小学校长教员均须依下列各条服务

1. 职教员均须绝对接受教育局职员之指导；

2. 职教员对于教育上有研究心得时，须以书面报告教育局，以供各小学采行；

3. 职教员因公务离职时，所担任职务由校中请人代理，私事请假三日以上者，须由本人请人代理，其代理日期之薪金，则由校长转送该代理人，一面在请假人薪金项下如数扣除；

4. 职教员每日须遵时到校；

5. 职教员应出席各种教育会议，倘因故不能出席时，须声明理由请假。

至言及资格，则与规程所规定者相差尤远，统计全县小学教职员资格如下：

1. 大学修业生全县仅一人，为小学教员；

2. 旧制师范学校毕业者仅占百分之十一；

3. 旧制中学毕业者仅占百分之五；

4. 师范讲习科占百分之十一；

5. 初中毕业占百分之十三；

6. 各种专门学校毕业或修业者占百分之四；

7. 中学师范修业者占百分之四；

8. 高级小学初级小学毕业者百分之二十；

9. 前清附生百分之十二；

10. 无资格者百分之二十。

查各区校长大都均系当地豪绅，坐拥虚衔，不管校务，其间虽有一二热心人士，但学识经验均感缺乏，亦不知教育为何事，以后辈而长校，安期建德小学教育之日新月异，建德小学校之整顿改进计划？

各校教师待遇异常微薄，年得薪修多则百元，少则三四十元（膳由校供），平均计算不过六十元左右。因此师范毕业生及较为优良之教师均不得不改业他就，另谋生路。职是各校教师大都系高小毕业生，及前清老学究等占其多数，教管毫无，敷衍塞责，其能悉心研究改进而感兴趣者几寥寥若晨星焉！

第九款　建德县小学之设备

建德县各小学设备，因困于经费，大都因陋就简，除县立及区立几个完全小学较为完备外，其他初小几乎只有几张旧式课桌及一块黑板，且高低大小均不合变。校舍多借民房及住寺庙宗祠。

建德县小学校舍统计：

民房：四十九校

宗祠：三十二校

庙宇：二十校

特建：九校

何能顾及通风、采光，至于仪器、标本、模型等，更少之又少，直至等零。其他如连扫帚、畚箕也无一副，学生坐凳之高，几与桌齐，盖多搞自家中也。教室内能挂党国旗者甚少，即有挂者亦多年不加刷拭，以致尘垢满积，既碍观瞻，复碍卫生。

第十款　建德县小学之教学

查教师资格既如上述，放建德县各小学教学法当无相当之研究，各小学教师所谓教学法不外教师讲学生听、教师做学生看，一味注入，毫无方法。每日除讲了几课书，写了一张字，即算教学责任已尽。除城市及四乡数校外，其余多不按时上课，纵有日课表贴诸粉板，但此课表，又多高挂于隐僻之地，非寻找多时，竟不能见，见则尘垢满纸，蛛丝遍窜，所排科目几难辨识，巍然列在当中之黑板，一年中教师恐光临不到十次，半年以内，粉笔恐少不了三支，是则戕贼人子罪当诛矣！

第十一款　建德小学之训育

论及建德县各小学训育，则大多数皆注重消极的管理。教员因薪修简薄，不能安心善诱，一见孩童，内心已生气三分，倘一不慎，触动其怒，轻则面壁，重则体罚，以泄其愤；课外枯坐，待至太阳落山，然后放学，几乎完全采用老学究唯一训管方法。至于课外儿童须有活动机会，如拍球、游戏等恐教师脑筋中从未忖及，以故乡校学生，在校除呆若木鸡，坐于课桌读死书外，并不感觉学校生活有何种兴味，因此辍课甚多，视学校为畏途，而家属亦不加以督促，任其游玩！

第十二款　私塾

依建德县教育局之规定，凡设立私塾，须区内有年长失学，或已经小学毕业而无力升学自愿补习，或学龄儿童过多学校不能容纳之三种情况下。私塾科目至少须有国语、常识二种，丙级以上，加珠算、党义二种。其用书：国语用商务印书馆《新时代国语教科书》，常识用世界书局《新主义常识课本》，珠算用商务印书馆《新学制珠算教科书》，党义用中华书局《新中华三民主义》。此种限制，用意不可谓不善，但建德私塾则多守以前读四书五经之办法，现因小学停办至三十余校，故建德私塾又遍于城乡矣。

第十三款　义务教育

一、引言

义务教育，又名强迫教育，即为国家所科于未成年之被教育者之父母或其监护人送其子女或所监护者入相当学校之义务。对于不令子女或被监护人入学者，由国家予以相当惩戒之谓也。

今日吾国情势所以日感紊乱，实以国民未受义务教育者太多，基本知识缺乏，对国事不知兴亡有责，因一般人民之不明达，故难有贤者，虽有真正领袖者，而不认识，不忠诚，虽有伟大英豪，而不光始终拥护耳！故为国家前途统一计、为民族生存民族光荣计、为社会公共谋利计，以及为三民主义实现计、为总理所主张之普及教育实现计，非普及义务教育！注重此一般众人之教育不为功，盖专制社会谋国者苟得少数贤人已足为治，共和社会则庶务必须公诸舆论，非有忠诚明达之国民而欲政治安定清明，方有可能，否则贤豪失望而去，不肖者充斥于官府耳。

义务教育之实施，目前清学部即有此计划。本党执政以后，大学院曾有每两年须减少失学儿童百分之二十之通令。浙江教育厅亦拟定各县义务教育委员会规程，限令各县设立，以谋推行义务教育。其组织亦如县教育委员会然，分当然委员与聘任委员，建德县义务教育教育委员会于民国十九年春成立，教育局对于义务教育亦定整个计划。

二、建德县政府教育局实施义务教育计划

1. 学龄儿童数

依照第一学区实地调查，其数约占总人口数百分之十二点五。建德人口据民政厅调查总数为十万零七千九百二十六人。今为推算便利计，暂假定为十万零八千。如照上列比例推算，则应有学龄儿童约一万三千五百人。

2. 入学儿童数

推十九年夏调查入学儿童数为三千五百四十一人，尚有私塾学生三百零九人，共计人数三千八百五十人。

3. 失学儿童数

从学龄儿童一万三千五百人减去入学儿童三千八百五十人，得九千六百五十人即为失学儿童。

4. 分年减少失学儿童计划

照大学院令每两年须减少失学儿童百分之二十，即每年须减少失学儿童百分之十，如是行之十年，乃可普及，其分年减少数推算如下：

（1）历年入学儿童数之增加：

第一年：一九六五人

第二年：一九三〇人

第三年：二八九五人

第四年：三八六〇人

第五年：四八二五人

第六年：五七九〇人

第七年：六七五五人

第八年：七七二〇人

第九年：八六八五人

第十年：九六五〇人

吾国实施义务教育，以国家经济力量言，或仅能强迫四年，如是则经四年以后，每年总有九六五人毕业，在校儿童每年即可减少九六五人。自第五年起，想有二倍于九六五人之儿童入学，但人口之增加依马尔萨斯定律，每二十五年增加一倍。假定儿童数之增加数为如是，则二十五年后，学龄儿童数应为一三五〇〇人之二倍。所增之一倍，在二十五年内，每年平均增加率应为一三五〇〇人之二十五分之一，即五四〇人，若以现在各小学未能容纳此数言，则逐年入学儿童数内应再加五四〇人因之：

第一年：一五〇五人

第二年：二〇四五人

第三年：二五八五人

第四年：三一二五人

第五年：三六六五人

第六年：四二〇五人

第七年：四七四五人

第八年：五二八五人

第九年：五八二五人

第十年：六三六五人

（2）历年增加学级数及教师数

每级假定平均能容四十人，以一教师教之，则十年内历年应增学级及教师为：

	学级数	教师
第一年	三八级	三八人
第二年	五一级	五一人
第三年	六五级	六五人
第四年	七八级	七八人
第五年	九二级	九二人
第六年	一〇五级	一〇五人
第七年	一一九级	一一九人
第八年	一三二级	一三二人
第九年	一四六级	一四六人
第十年	一五九级	一五九人

5. 历年应增经费数

历年应需经费每学级全年最低限度经常费以二百五十元计，再加开办费一百元，共计三百五十元，推算如下：

第一年：三三〇〇元

第二年：七八五〇元

第三年：二二七五〇元

第四年：二七三〇〇元

第五年：三二二〇〇元

第六年：三六七五〇元

第七年：四一六五〇元

第八年：四二二〇〇元

第九年：五一一〇〇元

第十年：五五六五〇元

6. 经费之筹措

（1）提用寺庙及丈余公地；

（2）地方税入百分之五十内扩充一部分；

（3）抽收土产捐。

7. 校舍之筹增

（1）利用寺庙祠堂；

（2）其他公共房屋堪充楼舍者。

8. 师资之培养

设师范训练班，先招收初中毕业者，一班五十人，训练三个月，依照德清办法，抽调现任各区各校教员，轮流就学，以三个月为一期，期满另调，年办三期，至够用为止。但因人与经费之欠缺，此种妥善计划，至今犹束之高阁，毫无事实表现也。

第三节　社会教育

第一款　绪论

社会教育之意义及困难　十六年度，社会教育为扩充教育之一课，以在大学区制下各处皆如此规定也。后改为社会教育课，教育局取消扩充教育课而另设社会教育课，以专掌社会教育事宜。此外有民众教育馆以负专责，并另设建德县识字运动宣传委员会以事宣传。

考社会教育之意义，乃谓化导社会之教育行为，其目的在以社会文化为主体，如通俗图书馆之设立，如藉演说小说剧院，以收教育之效是也。然而教育竞争力尚未可绳墨以求，彼学校教育，学制依级，课程依序，学籍依绩，三十年来尚不能精计造诣之成效，况社会教育，为时尚浅。建德社会教育之兴办，乃近两年事哉！夫社会至复杂也，民众至广漠也，习惯难移，盘沙久散，江山易改，本性难移，学习心理尚刺激，而社会教育机关、社会教育人员言论针砭乏力，不足以御游戏场一夕元游。仿效行为尚感化，而社会教育机关提携倡导之功，不足战胜旧习惯片刻之深念。此则建德民众教育、社会教育之成效尚少，未能满人之意，固亦势所必致，理有固然也。而建德县教育局长、民众教育馆长暨教育界人士，在此经费万分拮据之时，尚能积极努力，维持扩充，此吾人不能不万分同情、万分钦佩者也。

第二款　建德县民众教育馆成立及概况

建德民众教育，素称幼稚，经费既少，人才又缺，而办理者又多兼职，故欲举成效，殊觉不易。教育局鉴于民众教育之重要，本拟在十八年度第二学期内，即行组设民众教育馆，以专责成，仍以经费人才关系，延至学期终始行遴荐馆长呈请组设。嗣奉厅令以所荐馆长包克祥对于民众教育究竟有无相当认识，将来能否胜任等，发生疑义，暂准试任，俟办理有成效时，再行核委。乃于八月终转令包克祥知照，前往筹备，一面并令公立通俗图书馆及讲演所办理结束，定期移交民众教育馆接收。民国十九年九月十五日，民众教育馆正式成立，试任馆长包克祥同时宣誓就职。民国廿年，包调任县立第一高初小学校长，改委现任馆长许传述接充，业于民国二十八月试事。两馆长皆勇于任事，努力馆务，故颇得誉声，至馆员二人，对于职务亦颇努力。

在民众教育馆未成立以前，建德设有公立通俗图书馆一所。馆内设馆长并馆员一人，月支薪给十元；工役一人，月支工资七元。全年经费四百五十七元。除规定一百五十元为书报器具购置费，九十六元为办公费外，余均为薪工。馆址假用上周庙内，为城北小学，除聘用教员一人担任功课一半外，即由图书馆馆长兼任一半。馆中图书不多，管理无方，蹭蹬自不待言。

建德后有公立通俗教育讲演所一所，附设教育局内。所长由局长兼任，不支薪，所员一人，月支薪给十八元，每月川旅费三元，办公经费三元，年共二百八十八元。每年由讲演员送讲演稿一二篇，填送工作月报表二张，事实上苦无成绩可言。

建德民众教育设施舍此而外，尚有露天大阅报处四处，茶园内附设公众阅报处七处，购有杭报八份，分贴露天阅报处，次日移交茶园中，年支经费六十六元，由图书馆主管。

合计上列三项设施经费，年不过八百零四元，除阅报所经费由县教育经费项下支给外，其余图书讲演所二项经费，皆由公益费项下拨给，列入县公款预算，或增或减，教育局几乎无从顾问。十九年二月重编县教育预算，始将上列三项编列在内。

教育局为谋民众教育发展起见，对于旧有组织及经费支配方法，认为急应变更。固于编制十八年度教育实施计划时，主张将图书馆、讲演所合并为民众教育馆，先就原有经费妥为支配，在年度内筹备一切，以为十九年度进展之准备，嗣以人才经济种种牵制，未便变动，遂尔延搁。自前任教育局长董大本于十九年二月视事后，又旧话重提，拟定计划，努力进行，始有今日之民众教育馆，是建德民众教育馆之设立也，前任教育局长（现调任绍兴）之功为大焉。

第三款　组织

民众教育馆设馆长一人，就师范生或中学生之对于民众教育有研究及心得者遴请省教育厅委任之。馆中设讲演、图书、体育、扩充四部，每部各设主任一人，现因经费不充，故图书、扩充二部并设一主任，讲演、体育二部并设主任一人，此外设工役一人。其各部所属小组组长或干事，得函请馆外热心人士担任。

兹列组织系统如下：

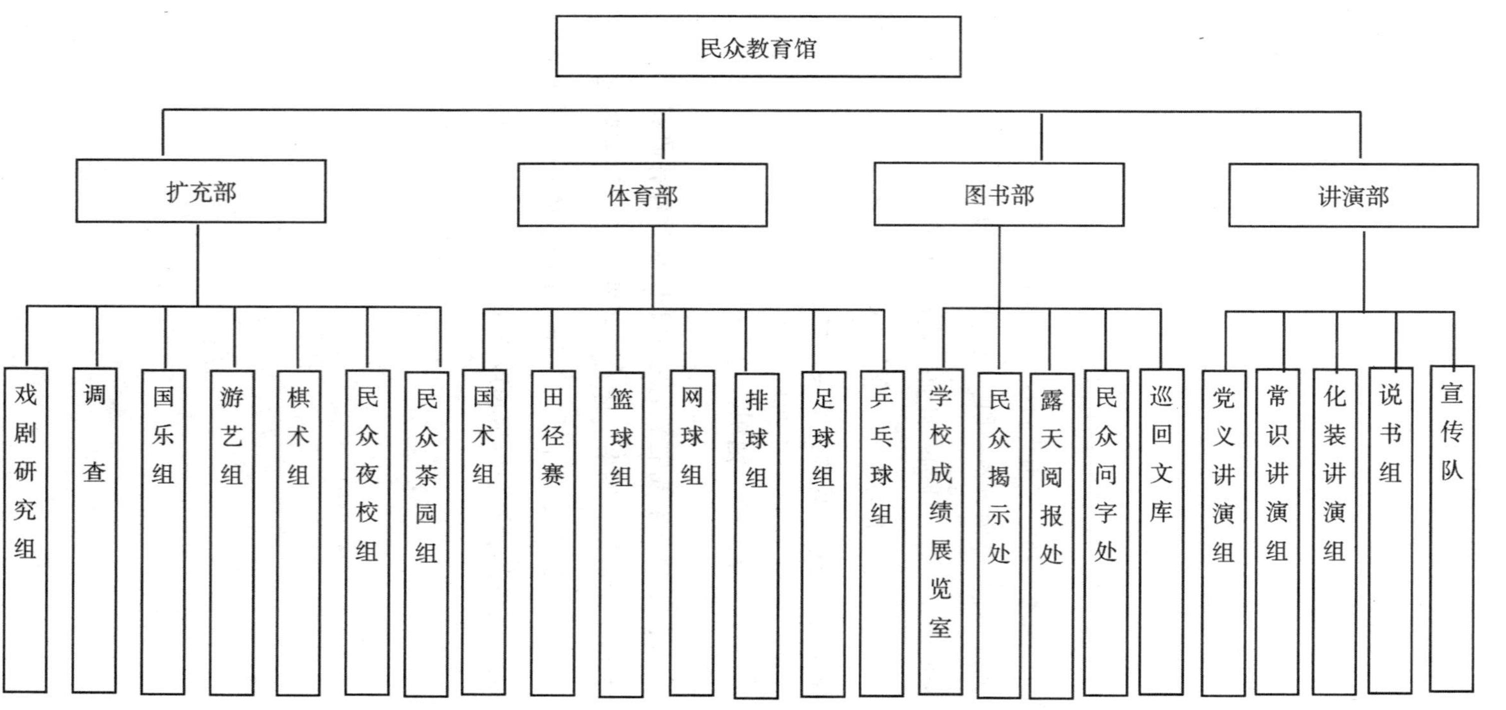

图1-4 建德县民众教育馆组织系统图

第四款　经费

图书馆等三项原有经费共八百零四元，再加预算所列运动场经费二百八十八元，平民教育补助费二百元，合计为一千二百九十二元。查县教育经费岁入为一万八千元，社会教育费至低限度百分之十，应为一千八百元，除去平民教育补助费二百元，并补零为整，约为一千五百元，故建德民众教育馆经费，月即规定为一百二十五元，年为一千五百元，但以现在税收不能足成，教育经费因之打扣，而民众教育馆经费亦只能按照预数领得七成，每月尚不足百元，因此困难，故馆长虽欲极力振顿，惜于有心无财，以致事与愿违也。

兹将该馆预算列下：

民众教育馆经费预算表

表 1-34

款项	预算数（元）	说明
第一款　民众教育馆经费	一五〇〇	
第一项　薪工	七五六	
第一目　薪给	六七二	馆长一人月支二十元，馆员二人月各支十八元
第二目　工资	八四	工役一人月七元
第二项　购置	四五六	本项各目经费均须实支实销
第一目　书籍	一八〇	每月添购十五元
第二目　报纸	九六	杭报十份，沪报四份，小报若干种。旧报除留存一份外按月售去补助经费月约支八元
第三目　运动器具	九六	
第四目　扩充器具及藏书	八四	每年添置书橱二座约洋二十元，添置巡回文库用器及扩充部用器年约六十四元
第三项　办公杂支费	二五二	
第一目　川旅费	一三二	名誉讲员若干人每月编稿一篇讲演四次者，支川费二元，每月以三篇计支川费六元，又下乡讲演川费月约五元
第二目　房租	二四	月二元
第三目　杂支	九六	邮电纸扎笔墨薪炭灯油等，月支八月
第四项　预备费	三六	

续表

款项	预算数（元）	说明
第一目　预备费	三六	
合计	一五〇〇	

第五款　民众教育馆馆章

建德县民众教育馆章程

一、组织

第一条　本章程依据省颁《县市民众教育馆暂行规程》之规定订定之。

第二条　民众教育馆以就民众实际生活，施以补充教育，使获得多方面之健全发展为宗旨。

第三条　本馆（以下简称本馆）暂设图书、讲演、体育、扩充四部。办理省颁暂行规程内规定各项业务。

第四条　本馆设馆长一人，总理全馆事务。各部各设主任一人，秉承馆长意图，分任各部事务，但在经费不多时，馆长及主任得兼任一部事务，少设二人。

第五条　讲演部主任由馆长遴选中等以上学校毕业者呈请县政府委任之。

第六条　馆长主任均为专任职，并随时受县政府之指挥监督。

第七条　本馆经费于每年度开始前三个月编造预算，连同年度计划呈由县政府编入县教育经费预算及县教育年度计划中，经省教育厅核定后，由县教育经费项下支给办理之。

第八条　本馆于每届年度终了时，应将经费决算连同本年度办理经过情形，编成报告，呈报县政府稽核备查。

第九条　本馆按月遵照教育厅制定月报表填送县政府查核。

二、任务

第十条　关于图书部的

1. 图书报纸之选择及购置、揭挂、保管等事项；

2. 图书目录之编制及新书之登记事项；

3. 规定图书之借取时期及指导阅读事项；

4. 图书之整理及曝晒事项；

5. 依期拟具计划及编造预算决算书等事项；

6. 计划阅报处问字处巡回文库等之设置扩充等事项；

7. 本馆文件之保存及公文来往缮发等事项；

8. 其他属于本部之一切事项。

第十一条　关于讲演部的

1. 拟撰讲稿及计划；

2. 搜集各种宣传材料及规划宣讲方法等事项；

3. 督促社会之改良及地方文化之发展、民众生活之改善、三民主义之普及等事项；

4. 其他属于本部之一切事项。

第十二条　关于体育部的

1. 计划运动场、练功器具之设备、运动场之设置等事项；

2. 计划民众运动之提倡比赛等事项；

3. 指导各小学关于社会体育之设施等事项；

4. 其他属于本部之一切事项。

第十三条　关于扩充部的

1. 计划民众学校、民众茶园、识字牌等之设置；

2. 民众娱乐器具之设置及整理保管等事项；

3. 民众教育及社会状况之调查等事项；

4. 其他属于本部内之一切事项。

三、附则

第十四条　本馆各部办事细则由馆长根据本章程拟订后，呈由教育局核转县政府备案。

第十五条　本章程经教育局拟定呈由县政府核转教育厅备案施行。

第十六条　本章程如有未尽事宜，得随时由教育局呈由县政府核转教育厅备案。

照该馆章程第四条之规定“馆长主任得兼馆内他部之职”，至在馆外并职，则第七条已严为禁止。现任民众教育馆长本系建德县党部执委，因受此条限制，业于民国二十年十月将县党部执委辞去矣。

此章程共十六条，因地制宜颇觉适当，惟其分组织、任务、附则，似可不必，盖乱分不如不分。如章程第七条、第八条、第九条所规定者，本不在组织之范围内，今乃勉强规于组织范围，是不伦不类矣。

规定条文拟定计划而不实行，则条文成为具文矣。民教馆二十年度之计划，固是继续初创时之计划也。十九年度计划能实行者，固多而未竟，如愿者亦不少，兹分述于下：

第六款　民众教育馆两年来之成绩

民众教育馆分作四部，已述如上矣，自民国十九年九月十五日成立迄今业已年半，此年半中，得前任馆长包克祥之苦心经营，努力进行，诚如浙江省督学李邦寿所云：“该县民众教育馆长包克祥管理一切，甚形努力，馆员毛碧霞、叶先铭均能尽责，馆中布置极为整洁。”而现任馆长许传述复积极扩充，恪尽职责，故虽经济备使困窘，犹能日新月异，此皆有口皆碑，非以一人好恶之私而特为赞扬者也。至图书、体育、扩充、讲演四部之成绩，则体育部成绩最佳，图书部次之，讲演部形同虚设，毫未有何表现焉。兹分类叙述于下：

一、关于体育部者

1. 设置运动场　该县运动场原极狭小，民众运动直等于零。经民教馆于民国二十年春季表演新剧，筹募款项，呈请县政府收回以前城北小学校场，作为运动场。民国二十年秋季，复以全县运动大会行将开会，经教育局长之策划，民教馆长之经营，而七百余元之运动场经费筹足，择定孔庙前面空地收买。此地面积约六十亩，原系农圃，现则已成建德县立运动场焉。

2. 筹划建德县第一届全县运动大会　建德县第一届全县运动大会，本规定于民国二十年总理诞辰举行。后因雨改于十一月二十四至二十六举行，关于一切运动事宜，事先之筹划，事后之收置，民众教育馆长及体育部长之力量最多。而民教馆自成立迄今所表现之成绩，以此次为最鲜明。

3. 组织各项运动　如乒乓球、足球、篮球、网球、排球等，均广为征集，运动员分别组织，并购置各项运动器具。

4. 此外如宣传体育，唤起民众对于体育之兴趣等等。

二、关于图书部者

1. 整理原有书籍　民教馆于成立后，即将以前公立通俗图书馆所有新旧大小书籍杂志二千余册接收，加以整理，并制定借书规则，而馆内书籍，即不散失矣。

2. 设立巡回文库　万有文库一部，原为浙江省财政厅赠送每县一部。建德县所领得之万有文库，即交该馆保管、借阅。该馆一面妥加保管，限定不准借者拿出馆外，以免遗失；一面即举办巡回文库，以完全小学为文库巡回地点，城区各小学皆设一库，以广阅览。

3. 设立民众问字处　该馆遵照教育局规定办法，于馆内及馆外适当处所设立，但民众来阅者甚少。

附：《建德县民众问字处规则》

第一条　凡不识字的人，或略识字的人，都可到本处来问字。

第二条　凡要问字的人，只要在上课时间之外，都可随时来问。

第三条　凡要问字的人，最好带了那本书同来。

第四条　凡所问的字，统限于通俗的，如有字义过于深奥，不在平民识字范围以内的，或正式字典上没有的，本处不负教字之责。

第五条　问字的人应该先说明姓名、年岁、职业等，以便记载或者自己填写。

第六条　字问明白之后，如果没有别的事，不要耽误教师时间和职务。

第七条　本处问字的时期，自开学之日起，至放寒假或暑假之日止。

附告：1. 此项规则须缮写一张，贴于校门口适当地方。

2. 须写“民众问字处”五个大字于校门口。

问字处记载册格式（用草账簿）

问字月日	问字人姓名	年岁	性别	职业	所问之字	何人答复

此册应按月统计一次报告教育局统计，项目如下：1. 问字人数；2. 平均年岁；3. 男女人数比较；4. 职业；5. 问的字数；6. 平均每日问字人数。

建德县小学照教育局规定，皆设有民众问字处，乃因人民故步自封，素持“知之为知之，不知之为不知，何必问”之态度！故收效甚少。以人民既不来问，而教字者更是得过且过，亦不愿多生麻烦故也。

4. 扩充露天阅报处　原有露天阅报处四处，现已扩充至七处，皆设于城区，每日悬挂沪杭各报。此外又附设阅报牌二处于民众教育馆门首。又乡间完全小学亦有二处。

5. 设立学校成绩展览室　民国十九年，教育局所举办之小学成绩展览会，其出品即于闭会后择取精粹，由馆特开一室陈列。民国二十年，由民众教育馆征集制造之学艺品，送省展览获得教育厅之嘉奖。此项出品，亦置于馆内陈列，以资全县师生及民众随时可以前来观摩，法至良意至善也。其展览品如水车等，博得参观者之称赞。

6. 举办民众揭示处　在馆门前及城厢通衢，设有民众揭示处十余处，随时以语体文或图书揭示国内外及本县重要时事。自九一八日本侵入东三省后，该馆对于此项工作，尤特别努力。每日上午九时、十一时，下午一时、四时半，由县政府广播无线电所得来之京沪杭消息，该馆馆员及各主任，立即提笔照书，分送揭示处揭示。是故建德民众对于日本暴行多得深刻之认识焉。

馆国图书，除万有文库一部外，其他关于国耻方面书籍、党义书籍亦多，盖馆长既系本党党员，对于党之宣传工作自能努力，且渠年未三十，青年血气，对国耻亦深刻认识。

三、关于扩充部者

1. 组设民众夜校　利用馆后小学教室组设民众夜校一所，招收不识字民众加以教授，下节再述。

2. 设立民众茶园　因经费支出不能独立创办，故附设于得意楼茶肆，实则有名无实耳。

3. 购置国乐器具组设国乐组。

4. 举行新年民众同乐会。

四、关于讲演部者

此项虽有利用说书等计划，但未有事实表现。

第七款　识字运动宣传委员会工作概述

建德县识字运动宣传委员会成立于民国十九年三月十八日，而识字运动宣传之工作，亦于委员会成立后开始。自十九年以迄现在，皆遵照教育部颁发《识字运动宣传计划大纲》及浙江省教育厅规定之识字运动宣传周而努力。其宣传目标，除遵照省颁计划纲要办理外，并偏重实施及普及方面进行，使失学之青年及成人，均受短期教育，早日完成其识字训练及公民训练之工作。宣传方法分讲演游艺、游行、标语、书报，至幻灯及影戏，则因经费困难，未克如愿。宣传地点分街衢、茶肆、村庄、演剧场及各村各种会场。乡区宣传有建西、建东、建北、临江等小学，均会同就地机关团体共同举行。建西小学除采用首颁剧本表演外，复自编《父母之心》《巧配》《愚三代》等剧本，应用化装表演说白，均能恰到好处，故观众深为感动。

宣传周举行宣传以外，教育局又以民众教育机关之设立，实系刻不容缓，乃订立民众学校规程、问字处规则、壁报办法，通令各小学并分函各机关团体一致斟酌附设，以期一般民众，不论识字不识字，均有增进知识之机会，一面更选定东关、西湖两村，为识字人口较多及较少之区，函村委会调查识字与不识字人口数，据以推算全县不识字人口约为五万七百二十人，此建德县识字运动宣传及办理识字运动之情形。

第八款　识字运动宣传委员会之组织、职权、经费

一、组织

委员分当然委员及聘任委员两种。

甲、当然委员

1. 县长

2. 教育局长

3. 县党部宣传部长

4. 县党部训练部长

5. 县商会常委

6. 农整会常委

7. 妇女协会常委

8. 教育会常委

乙、聘任委员

1. 教育局社会课长

2. 民众教育馆长

3. 城区各村里长

4. 各巡回指导员

5. 城区各小学校长

6. 公安局长

7. 九中校长

8. 九中附小主任

丙、设总务、宣传、组织三股，每股设主任一人，干事若干人，主任由本会委员互推之，干事由主席就教育局职员中指派之。

二、职权

1. 拟订本县识字运动宣传计划。

2. 决定本县识字运动宣传之时期及方法。

3. 搜集识字运动宣传材料。

4. 筹募识字运动宣传经费。

5. 其他关于识字运动宣传事项。

三、会议

本会以县长为主席，教育局长为副主席。

本会遇有特殊情形时，得组织临时主席团，由县长、教育局长及党部与民众团体出席委员推任之。

本会常委每月举行一次，必要时得举临时会，均由主席召集之。

四、区分会

本会为扩大运动起见，遇必要时得设区分会。

五、议决案之执行

本会议决各案，得分函各关系团体机关共同执行。

六、经费

本会经费除县教育费及地方公款项下支用外，遇必要或不敷时，由县政府筹划之。

第九款　民众教育

一、建德县推广民众学校之办法

建德环邑皆山，交通阻梗，地瘠民贫，人民失学者特多。欲求民智之发达，对于此不识字之民众，非加以训练，未受学校教育之民众，非使有受教之机会不可。建德教育局为此亦煞费苦心。乃以经费人才及人民之抱残守缺之态度，以致成绩尚少，盖民众学校尚寥若晨星，而入学民众亦尚居少数者也。

其推广民众学校之办法：

1. 通令全县小学斟酌就地情形，及校内设备、教学能力，尽量设法附设民众学校。

2. 各小学附设民众学校呈请备案后，在期满时由教育局派员考验，给予学校证书，凭证书之多寡给予补助费。

3. 各小学附设民众学校，各校内无力垫款时，得呈请教育局酌量先发辅助费，以足够赎办学用品为限。

4. 办理民众学校之教师如有显著成绩者，教育局得给予奖励。

5. 在分配辅助费标准中，加以办理民众学校一项。凡办有民众学校者，得多给辅助费。

其筹划民众学校经资之办法：

1. 于县教育经费预算中规定两百元平民教育辅助费。

2. 县教育经费预算中如有未经动用款项或赊款，在年度结束时，尽量请县教育委员会议发。

3. 各小学自行劝募，凡热心捐助者，呈请教育局颁给奖状。其捐款多者，照《捐款兴学条例》由教育局量请教育厅奖励。

此外并有教育局订定《民众学校规程》及《各小学兼办民众学校、民众教育办法》等，颁发各小学遵照办理。但因事实上之困难，各小学能遵照办理者甚少也。

民众教育含义至广，绝非少数从事小学教育者所能担负之事宜。小学兼办民众教育较最切实，而最易见效者。厥惟办理民众学校，及张贴壁报，灌输公民必需之智能道德等，故建德县教育局即斟酌建邑实际情形及经济状况，以完成识字训练及公民训练之工作为初等计划，并令各小学努力遵办。

（一）小学兼办民众教育事项之标准

凡单级小学必须设立问字处及代笔处。在经费能力可以订阅报纸之小学，必须逐日张贴壁报。

建德县设立壁报办法：

1. 选定一来往行人较多且通衢地方设立之。

2. 先将墙壁粉刷，再用五寸阔长和报纸一样的铅皮条折起一边，使成斜度，钉在上面，免得雨水淋漓。

3. 铅皮条上面可以漆蓝色做白字，写某某机关民众阅报处。

4. 利用平日订阅的日报，逐日揭挂在壁报处。

5. 揭挂时间最好在上午八点以前，收回时间在下午五时以后。

6. 如系机关或各法团添设，最好责成一人负责揭收。

以广阅览，二学级以上之小学，三年级以上之学生，必须参加民众运动工作。三学级以上之小学更须兼办民众学校，并利用各种纪念日举行游艺展览等会，以谋民众教育普及之宣传。

（二）小学兼办民众教育数量

本邑小学编制，总计单级者有八十四校，二学级者十校，三学级以上者五校。据上条标准可设立问字处及代笔处者有八十四。可参加民众运动工作者有十五。必须设立民众学校者有五。但此外不无努力民众教育之小学，可设立民众学校，能认真办理者，全县总计可达年余校。

（三）经费之预算及支配

预算中平民教育辅助费列入数为二百元。平均每学期为一百元。以之补助办理五校兼办民众学校，各小学为数甚微。故按本县颁行推广民众教育办法及办理民众学校规程，尽量专设。其经费支配方法则按毕业人数之多寡及办理成绩之优劣，酌量实际状况，分别酌给，以资鼓励而示公允。

（四）考核成绩办法

各校附设民众学校举办毕业时，由教育局派员考核成绩，发给证书，并由县督学出发视察时，将各校兼办民众教育状况，分别查填视察录，送呈查核。确有成绩者，得于补助费分配标准中加列兼办民众教育一项，多给补助费或由县给予名誉奖状。

二、民众学校规程

计共十七条，全录如下：

第一条　民众学校以根据三民主义授与年长失学者以简易知识、技能，使适应社会生活为宗旨。

第二条　凡年在十六岁以上之失学男女均得入学。

第三条　民众学校教授科目规定如下：

识字、三民主义、珠算、常识、音乐（随意科），必要时得加入农业或商业等科目。

第四条　民众学校所用书籍以经教育部审定者为限。

第五条　民众学校以三个月为一期，每期每周至少须授课十二小时，其时间以不妨碍民众职业为限。

第六条　各科时间分配于下：

识字：六小时

常识：三小时

珠算：一小时

三民主义：一小时

音乐：一小时

第七条　民众学校学生修毕第一期课程者，得继续修习第二期课程，以修完平民千字课，平民常识第一二册及能运用珠算演算加减法为最低限度。

第八条　民众学校学生须鼓励其劝导失学民众同来识字。凡能邀同三人以上始终来校就学者，须予以特别奖励。

第九条　民众学校学生修业期满时，须呈请教育局派员考验，及格者由教育局发给证书。

第十条　城乡各小学附设民众学校时，应先开具校址、学额、经费、课程、课本及担任教师姓名、校内设备、状况及就地户口多寡，呈请教育局核准备案。

第十一条　民众学校开学后一星期内，须将学生姓名、年龄、职业、住址及授课表送教育局以便考核。

第十二条　民众学位学生考验及格后，得由教育局凭证书之多寡，请令补助费，每一证书补助费银一元至三元。

第十三条　民众学校书籍、纸笔概由学校供给，不得收费用，但得在入校时每人收取保证小洋四角或六角，毕业时发还之。其中途辍学，不将书籍交还，或书籍已被污损者，得没收之。

第十四条　民众学校得于课外举行讲演、展览会及演映有益身心之电影，提倡正当娱乐。

第十五条　民众学校除由各小学附设外，各民众团体或私人亦得遵章创办，并请领补助费。其校长由调阅者推举，呈请教育局委任之。

第十六条　民众学校师资附设于小学者，由各该小学教师充任之。其单独调阅者，由校长聘任之。

第十七条　本规程得视需要时，由教育局修订之。

三、办理民众学校之成绩

建德民众学校自教育局通令办理以来，虽未能突飞猛进，遍处设立，但迄至现在，乡区已设立二十四校，每校一级，共计二十四级。寄情聊胜于无，现在固可自慰，而将来若能再加推广，则其发展当可令人满意也。兹将其概略述下：

乡区设立民众学校二十四校。每校一级，全县共二十四级。就学人数共四百九十七人。男：四百九十二人。女：五人。教职员数：三十九，皆属男性。毕业人数：四十七人，男四十四人，女三人。每校级数一级，每级人数平均二十人弱，故每校人数亦平均二十人弱。每教员所教学生数十三弱。每校经费数八元余，每级经费数亦八元余，每一就学人经费数约四角，每毕业生经费数一元。

第四节　教育经费

第一款　县教育经费之收入

县教育经费收入年共18126元，其来源如下：

一、县税：12356元

1. 四成教育费：7444元

查建德全县地丁额银二九二一四两八钱四分，每两征银七角，计洋二〇四四九元八角五分九厘，除九厘征收费计洋一八六〇九元外，二九二一四元之四成教育费得七四四四元。

2. 一成教育附税：4372元

十七年度起奉省令地丁每两带征教育附税一成，计0.15元，共得4372元。

3. 屠宰税附捐：540元

十八年三月县行政会议议决附征0.2元，以十分之三充教育经费，并经民政厅财政厅核准，计全年属实正税3600元，每猪征收0.4元，合9000头，附征0.2元，年得1800元，十分之三合得540元。

二、租息：3295元

1. 租金：3164元

（1）田租：二九八八元　全县学田一三一〇亩，佃户完量，每亩租谷六斗，共计七八六担，又南区陈村洋尾丙小洋等庄，均由公家完量，每亩九斗，共计一四八担五斗，总计九三四担五斗，年来受减租影响，以八折计算，计谷七四七石，每石平均四元，合计二九八八元。

（2）房租：176元

工息金：131元

三、自治附捐：1462元

民国七年由县知事张良楷呈准在地丁项下援用民国三年自治附捐名称，每两带征附税一角，指定五分作为教育经费，历年皆由县管两会及县款产会拨付图书馆讲演所及区补助费，目前年度起划归县教育款产会管理。

四、学费：150 元

县立第一小学高级生约 50 名，二小约 25 名，每生每年各收学费 2 元，共得 150 元。

五、行政经费拨助：768 元

原为每年 960 元，每月 80 元，自二十年四月起，只领得八成。

以上皆经常收入也，合计每年银 18030 元。

六、杂税：96 元

1. 验契附捐：24 元

2. 桑地租：60 元　县立女子小学每年养蚕一次，将丝出售得银缴归县教款会，自十九年度起改变办法，将桑地出租，约得租金 60 元云。至验契附捐，乃奉省令征收，在验契时附收每户征洋 0.2 元，一半解省，一半留拨地方教育费用。

3. 县立小学校产租息每年 12 元　以上为临时收入，年共 96 元，加入经常收入年共 18126 元。以全县教育费只有此一万余元，巧妇难为无米之炊，故建德教育亦只有江河日下也！不设法增多，则建德教育将永无发展之期望。

第二款　县教育经费之支出

全县教育经费仅有 18000 元之收入，故支配大都困难，诸事不得不因陋就简矣。

一、教育行政费

每年共 4244 元，占总数百分之三十，教育局 3361 元，县教育委员会等共达 900 元。教育行政人员俸给之簿，冠于全县各公务员，如局长月只 50 元，而县政府科长月得百元，其所负责任，并不比教育局局长大，而待遇则倍于局长，未免不公。地方对教育之轻视，于此可见。

二、学校教育费

总数 9992 元，其分配如下：

县立第一、第二小学 4552 元；

县立中心小学五所 1700 元；

区私立小学补助费 3740 元；

学校教育费占县教育费总数百分之五十五。

三、社会教育费

每年共洋 1860 元，约占总数百分之十，民众学校补助费 260 元。

四、各项教育补助费

计洋 1342 元，占总数百分之六。

第三款　建德县民国二十年度教育经费预算书

总计全县县教育经费收入为一万八千一百二十六元，支出亦为一万八千一百二十六元以此数办理全县教育，何能望其日有起色哉！省立第九中学附属小学校亦设于建德县城内三元坊横街。但一校经费，即有建德县县教育经费之多，故附小设备应有尽有，附小教员养尊处优，平均附小教员月薪在四十元，而建德县小学教员只每年二十余元三十元，以至每年二百元为最高额。只有附小教员五分之一，以至十分之一也！附小教员平均月薪既有四十元，每年四百八十元，而最多者每年且得千余元。是故附小人才济济，而建德各小学教职员则多系前清穷秀才，民国高小学生也。兹将二十年度预算列下：

浙江省建德县民国二十年度教育经费岁入预算书

（岁入经常门，数目以元为单位）

表 1–35

科目	二十年度预算数	十九年度预算数	比数增减	备考
第一款　县税	12356			
第一项　附加税	12356			
第一目　四成教育费	7444	7444		
第二目　一成教育费	4372	4372		
第三目　房产税附捐	540	540		
筹款租息	3295			

续表

科目	二十年度预算数	十九年度预算数	比数增减	备考
第一项　租金	3164	3164		
第一目　房产租金	176	176		
第一节　房租	165			
第二节　基地租	11			
第二目　田地租金	2988	2988		
第一节　田租	2988	2988		
第二项　息金				
第一目　菜地金息				
第二目　公债息金	131	131		
第三款　县立学校学杂费	150	150		
第一项　县立小学	150	150		
第一目　学费	150	150		县立第一小学高级生约 50，各二小约 25 名，年各收学费 2 元，合如上数
第三款　县立小学数拨补学杂费经费	2229			
第一项　行政经费拨助	768	960	-192	县政府拨补教育局行政费原为每月 80 元，自二十年四月起奉令支八成支给
第二项　自治附捐	1462	1462		

本预算岁入经常门合计银一万八千零三十元。

浙江省建德县民国二十年度教育经费岁入预算书

（岁入临时门）

表 1-36

科目	二十年度预算数	十九年度预算数	比数增减	备考
第一款　杂税	96			
第一项　总契附捐	24	24		
二　桑地租	64	64		
三　县立小学校产租息	12	12		

本预算岁入临时门合计银九十六元整。

本预算岁入经常临时两门合计银一万八千一百二十六元整。

浙江建德县民国廿年度教育经费岁出预算表

（岁出经常门）

表 1-37

科目	二十年度预算数	十九年度预算数	比数增减	备考
第一款　行政经费	4244	4116	128	
第一项　教育局经费	3368	3188	180	
第一目　俸给	2568	2448	120	
第一节　局长	600	600		月支 50 元
二　督学	816	816		2 人月各支 34 元
三　指导员				缺
四　课长				局长暨督学兼
五　课员	336	336		1 人月支 28 元
六　事务员兼书记	600	600		2 人月各 25 元
七　区教育员	120	120		全县六学区 1 人年共支公费 20 元
八　工役	96	96		
第二目　办公	740	620	120	
第一节　文具	180	180		
二　邮电	39	36		
三　消耗	60	60		
四　印刷	200	200		
五　杂支	60	60		
六　川旅	120	120		全县小学一百卅，钱可自十八年度增设县督学后原有川资不敷开支增如近年分四期预取，实报实销
七　房租	84	84		全局局址用一时属公家产屋间，系租用民房，每月房租洋 7 元，年计如上

续表

科目	二十年度预算数	十九年度预算数	比数增减	备考
第三目　设备				
四　预备费	60	60		
第一节　预备费	60	60		
第二项　教育委员会	156	168	-12	委员共9人均为虚给职，惟聘任委员4人月各支川旅费2元，工役由教局工役兼，月津贴1元，办公杂费如纸张等，墨薄籍薪炭灯油等消耗月支4元
第三项　教育款产委员会	432	456	-24	委员共9人均为月给职，惟主席1人月支津贴8元，聘任委员5人月各支川旅费2元，出纳员1人月支津贴8元，一律由教育局工役兼月津贴1元，办公杂费月支4元，房租月支3元，保管产津贴月支2元
第四项　义务教育委员会	144	144		聘任委员5人月各支川旅费2元，办公杂费月2元
五　民众教育委员会	120	120		聘任委员4人月各支川旅费2元，办公杂费月2元
六　教育经济稽核委员会	24	24		杂费
第一款　学校教育	9992	10672	-680	
第一项　县立小学	4552	4552		
第一目　县立第一小学	2310	2310		
第一节　薪金	1920	1920		四校五等级设校长1人兼预算月支24元，教员6人月支18元至22元不等，平均月各20元，轮役2人月各8元

续表

科目	二十年度预算数	十九年度预算数	比数增减	备考
第二节　办公	240	240		
三　设备	150	150		
第二目　县立第二小学	2242	2242		
第一节　薪金	1920	1920		如第一小学
二　办公	192	192		
三　设备	130	130		
第二项　县立中心小学	1700	2380		原有 7 所年各支洋 340 元，本年度起第四第五两校改由原有区款支给
第一目　薪金	1500	2100	-600	每校设校长 1 人以兼教员为原则，年各给公费 20 元，教员 2 人年各支 140 元，学生人数 35 人以下者，改为学级教员 1 人年 240 元给与预备费
二　办公	100	140	-40	每校 20 元
三　设备	100	140	-40	企业
第三项　补助费	3740	3740		以总数 20%至 25%为补助费，区立完全小学月和以 15%至 80%为租补助区私立初级小学用
第一目　区立完全小学	800	800		共四所每学期按照补助费分配标准分别等级补助之分两期发给
二　区私立初小	2940	2940		共一百余所
第三款　社会教育	1760	1850	-90	因识进会经费移在第四款开会费款内计算
第一项　县立民众教育馆	1500	1500		
第一目　薪金	768	758	10	馆长 1 人月 20，馆员 2 人月 18，工役 1 人月 8 元

续表

科目	二十年度预算数	十九年度预算数	比数增减	备考
二　办公	120	120		
三　设备	444	456	-12	每月添置书籍 15 元，杭报 10 份，沪报 3 份，秘书款月给支 10 元，购置运动器具月支 6 元，每年添置书橱 1 座 18 元，置巡回文库用器及督学
第四目　事业费	132	132		各
五　预备费	36	36		
第二项　区乡镇私立及其他社教机关补助费	260	200	60	为奖励民众学校起见，原发不敷配增加如上数
第一目　民众学校	260	200	60	依照民众小学规程，补助各民众学校年约如上数
第四款　各项教育补助费	1342			
第一项　特种补助费	458			
第一目　县教育会补助费	120	120		县教育会现已组织成立查一原月支 10 元，以作开会费用
二　学生补助费	90	90		本县规定省立民众实验学校官费生一年支 9 元
三　师范生参观费	48	48		本籍师范生毕业时津贴出外参观
四　建南小学特别补助费	200	200		
第二项　开会费	360	360		
第一目　省学区辅导会补费	40	40		
二　运动费	260	260		此款在上年度系编列运动均开办费因岁入短少未曾举办，现开办费已另筹备仍守原预算列入台账，举行全县小学运动会一次

续表

科目	二十年度预算数	十九年度预算数	比数增减	备考
三　识字运动宣传委员会	60	120	-60	每年举行二次识字运动会（付每次30实支实销）
第三项　特□费	524			
第一目　会考	40	40		本县高小毕业联欢会试用试卷等及试委与工役膳费30元，毕业生□10元
二　赋税	100	100		
三　房屋捐	18	18		
第四目　收租费用	366	366		各区收租费薪水照实收租及数目以□支给约336及簿子等共366

浙江建德县民国廿年度教育经费岁出预算表

（岁出临时门）

表1-38

科目	二十年度预算数	十九年交预算数	比数增减	备考
第一款　教育预备费	788	866	-78	
第一项　教育局添置费	60	60		
二　小学参观费	160	160		每年组织小学参观1次，共8人每人津贴20元
三　公立师范讲演费	200			□学区辅导会议自本年度起由本学区六县共立师范一所平摊之
四　修理费	18	18		
五　预备费	350	350		

本预算岁出临时门合计银七百八十八元。

本预算岁出经常临时两门合计银一万八千一百二十六元。

本预算岁入计一万八千一百二十六收支两抵无余。

第四款　区教育经费及私立学校教育经费

区教育经费以土产捐收入为大宗，由各区完全小学自行收用，全年共约银三千余元。而建西小学每年收土产捐约一千二百元，建北小学约千元，橡云学校经费全恃此项土产捐，人民缴纳土产捐亦无怨言，建西小学初创时，由当地士绅集议创征土产捐，今已行之三十年矣，以后各地仿效，遍行全县，因地制宜，法既良而收取又易。但积久弊生，各地土产捐既由各校自收自用，捐律极不平均，故教育局订定统一土产捐捐率及征收划一办法，以为收回县有统收统支准备，此项办法现在业已实行。

私立学校经费大都抽收学费或私人捐，间有提拨就地公产者，但为数甚少。

区私立小学除征收土产捐，提拨就地公产，抽收学费及私人捐外，依学校办理之良好等级，由县督学视察后呈报教育局，教育局即按其报告所列成绩等级，依据小学补助费分配标准，给予补助。而小学补助费分配标准，又系客观的，有一定规定的，县督学视察后，只能按规定评判某校良或某校不良，而不能凭一人之主观，私意判断，故结果颇好也。

附：《建德县教育局分派小学补助费标准》

第一条　本标准根据下列几项原则订定之

一、小学级数多寡

二、经费盈绌

三、教师资格

四、校中设备

五、学生数目

六、家族联络

七、办理成绩

八、填报表册

九、社会活动

第二条　初小完全小学之学级等级如下

		甲	乙	丙	丁
学级数	初级	4	3	2	1
	完全	6	5	4	3

第三条　校中经费收入状况等级暂定如下（县立除外）

等级		甲	乙	丙	丁
学级数	初级	不满400者	不满600元者	不满800元者	不满1000元者
	完全	不满50元者	不满100元者	不满150元者	不满200元者

第四条　教师资格等级如下

等级	甲	乙	丙	丁
资格	高级中学师范科毕业，旧制师范毕业或专门以上学校毕业	三年以下师范讲习所毕业或旧制中学毕业	高小毕业及前清贡生	无资格可填考

第五条　学生数目等级如下

乡村小学	等级	甲	乙	丙	丁	城市小学	等级	甲	乙	丙	丁
	小初	50	40	30	20		小初	60	50	40	30
	完全	100	80	60	40		完全	150	130	110	100

第六条　学生人数以载入学籍簿，并定有学生座位者为良，但考查时缺席人数在三分之一以上者，得以考查时所见实到人数为标准。

第七条　设备状况等级如下（设备表式另订）

等级	甲	乙	丙	丁
设备状况	合于教育局规定第四期设备者	合于教育局规定第三期设备者	合于教育局规定之第二期设备者	合于教育局规定第一期设备者

第八条　家庭联系等级如下

等级	甲	乙	丙	丁
联系事项	肯开游艺会恳亲会及作家庭访问者	肯开恳亲会及作家庭访问者	肯作家庭访问者	不作家庭方面联系之类者

第九条　办理成绩等级以教育局订定小学辅导纲要所列等级为标准

（附注）办理成绩得再参以各教师教学法

等级	甲	乙	丙	丁
乡村初小	做满五级	做满三级	做满二级	做满一级
城市初小	做满六级	做满四级	做满三级	做满二级
乡村初小	做满七级	做满六级	做满五级	做满四级
城市初小	做满八级	做满七级	做满六级	做满五级

第十条　填报表册等级如下

等级	甲	乙	丙	丁
填报状况	填报表册统依限交到指定工作也能切实做到	填报表册有一半以上依限交到指定工作只能作到一半以上者	填报表册年度告催交数逾一半或者指定工作做不到一半者	填报表册告催后仍不能交到三分之一以上或指定工作做不到三分之一者

第十一条　社会活动等级如下

等级	甲	乙	丙	丁
活动事项	社会活动很努力或办理民众夜校有三分之二以上人依期毕业	社会活动肯满题或办理民众夜校有半数依期毕业	社会活动有参加或办理民众夜校有三分之一人依期毕业	社会活动不肯参加或平民夜校应办而不办

第十二条　考查小学时得一甲者，给以八十分，得一乙者给以七十分，得一丙者给以六十分，得一丁者给以五十分，不得丁者不给分（平均时仍须列入），平均后不满六十分者，为丁等，不满七十分者为丙等，不满八十分者为乙等，满八十分者为甲等。

第十三条　各级小学应得补助费之比如下

4（甲等）：3（乙等）：2（丙等）：1（丁等）

第十四条　每期发给补助费时，以各级学校数乘各级之比例之和除补助费总数得商，即为每期丁等小学一校所应得之补助费，其式如下

补助费总数÷（甲等校数×4+乙等校数×3+丙等校数×2+丁等校数×1）＝X，即丁等小学校每校应得之补助费

∴ 2X＝丙等小学每校应得之补助费

3X＝乙等小学每校应得之补助费

4X＝甲等小学每校应得之补助费

第十五条　每期补助费以区学费并入计数，以总数百分之廿至廿五为补助区支完全小学用，以百分之七十五至八十为区私立小学用。

第十六条　本标准适用于全县区私立各小学，其系县立性质者，得酌提补助费百分之五，亦以上列各条办法分给各该校以资奖励。

第十七条　本标准每年得由教育局斟酌全县教育进展情形，提交县教育委员会加以修改，但以提高为原则。

第十八条　本标准经县教育委员会审查通过后呈请教育厅备案施行（修改时同）。

附：《建德县征收土产学捐章程》

（一）本章程凡本县各小学校征收土产学捐均适用之。

（二）各校征收土产捐以曾经呈请□案者为限。

（三）各校征收土产捐无论直接征收或投标征收，均须向教育局领用县教育局款产委员会制定三联单，并在联单上加盖校长及征收人名章，以防流弊。

（四）各校征收土产捐，应按期将报单呈由教育局转送教育款产委员会审核。

（五）土产捐直接派员征收时，其公费以征额一成支给，其□特别情形，得酌量微增加，但不得超过二成。

（六）土产捐如系采用投标制者，须遵照本县征收土产捐投标章程办理之。

（七）各区土产捐在本县未经规定统一办法以前，其种类及捐率等概照征收所在地各学校成例照章缴捐。

（八）各校土产捐于开征前，应将核准种类、捐率及征收方捐法率等公告大家，捐务结束时，其征收实数及被捐人姓氏亦应开列清单。

（九）各校对于商民承缴土产捐款时，查有以多报少，或隐匿不报者，除需令照章如数补缴外，并要以一倍至三倍之罚金，前项处罚由县政府或就地公安局执行之。

（十）前条短报或隐匿系经人报告薄觉者，罚款得提四分充赏余概作学款。

（十一）各商民对于学校及收捐员征收土产捐，认为有舞弊情形时，得随时报告教育局，以凭核办。

（十二）本章程经县教育委员会议决送县政府转呈核准公布施行。

全县土产学捐捐率一览

以第四中小捐率为最低，光荣第五为前高，以纯善第二为最低，建北为最高。

捐名	原有捐率	重定捐率	征收学校
茶叶捐	每担一角或二角，每篓二角或四角八分	每担二角五分	建东　建南　建北　建西
桐子捐	每担五分或一角或三分	每担一角	建东　建西　建南　道同　纯善第一
柏子捐	每担三分	每担五分	建南
桐油捐	每提一角	每担一角	建北　第三中心小学
松板捐	每方二分或一分五，可百片一角或二角	每片二厘	建北　建南　第三中心小学
杉树项木	每一百板四角	每枝四厘	建北
杉树光木	每百枝五分或一角五分或二角或三角	每枝二厘	建东　建西　建北　第三中心小学
杉树正木	每百枝一角或一角五或二角或三角	每枝二厘五	建北　建东　建西　建南　纯善第二、三中心小学
松树业捐	每担二厘三厘六厘	每担三厘	建东、西、南、北　第三中心小学　丽正　钟秀
炭捐	每担四厘三厘或三角五分	每担五厘	建东、西、南、北　第三中心小学　光荣第五
生漆捐	每担八角	每担一元	建北
油麻捐	每担三分四分	每担三分	建西　第三中心小学　钟秀
芝麻捐	每担五分或一角二分	每担一角二分	建南　建西
豆捐	每担一分五厘三分四分	每担四分	建西　钟秀　第三中心小学
玉蜀黍捐	每担一分	每担一分	第三中心小学
皂子捐	每担二分	每担二分	第三中心小学
鼠捐	每担一分五厘	每担二分	第三中心小学
皂饼捐	每担三分	每担三分	第三中心小学
果子捐	每担三分	每担三分	建西

续表

捐名	原有捐率	重定捐率	征收学校
菜饼捐	每担五分	每担五分	第三中心小学
麻饼捐	每担五分	每担五分	第三中心小学
白术捐	每担八角	每担八角	建北
芍药捐	每担四角	每担四角	建北
乌药捐	每担一角	每担一角	建北
盐业捐	每百担一分五	每百担一分五	望江小学
竹捐	每担三分	每担三分	
扫帚捐	每担三厘	裁	建东
谷捐	每担一分二分	裁	第三中心小学　浚智　丽正
麦捐	每担一分五厘或三分	裁	第三中心小学　钟秀
油菜捐	每担三分四分	裁	纯善　第二　钟秀
稻草捐	每船二角	裁	第三中心小学
松毛、毛柴捐	每船六分一角六分	裁	第三中心小学
参皮捐	每件一分	裁	
山货捐	每元一分	裁	第三中心小学
牛捐	每头二角	裁	第三中心小学
猪捐	每头八分五分	裁	第三中心小学　纯正　钟秀

附：《建德县征收经忏学捐章程》*

第一条　本县为筹增教育经费征收全县经忏学捐。

第二条　凡本县区域内所有僧道不论在寺观祠庙或雇主家诵拜经忏者均应遵本章程规定捐率认缴捐款方得奉行。

* “经忏捐”是寺院或僧人在举行佛事时所收入的税，用来支持教育经费。民国十八年(1929)十一月二十七日，依据浙江省民政厅批第1596号，浙江省佛教会向各县征集“经忏捐”，规定要求：“查各县经忏捐，有起于前清及民国后，历年征收者，均经指有用途。自应照旧办理，所请暂毋庸议。”根据民国《杭州市征收经忏捐章程》，税率是经忏价的百分之十，水陆道场法会等举行时，向市政府财政局报告经忏的种类、价格、斋主姓名等，并且去交纳“经忏捐”，若有故意隐匿，或虚伪报告，必须纳付捐款的十倍。

第三条　经忏捐捐率概依经忏价征收百分之十。

第四条　凡本县僧道受雇诵拜之经忏，其捐款一律由雇主缴纳，其由僧道自行殿拜或借地点代拜者，则由僧道自行负责缴纳之。

第五条　经忏捐捐款得委托承办经忏之原寺庙等，代向雇主缴收或采用投票承包制。

第六条　奉行经忏之雇主如有隐匿不报或承包寺庙有扶同隐匿情弊，一经查明或被人奉发由县政府依照捐率十倍处罚。

第七条　经忏捐款由县教育款产委员会负责办理，必要时得请公安局协助进行。

第八条　征收经忏捐款为谋办事上便利起见，得在各区设立分征收处。

第九条　本章程如有未尽事宜，县政府得随时呈情修正之。

第十条　本章程由县政府呈请核准后公布施行。

第五款　教育经费之保管

一、任务

按《管理市县教育款产委员会简章》第一条“浙江省内各县为保障教育经费之独立，应设管理县教育款产委员会管理全县之一切公款公产”，是教育款产委员会设立之用意，在保障教育经费之独立，其任务在管理全县之一切教育公款、公产也。建德县教育款产委员会成立于民国十七年四月，以一年为一届，迄今已第四届矣。在此会未成立以前，教育款产由县款产委员会管理，教育经费常移挪作其他用途。自成立以后，移挪之事当然不生。故教育款产委员会之设立，动机甚善，成绩甚佳，裨益于教育实非浅鲜。

二、组织

管理县教育款产委员会由在列两种委员组织之：

1. 当然委员

县长、县教育局长、管理县公款公产委员会代表一人、县小学教职员联合会代表一人至三人、省立第九中学附属小学教职员代表。

2. 聘任委员

富有教育学识或经验者、富有经济学识或财政经验者、熟知县教育经济状况者、热心提倡本县教育卓有成绩者。

有上列资格之一者，经当然委员过半数以上之公决，以县政府之名义聘任之，其人数自三至五人，聘任委员任期一年。当然委员中由各机关推出之代表，每年由原机关改推一次，如原机关中途认行推出之代表为不称职时，亦得撤回另推。委员为无给职，但开会时得酌支川旅费，但建德则只支聘任委员五人月各二元，不出席者不给。设常务委员三人，由全体委员互选之，并于常务委员中推定一人为主席，月支八元。

管理县教育款产委员会之组织与县教育委员会相同，惟委员略不同耳，固定委员如县长、局长固身兼二职，而聘任委员以建德论，亦多身兼两会委员职也。委员会内设出纳员一人，事务员一人，月各支十元，现在由教育局总务课课员兼委员会事务员。

出纳员执掌如下：

（1）款项之收支；

（2）保管各项收支簿据；

（3）造具每月收支清册及公告。

事务员执掌如下：

（1）缮写、印刷及收发文件；

（2）保管案卷及器具；

（3）造具本会之收支月报；

（4）开会时一切记录；

（5）编制议事录；

（6）关于其他一切庶务事项。

三、职权

管理县教育款产委员会之任务，既在管理全县之一切公款公产，而保障教育经费之独立，故其职权亦多在经费之保管收支等，因此而设有保管库，下款再述，兹将委员会职权略述于下：

1. 县教育经费之动支，其性质属于列入全县教育经费预算为经常之支出者，即交保管库支付，其属于临时追加教育经费之动用，须经县教育委员会之议决，交由管理县教育款产委员会认可，有三分之二以上之委员署名，填给发款凭单，盖用委员会印，交保管库支付。

2. 县教育公款公产如有亏损侵蚀或移作非教育事业用者，应由全体委员负责赔补。

3. 管理县教育款产委员会对于管理征收县教育经费捐税之机关或人员及租赁、典借县教育公产之店主、佃农等，有所咨询或指挥时，其事关重要者，应呈请县政府以县政府之命令行之，其寻常例行事件，得由委员会直接行文，其有征收得力或懈废职务者，亦据实呈请县政府分别奖惩。

4. 管理县教育款产委员会对于管理征收县教育经费捐税之机关或人员，有随时督促之权，并得拟定整理办法呈请县政府核准施行。

5. 管理县教育款产委员会至少每两月开会一次，审查县教育经费收支，由主席委员召集之。其审查结果，须造册呈送县政府备查，并公布之。

6. 每一学期终了时，管理县教育款产委员会将一学期之县教育经费收支造具详细清册，连同票据呈送县教育转呈省政府备查并公布之。

7. 管理县教育款产委员会为慎重款产之保管起见，应酌量地方情形，设立保管库，保管全县一切教育公款及教育公产之契券，票据息折等件。

四、保管库

按照《管理县教育款产委员会简章》第六条“管理县教育款产委员会为慎重款产之保管起见，应酌量地方情形，设立保管库，保管全县一切教育公款及教育公产之契券票据息折等件”，已述于前矣。依第七条之规定“保管库应经委员过半数以上之公决，呈由县政府核准委托经营国库银行办理之，其县所在地无是项银行者，得经委员过半数以上之公决，呈由县政府核准委托殷实可靠之其他银行或商铺（典当或钱庄）代为办理”，建德县无银行，故保管库即委托程大兴布庄代为办理。后因该布庄停歇，改托杨永泰号。依前项简章第十二条“凡县征税或收取产息人员所收各种赋税花息现金，其征收全部或成数属于教育经费者，应即日填具缴款，款送委员会核明数目，连同现金送交保管库核收，并制取收据备查，教育公产实物收益（如米谷之类）变价所得之现金，亦应依照前项手续办理”及第九条“保管库存储教育公款之利率，保管教育公产契券票据息折之费用，收付款件之手续等，均由委员会会同保管机关订定保管细则，呈由县政府核转省政府备案”，建德县管理教育款产委员会依据之而订定《保管库保管细则》焉。但因近年来教育款项常入不敷出，故保管库有其名而无其实，保管细则徒成具文也。兹抄录于下：

建德县管理教育款产委员会保管库保管细则

第一条　本细则依据本会简章第九条之规定订定之。

第二条　本会依据简章第七条后项之规定委托程大兴号（现改杨永泰号）为教育款产保管库。

第三条　保管库之责任如下：

一、保管教育公产款契券票据息折等件；

二、存储教育公款；

三、收支教育款项。

第四条　凡教育公产契券票据息折等件，缮具同样清册二份，一份连同上项契券等件交库点收保管，一份存会备查。

第五条　保管前项契券票据息折等以及收支款项等件，年给津贴洋廿四元。

第六条　保管库收到各种教育款项，应请缴款人填具缴单，核明银数，立即收账，制给收据并填具收款通知，关照本会。

第七条　保管库支付款项，应凭本会填给之发款凭单内所列银数支付，如有错误，应负赔偿之责。

第八条　发款凭单依月日先后编号保存，以备查考。

第九条　收入银款次日起息，付出银款，即日停息。

第十条　存储银款每月六厘，千分之六起息，倘遇款项不敷，保管库不负筹垫之责。

第十一条　每年六月十二日，本会推定代表二人向保管库清算一次，分别公告，以照实在。

第十二条　本细则双方会同订定，一俟呈由县政府核转省政府备案后发生效力。

第十三条　本细则将来如有不适用之处，得由双方会同另订。

第五节　批评及改进意见

第一款　引言

建德县教育概况既述如上矣。统计全县人口十二万余，其十三岁以上能识字者，不上十分之一。全县学龄儿童一万三千五百人中，得入学之儿童只三千一百六十八人。其余失学儿童几达一万名。以入学儿童与失学儿童一比，则失学儿童三倍于入学儿童！推其所以失学原因全以：一、小学办理不良，基本教育失实。二、地方贫瘠，农村经济破产，农民无力供给其子女入学。而小学办理不良，要不外下列三种原因：一、经费短缺；二、师资缺乏；三、设备不全对症缺药。

第二款　筹增教育经费

经费为事业之母，经费无着，事业即难进展。经费不足，既不足以言推广，复不足以言改良。建德县县教育经费年只一万八千元，区教育经费年只三千元，已述如上。以此区区数目，办理全县教育，杯水车薪，何能有济？而区立小学，又每因经费来源大宗出自土产捐，故每年之首不能规定数目，编造预算。若土产突然减少，则小学所持为命脉之土产捐，随之短绌，而该小学则难支持，至乡村初小，则仅持学费维持者十居八九，校中一切，自不得不因陋就简矣。欲建德教育之日新月异，建德在中学之能有成绩，对于经费一项，不得不设法增加。筹增之法管见如下：

一、于地方税项下每两年增征教育费三角

当建德县原有田赋额计地方银二万九千四百九十五两方钱二分二厘，民国二十年间垦荒地已增至三万零一百六两九钱五分八厘，每两每年增征三角教育费，可得九千元，以八折计可实收八千余元。对于一县教育，未始终无裨补。或有难者，以现在之苛捐杂税之多，人民已不堪其苦，若再增收教育费每两每年三角，岂不令建德农民如水愈深如火愈热耶？此税初听似有理但再为深究则破绽立见。盖浙江各县地丁税有每年每两征至十四五者，平均亦在十之左右，独建德县因无漕粮，故每年每两只征四元三角。今再加教育费三角，尚不足五元，在浙江省各县中，人民负担仍为最轻。且每两每年只增三角，人民极易缴纳，于一县教育之振刷，得益更大。且取之于民，用之于民。以人民所纳之资，教育其子女，在纳税者既极值得，在办理教育者亦不至浪费也。

二、征收附捐

在不抵触国税、省税之下，对于奢侈品征收附捐，以增教育经费。例如建德以产五加皮酒出名，此种奢侈品每斤或每瓶征收极小之附捐，在人民之所损失极微。然对于教育费，则增加不小矣。

三、调查各区公产官荒完全划充教育经费

此项公产官荒，为数不少，不为村中之土劣经营，每年收获归其个人所有，即任期荒弃而无生产。如能由教育局调查之后，或租于人民经营，每年收租或变卖作价以充教育经费，既可负人个中饱，又可地尽其利，教育经费藉此增加是一举三得也。

四、劝导人民移其迷信之浪费以充教育之经费

建德地处僻静，山多田少，迷信之毒中于人民甚深。当此欧化东来、科学昌明之时代，该县民众犹令求神问佛，塑立泥像，且每遇寺庙香会之期，人民杀猪宰鸡难以为供奉，虽至破家荡产，亦毫无顾惜！例如城南南高峰下之尼姑庵于二十年阴历冬月初五行开光大会，远近人民纷纷降临，杀猪供祭至四十余口，每口大者重二百余斤，小者六十斤，平均在百斤，统计至四千余斤，值国币一千五百余元，暨其他用费约耗费三千六国币左右！以离城不数百步之地尚且如此，其他偏僻因迷信而浪费之资，更不忍言矣。此种恶习若能由办理教育者勤诱改良移其迷信之资。以充教育费用，则教育费当年加万数以上。而乡村各小学之经费，亦较充裕矣。

五、请求加增省款辅助费

辅助原是调剂地方贫富不均，促成各地人民能有教育均等之机会，江苏省库每年津贴各县教育经费四千元，浙江则较有等差多省每县可得四千余元，一年而少者数百元。建德地瘠民贫，出产不丰，商务衰落，教育经费既极支绌则省库补助当较优夥，但实际则每月只辅助八十元，尚只能八折实支，放每年省补助费不上八百元也。为调剂地方财力，使建德人民得受良好教育起见，省补助费实有请求增加之必要。

六、办学人员须极努力引起社会之同情与资助

地方教育经费之多寡，依教育行政原理言之约以下四项为转移之原因：一是地方人民之富力，二是官厅负责之程度，三是办学人员努力之情形，四是社会同情与赞助之程度。而社会同情与赞助之程度又多以官厅负责之程度及办学人员努力之情形为转移之关键。若官厅方面对于教育特别重视，极力负责，办理整顿，办学人员又能视教育为终身事业，不怕艰难困苦，则无形之中，已得社会同情。既得同情，即不难博得赞助，既得赞助，则学款可以捐募，经费可以增筹，有力者出力，有能者出能，有财者出资，则轻而易举。教育经费即不至拮据万状，教育事业亦不至无法进行矣。

我国兴学之初，朝野上下亦以教育为国家富强之本，故废科举于学校，至于今日教育效果究竟如何？政府官僚对于青年学生固有不满，一般社会人民对于今日之学校及学校内所教养之学生更为失望，是皆由于办理教育者不能以教育之目的办理学校，只知藉办教育之名，混自己之饭吃耳！办学者既无具体效果，能使社会切实明了教育事业为国家为地方利益极大之投资，而地方教育行政人员又无意于联络人民，只知以官僚自命，由是遂失社会之同情与赞助，故而视学校为可有可无之物，致地方教育经费难于筹措。关于税源屡受抗拒，更勿论化私为公，捐款办学也。故不欲教育之发达，不欲教育经费增加则已，否则办理教育者应不怕艰难困苦，致力于教育事业，引起社会之同情与赞助，则教育经费自能筹措。

其他如指定遗产税与所得税为教育事税，没收庙产或征收庙产捐，以补助教育费用，皆为切要之图。但非建德县一县之力所能办到。是在中央之能否规定办法，将全国统筹规划饬令各省县地方遵办耳。

第三款　提高教育人员之待遇

教育人员包括教育行政人员及学校教职员二者，如教育局长、县督学负一县教育行政之责者也，而学校教师则负一校教训之责。服务以待遇为条件，教育人员服务之效率，全视其精神努力之程度，然非待遇优厚则生活问题已难解决，而望以全副精神全副力量以求服务之效率不可得也。虽教育行政人员及教师不必以待遇之厚薄为出力程度之比例，但非此不能安心服务也。

一、教育行政人员

查教育局局长负一县教育全责，其职务比之县政府各科科长，及县公安局长等，不为简单。是教育局长之待遇，与科长、局长理应相同，乃建德县情形则与此相反。县政府各科科长月俸一百元，县公安局长月俸一百一十元，县教育局局长月俸仅五十元。两相比较，殊觉不公。其他县督学、课长、课员、事务员等，亦比县政府及公安局之科员等低，对教育人员之待遇菲薄，不惟使服务教育界人士灰心，因而不能集中精力办理教育事宜，且实为轻视教育之表现。若不欲建德教育事业进步则已，否则对上列教育行政人员，实有提高待遇之必要也。区教育员每年只得二十元，太少，应增，否则虚有其名，不如裁撤，以免虚有其名也。若区教育员之待遇增加，既是鼓舞其负责之心，复可使而负一区教育全责，如是一区教育，庶乎有望。

二、教师

教师为国家施行教育养成国民之人，质言之为培植国本、建设国运之人，故其报酬不应在一般官吏下。虽以教育经费乃取给于地方，地方生活程度既异，人民富力各殊，待遇稍有不同，但薪俸标准，仍须按下列原则：

1. 教师俸给即为其生活费用，一切优待不在其内。俸额规定以能赡养其身家，而稍得储蓄，以应疾病、天灾及婚丧等事之特别需要为准。

2. 所谓赡养身家，应以本地职业五口之家之生活费为准。

3. 教师不可少之生活费外之储蓄数目，其资格及成绩二者并重。查建德县教师待遇，各校皆异常微薄，每年薪修多仅百元，少则三四十元，且有低至二十四元一年者！平均计算不过六十元左右！以此区区薪俸何能维持其个人生活？何能使其有仰事俯育之资？因此师范毕业生及较为优良之教师，均不得不改业他就，另谋生路，职是各校教师，大都系高小毕业生及前清老学究矣！教管毫无，敷衍塞责，教育效率何堪设想！不用下列办法，则建德教育简直无望！

（1）小学教员薪资由校中供伙食者，每月至少须十元，年共一百二十元。不供伙食者，每月至少二十五元，年共三百元。

（2）特别奖励优良教师。

（3）年初加俸。

（4）其他如宿舍等等优待。

第四款　选聘优良教员

人才经济为事业之双轨，缺一即不可行。当此训政时期，整顿教育，经济既不可不求其宽裕，优良师资尤不可不选用与培植训练。日本之战胜俄国，归功于小学教育，归功于小学教师。我国创办新教育已数十年，学校之成效未见，而社会之诟病已起，其原因固甚复杂，而缺乏推行学校之优良师资，亦重要之一。建德四乡小学之师资，非小学毕业生，即前清老学究，或仅通文墨之塾师，师资如此窳陋，焉能望结果之良好？对症下药，提高待遇，招致优良教师及训练师资补救目前缺憾，实为刻不容缓也。

训练师资办法如下：

1. 组设师资训练所于县城。先招收初中以上之修业生及有志于小学教育者，入所肄业一年。

2. 肄业期满，派出各乡小学负教育责任。同时抽调现在各小学教师比较差者，至所训练半年。

3. 抽调每次以五十人为限。行之两年，即可得训练较好之师资两百名。

4. 设暑期学校，使小学教师利用假期受教学法之训练。

5. 组织小学教师参观团。

6. 调阅巡回文库。

7. 设小学教育研究会，劝令教师加入，并通信研究。

聘用优良教师办法如下：

1. 严定资格，凡非师范毕业生、中学毕业生不得充当小学教员。

2. 举办小学教员登记。建德四所小学教师不知教育为何物者甚多，若使此辈长久滥竽充数，贻误子弟，为害无穷。举办登记，以资甄别优良者发给有期限之许可证，否则严厉禁绝之。

3. 对优良教师特别加以保障及奖励。

第五款　取消虚挂衔头而不负责任之校长

建德小学按表面论，全县已有九十九校之数，语及实际，无论县区立完全小学或初级小学，内容无一充实，质地无一良善。民国十九年，教育局举行各小学国语、算术两科测验，成绩总平均满六十分者，甚属寥寥，其程度之不衔接，已根本发生危险。其原因固多由于经费缺少，师资窳陋，然想挂校长之衔头者太多，而肯切实从事改进者少，亦其一也。

校长为一校之首领，全校成败系之。学校一切计划上、行政上、视察指挥上、社会上之四种事权，皆综于校长。为建德教育前途计，应用严格之任用标准。乃查各区校长，大都均系当地豪绅，坐拥虚衔，不管校务。对于一般教育趋势，教育常识多所隔膜。以办学为差使，视学校为地盘，结交官厅，走动衙署，维持其绅豪地位，但求办学之虚名，不顾内容之充实，积重难返，相习成风，而建德小学教育遂江河日下矣。

其间虽有一二热心人士，但学识经验均感缺乏，亦不知教育为何事，以后辈而长校，安期学校之整顿？改进计划不如将此等挂名校长一律取消，另委负责而兼教课之校长，方为妥当。至对教育热心且肯尽力之地方人士，则改充校董，经管经费，较为妥善。

第六款　减少静的工作，增加动的工作

教育事业贵在实际努力，实际去做。负教育行政专责之人，负指导视察全县学校之责之人，尤须身体力行，不尚空谈，实际努力指导，然后工作应有进展。中国人好静而不喜动，官厅为甚。办理教育者，弊亦在此；局长、课长、课员、县督学终日在办公厅中，作其“呈悉此令”或“等因奉此”之工作，点缀其行政责务而外，所有计划与视察责务，久不执行。县督学每学期只视察学校一次，视察时又走马观花，对于小学教育，安能望其建议改良切中弊端？负教育行政之责者多书吏，以公文程式为能事，以致指导机关无指导之能力，领袖长官不能尽其领袖之责任。欲校斯弊，宜采下法。

一、教育局长不宜忽略视察工作，可能时即须赴各校实地视察，以谋改革。

二、县督学每学期依现在规定视察各校一次太少，应改为二次或三次。

三、县督学视察费，现只规定每学期三十元，无伸缩性，且使县督学以此为藉口，因视察费之不定，致偷懒怕动，此后对视察费，宜改为实支实报。

四、各区教育委员对于该区内学校，应随时视察指导，注意教育上应兴应革之事，以谋改良之方。

建德四乡小学能自动改进者，未始无之，但视公文若废纸者，究属多数。其原因一由不肯做，一由不知如何做，教育局与其多发公文，不如多加直接指导工作较为有效，故为教育效率着想，负教育行政之责者，应增加动的工作，减少静的工作。能如是，能川流不息巡回视导，则各校不肯做者，可以催促，使无由偷懒。不知如何做者，可以直接指导，使之知做之方。如是则全县教育非复死气沉沉矣。

第七款　对于小学教学法、设备、训育三项应加以改良

一、教学法

教育行政之目的，本为增进学校学业之效用，学生学业之良窳，又以教学法为转移。教学方法而善，学生学习成绩当无不良。故教学一事，实为教育行政事业之中心，直接担负教学之责任，与学生学习有直接关系者为教师。故欲教学法之良好，先须选择良好之教师也。

现在建德县各小学教师，既多系高小毕业生，前清老学究，或稍识文字之塾师，其所谓教学法，完全系先生讲学生听，先生做学生看，一味注入，毫无方法，甚至不按时上课，枉费学生宝贵时光，故欲教学法之改良，又须训练此辈不知教学之教师始。

1. 利用假期举办讲演习会，授以普通教学法之知识。
2. 组设小学教育研究会。
3. 组设参观团。
4. 县督学视察时实地指导或范教。
5. 遇有教法太劣、程度太低之教员，应撤换。

至教学法一方应据以行动为学习之方法，以学习为行动试验之原则，教师应以解决问题为教学之中心，教师应用启发式之教授法，教材应以环境之事实作材料，教师与学生之关系，如亲朋、指导者及研究之侣伴。

二、规定各小学物质设备之标准

建德四乡小学，陋简居多，已述如前。屋多庙宇，校具不全，卫生不适宜，设备不完全，以如是之情况，教育安能办好？其简陋原因实由于经费困难，以及办学者不善用经费，与教师欠负责任所致。改进办法当先规定各小学物质设备最

低之标准，通令照办，并一要斟酌各校情形，将教育局之补助费，指定用途或由局代为购置，二要尽量改进不合用之校具校舍，三要对于经费较裕之小学，限期令其设备完善，或每年度规定经费百分之几作为设备费，令其列入预算，并指定应购何种校具。

三、训育

古人云“为政不在多言”，孔子云“子示以正，孰敢不正”，是训育之道，虽多最重要者，仍在人格感化，教师以身作则也。小学训育，极关重要，训育不良，即影响教育整个问题，教师一举一动，对学生又实有极大影响也。要学生早到，先要教师早起；要学生不缺课，先要教师不请假；要学生守时刻，先要教师准时上课。建德各小学之训育能与上述主旨相合，教师又能以身作则，实行感化者，亦非绝无。但大部分则学生早已到校，而教师尚未起来，校门尚未开启，学生常缺课，而教师亦常告假；学生到校甚迟，教师更不遵时上课，学生做顽皮行为，教师动辄体罚，而教师却呼卢唤雉，又甚高兴者，以故教育虽谆谆诫谕，而学生听者藐藐或竟至背地咒诅，中心窃笑。盖平时既不为学生信仰，故训诲之功，直等于零也。其他如联络家庭及社会，以增高教育之效能，藉收训育之善果等等，亦为切要之图，负训导学生之责之教师，不可不注意及此也。

第八款　打破地域界限，教育行政人员应专家化

教育行政人员负地方教育行政专责，即系监督、指挥、经营、改进地方教育之人，亦为掌握地方命运之人，其责任之重大，有非常人所能比拟者。教育行政家非有：政治眼光、办事才干、对本党党义有深刻之认识、教育专门的训练。是则非受专门之训练，办理教育必由教育者办理之不可，盖努力出于兴趣，效率由于知能，是故乏教育上兴趣者，则努力有限。缺教育上知能者，则效率难期，教育行政人员之专家化，实毫无疑虑之原则也。

专家化实现之办法不止一端：

1. 教育行政人员须用高等师范、师范大学或者省立师范学校行政专科毕业生。

2. 由各省设地方教育行政人员专科训练。

3. 补省现任行政人员。

而阻碍教育行政人员之专家化之实现者，为封建思想，地方人只办地方事，地方事只用地方人之地域观念，是故此种地域界限，实有打破之必要。

县市旧制之劝学所所长，当在初创之时，因须开导人员、劝学、筹款，故所须资格，不在学理之精深，办学经验之宏富，而在宣传号召之力。所以人选方面，不得不借重地方人士，以致各县教育人员，除少数外，大半为今日教育上落伍之人。此辈思想陈腐，对于一般教育趋势，多所隔膜，以办学为差使，视学校为地盘，因师范毕业学生思想较新，目光较远，喜谈改革，不易合作。所以把持教育拒绝新进，无所不用其极，加之薪俸菲薄，月俸少者，仅十元，师范毕业生欲望较大，生活较高，大都望望去之，然在此辈大可优裕度日，不仅藉此另求别项收入，更可结交官厅，走动衙署，维持其绅士地位，因之地方教育行政状况，暮气重重，极难希望进步。若教育厅委来负教育行政之责之人，非本省或本县者，则必百计千方以求其去职而后快，不然即应用不合作之抵抗，使委来之人手足无措，办事辣手，例如浙江省督学李邦寿视察建德县教育状况报告，即可知之：

浙江省教育厅训令教字第一二一七号

案录者督学李邦寿视察该县教育状况报告略称……该县教育局局长刘策勋才具开展，办事一秉至公，惟地方人士未能积极合作，且教育经费来源万分竭蹶，小学校长索薪迫于星火，改进计划如清理学田，合并区款等事，固难实行，长久维持恐更不易……

刘局长非建德籍，且非浙江人，故虽有极好之资格，受专门之教育训练，而地方人士对之，反不加援助，阴谋掣肘，是皆地域观念未破故也。

第九款　实行教育人员服务制度

欧美各国皆有文官服务制度，各学校教职员服务亦有一定之规定，在此种制度之下，文官及教育服务人员之任免升调，完全以资格经验及考成作标准。具有保障与奖励。我国在科举时代，以考试取士，官吏之升降，有一定之程序。满清末年及民国以来，吏治日趋腐败，官府任用私人，当兹改革之际，不惟须实行普遍之文官服务制度，而于教育人员服务制度，尤应提前施办。不然，宦海波涛，起落无定。各省市县政府常常改组，各厅局长随之更换，新局长上场，一县之校长、教员大抵更动，不惟使服务教育者存五日京兆之心，且极易引起罢课、罢教之风潮。挽救之法，在先将现任教育行政人员及各学校教职员举办登记，及制定任免升调及服务种种规程，使教育人员能各尽其才，各安其位，以致力教育。

第十款 实施义务教育

实施义务教育，必先解决下列五条件：

1. 必先筹措充足之经费，建设足可容纳学龄儿童之学校。
2. 必先多设教师养成所，训练足敷实施义务教育之人才。
3. 必先规定儿童之学龄及保护者之义务。
4. 必先规定就学义务之责任。
5. 必须采用不征学费之办法。

建德地瘠民贫，现有良好师资又甚少，故教育局虽有实施义务教育之动机，并规定实施义务教育之计划（已述于前），但仍无实施义务教育之能力。斯种困难，以全国各省二千余县中，大多数县份当已同时感到。夫以一县之财力、人力，既不足以办理一县之义务教育。是则整个筹划之责，当在中央。而经费之负担，师资之训练，中央、省县当共负其责也。义务教育进行计划案之作者李步青主张："从中央省地方三种收入中，规定各行政支配之成数，义务教育费在中央政府省政府总收入中，当占百分之五，在地方总收入中，除原有学款外，当占三分之一。"此种主张实有采取之价值也。我国自言于教育办学校以来，屈指已四十年。至言普及与义务教育，亦将三十年，而国中文盲今犹占全民百分之八十以上。民国十八年六月十五日，第三届中央执行委员会二次全体会议议决，力行义务教育，全部计划限于民国二十三年实现。今已是民国二十一年矣，议决案在事实上发生之效果如何，各省县已计划并实施义务教育否，此负全国、全省、全县教育专责之人所宜抚心自问、自责，而中央及省拨补各县之实施义务教育费，及策划督促各县努力于义务教育之实施，为刻不容缓也。

第十一款 推广民众教育

普通教育乃给国民基本之训练，国民有基本之训练，国家之基础方能巩固。普通教育以义务教育与民众教育为最重要之工作。国民义务教育乃培养成长未熟之儿童。民众教育乃为全民教育，亦即以国家民族所必需训练于全民，或在民主政治下之人民应具有低限程度以上之一种教育。无论补习教育、成人教育、失学儿童教育以及大中小学之扩充或推广教育等等，均包括于民众教育之内。无论何种教育，均与民众教育息息相关，民众教育不扩充，不推行，不实施，中国教育前途正如西谚所谓“建屋于沙基之上”，其危险可知矣。

建德民众教育素称幼稚，经费既少，人才又缺，而办理者又多兼职，故举其成效，殊觉不能满人之意。统计全县只有阅报处城乡共十一处，问字处有名无实，讲演所空挂招牌，体育场一，但不见民众足迹，至民众学校，乡区立共只二十四校，每校只设一级，全县就学人数男四百九十二人，女五人，共只四百九十七人，毕业人数男四十四，女三，共只四十七。以上种种皆由民众教育馆总理其事，但每年经费只一千五百元，且须七折实支，巧妇无米，实难为炊也。改进之法：

一、增加民众教育经费。查现在民众教育经费年只千五百元，实不足以言扩充发展，故经费当设法筹增。

二、扩充民众学校及增加民众学校经费。查全县人口十二万，十三岁以上不识字又有十分之九，而学龄儿童中，又有四分之三失学，势非扩充民众学校，不足以言补救。扩充之法，除按照教育局所规定之推广民众教育计划、民众学校规程及小学兼办民众教育计划及预算等切实办理外，对于民众学校经费，尤须极力筹募。

三、多设阅报所。报纸灌输知识于民众，其力甚大，其效甚速，当此国难危机，尤应藉报纸之力，宣传暴日野心，民族生存，间不容发之情形于民众，使知“天下兴亡、匹夫有责”之义。建德县除订申、新两报及浙江民国日报等外，其余京津平汉等地报纸，不论私人机关，皆无一份。如全县皆找不出一份中央日报，即其最显著之例子也。是故当由社会教育机关，多设阅报所，多订报纸。

四、开辟公园。全县方百余里，不能觅获一公园，革命军抵定江浙以来，建德县政府当局及县城士绅，亦曾有于城内建设公园之主张，且指定地点于秀峰山文昌阁下，但时经五载，至今仍未见诸事实。此后当极力设法使建设公园之计划不致搁置。

五、应采用注音符号为推行民众教育之利器。办理民众教育之目的，在使由教育民众而达到民众自教。故除教者特别用口齿或实验示范以外，均非藉文字作教育之工具不可，现在认识文字比较最简便而又最易通行之方法，莫如注音符号。中央对于推行注音符号之训令中有云："仅仅数十符号，知书者三日可以熟认，即可为师，失学者最多习之兼旬，即可毕业。只用此数十符号，注国音可，注土音可，注于文字之旁可，单用而注出口中之语亦可，左宜右有，无音不可注，无语不可传，即予通俗教育以至广，极速之效力也。"注音之方法，实识字运动最犀利之工具，实推行民众教育最犀利之工具，故办理民众教育，首应采用注音符号，以求事半功倍之效。

其他如民众娱乐场所之设置，民众体育之提倡等，不及备述。惟有数言，不得不略为申说者，即此次外，患惨剧，非仅现政府当局东北长官失职无能之表现，乃中国整个无能之暴露也。默察全国民气之颓唐不振，百分之八十五以上民众，如梦未醒，愚昧无智。语云："愚民百万，谓之无民。"因此之故，内乱迭起，而无人制止，外患突来，而莫能抵御，国人常用四万万阿斗自喻，而把内忧外患一切责任，堆在诸葛亮肩上，然使四万万人民真是阿斗，则亦永远不能有诸葛亮产生，故须有有能之国民，然后乃有有能之政府。如何使全国国民有能，根本在启发全国之智力，是则民众教育之责任也。是则中国当前之大问题，当前救国之大问题非使学校教育与民众教育同时推进，决不足以言救国也。

第十二款　结论

语云："十年树木，百年树人。"又云："种瓜得瓜，种豆得豆。"如何为国家树植人才，如何为未来社会播植良种，此则教育之使命也。欲收良果，必种善苗。学校即今日播种种子之田园，教师即今日播种种子之农夫，他日果实之为佳为劣，我国家前途之为盛为衰，即全系于今日之播植，即全系于今日之教育。

数十年来，人进我退，科学不兴，教育不振，以致演成今日之悲惨现象。盖假若我国过去教育确有成效，国民知识程度高，民族自具有充分之生存能力，天灾之作，外侮之来，既可防止于事先，又能应付裕如于事后，何至今日？

普法之战，德意志归功于小学教育。而日本之胜强俄也，亦谓系教育之功，而日卧薪尝胆，十年生聚，十年教训，卒灭吴国，而雪会稽之羞，若我国能极力发展教育，谁敢谓将来无雪耻胜敌之光荣！

昔不努力，故有今日。今不努力，更将如何，当此国家民族存亡绝续之关头，教育应该从新做起，应该重新安立国家之新根基。

第四章　财政

第一节　财务机关

第一款　财政科

财政科附设县政府内，掌征税、募债、管理公产及其他地方财政等事项。设科长一人，由县长呈请民政厅委任；科员二人，由县长委任，并报民政厅备案。征税事宜设有田赋征收处、杂税征收处，营业税征收员分别负责。

第二款　县公款公产保管委员会

该会设委员七人，分固定委员与聘任委员二种。以县政府代表，县党部代表为固定委员，其余则由县长召集地方法团，就本县诚实公正具有财产上之信用者，依照定额加倍推选，并具履历呈经民政厅核定后，由县政府聘定之。设常务委员一人，处理会内日常事务。事务员一人，书记一人，秉承常务委员之命，办理会内文书、会计、庶务等事宜。该会职权为：一、议决关于县公款公产之保管方法；二、保管关于县公款公产之契券、证件、物品及应保存之簿据；三、保管县政府所收地方税捐；四、核发地方各项支出。

第二节　征税

第一款　税目及税率

本节所述以现由县政府直接征收，及由县政府委托他机关征收者为限。其以前原属由县政府征收，现已改设专局直接收解者。概阙而不录。兹将建德县政府经征各项税目及税率开列于后：

一、田赋正附税捐

此项正附税捐当达十余种之多，二十年度征收者连征收费在内尚有九种。兹将正附税捐之项目、税率分列如下表：

建德县田赋正税征收科列则表

表 1-39

产别	每亩原征银两科则	每亩改征银元科则	说明
田	一钱四分五厘米二毫	二元六角一分三	银两折价以一元八角计算每亩应征如上数
地	五分四厘	九角七分二	
山	一分五厘	二角七分	
荡	四分七厘二毫	八角五分	
基	五分三厘二毫	九角六角	

建德田赋附捐项目及捐率表

表 1-40

项目	地丁每两带征银元数	说明
地丁建设特捐	1000	
地丁建设附捐	150	
地丁征收费	162	
地丁特捐	700	
地丁教育附捐	150	
地丁治虫经费	100	
地丁自治附捐	100	以五分充自治费五分充教育费
增加地丁自治附捐	150	
增加地丁教育附捐	50	此为最近经县行政会议决议通过呈奉省府核准征收者

二、契税

甲、新契征税

1. 卖契税　照契价百分之六征收。

2. 典契税　照契价百分之三征收。

乙、旧契缴验

1. 契价在三十元以上者，每张征收下列各款：(1) 验契纸价银：一元五角；(2) 逾限递增纸价银；(3) 教育费银：二角（中央、地方各半）；(4) 注册费银：一角。

2. 契价在三十元以下者收注册费银一角。

三、屠宰税

每猪一头征税四角，羊每头税三角。

四、牙帖捐

建德县依《浙江省牙帖捐税章程》附表之规定列为丙等县，故该县牙户照章仅有领偏僻上、中、下三则之牙帖者，而繁盛上、中、下三则之牙帖则无有焉。兹将其税率如下表：

浙江牙帖税率表

表 1-41

等则	每年每户应纳税银	说明
繁盛上则	40000	买卖在四万元以上或开设地点在市区内者，应领繁盛上则帖
繁盛中则	30000	买卖在三万元以上或开设地点在甲等县之城厢及其著名市镇者，应领此帖
繁盛下则	20000	买卖在二万元以上或开设地点在乙等县之城厢及其著名市镇者，应领此帖
偏僻上则	15000	买卖在一万元以上或开设地点在丙等县之城厢及其著名市镇者，应领此帖
偏僻中则	10000	买卖在五千元以上或开设地点在丁等县之城厢及其著名市镇者，应领此帖
偏僻下则	5000	买卖不满五千元或开设地点在丙等及丁等县之乡镇者，领用此帖

前项牙税凡领季换牙帖之牙户，每季缴纳四分之一。

五、当帖捐

依现行《浙江省当帖捐税章程》之规定，其捐率如下表：

浙江捐税标准

表 1-42

种别	开设典当时请领当帖应纳帖捐银	每年缴纳当税银	说明
甲种	400000	100000	凡典当开设于市区或甲等县乙等县之城厢及其著名市镇者领甲种当帖
乙种	200000	75000	凡典当开设于甲等县乙等县之乡镇或丙等县丁等县之区域内者领乙种当帖

凡典当于完纳当税外，应按下列捐率纳架本捐：（1）架本在十五万元以上者每年纳银三百元；（2）架本在十万元以上未满十五万元者每年纳银二百四十元；（3）架本在五万元以上未满十万元者每年纳银一百八十元；（4）架本在二万元以上未满五万元者每年纳银一百二十元；（5）架本不及二万元者每年纳银六十元。

六、营业税

依《浙江省征收营业税条例》第四条之规定，营业税之课税标准及税率如下表：

浙江营业税标准

表 1-43

业名	课税标准	税率
物品贩卖业	营业额	千分之一至千分之十
转运业	同右	千分之二
交通业	同右	千分之二
包作业	同右	千分之二
电气业	同右	千分之二
租赁物品业	同右	千分之五
照相业	同右	千分之十
印刷出版及书籍文具教育用品业	资本额	千分之二
制造业	同右	千分之二至千分之二十
货栈业	同右	千分之五
钱庄业	同右	千分之十
保险业	同右	千分之二十

注：物品贩卖业及制造业尚有详细税率，见该条例附表。为免烦琐不备录。

七、置产捐

照实典契税减半征收。

八、屠宰附捐

现在每猪一头，须征下列各项附捐：（1）公益费：一角；（2）教育费：六分；（3）警察费：一角；（4）救济费：八分；（5）建设费：六分。

九、广告捐

依《修正浙江省各市县政府征收广告捐规程》，广告分普通、特别两种，其捐率如下表：

普通广告捐率表

表 1-44

广告面积	每百张征银元数	说明
一方尺以内	五角	1. 普通广告以张贴者为限 2. 上列各项广告面积均按市尺（即一公尺三分之一）计算和合计，逾二十方尺以外至四十方尺以内每一张作二张计算如逾四十方尺以外内六十方尺以内每张作三张计算，余类推 3. 未满一方尺以作一方尺计算，未满百张作百张算
一方尺以外三方尺以内	一元	
三方尺以外五方尺以内	二元	
五方尺以外十方尺以内	四元	
十方尺以外二十方尺以内	八元	

特别广告捐率表

表 1-45

种别	捐率	说明
墙壁图画广告	每方尺月征银三分	1. 甲乙丙三种广告均按市尺计算，不满一方尺者以一方尺计，如系二面以上同式比除正面照率征捐外，余均减半征捐 2. 上列前四种广告设置不满一月者以一月计 3. 在墙壁上绘黑线中贴普通广告者，以墙壁绘图广告论 4. 游行广告每次以十二人为限
悬挂或建筑广告	每方尺月征银五分	
电灯或利用光学之广告	每方尺月征银七分	
电影广告	每幅月征银一元	
游行广告	每人每日征银一角	

十、铺捐

十一、店屋捐

照房屋租金百分之十五征收。

十二、旅馆营业捐

客栈每月三元，宿店每月一元。

十三、茶馆捐

优等每月三元，普通每月一元。

十四、轿埠捐

每埠每月五角。

十五、人力车捐

每辆每月三角。

十六、水碓捐

分碓头为甲、乙、丙三等。其捐率如下：

甲等：每一碓头年纳三元。

乙等：每一碓头年纳二元。

丙等：每一碓头年纳一元。

第二款　征收手续

征收之手续，各税不一，兹为分述于后：

一、田赋正附税捐

1. 造册　粮册于开征前，分饬各庄清理书[①]，限期造册。如粮额短少，疑有不尽不实，可责令查补。

2. 填串　粮册收集经核定后，即由征收处照册列各户田地亩分，依其税率，算成应完粮额，填在串票上。

3. 分送由单　由单为通知，花户完良之单据其内容与存根报单执照各联略同[②]，向由各庄催收人分送（催收人即图保每庄一人或二三人）。自十八年村里委员会成立后，催收人随之撤销，乃改由村里委员会雇人分送于各花户[③]。

4. 开征　由单既经送出，县政府即可遵照省定开征日期布告开征，一面呈报财厅备案。县政府于开征后即于四乡设流动分柜，由各分柜主任带同管串兼管册员一人，粮警二名，携带册串分赴各乡就地征收。约一月后始回城，所有未完

① 清理书别有庄书、庄董户书等之称号。自洪杨乱后，建德鱼鳞册完全散失，征粮无所依据，乃以庄册为凭。庄书有承粮底册，某户有田地山荡基若干亩分，一查便知。田地推收亦均向清理书登记，此种底册为庄书之秘藏品，利益所在，如政府迫令交出，则彼辈可隐匿一部分，政府将反受损失。盖政府之鱼鳞册已失，无法查明有无遗漏也。历来粮册之须由清理庄书造送，亦即为此。

② 串上各联，均印有地丁每两折合银元数，及带征各项附捐银额等。填串时仅须将各花户田产亩分、应完地丁银两数填上。

③ 由单分送费，系按每粮一两给银一分五厘，此款在征收费内开支。

清田赋，各花户自此以后均须至总柜完纳矣。在分柜主任出发收粮时收得之款，陆续缴至征收主任转缴财政科。至于地丁项下带各项附捐，即于办理田赋征收时一并征解。

二、税契、验契、广告捐、牙帖捐、当贴捐、置产捐

均由缴纳捐税人直向杂税征收处缴纳①。

三、屠宰税及各项屠宰附捐

由包办商人照章征收，按月照认额缴解县政府。

四、铺捐、店屋捐、旅馆营业捐、茶馆捐、轿埠捐、人力车捐

统由县公安局派员代收，按月当解县政府（事实上多以之划抵警费）。

五、水碓捐

由县政府印就营业执照，交各区公所代为征收。此种执照年换一次，分两期收取，由区公所征解县政府。

第三款　税收概况

建德税捐名目虽多，但以地瘠民贫，百业不振，税源枯竭，收入不旺，比年平均计之，其正杂各税总计，每年亦不过十万元左右，耳析述如下：

一、田赋正附税捐

建德田赋清代曾收至三万六千余两，后因洪水为灾，田地荒芜不少，益以清理书之舞弊，粮额遂减至二万八千余两。民八以前，虽不能当年完清，历经催追尚无蒂欠。十五年以前，亦能征至九成以上。厥后逐年减少。十九年额征银二万九千八百三两二钱五分三厘。截至二十年七月份止，约计仅征起六成三弱。本年份（廿年）额征银三万一百六两九钱五分八厘，折合银元东乡应收二五八一〇元、南乡应收四〇八四〇元、西乡应收三六九〇〇元、北乡应收二七一四〇元，合计约应收十三万元以上。但观近数年田赋征收情形，未必能达此数额也。

① 置产捐之征收，依十七年八月浙江民财建三厅令，系由催收所附带征收。现改定自二十年一月一日起，由税契处于税契时带征。

近年建德田赋征收调查表

表 1-46

项目＼时期		十六年	十七年	十八年
实征银元数		51163.488 元	47660.355 元	36470.158 元
灾蠲	亩数		田 301.12 亩　地 10.02 亩	田 330.516 亩
	银数		43.723 两　5.41 两	479.908 两
欠缓	亩数			田 550.158 亩
	银数			798.827 两
补征	亩数	5112.2 亩		10761.73 亩
	银数	132.026 两		307.632 两

近年建德各项田赋附捐征收调查表

表 1-47

种别	每两带征捐率	全年应征数	近三年实征数		
			十六年	十七年	十八年
地丁特捐	七角	20539.893 元	19896.912 元	18534.582 元	14182.839 元
地丁自治附捐	一角	2934.270 元	2842.416 元	2647.798 元	2026.120 元
地丁善后特捐	一元	29342.704 元		27628.920 元	20518.687 元
地丁建设费	一角五分	4401.406 元		3971.698 元	3039.180 元
地丁教育费	一角五分	4401.406 元		3971.698 元	3039.180 元
地丁治虫费	一角	2934.270 元			2026.120 元

注：地丁善后特捐自十八年起已改为建设特捐，与地丁建设费同为省税。

观上列二表可知，建德田赋之征收，已有逐渐减少之趋势，考其短收原因，约有数端，分述如下：

1. 受免粮之影响

十六年，革命军抵定江浙，建都南京后，曾由国府通令，免除人民旧欠粮款，人民因冀再有机会，可邀免除，故咸观望迟延，不愿早完。

2. 逾期处罚过轻

照章上忙于开征日起经三个月，下忙于开征日起经两个月，滞未完纳者，在第一个月内，照正税应征数加二十分之一处罚，即九分。自第二个月起，照正税应征数加十分之一处罚，即每两加罚一角八分。自此以后，不再增加罚款。故既届罚期尚未完纳之粮，即鲜不故意拖延，盖每两应完正附各税合计在四元以上，以月利二分计生息，三月其息金已足偿付罚款，故有钱者宁愿将完粮之款用来生息，而无钱者更不愿以重息借债来完轻息之粮，因此欠粮者乃逐年增加，粮税收入即大受影响。最近改订之征收田赋章程，特滞纳罚款最高额，改为照正税应征数加收百分之二十，与民间通常借贷之利息相符，将使有意滞纳者无利可获，可谓洞中其弊害矣。

3. 农村经济之衰敝

曩建德比年农作物收获不丰，加以物价上腾，捐税繁重，农村经济日益衰敝，农民负担能力因之减少，故应完田赋亦遂不免多所延欠。

4. 受裁撤催收人之影响

农者各庄均设有催收人一人或二三人，使负分送由单及催收田赋之责。催收人虽不免有舞弊情事，但便于田赋之征收，要为不可否认之事实，盖各庄催收人大抵为本庄之熟习粮务者，对于本庄各花户户主既均认识，更因居同村里，各花户何时有钱亦能知悉，故可向各花户陆续收取粮款，在完粮者无一时凑集多金之困难，而政府之田赋复易于收集，洵两利之道也。催收人既因弊多而撤废，于田赋征收上乃随之发生下列各项之困难，因而亦影响到田赋之收入。

（1）认识粮户之困难　同一粮户为避免按粮派款，往往将粮额拆开分立数户，粮多者或更化名数十户，不知者以为数十人承粮，实则同一人也，故非就地熟习粮务者司征收之责，催收时必有认不出谁是粮户之苦。

（2）因轮流承粮或分开承粮而生之困难　共有之产，其粮由若干人轮流完纳或分开完纳者，则被催收时往往互相推诿，征收甚难。

（3）因交通不便而生之困难　建邑多山，交通不便，又以乡民多散居山间。故派本庄人代为催收，尚可频频催问将款收集。如由征收人处直接派人征收，则一度往返已不胜跋涉之苦，一时粮户既未必储款以待征收人，又不能时往催征。建德近年田赋之短收，此亦不无影响也。

上述三种困难，要皆由于裁撤催收人所致。倘能将农田催收之弊设法去尽，则恢复各庄催收人对于田赋之征收，当大有裨益矣。

二、杂税杂捐

建德税捐项目，近年累有增加，但以地方贫瘠，收入仍甚微薄。兹将近年该县各项杂税杂捐收入列表如下，其无统计数字可稽者暂从缺略。

近年建德各项杂税杂捐征收概况

表 1-48　　（以银元为单位）

项别	历年收入数					附　注
	十六年	十七年	十八年	十九年	二十年	
契税	1483. 119	1202. 994	745. 362	397. 516		十九年度财压规定比额二千元但实收仅及此数其中尚包括验契注册等费在内
契纸费	229. 000	197. 000	123. 500			每张五角
验契注册及纸价	248. 000	175. 450	56. 400			
屠宰税	2851. 400	2934. 500	3959. 600	6848	7440	十九年度收入数系包括教育基层公益救济建设各项附捐在内二十年度由商税办其税额办系包括正附税捐
牙帖捐	76. 440	193. 620	166. 898			系帖捐洪领帖手续费合计数
当税	217. 5	217. 5	108. 75			址六十七两年有当铺两家每年收当税 150 元架本捐 60 元附加税 7. 5 元，十八年报闭一家收税办遂减去一半
烟酒牌照税	1686. 000	2233. 000	2817. 000			此税现归于酒征收分局征收
屠宰税公益捐	710. 600	731. 600	989. 900			
屠宰税警察捐	710. 600	731. 600	989. 900			
店屋捐	3283. 623	3283. 623	3283. 623		5349	此依照公安局本年度预算数列入
铺捐	604. 784	604. 784	604. 784		1080	同上
旅馆营业捐					672	同上
茶馆捐					402	同上

续表

项别	历年收入数					附　注
	十六年	十七年	十八年	十九年	二十年	
轿车捐					162	同上
人力车捐					50	同上
水碓捐					500	此依照县政府估计数列入（见县行政报告）

三、营业税

此系裁厘后新设之税，定自本年度（廿年度）开始征收。依财政厅初次定额，建德须征足一万元。县商会旋以调查全县各商营业额，合计不过一百四十余万元，照厅颁营业税率计算，应纳税额与厅定税额相差至巨，未能照缴。经县政府迭令认真查明，增加认额，商会始认三千一百元。但厅令至少须六千元始允商会认办，故结果仍由县政府派员征收。将来建德营业税收是否能达财厅定额，未可断言也。

第四款　征税方面之流弊

征税方面流弊甚多，如有由于税制本身不善而发生者，如各地之苛捐杂税之病民是其著例：有由于征收手续之不善而发生者，如包办商之往往藉端敲诈是其明证。然现在各地之税捐，则于此二种缺点，大抵兼而有之，固未可一一为之判然区别也。惟关于理论方面之阐述，不属本篇范围。兹所欲言者，第就实习期间耳闻目接，关于征税方面发生各种流弊之事实，略加申述耳。

一、田赋

1. 建德粮额之不尽不实，与清理书（即庄书）之舞弊　建德自洪杨乱后，鱼鳞册既荡然无存，又未举行清丈土地，故每年征收粮额，惟凭各庄清理书造送之粮册为准。清理书因得恣意舞弊，留名寄户，田是粮非，人民知田而不知粮，官吏知粮而不知田，又或隐熟作荒产，多粮少致，税收方面大受损失，而清理书即以飞洒诡寄之手段，坐食其利，世代相传，视为世业。其权利之让受，亦须出高昂之代价，此为首宜改革者也。*

2. 征收处之舞弊　他县征收田赋机关，有私用小串征收，朋分其款。建德有无此弊，不得而知，但已征起之粮款，延不缴解或扣不全缴之弊端，则在所难免。

3. 催征吏役之舞弊　催征吏役下乡催粮时，往往私受贿赂，经与贿赂者即可免催，乡人遇须出数十元之粮税，仅出数元即可了事，故宁可贿赂催征吏役，而不完粮，此亦为田赋短收之一因。

4. 土豪劣绅之抗欠　土豪劣绅不仅自己应完之粮，常抗欠不完，且有代收他人之粮款而不完缴者。经办之征收人，或以碍于情面不加催问，或竟互通声气，匿不开报。

5. 政府催赋如系责诸户书图保则其弊尤甚，其著者如户书图保与征收处朋比为奸，约定征至若干成即止，此外仅向粮户于应完之粮内，酌取若干，并不给串粮户，贪其便宜，员司因而中饱。

6. 征收田赋有派吏役领串出征者，此辈往往于正款之外，巧立名目，另向粮户索取规费，乡民无知，惟有照缴，其实皆浮收也。建德之分柜主任领串出征时，有无此弊，以未查明，未便臆断。但据大洋公安分局长云，该局警察尝有对别种公差互相推诿，而对于协令征粮，则惟恐派不及己者，是征粮时有利可图，无可疑矣。

7. 征收费之分配不明　田赋征收费系于正税外，每两加征一角六分二厘。又于带征县地丁特捐，每两七角中扣除百分之九，即六分三厘于带征地丁建设特捐（原为地丁军事善后特捐）每两一元中扣除，千分之五即五厘于带征地丁建设附捐每两一角五分中扣除，千分之五即七毫五。以每年征起新旧田赋三万两计，征收费之收入，亦在六千元以上。但此款向由县政府自由分配，无须详细报销，故如何分配局外人鲜能知悉。据十九年浙江经济调查所之调查报告，关于建德田赋征收费之收支状况，有如下表所记。

---

* 1860—1861年，太平军两次占领严州，私人契约和保存于官府的鱼鳞册图遭到破坏。到了晚清民国时期，田、地、山、塘的赋税、交易、推收，都由乡村中的庄书、册书把持。他们手中保存和编制的私册，成为私人契约之外最重要的田地山林权属的证明档案。——编者注

（1）收入

田赋征收费收入表

表 1-49

年度	征收率	实征数	留县数	报解数	拨补数
十六年	九厘	6395.436 元	尽数留支	无	无
十七年	九厘	6115.547 元		无	无
十八年	九厘	4676.559 元		无	无

（2）支出

①职员薪给 4752 元。

田赋征收费支出之职员薪给

表 1-50

职别	人数	年薪总额
征收主任	1	480 元
分柜征收主任	4	1152 元
司会员	1	240 元
掌册员	2	384 元
管串员	2	384 元
经征人	8	1152 元
催征役	10	960 元

②粮串印刷费 753.733 元。

③办公费 1200 元。

合计支出 6705.433 元。

上表微论，建设特捐及建设附捐之征收费未经列入，即所报员役数额，亦与事实不符。其为对调查者虚报蒙蔽，不言可知。据财政科张科员告予，谓此款以前往往由县长先扣除数成，然后交征收主任酌量分配，于呈征收处各征收人员及充公杂各费征收人员，以饭碗攸关，噤不敢声，只得任县长、征收主任之支配。现任陈县长则未尝要此钱云。但自财政厅新定各县田赋征收费，须造具收支预算，呈厅核定，通令各县限期造送后，征收主任与财政科长对于编造此项预算，似颇有难色，询其分配标准如何，亦支吾作答，观其情形，则历来染指征收费者，除应受分配之征收人员外，不仅县长一人可无疑也。

8. 催收人零碎征收　以前每庄设有催收人，其上户收粮均备有收粮簿，不问多少，陆续向粮户收取记入。收粮簿俟收齐后，乃裁给串票。粮户以不须一次交出巨款，故亦称便此。在好的方面言，本较强令粮户一次缴清，易于收集。但事实上，则催收人除利用此陆续收来之款，以生息或为自己便宜之用外，且往往故意不予收齐，俾无须裁给串票，可将已收之款留为己用，苟遇政府有减免之令，则催收人又可进行吞没之。是种流弊，在建德幸已随催收人之撤废而消灭，第不知他县尚有此种流弊存在否？

9. 催征吏役膳食之供给　催征吏役下乡征粮时，本已领有公费，膳食应由自备。但现在下乡征粮者，其膳食仍须粮户供给，是亦一种陋规也。

二、验契税

据浙江财政厅第二九三三号令："照比额盈收一成以上加给盈收数十分之三……盈收九成以上，加给盈收数十分之五。"夫公务员既受国家之报酬，自应努力奉公，即有盈收，亦未必出于征收人员之特别努力所致，盖不仅人民经济上之宽紧，大足影响税收之盈亏，即比额估定之大小，亦与有关系也。今以人民脂膏为酬，庸之具于理实有未合。又契税完纳期间，至促而罚款又甚严峻，人民往往因未注意政府文告，或不识字，致未知政府有严厉催征之文告，于情不无可原。遽施重罚，似亦未当也。

三、其他

如屠宰税，每猪一头正税四角，而各项附捐合计，亦达四角，是失之过重。又如轿埠捐、人力车捐，为此力役者多属穷人，且至辛苦，而收入亦甚有限，使之纳捐，是又失之苛细矣。

第五款　对于征税除弊之意见

征收方面之弊端甚多，即在财政界当有经验之人，亦每月不能尽知之慨。故前款所述要，不过全豹之一斑。而本款所贡陈者，亦仅就上述事实研究，所认为扫除征税积弊，应行之道耳。兹胪陈所见如下：

一、欲期整理田赋，尽革前弊，必须清丈土地着手。土地既经清丈登记，即可变更以前“以户领丘制”而为“以丘领户制”，再行计亩征税。清理书自失其存立之根据，此根本要图也。

二、征收吏役既同服公役，自应由政府制定薪给，按期发薪，其名额不宜过多，但以足敷调遣为度。薪给不可过薄，务祈可以养廉，更须明定赏罚严执行，俾克各忠厥职，毋或忝越。

三、征收费于理不应收取，纵使一时碍难废除，亦应悉行归公，决不可听征收人员自行支配。

四、对于征税吏役，宜广置耳目，从严监督。倘彼辈舞弊属实，应予严惩。对于土劣之抗欠税捐，或其他舞弊情事，一经发觉，尤须破除情面，依法惩治，以示大公而免效尤。

五、各省地方粮串形式至不一律，每两应征正附税捐多少，银两改征银元如何折算，人民多昧然不知，此最为弊窦之源。愚意当仿浙省现行办法，将田赋每两就养完正税银若干，带征各项附捐银各若干，银两折征银元若干，征收费又若干载明粮串上，并于开征前布告城乡，俾众周知，另立木牌缮就正附税应征银额，置于征收处，其洋价涨落，亦根据商会报条牌示征收处，以便粮户阅览，如是庶可杜浮收，而免争论。

六、征税人员之奖惩，不宜专以税收之盈亏为准，以免因冀盈收，便对纳税人滥用不正当手段之情弊。但察其果能忠于职守与否可也，奖赏方法宜以记功、加薪、升级等法并用，即使提成充奖，亦决不可超过一成以上，以免剥削民众，而利征收人之嫌，至于惩罚违法失职之征收人员，亦应一秉大公，毋枉毋纵。

七、征收人员之地位应予保障，不随主管官而进退，俾能安心服务。

八、人民滞纳税款，有确因贫困一时无力缴纳者，有因农忙或不识字，未知罚期之将届因而滞纳者，亦有力能缴款，且明知届期须受处罚，而以罚款不重，以应缴税款所生息金足付罚款而有余，因而宁愿受罚，不愿早完者。后者重罚不足惜，前者轻罚犹可悯。政府于制定滞纳罚则时，似亦应基本此种情形，分别规定，俾确无力完纳者，得免加重负担，有意滞纳者，知所儆戒。

九、凡涉苛细之税捐，应酌予减免，以恤民困。

第三节　募债

第一款　历年由县政府派认公债之种类及其数额

建德历年由县政府派认之公债，自其发行之机关而言，不外中央公债与省公债二种。兹将各种公债名称、发行机关、发行年月、派募数额等详列如下：

公债统计表

表 1-51

公债名称	发行机关	发行年月	利率	发行折扣	派募数（元）
浙江财政厅三次定期借款	浙江财政厅	十三年一月	月利一分二厘	九八	三〇〇〇
浙江财政厅四次定期借款	同上	十三年七月	同上	同上	三〇〇〇
浙江善后公债	同上	十四年一月	年利一分	九〇	八〇〇〇
浙江公路公债	浙江省政府	十七年七月	年利一分	十足	五五〇〇〇
二五库券	中央政府	十六年	周年八厘		三〇〇〇〇
善后短期公债	同上	十七年	同上		八〇〇〇
续募公路公债	浙江省政府	十八年	年利一分	十足	四〇〇〇〇
浙江建设公债	同上	十九年四月	年息八厘	九八	六〇〇〇
浙江二十年清理旧欠公债	同上	二十年七月	同上	同上	二〇〇〇〇
总计					二二七〇〇〇

上表所列派募数实际上未有一次曾经募足，如二五库券实募数为二二八〇〇元，公路公债实募数为一五七八五元，善后短期公债实募数为三四二〇元，续募公路公债实募数仅二千元，其他各次公债募起成数，亦鲜有达八成以上者，其未能募足额之原因容后再述。

第二款　派销公债之方法及其利弊

按公债性质，本以自由集募为宜，浙江历年所发行及经募之公债，其始固为自由募集，后亦改为按县摊派。考各县摊派不过行政上之一种责成，对于人民仍为自由募集，每不免有强迫人民认购之举。此不仅有背公债之本质，亦有损于公债信用者也。查建德派募公债所用方法约有三种。

其一为士绅劝募法，即由县政府招请城乡士绅分任劝募此法利在人民，对当地士绅有相当之信仰，能遵劝而承募，士绅对本地人民知财力之丰啬，使财力啬者得轻免公债之负担，而其弊则为士绅因不愿结怨，于其乡人多不肯热心切实负责，故债款难期如数募集，而刁猾好利之徒，则又藉以渔利，或以低价向市场买收债票，以高价售诸，人民托名劝募，实则肥私或以派销为恫吓之具，因而私受贿赂，经予贿赂即免派销。

其二为按粮摊派法，用此法固可使承募债额悉数派销，但人民财富之大小，不能以土地之有无多少为唯一之标准，故负担难期公平，且有侵蚀农业资本之虞。

其三为按区摊派法，即斟酌各区财力之丰啬，将债票分于各区，责由区公所会同所属村里长设法派销。此在县政府方面言，一时可将债额完全派销，手续固极简便，但结果以人民对区、村里等之信仰未坚，殊难使其乐于承购，故甚难募足，而且遇劝募人员稍为认真，即易招致人民对自治机关之厌恶，故此法亦未可常用。

第三款　派销困难之原因

历次由县政府承募之公债均未能募足原额，此固由于劝募之不易收效，但即用派销方法，亦显有困难。考公债发行困难之原因，约有下述数端：

一、民间放债通常月利在一分五至二分间，而公债利息则未有如是之优厚，人民见利则趋，只知择最有利之途而投资，对于薄利之公债，自未能乐于承购。

二、公债之偿还期限大概甚长，其财力未裕须将现有资金随时周转者，欲使出资承募长期之公债，自非所愿，而此种人在社会上实占最大多数，故公债之销售遂难普遍。

三、发行太多，往往一种公债尚未派销，他种公债又已继踵而至，民力有限，积累难胜。

四、公债在市场上之价格，常在票面银以下。而由县政府派销者，则须照票面银额或其接近之数承购，如在市场仅卖六七折之债票，则十元之债票，承购人立须损失三四元，故由县政府派销之公债，人民因之更不愿承受。

五、公债票面银最小每在五元以上，依目前国民经济情形看来，殊非下层社会人民所能购买。

六、派销时所给临时收据不易，换得正式债券，往往已届还本付息期，而正式债券仍未发下，其持有债券者又每因农事忙碌，或不识字之故，虽已中签，而未之知迨知而持以向还债机关领还，则以过期而作废。人民因此吃亏者颇属不少，故对于公债因之益不愿承购。

七、曩日建德县政府派销之公债，有认购后随即缴款者，有认购后复延不付款者，迨省令停止劝募，县府即不复催缴，此例既开，未缴者或视政府为可欺已缴者，则又怨经募机关为护强欺弱，相率变更其昔日对政府之态度，故以后派销公债，不仅难得人民之承允，且承允后亦不易将债款收集矣。

第四款　今后政府募债应注意之事项

吾人鉴于过去政府发行公债常发生极多之困难，每见政府举债之目的未达，而人民已被骚扰不堪，故觉今后举债有亟宜注意者数事，列举如下：一、借债之用途应以用于生产事业为原则，其此外即使为应付猝发之事变，或整理财政之用，亦须在舍发行公债别无更良方法之场合，方得募债。二、公债之募集用途及偿还，均须绝对公开。三、公债之信用，必须维持，更当设法力求巩固。四、劝募方法，应力求改善。

更析言之：

一、借债之用途应以用于生产事业为原则。盖吾国国民经济，比年因受多方之摧残剥蚀，衰敝已达极点，今后必须予以人民以休养生息之机会，俾克逐渐恢复元气。现在社会产业资金尚感竭蹶，自不宜更使耗于不生产之途，故政府不举债则已，如举债则必限用于生产事业，俾有助于国民经济之发展。其因应付猝然事迹，如战争、灾害或整理财政，如备新换旧及改良税制等，有非筹集大宗临时费不可者，亦须在无较募债更良之方法之场合，方得酌量募集。盖虽事不获已，而使人民感受痛苦，亦宜使之减至极低限度，方得谓为人民之政府也。

二、公债之募集用途及偿还均须绝对公开。政府财政公开，为现代文明国家通行之事实，亦为我国人民迎来一致之要求。公债原为财政之一部，且关系人民现在及将来之负担，尤必使知负担之所由来、目前负担之程度及将来因负担而得之效果，故公债之公开尤有必要，惟公债之公开应兼公债之募集、公债之用途及公债之偿还三者，方得谓为完全之公开。所谓公债募集的公开者，当公债募集之始，先将发行公债之原因、应募公债之手续、还本付息之办法、公债之用途及其将来之效果，一一宣诸民众也。所谓用途之公开者，此项公债之如何用法，以及每月支用之数目，均使人民知晓也。所谓偿还的公开者，除设基金保管委员会，及公开抽签外，并将每期基金之收入数，还本付息数，逾期作废之本息票额数，列表公布，更于一种公债偿清之后，将该公债募集及偿还之经过情形，收支状况，以刊物散诸民间也。盖募集公开，则人民了然于公债之性质，募集自较容易。用途及偿还公开，则政府当不敢滥用，人民亦因可测知公债之效益，增加其对于政府之信仰。故此三者必须完全被告，然后政府募债乃能使人民乐于输将。现在无论中央或地方发行会债，多仅能做到偿还的公开，实非彻底之公开也。

三、公债之信用必须维持巩固。孔子云“民无信不立”，政府亦然。商鞅变法，先以徙木立信，于是令出而民莫敢不从，秦以富强。可知政令之能否得人民之服从拥护，与政府本身之信用关系綦切矣。我国公债——无论外国公债、国内公债虽不乏信用卓著者，然偿付愆期基金挪移之事，亦非鲜见。尤以公债之用途，往往名实不符，殆最为人民所诟病。人民之对政府怀疑，对政府发行之公债怀疑，良有以也。故政府如欲挽回已失之信用，于募债方面，不仅今后发行公债须完全公开，以求见信于民，即对于以前发行尚未偿清之各项公债，亦必极力设法巩固其信用，方能有济，愿政府当局深加注意。

四、劝募方法应力求改善。我国公债劝募之方法，前已略言之。除个人所知者外，其他各种各式之方法当非少数。然强迫派销者多，自由劝募者少，则为无可否认之事。然公债发行之后，到期仍须偿还本息，何以亦须强迫销派耶。论者每疑为由于公债信用之不坚，其实不尽然也。尝考其故，虽颇复杂，但各经募机关劝募之不得其道，实为其重要原因之一。如县政府每于奉到厅会募债之时，除出示晓谕及将章程函送商会或令发区公所外，丝毫不作宣传之举，始则募而不劝，继则派而不募，人民未知公债之性质，而遽临之以权力，则小民不见公债之有利，惟见权力之可畏。欲求其踊跃承销，讵可得耶明乎，此当知所反矣。

第四节　地方公款公产之管理

第一款　地方公款公产之名称及其收支概况

建德地方款产并不甚多，其名称及收支概数如下表：

建德地方公款公产统计

（岁入门）

表 1-52

项目别	收入概数（元）	附　注
第一项　公益费		
第一目　二成地丁特捐	3360000	近两年田赋额征银均在三万两左右，以征起八成计，每年均可得二万四千两，每两附征地丁特捐七角均得一万六千八百元，以二成充公益费合如上数
第二目　屠宰附捐	930000	本年屠宰税捐由高包认七四四〇元，以每猪征附税八角计，均合九千三百元款税银之数，每头附捐公益费一角，合如上数
第三目　营业税拨补费		
第二项　建设费		
第一目　地丁治虫经费	2400000	田赋实征以二万四千两计，每两带征一角，合如上数，此款省令指作治虫专款，非省令核准，不得移作别用
第二目　置产捐	100000	由验契项下带征验契费二分户一约如上数
第三目　屠宰附捐	558000	以猪税九千三百头计，每头附征建设捐六分，合如上数
第三项　卫生费		
第一目　广告捐	50000	
第四项　自治费		
第一目　地丁自治附捐	1200000	以全年田赋实征二万四千两计，每两附征自治费一角，应征银二千四百元，以五成作充教育费，五成为自治费，合如上数

续表

项目别	收入概数（元）	附　注
第二目　增加地丁自治附捐	3600000	田赋每两带征一角五分，以全年实征田赋二万四千两计，合如上数
第三目　水碓捐	500000	此系由县政府估计之数，专作自治经费用者
第五项　款产孳息		
第一目　公债利息	200000	前因垫拨军队过境费用，由省府发还二千元公债票，尚未抽还年息一分，每年收息金如数
第二目　公益田租	25000	计田十四亩，坐落各乡
第三目　地租	5000	计地七亩，坐落仇池坞前小西门外
第四目　范公祠租金	72000	计房屋一座，在小南门街，现已拨作第一区区公所
第五目　忠孝祠田租	80000	计田十亩，坐落各乡
第六目　东西两湖渔租	120000	计东湖渔租六十五元，西湖渔租五十五元，合如上数
第六项　准备金		
第一目　一成地丁特捐	1680000	田赋每两带征特捐七角，以成为准备金，以全年实收田赋二万四千两计，合如上数

建德地方公款公产统计

（岁出门）

表 1-53

项目别	支出数（元）	附　注
第一项　公益费		
第一目　县党部经费	3396000	除指定原有县参事会经费全部拨充县党部经费外，并由县地方公款公益项下，月拨二百八十三元，年计如上数
第二目　县款产会经费	1248000	常务委员会一人，月支伕马费十二元。事务员一人，月支二十元。书记一人，月支十二元。工役一名，月八元。其他为办公费、委员出席伕马费等
第三目　残废院拨补费	288000	每月拨给二十四元
第四目　街路电灯费	240000	计灯三十余盏，照付半价，每月约二十元，年计如上数
第五目　建设委员会经费	168000	
第二项　建设费		

续表

项目别	支出数（元）	附　注
第一目　县立苗圃经费	396000	每月支卅三元，合如上数
第二目　会线电收音电料	266500	
第三项　卫生费		
第一目　卫生委员会经费	108000	月支九元，计如上数
第二目　清道夫工资	168000	清道伕五名，每名月支六元，其经费由县款产会月拨十四元，余由县政府人力车公司等处拨给
第四项　自治经费		
第一目　第一区公所经费	1008000	一、二、三、四各区均系五等区，其经费开支计每月八十四元，年计如上数，现因款绌，暂照八成支给
第二目　第二区公所经费	1008000	
第三目　第三区公所经费	1008000	
第四目　第四区公所经费	1008000	
第五目　第五区公所经费	1344000	五、六两区均系四等区，每月经常费各一一二元，年计如上数，现亦暂照八成支给
第六目　第六区公所经费	1344000	

关于建德地方款产之收入概数，因抄单遗失，故仅将记忆所及见诸别种记载列表如上。其中讹谬脱漏之处，在所不免，然大致尚属不差，则颇堪自信者也。此外更当有一言者，即除上述款产外，尚有清节育婴堂之田一七六四亩，地二〇五亩，房屋廿余座，每年约共净收三千六百元。又学田一四七五亩，店屋五间，地基四块，每年收益约共三千三百元，均系地方款产，因已拨作救济及教育基金，划归救济基金保管委员会及教育款产保管委员会分别保管，其收支详数在第三章当另有记载，为免重复，故不列入。

第二款　管理方法

照章除别有规定者外，凡属地方公款公产，均应拨归县公款公产保管委员会保管，其支配亦须经该会之议决。但事实上，除支配数目，该会尚照章行使职权外，保管事务大部分已为县政府越俎代庖。盖该会公款之来源，殆全系出诸各项附征捐款。县政府为支付便利，计乃常将该项捐款留在县府，仅将收支数目通知县款产会，使之登账而已。故县款产会在事实上亦不啻一县政府之记账机关，实际上能归其保管之款产仅属少数公产租息。其保管方法系委托一般实商号为县款产保管金库。以前由杨永泰号承办，今已由建安大药房充当。每月由会支取手续二元。公款存放该会，自存入之翌日起五厘计息，取出存款时，则自取款之日止息，但归库保管之款产即属无多且存款之时亦少，故保管库亦虚有其名而已。

第五节　县政府经管各款之记账及存支划解

第一款　记账

县政府自廿年七月起已遵照《浙江省各县整理簿记暂行办法》改用新式簿记，其重要者计有下列数种：

1. 国省款日记账；
2. 国省款分类账；
3. 国省款补助分类账；
4. 县款日记账；
5. 县款分类账；
6. 县款补助分类账。

上列六种账簿，均由县政府备价向财政厅领用。所有收支款项均照财厅核定之本县会计科目，于收支之当日分别国省款、县款，依一定程序登记账簿，并根据日记账逐日填造国省款日报表、县款日报表各二份。以一份留存备查，其余国省款一份，则三四日当寄财政厅一次，县款一份则送款产委员会。又于每月终，根据分类账及补助分类账填造国省款月报表、县款各二份，一份存县，一份呈财政厅查核。此乃建德经管国省款及县地方款项记账之大概情形也。

附：建德县政府会计科目及现用含重要账簿式样记账法

国省款日记账

中华民国　　　年　　月　　日　　星期

<table>
<tr><th colspan="2">单据</th><th rowspan="2">摘　　要</th><th rowspan="2">分类页数</th><th colspan="2">收入数</th><th colspan="2">支出数</th></tr>
<tr><th>简称</th><th>号数</th><th>省款</th><th>国款</th><th>省款</th><th>国款</th></tr>
<tr><td></td><td></td><td></td><td></td><td></td><td></td><td></td><td></td></tr>
<tr><td></td><td></td><td></td><td></td><td></td><td></td><td></td><td></td></tr>
</table>

说明：

1. 此账专记国省款之收支，凡收入国款记于收入数下之国款栏内，支出计记于支出数下之国款栏内，省款依此。

2. 此账每日根据收支款项之单据登记之。

3. 此账摘要栏内应先登记会计科目，再摘其子目及重要事由。

4. 此账收入支出四金额栏内共登记各科目之数字，其子目之数不登记于金额栏内。

5. 此账每日一区结给，结之法先查一红线子页末之第四行上将收入支付四金额栏各结一总数记于第四行内。在摘要栏内注今日收支共计字样次将昨日库存数记于今日收入总数之下（页末第三行）在摘要栏注昨日库存字样，再求得今日库存金额，用红色字于支付数栏内（页末第二条）在摘要栏内注明今日库存字样，然后将收支四栏各再结一总数如收支两两相等（省款与省款等，国款与国款等），可再划一红线于末一行上，将最后之总数记入末行之内后，查一二密接红线界于其下以表示本日日记账之事属已完毕。

县款日记账

中华民国　　　年　　月　　日　　星期

<table>
<tr><th colspan="2">单据</th><th rowspan="2">摘　　要</th><th rowspan="2">分类页数</th><th rowspan="2">收入数</th><th rowspan="2">支出数</th></tr>
<tr><th>简称</th><th>号数</th></tr>
<tr><td></td><td></td><td></td><td></td><td></td><td></td></tr>
<tr><td></td><td></td><td></td><td></td><td></td><td></td></tr>
</table>

说明：

1. 此账专记县款之收支。

2. 国省款日记账二三四五四项说明此表亦通用之。

国省款分类账

<table>
<tr><td colspan="2">年</td><td rowspan="2">摘　　要</td><td rowspan="2">日记页数</td><td rowspan="2">收入数</td><td rowspan="2">支出数</td><td rowspan="2">收或支</td><td rowspan="2">余数</td></tr>
<tr><td>月</td><td>日</td></tr>
<tr><td></td><td></td><td></td><td></td><td></td><td></td><td></td><td></td></tr>
<tr><td></td><td></td><td></td><td></td><td></td><td></td><td></td><td></td></tr>
</table>

说明：

1. 此账依会计科目分户登记。

2. 此账摘要栏应专记日记账中所摘记之事由。

3. 此账收支相抵后之余数应逐日结出记于余数栏内，如收多于支则余额各收应于收或支一小栏内注一收字如支多于收，则余数为支应记一支字。

4. 此账每月一结，每年一总结，月可画一红线于末笔数字之下，其线在收入数出数两栏，然后将收支二栏各结区数记于红线之下，复于总数同行上之摘要栏内书明某月底止字样，以便检查，至于年结，则须在合计年度终了时，行之其法先画一红线，将收支二栏各结记一总数次行总额用红笔转记于金额。

县款分类账

<table>
<tr><td colspan="2">年</td><td rowspan="2">摘　　要</td><td rowspan="2">日记页数</td><td rowspan="2">收入数</td><td rowspan="2">支出数</td><td rowspan="2">收或支</td><td rowspan="2">余数</td></tr>
<tr><td>月</td><td>日</td></tr>
<tr><td></td><td></td><td></td><td></td><td></td><td></td><td></td><td></td></tr>
<tr><td></td><td></td><td></td><td></td><td></td><td></td><td></td><td></td></tr>
</table>

说明：此账之登记法与国省款分类账同。

国省款补助分类账

<table>
<tr><td colspan="2">年</td><td rowspan="2">摘　　要</td><td colspan="2">单据</td><td rowspan="2">收入数</td><td rowspan="2">支出数</td><td rowspan="2">收或支</td><td rowspan="2">余数</td></tr>
<tr><td>月</td><td>日</td><td>简称</td><td>号数</td></tr>
<tr><td></td><td></td><td></td><td></td><td></td><td></td><td></td><td></td><td></td></tr>
<tr><td></td><td></td><td></td><td></td><td></td><td></td><td></td><td></td><td></td></tr>
</table>

说明：

1. 此账依各科目之子目分户登记。

2. 此账根据各项收支单据登记之。

3. 此账收支相抵后之余数应逐日结出记于余数栏内，如收多于支，则余额为收次于收或支，一小栏内记一收字，如支多于收则余额为支出记一支字。

4. 此账每月一结，每年一总结，月结之法可画一红线于末笔数字之下，其线互收支二栏，然后将收支二栏各结一总数记于此红线之下，复此于总数同行上已摘要栏内书，每月底止字样以便检查，至于年结则须在会计年度告终时行之其法先画一红线，将收到二栏各结一总数次将余额用红笔记于金额较小之一栏记毕复画一红线，将二栏之数再总结一次如收支相等，即可界密按二红线于其下以□额之。

县款补助分类账

年		摘　　要	单据		收入数	支出数	收或支	余数
月	日		简称	号数				

说明：此账之登记法与国省款补助分类账同。

第二款　存置

建德因未设有县金库，故收入款项悉交由总务科保管。惟关于税收项下带征之各项县款，如地丁特捐、地丁自治附捐、地丁教育附捐、屠宰教育附捐、屠宰救济附捐等，本应分别交由县款产会、县教育款产会、县救济基金保委会负责保管，故有时亦即拨交各该机关存置。

第三款　支付

支付款项分直放、坐支、划拨、垫支各项。

一、直放

由县政府直放支付之款项，大抵属于县款，如县款产保管委员会，县教育款产保管委员会等机关应领之各项捐款，是其支付手续，系由领款机关备条向财政科领取，此与财政厅之直放支付手续不同。

二、坐支

此为就征起省款内，照应领数支用者，大抵县政府经临各费均系坐支。坐支之款依省定领款程序，应先期编具支付预算书二份，连同请款凭单送请财政厅核定，核定后由财政厅填印三联坐支付命令。截留存根一联备案，以第二联通知县政府准予坐支，第三联送交金库。县政府接到坐支支付命令，即应备具四联总收据，及四联抵解书，截存第一联备查，而以其余各联连同其他文件解交省金额——兰溪中国银行代理。省金库分库一一核收，俟得财政厅将批回联印发，其手续始告完毕。

三、划拨

划拨款项须有财政厅划拨支付命令，由领款机关备具四联总收据，一联存查，以其余三联连同支付命令通知，持向县政府领款。县政府接到上项支付命令，通知与财政厅所发支付命令核对相符，应即以现金交付领款人，惟遇税收短绌时，虽有支付命令，亦常有拖延数月尚不照拨者，并于拨款后填具四联抵解书，以三联连同支付命令一联及领款总收据，三联送交金库核收抵解。现在建德各省立机关如地方分院，省立九中等，其经费大抵皆由县政府划拨，惟以建德税收不旺，每有延欠，故凡恃县政府拨款维持者，莫不叫苦连天。

四、垫支

此为借款性质。因有在某种情势之下，有不能待财政厅之支付命令到后然后付款者，如驻建省保安队之军饷，在未领到时，其维持伙食费常须县政府垫出。其款或由该军官长于款到后偿还，或取具收据以抵解。

第四款　解款

解款可分实解及抵解二种。

一、实解

即将应解之现款缴解金库。当解款时应备具四联解款书，分别注明科目（即税款或其他科目之名称），款项年月份，征收年月份，暨款项数目，以第一联为存根，截留备查，以第二联批回，第三联报告，第四联通知，共计三联连同现金及其他文件解交省金库核收。省金库收款后，即于每联之上加盖收讫戳记，截留通知一联存查，其余二联及其他文件并送财政厅。省金库收到现金，应具三联库收，以一联为存根，一联给解款机关，一联送财政厅。财政厅收到解款书及库收核对相符，除截留解款书报告一联存查外，即将批回印属解款机关。县政府解款时，得此批回联后，始解除责任。

二、抵解

经奉财政厅支付命令实行坐支或划拨之款，解款机关可将总收据三联及抵解书三联（其余一联截存备查）连同其他文件送交省金库作抵现款（如系划拨之款，须将财政厅之划拨支付命令一联并送省金库），其余与实解手续同，不复述。

第五款　预决算

县地方预算书依地方预算编送程序，县政府应于每会议年度未开始四个月以前，连同各附属机关所管一切收支编制，各该机关岁出岁入概算书（第一级概算），送交财政厅审核。决算书应于会计年度经过后两个月内编就，送财政厅审查。但建德县政府迄未遵行，且仅有预算而无决算。关于该县廿年度公安教育两局之部分预算，可于第五第三两章见之。至县行政经费部分之廿年度预算，则以累次向负责人索阅，均托词推诿，未肯见示。故只得以十九年度之预算照录于后，藉以窥见其一斑焉。

建德县政府行政经费十九年度支付预算书

表 1-54

科目	十八年度支出预算数（元）	十九年度支出预算数（元）	说　明
第一款　行政经费	19200000	19697000	
第一项　薪给	12552000	13223000	
第一目　县长薪俸	3000000	3000000	县长月薪二百五十元，全年合如上数
第二目　秘书薪水	1080000	1250000	秘书一人，自十九年七月起至十一月止，月支九十元，自十二月起至二十年三月止，月支一百一十元，又自四月起至六月止，月支一百二十元，合计如上数
第三目　科长薪水	3120000	3560000	科长四人，自十九年七月起至十一月止，月支七十元者二，月支六十元者二，自十二月起至二十年三月止，月支九十元者二，八十元者二，自四月至六月，科长三人各月支一百元，合共如上数

续表

科目	十八年度支出预算数（元）	十九年度支出预算数（元）	说　明
第四目　科员薪水	2520000	2530000	科员六人自十九年七月至十一月，月支五十元者一，月支四十元者一，月支卅元者上，自十二月至廿年三月，月支五十元者一，月支四十元者二，月支卅五元三，自四月至六月，科员五人月支四十元者三，月支卅元者二，合共如上数
第五目　事务员薪水	1680000	1755000	事务员六人，自十九年七月至十一月，月支廿八元者一，月支廿六元二，月支廿元者三，自十二月至廿年三月，月支卅元者四，月支廿元者二，自三月至六月有，事务员五人，月各支廿五元，合共如上数
第六目　书记薪水	1152000	1128000	书记五人，自十九年七月至十一月止，月支廿元者三，月支十八元者二，自十二月至廿年三月，月支廿二元者一，月支廿元者四，自三月至六月，书记四人，月支各廿元，合如上数
第二项　勤务食	960000	1066000	
第一目　勤务食	960000	1066000	勤务工自十九年七月至十一月，计八名，月支十二元者二，月支十元者四，月支八元者二，自十二月至廿年三月，计九名，月支十二元者六，月支十元者一，月支九元者一，月支八元者一，自三月至六月，计九名，月各支十元，合如上数
第三项　办公费	2088000	2178000	
第一目　文具	600000	630000	自十九年七月至廿年三月，每月约需银五十元，自廿年四月至六月，每月均需银六十元，合如上数
第二目　邮电	312000	336000	自十九年七月至廿年三月，每月约需银廿六元，自四月至六月，每月约需银卅四元，合如上数
第三目　购置修缮	336000	336000	自十九年七对廿年三月，每月约需银廿八元，又自四月至六月，每月约需银卅八元，合如上数

续表

科目	十八年度支出预算数（元）	十九年度支出预算数（元）	说　明
第四目　杂支	360000	360000	每月约支银卅元，年计如上数
第四项　川旅费	720000	390000	
第一目　川旅费	720000	690000	自十九年七月至廿年三月，每月约需银六十元，自四月至六月，每月约需银五十元，合如上数
第五项　特别办公费	1200000	1200000	
第一目　特别办公费	1200000	1200000	每月一百元，合如上数
第六项　拨补费	1680000	1340000	
第一目　公安局	720000	620000	自十九年七月至十一月，月拨六十元，自十二月至廿年三月，月拨八十元，合如上数
第二目　教育局	960000	720000	自十九年七月至廿年三月，月拨八十元，合如上数

第六款　对于整理地方财政之管见

比年各地方财政鲜不深感困难，政治之不易进步，此亦一重大原因。欲求革新政治，余以为整理财政，殆属第一要着。但如何方克收整理之效，则必就地方实际情形审虑周详，策划尽善，乃能有济。此非片言，所能尽者也，兹惟就其大者远者，聊抒管见，藉资商榷。

一曰开源。世人言及开源，辄联想到增税加捐及其他种种直接间接之征募，以为开源殆即指此，殊不知此仅增加财政府收入方法之一端，且未足以语于真正之开源也。盖增税加捐等虽可增加政府一时之收入，苟征取逾度，势必使国民经济日就衰颓，反致财源枯竭，收入锐减，譬诸取乳汁于母牛之身，苟不顾及其每日产乳量，而逾量榨取，势非使之枯瘦至无可榨取，不止其理一也。在此国民经济濒于破产时期，欲谋开源，自不宜采用类似自杀之搜括政策，其应行之途径，厥为下列数端：

1. 振兴农工业　农工业在一切产业中占最要位置，其盛衰荣枯，政府收入之能否继长增高系焉，故无论中央或地方政府，无论为民生计，为国家计，对此最居重要之农工业，尤其是为我立国基础之农业，必须积极助其发展，盖政府收入取之于民，民生裕国计亦裕，乃自然之理。而振兴农工业，即所以裕民生培税源也。

2. 公营事业之发展　现在欧美各国对于事业之具有独占性，或关系人民公共之福利者，显有逐渐由政府经营之趋势。总理之三民主义、建国方略、建国大纲中亦于此深为注意。吾人详研总理遗教，熟察世界趋势，觉公营事业之发展，初不仅可增进人民之福利，亦大有助于政府财政之收入也。如德国城市政府，其公营事业之收入，占其全部收入之重要部分是其著例。故此种事业，实有由政府积极兴办和发展之必要，如就建德言，苟能就公有山地积极造林，期以二十年岂但可以预防水旱灾患，增美地方风景，抑亦贮该县政府将来一大财源也。

3. 天然富源之利用　公地之生产山林，川泽之息，矿产水力之利，皆为天然富源。建国大纲已明定为地方政府之所有，自应详加调查，善为利用，此亦地方巨大财源也。

二曰节流。自昔理财之道，以恤民节用为宗旨，量入为出为方法，今虽因时代变迁，政府之职务日益扩大，其财政有改量出为入之趋势，然在欧美各国政府，其岁出岁入必得人民之同意，故其用财务求有益于民，取财务求不伤民，是取之于民者，虽多亦无害也。反观我国则取诸民者既未必用诸民且未必归诸政府，盖官贪吏污，损公肥私，比比皆是也。值兹民穷财尽之际，固不仅取诸民者，须在人民所能负担之限量内，须使涓滴归公，而已尤须用得其宜，使无一毫之浪费，得取大之效用，循是以推，则一切骈枝机关，如现在建德县建设委员会、治虫委员会、卫生委员会等固应裁废，即一切不必要之费用，如专供中饱之特别办公费，与过度铺张之机关设备费等，亦当裁减，是节用亦在恤民也。

三曰整理税制。我国现行税制，是否一一恰合租税原则，毋俟申论，已尽人皆知之矣。如就田赋而言，以户领丘之制，实为弊害之源。苟能速行清丈土地，实改为以丘领户，照价征税，则土地之税收必远出今日田赋之上。无可疑者，如由是进而谋税制全部合理之改革，如间接税之逐渐减少，直接税之逐渐增加，自亦不难矣。是岂仅政府财政得以彻底整理，人民之负担亦将由是而得其平焉。

四曰剔除积弊。我国财政其积弊之深，殆难言喻。比年来，人民日苦于负担租税之重，而政府则有司农仰屋之嗟，果何故与是实积弊未除有以致之也。故彻底之改革，固有待于税制之整理，而目前救济财政困难之策，则不可不注于积弊之扫除，如会计制度之革新、征收方法之发送，与实行严明公正之赏罚，厉行预决算及审计制度，皆于剔除积弊大有裨益者也。

五曰实行财政公开。政府公开，则人民易于监督，不仅舞弊者有所忌惮，且可促进人民对于政治之注意，其于将来政治之革新，当有良好之影响可深信也。

六曰提高公务员待遇并依法保障其地位。公务员待遇太薄及地位无保障，成为我国各地普遍之现象。此与政治之腐败关系殊深，财务人员职司理财，尤易腐化，故贪赃枉法之事，彼辈更优为之。欲革其弊，诚非提高公务员之待遇，使可养廉。保障其地位，使守法尽职者安于其位不可，能如此则于整理财政，收效更易矣。

第五章　公安

第一节　公安局

第一款　组织及职务之分配

建德公安局因事务较简，仅分设二科。

第一科掌理下列各事项：

1. 关于全县警区之划分事项；
2. 关于各区警额之支配事项；
3. 关于各守望巡逻之支配考核事项；
4. 关于警察队之编练事项；
5. 关于员警之教育训练事项；
6. 关于员警纪律事项；
7. 关于员警之任免、升降、考核、奖惩、请假等事项；
8. 关于枪械、服装、器具之保管支配及考查事项；
9. 关于警察经费之支配、领发及其预算、决算之编制事项；
10. 关于违警罚款及过怠金之登记、保管、报解事项；
11. 关于文书之收发、缮校及印信、卷宗、图书之保管事项；
12. 关于统计、表册及月报之编造事项；
13. 关于本局会计、庶务事项；
14. 关于不属于他科事项。

第二科掌管下列各事项：

1. 关于户口调查及人事登记事项；
2. 关于集会、结社及出版物之取缔事项；
3. 关于有关公安之营业取缔事项；

4. 关于交通之取缔、协助等事项；
5. 关于卫生清洁之检查及公共场所之取缔事项；
6. 关于社会风纪事项；
7. 关于水灾防救事项；
8. 关于难民、游民、乞丐等之救济取缔事项；
9. 关于外事警察事项；
10. 关于其他行政警事项；
11. 关于违警案件之传讯处理及执行事项；
12. 关于违警物品之处置及赃物、遗失物之处分保存事项；
13. 关于刑事嫌疑人之假预审事项；
14. 关于人民争执之调解事项；
15. 关于侦察有碍公安之秘密事项；
16. 关于缉捕及指纹事项；
17. 关于协助司法机关及递解人犯事项；
18. 关于留置所、拘留所之管理事项；
19. 关于被拐、迷路失踪之调查处理事项；
20. 关于其他司法警察事项。

各科设科长一人，秉承局长，处理各该科事宜。又设科员一人，事务员一人，兼办一二两科事务。设督察员一人（兼任巡官），掌理督察勤务事宜。此外于南乡之大洋镇设公安分局一；东乡之三都镇、西乡之洋溪镇、北乡之乾潭镇，各设分驻所一，分掌各该区内公安事宜。大洋分局设分局长一，雇员一，警察一棚；三都、洋溪、乾潭三分驻所各设巡官一，警察一棚。而县公安局则留有警察四棚，其编制为每棚警长一名，一等警二名，二等警二名，三等警六名。

第二款　经费

该局前经奉令改组，二十年度预算即依新组织编造而成，业已送由县政府转呈民政厅，一俟核准，即可照新预算实行。兹录该局二十年度经费预算如下：

1. 岁入门

（1）田赋特捐：6149 元

（2）房屋捐：5349 元

（3）铺捐：1080 元

（4）杂捐：1286 元

①茶店捐：402 元

②旅馆捐：672 元

③轿捐：162 元

④人力车捐：50 元

（5）屠宰附捐：800 元

（6）行政经费拨补：768 元

（7）违警罚金：1200 元

（8）筹补费（来源未定）：950 元

2. 岁出门

（1）俸给薪水：5136 元

（2）饷粮工食：8496 元

（3）长警服装费：307 元

（4）办公费：1008 元

①总局办公费：600 元

②大洋分局办公费：192 元

③各分驻所办公费：216 元

（5）各项征收费：1250 元

（6）解办案犯川资及拘留饭食：1140 元

（7）长警补习所公费：180 元

（8）预备费：110 元

上列岁入岁出各 17627 元。

第三款　用人

该局局长及大洋公安分局长均系浙江民政厅所委派，局内用人则随局长为转移。现任局长系北平高等警官学校毕业生，前充临海公安局长，自奉调到建德，所有局内职员全被更换，新来者大半为临海旧僚属。警察之任用，则大抵须有人保证，且于未补正式警察前，先做候补警察。

第四款　员警之待遇

公安局员警之待遇，新预算已略提高。兹将新预算所列员警薪饷，与现在实支数对照表列后：

员警薪饷表

表 1-55

职别	现在每月实支数（元）	新预算每月实支数（元）	增加数（元）
局长	11000	11000	
分局长	5000	5000	
科长	3000	4000	1000
督察长	2200	3000	800
巡官	2000	2000	
雇员	1800	1800	
巡长	1000	1000	
一等警	750	800	50
二等警	700	750	50
三等警	650	700	50

查建德警察经费，依十九年度预算，收入一万五千四百二十九元，惟实收尚不及此数，其不足之款，概系由县政府陆续垫支。现县政府财政亦异常拮据，新预算即奉民厅核准实施时，亦必大感困难，可断言也。

第五款　警察之训练

建德警察之训练，总局向由督察员负责，各乡警察则由巡官负责。惟以警察散驻各地，人数少而勤务多，故除由官长召集训话外，术科、学科训练之时间均极少，且无定期。最近内政部通令各省市政府转饬所属县市政府，筹办长警补习所。建德公安局奉令后，曾拟就训练简章及开办长警补习所经费预算，呈县府转请民厅核示，尚未令准，故进行尚有待也。

第六款　警察之实力

就枪支言，仅有六十四支，多系旧式，且有廿四支已废坏不堪用，尚有若干枝须修理后方可使用。故现在可有之枪实数甚少，总局及大洋分局、三都分驻所均各就地向绅商借得木壳枪或快枪数支，以充实力。

就人数及训练言，全县警察仅有八棚。除总局外，分局及分驻所仅各驻一棚。总局虽有四棚，但除派任县政府、县党部、地方分院、监狱及本局门岗十四名，卫生警办公收捐内勤各二名，传达、看守、置留所各一名外，能供随时调遣者，尚不足二十名，且平时常须派出担任各项勤务，绝少训练，故警察实力可谓极其单薄，苟无其他军警协助维持治安，一旦匪共蠢动，公安局殊未必能为地方治安之保障也。

第七款　局内办事情形

公安局职员虽多系新进青年，但办事精神殊嫌松懈，如晏起不按时办公，几为各职员同具之习惯。办公室虽已设立，但除缮写文件者有时在内工作外，其他办公桌位从未见有人办公。文件之保管尤凌乱无绪，故欲找寻旧日之档卷，殊属不易。各科办事权责，亦不甚分明，日常工作大抵为应付例行公事及处理违警案件。至对于公安方面之兴革计划，似非彼辈所重视者。

第八款　违警案件

建德违警案件不多，其由总局处理者，平均每月不过二三十件而已。其事以妨害风俗者为多，如于道路或公共处所为类似赌博之行为，此种违警事件尤占多数。次之则为妨害他人身体、财产之违警及妨害卫生、妨害安全秩序等之违警事件，惜无统计，故不能细举。所有违警案件率由第二科长讯办，大抵时违警者罚款，取保释放者多，处罚拘役者少。关于口角纠纷，则劝令和解，不加处罚。其凡系触犯刑法之嫌疑人，则由局备文，连同抄供，解送法院检察处预讯。惟内而公安局之员警外，而各机关之职员，地方之豪绅，吞云吐雾可以充耳无闻，呼卢喝雉可以熟视无睹，而小民偶或借此取乐，则在所不赦，殆可谓只许州官放火，不许百姓点灯者矣，或谓法律专为桎梏小民之上人，其信然欤。

第九款　陋习一瞥

各地公安局大率积弊甚深，恶习相沿，迄难剔尽。兹将建德警务人员之陋习，列举数端，以示一斑。

一、朋分罚款

该局平均每月究有多少罚款，局外人不得而知，但一观其二十年度预算，列有罚款一千二百元，则其数目不小矣。查违警罚款，有填三联单者（一联给被罚人做收据，一联存局，一联呈厅），有不填三联单者。填者，应以八成解省，二成留为奖励出力员警费；其不填者，悉由局自行支本，用饱私囊。至二成奖赏费，其分配均有等差，大概出力警察每人一股，巡长二股，督察员及各科科长、科员、事务员等亦有分润。分股之多少，即视该案参与员警之多少而定。有罚金一元，分派二三十股者。据该局职员言，他处违警罚款，往往不填三联单，自行吞没。亦有受罚人因畏羞缴款即去，不愿收取罚款单据者，故公安局亦乐得不填给单据，将款吞没。惟本局现已免除此弊，然观该局不将罚款按期公布，及局长等享用之奢侈，则其言似难尽信矣。

二、在外敲诈

据各方调查，该局警察常有在外敲诈情事。如进城贩卖烟土、红丸者，暗中均须进贡彼等若干金钱，方能平安无事。又遇着捉赌，往往赌徒衣袋内之钱，亦被没入私囊。至于出差下乡，向乡民需索草鞋费、酬劳费等，动辄数元，多者或至数十元。如此情事，不一而足，即该局职员亦未尝不承认局中警察不免有此行为也。某日于举行纪念周后孟局长对警察训尝谓："你们不要看见捉来的烟赌犯，未把他们多多罚款，以为于己无利，就灰心起来，公安局在外面的名誉很不好，所以人家看我们不起。你们每个月几块钱不够用，固然有可原谅的地方，但你们须知道，要加饷还是要自已好好地干，待人家看得重了，才肯拿出钱来，你们的饷才得加。”于此又可知，警察之腐化，重要原因之所在，实为待遇之太薄，与主管官吏之明知故纵也。

三、侵吞公款

此种现象，几为我国政府机关普遍之现象，固未可独责公安局。惟该局既未能祛除此弊，自不容讳言。查该局预算，解犯川旅费拘留饭金，每年均列巨额支出，而究其实际，则支出殊鲜。又警察亦常有缺额，饷银有剩余，乃均一笔抹消，其有意侵吞，实属显而易见，此种弊实亟宜革除。

第二节　水警

水警系直辖于省水上公安局。驻建德者有二分队，计巡船七条，每条有长警十名。队部设于距城里许之东关。是地为新安江与兰港合流之点，船舶荟萃。旧驻有陆警，以与水警不免常生冲突，故该地治安乃悉委诸水警负责维持。闻该队员兵非常腐败，作奸犯科之事累见不鲜。如贩运红丸，叠经破获，然未闻当局一加整顿，诚可慨也。

第三节　驻军

建德自十九年乡间发生暴动后，常驻有省保安队。但调动靡常，人数时有增减，其枪械及训练均较优于警察，弹药亦较充足，故建德治安赖以无虞。

第四节　缉私队

缉私队之职务，虽在查缉私盐，但以其备有枪械，地方有事，亦可资以协助，如十九年洋溪地方为匪所攻，即幸有缉私队十余人将其击退，乃免遭浩劫。现建德驻有二分队，每分队四十人，惜常分巡各处驻防者甚少。

第五节　保卫团

十九年冬防时，经县督办保卫团，计各区成立之保卫团数目及团丁数目如下表：

保卫团概况

表 1-56

区别	成立保卫团数	团丁数
第一区	1	10
第二区	3	80
第三区	6	171
第五区	6	235
第六区	5	262

统计团丁数共七百九十名，团械皆为土枪、刀棍之属。至二十年春间，农事开始，团丁仍各归务旧业。查是项团丁，既未经训练，又无严密组织，一时或有余勇，持久即形涣散，殊未足以备缓急之需。

自中央及省颁订保卫团法，及《保卫团法施行细则》到县后，建德县政府经即拟具本县保卫团组织进行办法及预算，提经本县第二次行政会议审议通过，呈请民厅核示施行，现奉令准已开始进行，惟以困难孔多，一时难期成立，而冬防吃紧，地方警卫之实力又有迅即增厚之必要，故由县府召集各界代表会商，决定先成立城区保卫团，由地方筹款举办。县政府不仅欲借此增厚地方警卫实力，应付冬防，兼欲训练一部分人，为将来派充各区义务保卫团班长之用，故招收团丁先经考试，汰劣留优，该团业于十月间成立，计有官长三员，即由民政厅派来担任义务保卫之训练员及助理员，班长四名，团丁三十六名。教练员月薪三十元，排长月薪二十元，班长月饷十二元，团丁月饷分三等，九元半者九名，九元者九名，八元半者十八名。编经费每月四百余元，由商家担任七成，户家担任三成，其编制训练悉仿军队，每口二操，每操二小时，学科则讲授典范令、党义及保卫团法规。惟枪支仅十二支，且只有五支能用——由公安局拨来，余则大刀、红缨枪等而已。现冬防期届，由县政府已与驻县保安队、公安局商定勤务分配办法，城区保卫团亦须担任城乡巡防，与保安队、公安局共同负责矣。

第六节　地方治安状态

建德民风淳厚，地方向极安谧，惟比年以来，因农村经济之衰敝，与共党之活动，一般贫困之农民及地痞流氓，极易趋向反动之途，而为地方治安之极大威胁。去年七月间东南西各乡农民之暴动，即其显明之表征也。本年虽经举行清乡一次，但办事者既未必一一认真，自难使奸宄绝迹于建德，且比来邻封不靖，盗匪时有窜入，乱萌已伏，滋蔓堪虞，人民既无自卫之组织，而地方政府复乏充实之警力，一旦驻军调离，欲保地方安全，必大感困难矣。

第七节　对于地方公安改进之意见

欲保地方公众之安宁，维持社会之秩序，固有赖于国家与人民实力之发挥运用。但此种实力之效能充其极亦不过使人慑服，不敢有妨害安宁秩序之行为而已，不能使人人均不愿为妨害安宁秩序之行为也。果欲使人人不仅不敢为，且亦不愿为妨害安宁秩序之行为，则必先使社会一般人均有丰裕之生活，善良之德性，乃能有济。然此为经济与教育之问题，不在本节讨论范围之内。兹所欲言者，即乃根据建德公安方面现实之情况，应如何促其改进之问题也，谨将管见分述于后。

第一款　增筹经费提高警务人员待遇

如本章第一节第四款所述，建德公安局员警之待遇可谓至薄。以近来地方生活程度之日见增高，彼辈所入即维持个人生活犹感困难，遑论于维持己身生活外仍有仰事俯蓄之负担。故欲警务人员廉洁，诚非提高其待遇不可，而警费之增筹自属必要矣。

第二款　充实警察实力

警察职司维持地方治安，国家法令亦多赖以执行，非有相当实力断难应付裕如。按建德警察实力之薄弱业如前述，在此地方保卫团尚未编练成功，驻军时有调动之际，为防他人骚扰维护地方计，允宜积极设法充实警察实力，如枪械弹药之购置、巡警之添募，均急不容缓者也。

第三款　统一团警指挥

县公安局既负维持全县治安之责任，所有驻防本县之水警及本县编练之保卫团，均应受该局之节制指挥，以专责成。盖指挥苟不统一，则遇盗匪猝兴，将不免有呼应不灵、联络不周之弊，此于地方治安危害殊大，初不仅彼此间易生冲突也。惟水警与保卫团职司护卫地方，与陆警之兼负有执行国家政令之责者，性质微有不同。故县公安局之指挥水警兴保卫团，其权力亦自有一定限界，此又负指挥责任之人所宜注意者也。

第四款　慎用警务人员并保障其地位

用人不以人才为标准，及以感情定进退，均为我国政治所以日窳之重。因各地警政之腐败亦未始不受此种影响，盖任公安局长及公安局重要职员者对于警政即多属门外汉，自难有所改进。即幸而得人，但长官一换，下级员司即须随之去职，故虽热心任事，克尽厥职，亦难表见办事成绩，且因职位毫无保障，就有真才热诚之人，亦每不肯勉力从公。其不良者，尤欲藉官发财，一朝权在手，即孜孜图利公事，反被忽视。表面禁止烟赌娼妓，暗中却受贿保护，政府之禁令愈多，彼辈发财之机会亦愈多，竭尽搜括之能，那计人民之苦，故彼虽任事未久，亦可大偿所欲，此实今日各地警政普遍之现象，亟宜改革者也。余意各地公安局长应以具有警察行政之学识，及对于地方公务富有相当经验者充任。督察员、巡官员训练统率警察之责，须以具有军事学识与经验者充任。任事之后，苟非有失职或违法之行为，不得随意撤换，能如是则对于警政之改进当不无小补。

第五款　提高警察知识并勤加训练

警察事繁责重，非有相当知识，健强体魄，决难胜任愉快。查现有建邑警察，知识既极缺乏，平素又少训练，苟遇猝然事变，恐不免仓皇失措，故非速谋补救，实属危险堪虞。现内政部已通令各地公安局须设长警补习所，以谋增进现有各地长警之知识，用意甚善，惟办法愚意似不如于省会设立较大规模之警察学校，一方面招收高小以上毕业生入校训练，一方面从各县现有警察轮流抽调到校补习，经严格之训练，考验及格，然后派回地方服务。其由考取入学者，毕业前亦须定一实习期间，使就地实习，毕业后即分发各地服务。同时复从各地抽调同数长警到校训练。凡被抽调之长警，均照属原饷，其有素行不端，或知识不足，不堪造就者，应即革除，而以经训练考验及格者补充之。如是集中训练，经费方面既较经济（照内政部办法各县设长警补习所须聘一教务主任及教练人员，经费颇多虚耗）。教练人才亦较易得，且使易地训练，尤可免扭于旧习及为本地黑暗势力所笼罩，致莫能自拔，未悉当局者曾计及此否？

第六款　实行财政公开，公杂各费应实报实销

财政不公开，辄易使政治流于腐败。公安局积弊甚深，实更有使其财政公开之必要，如局中每月所收违警罚款，必须按期公布；其他一切收支，亦须按月造报上级官厅，并公布于民众所易见到之处。凡罚款必须填给收据，公杂各费亦必实报实销，严禁私擅吞没，以重公款而历廉隅。

第七款　设备消防器械

建德以经费关系，消防队一时不易组织成立。但地方既无救火会等之组织，对于消防工作更未有人曾经训练，故万一发生火警，扑救必甚费力。愚意应由公安局会同地方各机关募集款项，购置救火器械，并使警察平日练习消防工作，以备万一之需。

本节各款所述，对于地方公安方面改革之意见，虽多系根据建德情形立言，但他处公安方面，或不无与建德类似之点，故即作为我对于各地公安行政当局改革警政之一种期望，亦无不可。惟所言多关于人事方面，至于现行公安行政制度应如何改进，则以尚未作缜密之研究，不欲滥发议论，姑从略。

浙江经济调查·建德县

引　言

浙江建德县经济调查，而今付印出版了。这是浙江经济调查报告的第一册。是项调查开始于民国十九年十一月，曾将浙江全省划分为十七调查区，每区派一调查员前往实地调查，以一市或一县为一经济调查之单位，是浙江省政府设计会的基本工作之一，当时原为预备做浙江经济建设的参考用的。直到今年二月为止，计完全调查告竣的共有一十六县。本所于本年三月成立，赓续设计会之工作。接办以来，除继续派员分往各市县实地调查经济状况外，曾出有《浙江平阳樊矿业概况》一册及《浙江沿海各县草帽业》一册，而现在又编成了这本小册子，以后当陆续有此项出版物问世。这次经济调查，共分：1. 土地人口调查；2. 主要物产调查；3. 劳动者生活调查；4. 贸易概况调查；5. 商业调查；6. 金融调查；7. 机械工业调查；8. 财政调查；9. 交通机关调查；10. 公营事业调查。十大类，计有子目三十余项，范围甚广，而以商业调查为其主干。在我们这向不注重实际的中国社会中，来做如此一件既无参考，又乏先例的巨大工作，要求讨好，固然是一定不成功的。虽然，我们却不敢因为预料到成绩不好而畏缩不前；更不敢因为困难而苟且敷衍。这种工作在中国社会是开荒的工作，收获虽然不佳，倘能因此引起别人的努力，使这块荒地渐渐成熟，收获渐渐丰裕，我们也算不枉尽了“筚路蓝缕”之力。现在此书已经出版，大家若拿它当作熟地的收获成绩看待，便恐有许多不满人意的地方！是书的材料是傅锦炜君调查来的，他还有篇调查报告载在卷首。整理、审查、登记、计算，则为徐国祯、李庆律、李翰钦、裘纪常四君。至于统计、编辑，完全是王衡君一人的工作。特志于此，以明专责。

中华民国二十年五月一日识于杭州
蒋爱真

调查报告

……*本县经济调查，依其全县行政区，自十九年十一月二十五日开始调查，迄同年十二月十日竣事，历时凡十五日。除将调查所得分别填入调查表，另行汇报外，兹将调查经过及该县地方、社会、经济状况，胪述于次：

甲、调查之经过

（一）调查范围——经济调查，范围至广，此次奉令调查者，凡十大纲，计：

1. 土地人口；
2. 主要物产；
3. 劳动者生活；
4. 贸易概况；
5. 商业；
6. 金融；
7. 机械工业；
8. 财政；
9. 交通机关；
10. 公营事业。

惟其间土地人口、主要物产、劳工生活、贸易概况，系就本会原有之调查，举行复查外，实以商业金融等六款调查为重心。商业调查，分商店及商人团体调查二种。金融调查，分为银行、钱庄、储蓄机关、通用货币调查等四种。工业调查，除各种手工业或家庭工业，已拟另行举办外，暂以机械工业调查一种为限。财政调查，分为田赋、杂捐杂税、市县财政机关、市县财政收付、公款公产、教

* 因时间久远，部分资料已模糊、遗失。——编者注

育款产、区款产、历年欠赋、历年认募公债调查等十四种。交通调查分为邮局调查、电报调查、市内电话调查、水上交通机关调查、陆上交通机关调查、车站船埠交通状况调查、运搬机关调查、民信局调查等八种。公营事业调查，即就国省或市县所兴办之各种事业之调查也。

（二）调查方法——此次调查，实以普遍亲自调查为原则。惟土地人口，则以兹事体大，而财政情形，案牍繁杂，均不得不请当地政府里村机关，代予查填。但为慎重计，均请当地机关切实负责，并由主管长官加盖私章，以昭翔实。其余各表，均系实地调查，虽不敢谓尽无遗漏，凡事实上所能及，盖亦已竭其绵力焉。

（三）调查经过——此次调查，项目繁多，时间短促。加之一般民众向无接受调查经验，而又深恐从此增加税捐，故对于调查咸存有一种畏惧心理，不肯忠实相告。且近来有人骚扰，商场繁盛之区，曾不旋踵化而为荒墟。至于行旅之艰难，犹其余事。凡此调查上之障碍，亦实地调查之所以难求全备也。尚赖各机关长官，商界领袖，村里父老，俱能量力协助。使此次调查，获有几希之成绩，尤不胜引以为幸。谨志于此，以示谢意。

乙、建德县概况

（一）自然形势——县境地势如峡谷，西南高而东北低。盖以环境多山，惟江流会合处最低，堪称平原，即县治所在地也。新安江自淳安溯流而下，至严东关与兰江会合，复东北流出境，至桐庐，称桐江。山脉在新安江之北为黄山脉；江南为仙霞岭，两山隔江对峙，称险要焉。

该县东西南北广阔各一百三十里，东至桐庐，以冷水为界，西至淳安，以芹坑为界。南至兰溪，以荷花塘为界。西北至分水县，以胥岭为界。东南至浦江县，以西塘坞为界。西南至寿昌县，以艾溪为界。全县初有自治区八，本年六月复分为六：计第一区城区，第二区东乡三都镇，第三区南乡大洋镇，第四区南乡马目镇，第五区西乡洋溪镇，第六区北乡乾潭镇。

全县人口计共十万七千人以上。男子占百分之五十七；女子占百分之四十三。农人约占百分之六十九，余则工商业者各占若干，无业者亦达百分之二十云。

该县气候，因距海较远，四周崇山峻岭，常多剧变。温度最高为华氏九十七度，最低为二十八度。

物产：东乡以豆油、茶叶、稻谷为大宗；西乡以黄豆、豆油、桐油、柴炭为大宗；南乡以柚子、桐油、黄豆、皮纸为大宗；北乡以生漆、桐油、柏子、柴炭为大宗。

（二）社会状况——该地民风淳朴，无奢侈佚荡之习。商业亦以信用为尚。惟俗多守旧，尚少进取耳。民间财力，亦属有限。全县建设，甚少建树。城区乡镇，以石板筑路，崎岖不平，行旅病之。全境实业，不甚发达。金融组织，如银行、钱庄，多付缺如。新实业惟有电灯公司一家。但放光时间，仍只限于前半夜。国营事业，有邮局、电报局各一所。另有长途电话局一所，则为省营事业云。

商业多集中城区。乡区惟西乡之洋溪较盛，北乡之乾潭次之。它如大洋、马目、三都等处，近年商业亦已逐渐兴盛；不意骤遭打击，损失甚巨，难复旧观！

自治组织，县府下有区、村、里等。惟区公所尚属新成立，上下联属，殊欠灵活。人民亦惟县府较重视耳。

（三）交通情形——新安江、兰江、桐江，水深皆不及丈，轮航艰难，多惟快船，航船是赖。全县有快船局二，航船局二，上航至兰溪，下航迄桐庐。别有航行徽州者船埠甚多，但无组织可云。陆上交通，多赖人力：近县以人力车，乡镇以竹轿，可供代步。

县城及各乡、时患水灾。严东关南北及各交通要镇，无一行栈，可以堆置货物。仅西乡洋溪，有过塘行一所，但营业甚微，事实上不过一堆栈。进出口货物之运输起卸，仍属各客自备船只云。

电报及长途电话，与各方通讯，尚属敏捷。县城有二等邮局一所，仍沿用严州邮局旧称。城内外重要处所，公设信柜，乡镇亦有代办所，以司处送之事云。

（四）财政概况——全县征收机关，仅县政府及严东关统捐征收局。后者以明令裁厘，现正赶办结束。兹将关于该县财政情况分述于下：

1. 县财政收入

（1）田赋　建德县在民国十七年十八年，历年蠲免田亩至三百亩以上。收入与十六年相较，逐年减收七百元之上。而农民一因灾害为患，二因土地瘠瘦，农产颇少。虽力求节省，终有入不敷出之处，故其负担之经济能力，亦因之不足。历年积欠赋税亦甚多。

（2）当税　全县当铺，本有二家，至民国十八年只开一家。当税之收入，因之减少一半。至于负担者之经济能力，因十八年只一家当铺，营业骤增，区区捐税，尚能负担。

（3）牙帖税　牙行开闭无定，计征收方面十七年较十六年增多。而十八年反较十七年减少。负担者之经济能力，则绰绰有余。

（4）契税契纸费　在近三年契纸契税费之收入，有减无增。而负担者，则觉所费太大。至于经济能力，尚能应付。

（5）屠宰税　在近三年来，屠宰税总收入比额，计十八年比前两年增收一千元以上。但宰羊税无分文收入。因建德县产羊甚少，且皆系山羊，不为食者欢迎。故十八年全县无一羊肉店。因之宰羊税亦无有。而宰猪税之收入骤增一千元以上。至于负担者经济能力尚可。

（6）房捐　房捐以屋之租金百分之十五抽税。每年在三千元以上。

县政府十八年度收入，约计九万五千六百五十余元。

2. 县政府支出

全县财政收入，除解省约占总额百分之三十，征收费用约占百分之七，其余概充全县行政、建设、教育等开支。其中地方建设费、救济费及教育费仅一万一千二百七十余元。财政之窘迫，于此可见矣。

3. 地方款产

县公款公产委员会曾经管全县公款，每年收入甚微。

教育款产会经管款产，每年收入，尚不敷支出。

4. 其他

县政府历任县长交代欠款，迄今已积至一万六千余元。均难追缴清楚。中国财政积弊，于此可见。

全县总计历年认派公债，已达四万四千余元之巨。幸公债信用尚著，人民亦无难色。

（五）金融现状——全县无银行、钱庄之组织。商业金融，均握于商人之手。平民金融，则惟典当是赖。本县有典当一所，基金数万元，利息月利二分，定期凡十八月，过期不赎，当铺得出售其抵押物。一般平民大抵因周围不灵而抵当者，多能于期前取赎。惟因彻贫而典当者，则大都逾期无复回赎之力也。

除抵当而外，民间借贷即个人与个人间借贷，亦甚通行。其借贷方式有二：即信用借贷，由告贷人挽托素有信用之中保各一，经被借者之同意，写立借据，钱票两交；又有抵押借贷者，以告贷者所有之田地房产，或其他有价值物作抵，挽请中保，经被借者认可，出立借据钱票两交；以上利率，多在月利二分之间云。

市上通用货币，种类颇多，硬币类，如：

1. 开国纪念币；

2. 袁头；

3. 鹰洋；

4. 龙洋；

5. 银角。

纸币类，分一元五元十元及一角五角等。而以下列各银行所发行者，为最流行：

1. 中国银行；

2. 交通银行；

3. 中央银行；

4. 四明银行。

货币兑换价格之规定，每日由商会（现称商人组织统一委员会）议定之，即发市单，分送各商号。货币行市之涨落，胥取决于此。

各种货币。流通之畅阻，与其信用所关至切。前举硬币四种，其流通情形，尚无阻滞，故于市上信用，亦不分轩轾。惟有时不无赝质发见耳。纸币之流动则亦是。中国银行成立较久，信用卓著，故其流通额最大，亦最受市上之欢迎。交通、中央诸行次之。而以四明银行所发出者，流行最少。上列纸币，亦受地域之限制。同一中国银行，发行于杭沪者，较受欢迎；而由其他中行发行，则属鲜睹矣。

全县货币兑换店甚少。市上多向商店兑换，但必以购物为价。当考银行，钱庄所以不发达之由，多系民间财力薄弱，工商业不振；而受交通险阻之碍，则又其最大者也。

（六）商业概述——全县进口货，以煤油、酒类、绸布、南北货为大宗，均由杭绍甬等处输入。出口货以桐油、生漆、黄豆、茶叶、柴炭、木材、五加皮酒为大宗，其中严漆为乾潭所特产。皮纸为马目所产。其他各物均盛产于四乡。桐油运沪，转销海外，此则足供注意国际贸易所瞩目也。

全县商店凡一百九十余家。其规模过小者亦凡五十余家。商店资本总额，凡九十余万元，其运用方式，以百分之三十为固定资本，百分之七十为流动资本。其商店运用各本者，则以商店秘不肯宣，概无从得悉焉。

各业概况，举其大者，如盐业酱业酱，类多宏巨，每年营业达十万元。如其昌盐栈，刘元利油坊等是。酒业以严东关五茄皮颇属著名，致中和胡亨哉酒店每年营业多在八万元间。药业有九德堂号营业亦盛，年在八万元间。南货业如孙春阳栈，每年营业至十二万，则又首屈一指矣。

商店组织，常就商店范围之大小而异。其中资本较宏，营业较盛者，多设经理一人司账一人或二人，伙友五六人。亦由店主自任经理，另请司账一人，伙友四五人者，则其规模较次矣，亦有由店主自任经理司账，另人伙友二三人；或更店主以外，不别请伙友，均由家中人任之者，则其规模尤次者矣。寻常店员待遇，实属菲薄，上焉者年薪百余元，下焉者十余元耳。惟膳宿多由店中供给。而年终例得分红。分红制度，有二八拆及三七拆两种：前者即店主获红利百分之八十，则余以乡飨伙友；后者则店主取百分之七十，伙友获百分之三十；此则伙友额外之收入，实则补其寻常薪给之不足，意至善也。

商店进货，由店东或经理主持之。结账则依旧习端午，中秋为季结账期，而年终则大结账焉。店中司账，平日掌收支；届年底，则呈其账略于店东而考核之。

该县各业，盈亏互见。盖商业之盛衰，实系于社会之富力。该县历年迭遭水患。民间财力颇受摧残，加之民国十六年兵灾，损失尤大。故该年全县各业，几近亏蚀，民十七、民十八年稍有起色矣。

全县商人团体，仅有建德商人组织统一委员会一所，现在尚在办理改组期间云。又有徽商组织之保商会一所。该会成立甚早。缘当时新安江盗案迭出，在浙徽商遂起而为护商之举。省垣设总会，本县设分会且设巡船，以惠行旅。各业同行，亦有类似同业公会之组织，惟其规模不彰，大多由第五商店轮流值月，议定市价之涨落。

商业纠纷，该县尚少闻见。商人组织统一委员会附设有商事公断处，则以备公断商店间之争执也。至于劳资纠纷，亦罕见发生。此则由于商店组织单纯，而店员间鲜有联络，藉或有之，亦由劳资双方妥议，少经政府办理者也。

以上各项，概就观察所及略加敷述。窃以该县地邻皖赣，实为交通孔道，倘能振兴实业，不难与兰溪、衢县抗衡，而为钱江上游商业之重镇。惜乎交通阻梗，天灾之来，不能防患于先；而人祸纷乘，又不足妥善其后，俗多守旧，甚鲜进取。所望当地硕产，地方有司亟能审知其不振原因之所在，以谋改良，则异日调查者必有感于今昔之各殊矣。

十九年十二月十五日

傅锦炜

全县土地面积表

表 2-1

项别	总面积	平原	山区	水区
面积数	5037 方里	355	4548	134
百分比	100.0	7.0	90.3	2.7

全县土地地亩总数表

表 2-2

项别	地亩总数	平地	道路	山地	河湖	沙涂
地亩数	2719933	188457	3240	2455877	67500	4859
百分比	100.0	6.90	0.12	88.70	2.48	1.80

全县熟地荒地比较表

表 2-3

项别	熟地	荒地
面积数	524003 亩	2195930 亩
百分比	19.20	80.80

全县土地地价表

表 2-4

项别	旱地	田地	山地
平均价格	30.0	70.0	15.0
高价格	40.0	100.0	40.0
低价格	15.0	40.0	10.0

全县户数人口表

表 2-5

项别	全县户数	全县人口数	平均每户人口数
户数及人数	21405	107916	5

全县男女人数表

表 2-6

项别	总人口	男子数	女子数
人口数	107916	61290	46626
百分比	100.00	56.80	43.20

全县男女年龄分配表

表 2-7

岁别	总数	男子数	女子数
20 岁以下	46290	25966	20324
	100. 0	56. 0	44. 0
21—40 岁	35945	20705	15240
	100. 0	57. 5	42. 5
41 岁以上	25681	14619	11062
	100. 0	57. 0	43. 0

全县外出人数表

表 2-8

项别	总数	外出人数	未外出人数
人口数	107916	676	107240
百分比	100. 0	0. 63	99. 37

全县职业者人数表

表 2-9

项别	总数	职业者	失业者	无业者
人口数	107916	82405	50	25461
百分比	100. 00	76. 35	0. 05	23. 60

全县农户农民表

表 2-10

项别	总数	农户及农民	非农户及非农民
户数	21405	14983	6422
百分比	100. 0	70. 0	30. 0
人口数	107916	74915	33081
百分比	100. 0	69. 4	30. 6

全县人口密度表

表 2-11

项别	每方里人口密度	全县面积	全县人口数
方里或人数	21 人	5037 方里	107916 人

全县平均每人所占地亩表

表 2-12

项别	每人平均所占亩	全县总亩数	全县总人口
亩数或人数	25.20 亩	2719933 亩	107916 人

全县平均每人所占耕地亩表

表 2-13

项别	每人平均所占耕地数	全县耕地亩数	全县总人口
亩数或人数	1.73 亩	189427 亩	107916 人

全县米谷收获量

表 2-14

项别	米田总亩数	全年收获总量			平均每亩收获量		
		丰年	平年	差量	丰年	平年	差量
亩数或石数	143054	341860	239323	102537	2.39	1.67	0.72

全县米谷盈绌表

表 2-15

项别	全县需米总量	全县米粮盈绌数	
		丰年盈余量	平年短绌量
石数	275617	66273	36294

民国十八年米谷收量表

表 2-16

项别	民国十八年收获量	较平年短收量	全县不足量
石数	170945	68378	104672

全县物产一览表

表 2-17

物产类别	物品名称	全年产量	全年总值
农产品	米	210000 石	2100000 元
	麦	35000 石	262500 元
	黄豆	40000 石	320000 元
	玉蜀黍	13000 石	258000 元

续表

物产类别	物品名称	全年产量	全年总值
农产品	杂粮	8000 石	72000 元
	加皮酒	1500000 斤	300000 元
林产品	松板	20000 块	60000 元
	杉木	1000 株	5000 元
	茶叶	8760 担	229000 元
	柏子	20000 石	1400000 元
	桐子	240000 石	2160000 元
	柴炭	80000 篓	640000 元
	桐油	9000 担	252000 元
	漆	200 担	46000 元
工艺品	皮纸	900 件	5400 元

全县输出物品分类产值表

表 2-18

种类	全类总值	百分比
总数	2254500	100. 00
禾谷类	154800	6. 86
豆类	134700	5. 97
茶类	125000	5. 56
漆类	1486000	66. 00
酒类	200000	8. 87
燃料类	90000	3. 90
木材类	62000	2. 75
肥料类	2000	0. 09

全县输出物品表

表 2-19

种类	品名	全年输出量	输出总值
禾谷类	玉蜀黍	15000 担	90000 元
	小麦	8000 担	60000 元
	大麦	800 担	4800 元

续表

种类	品名	全年输出量	输出总值
豆类	大豆	5000 担	40000 元
	小豆	3000 担	24000 元
	蚕豆	2100 担	14700 元
	料豆	8000 担	56000 元
茶类	绿茶	5000 担	125000 元
漆类	严漆	200 担	46000 元
	桐白	10000 担	40000 元
	柏子	200000 担	1400000 元
酒类	加皮酒	1000000 斤	200000 元
燃料类	柴	50000 担	50000 元
	炭	25000 担	40000 元
木材类	松		50000 元
	杉		12000 元
肥料类	桐饼	100 担	2000 元

农工工资表

表 2-20

项别	常时	忙时
男工	每日　0. 24	每日　0. 34
女工	每日　0. 10	每日　0. 18
童工	每日　0. 05	每日　0. 08

码头工人工资表

表 2-21

项别	工资单位	工值
工资	100 斤	0. 45

陆运工人工资表

表 2-22

项别	工资单位	工值
工资	每斤一里	0. 015

全县各业营业概况表

表 2-23

业别	资本总额	营业设备	全年营业总数	营业费	营业损失	营业净余	纳税
总数	929417	236558	2038843	134148	11782	155920	4990. 0
烟纸杂货业	11110	3670	19033	1797	1081	1190	152. 9
南北货业	173008	29610	361467	23924	2006	37920	1030. 1
绸布业	160296	50380	259333	11911	1480	11940	382. 7
中药业	82054	25578	281633	11218	280	5390	278. 5
饮食业	9132	4230	34017	3579	204	1480	143. 1
洋货业	12818	4270	33567	1923	170	820	103. 8
粮食业	29182	8752	95233	5282	760	4480	205. 9
盐业	79814	16770	147333	8220	250	23500	317. 3
酒业	119408	26524	294353	15431	3018	23530	653. 8
烟业	48558	6370	115267	4951	287	8040	357. 9
鞋帽业	9628	3466	23933	4225	178	2120	43. 2
鲜肉业	1830	516	25767	1727	133	1000	413. 1
纸业	4870	1064	10267	1743	130	630	36. 6
铁器业	1656	240	3740	681	60	500	18. 0
香烛纸炮业	650	550	766	29	—	100	8. 4
旅店业	1766	1110	6667	1170	10	620	37. 8
金银珠宝业	14608	3220	19333	5431	150	800	78. 3
瓷陶料器业	4318	1990	10467	1054	60	540	76. 6
衣装业	55439	10785	174333	9781	1230	14770	236. 6
洗染业	3236	640	6133	1125	—	420	24. 6
西药业	1800	1300	1900	390	—	60	11. 1
茶漆业	2126	340	7600	659	35	750	20. 4
书籍文具业	3048	790	24767	1783	140	870	45. 7
灯伞业	1398	490	6200	448	5	330	26. 4
典当业	36000	25000	52667	2210	—	3500	185. 0
作坊业	2084	520	9900	750	50	470	44. 3

续表

业别	资本总额	营业设备	全年营业总数	营业费	营业损失	营业净余	纳税
五金业	740	210	—	159	—	—	11.0
草织业	840	150	2933	326	15	300	18.0
油酱业	58000	8000	113333	1397	50	10000	28.8

全县商店总数表

表 2-24

区别	商店家数	百分比	备考
总数	195	100.0	
第一区	126	65.0	
第二区	2	1.0	
第三区	10	5.0	
第四区	5	2.5	
第五区	30	15.4	
第六区	22	11.1	

各区各业商店分配表

表 2-25

业别	总数	百分比	第一区	第二区	第三区	第四区	第五区	第六区
总数	195	100.0	126	2	10	5	30	22
烟纸杂货业	11	5.6	6				3	2
南北货业	33	16.9	11	1	3	2	9	7
绸布业	14	7.3	8	1	1		3	1
中药业	18	9.3	9		1	3	2	3
饮食业	11	5.6	9				1	1
洋货业	8	4.1	5				1	2
粮食业	11	5.6	8					3
盐业	4	2.0	1		1		1	1
酒业	19	9.8	17		2			
烟业	12	6.3	7				4	1

续表

业别	总数	百分比	第一区	第二区	第三区	第四区	第五区	第六区
鞋帽业	5	2.6	5					
鲜肉业	3	1.5	2				1	
纸业	3	1.5	3					
铁器业	2	1.0	2					
香烛纸炮业	1	0.5	1					
旅店业	2	1.0	2					
金银珠宝业	5	2.6	4		1			
瓷陶料器业	4	2.0	4					
衣装业	12	6.3	10				1	1
洗染业	2	1.0	1				1	
西药业	1	0.5	1					
茶漆业	2	1.0	2					
书籍文具业	3	1.5	3					
灯伞业	3	1.5	1		1		1	
典当业	1	0.5	1					
作坊业	2	1.0	1				1	
五金业	1	0.5	1					
草织业	1	0.5	1					
油酱业	1	0.5					1	

各业商店开设时期分配表

表 2-26

业别	1—2	3—4	5—6	6—10	11—15	16—20	21—30	30—40	41—50	50 年以上
总数	23	19	10	37	30	35	19	8	4	10
烟纸杂货业	2	3	1	2	1	1	1			
南北货业	4	5		6	5	6	2	1	1	3
绸布业	4		1	2	1	1	3	1		1
中药业	1	2	1	1	2	6	2			3
饮食业				3	4	2	1	1		

续表

业别	1—2	3—4	5—6	6—10	11—15	16—20	21—30	30—40	41—50	50年以上
洋货业	1	1	1	2	3					
粮食业	1		2	3	1	1	1	1	1	
盐业							1	2		1
酒业		2		4	5	6	2			
烟业	1	1	1	2	2	2	3			
鞋帽业	1	1		2						1
鲜肉业				1	1	1				
纸业		1		2						
铁器业				1				1		
香烛纸炮业						1				
旅店业					1	1				
金银珠宝业	2			1	1	1				
瓷陶料器业	1	1		1			1			
衣装业	3	1	2	1	1	3	1			
洗染业					1					1
西药业	1					1				
茶漆业		1				1				
书籍文具业			1				1			
灯伞业				1				1	1	
典当业					1					
作坊业				1		1				
五金业	1									
草织业				1						
油酱业									1	

全县组合分类商店家数表

表 2-27

项别	总数	独资商店	合资商店
家数	195	176	19
百分比	100.0	90.0	10.0

各区组合分类商店家数比较表

表 2-28

区别	项别	总数	独资商店	合资商店
第一区	家数	126	110	16
	百分比	100.0	82.0	18.0
第二区	家数	2	1	1
	百分比	100.0	50.0	50.0
第三区	家数	10	10	
	百分比	100.0	100.0	
第四区	家数	5	5	
	百分比	100.0	100.0	
第五区	家数	30	28	2
	百分比	100.0	93.0	7.0
第六区	家数	22	22	
	百分比	100.0	100.0	

各区组合分类商店家数表

表 2-29

业别	独资						合资					
	第一区	第二区	第三区	第四区	第五区	第六区	第一区	第二区	第三区	第四区	第五区	第六区
总数	110	1	10	5	28	22	16	1			2	
烟纸杂货业	6				3	2						
南北货业	10		3	2	8	7	1	1			1	
绸布业	6	1	1		3	1	2					
中药业	8		1	3	1	3	1				1	
饮食业	9				1	1						
洋货业	5				1	2						
粮食业	8					3						
盐业			1		1	1						
酒业	16		2				1					
烟业	7				4	1	1					

续表

业别	独资						合资					
	第一区	第二区	第三区	第四区	第五区	第六区	第一区	第二区	第三区	第四区	第五区	第六区
鞋帽业	4											
鲜肉业	2				1		1					
纸业	3											
铁器业	2											
香烛纸炮业	1											
旅店业	1						1					
金银珠宝业	3		1				1					
瓷陶料器业	3						1					
衣装业	5				1	1	5					
洗染业	1				1							
西药业	1											
茶漆业	1						1					
书籍文具业	3											
灯伞业	1		1		1							
典当业	1											
作坊业	1				1							
五金业	1											
草织业	1											
油酱业					1							

全县营业分类商店家数表

表 2-30

项别	总数	专营商店	兼售商店
家数	195	109	86
百分比	100.0	56.0	44.0

各区营业分类商店家数比较表

表 2-31

区别	项别	总数	专营商店	兼售商店
第一区	家数	126	84	42
	百分比	100.0	67.0	33.0
第二区	家数	2		2
	百分比	100.0		100.0
第三区	家数	10	3	7
	百分比	100.0	30.0	70.0
第四区	家数	5	3	2
	百分比	100.0	60.0	40.0
第五区	家数	30	12	18
	百分比	100.0	40.0	60.0
第六区	家数	22	7	15
	百分比	100.0	32.0	68.0

全县营业分类商店家数表

表 2-32

业别	专营						兼售					
	第一区	第二区	第三区	第四区	第五区	第六区	第一区	第二区	第三区	第四区	第五区	第六区
总数	84		2	3	12	7	42	2	7	2	18	15
烟纸杂货业							6				3	2
南北货业							11	1	3	2	9	7
绸布业						1	8	1	1		3	
中药业	9			3	2	3			1			
饮食业	9				1							1
洋货业	1						4				1	2
粮食业	8					3						
盐业			1				1				1	1
酒业	13						4		2			
烟业	7				4							1

续表

业别	专营						兼售					
	第一区	第二区	第三区	第四区	第五区	第六区	第一区	第二区	第三区	第四区	第五区	第六区
鞋帽业	5											
鲜肉业	2				1							
纸业							3					
铁器业	2											
香烛纸炮业	1											
旅店业	2											
金银珠宝业	4											
瓷陶料器业	4											
衣装业	10				1							1
洗染业	1				1							
西药业	1											
茶漆业	2											
书籍文具业							3					
灯伞业	1		1		1							
典当业	1											
作坊业							1				1	
五金业							1					
草织业	1											
油酱业					1							

全县商店资本总数表

表 2-33

项别	总数	固定资本	流动资本
资本数	929417	248367	681050
百分比	100.0	27.0	73.0

各区资本分类比较表

表 2-34

区别	项别	总数	独资商店	合资商店
第一区	资本数	743939	195239	548700
	百分比	100.0	26.4	73.6
第二区	资本数	12056	4056	8000
	百分比	100.0	34.0	66.0
第三区	资本数	17678	5328	12350
	百分比	100.0	30.0	70.0
第四区	资本数	7470	2270	5200
	百分比	100.0	30.0	70.0
第五区	资本数	109210	27010	82200
	百分比	100.0	24.6	75.4
第六区	资本数	39064	14464	24600
	百分比	100.0	37.0	63.0

各区各业资本总数表

表 2-35

业别	总数	%	第一区	第二区	第三区	第四区	第五区	第六区
总数	929417	100.0	743.939	12056	17678	7470	109210	39064
烟纸杂货业	11110	1.2	7194				2080	1866
南北货业	173008	18.6	122104	8500	4084	3588	22934	11798
绸布业	160296	17.3	144090	3556	2696		7854	2100
中药业	82054	8.8	69222		694	3882	2560	5696
饮食业	9132	1.0	7098				434	1600
洋货业	12818	1.4	10928				346	1544
粮食业	29182	3.1	21332					7850
盐业	79814	8.6	62000		4622		8544	4648
酒业	119408	12.8	116808		2600			
烟业	48558	5.2	43860				400	698
鞋帽业	9628	1.0	9628					

续表

业别	总数	%	第一区	第二区	第三区	第四区	第五区	第六区
鲜肉业	1830	0.2	1520				310	
纸业	4870	0.5	4870					
铁器业	1656	0.2	1656					
香烛纸炮业	650	0.1	650					
旅店业	1766	0.2	1766					
金银珠宝业	14608	1.6	12016		2592			
瓷陶料器业	4318	0.5	4318					
衣装业	55439	6.0	53515					
洗染业	3236	0.4	2580				660	1264
西药业	1800	0.2	1800				656	
茶漆业	2126	0.2	2126					
书籍文具业	3048	0.3	3048				418	
灯伞业	1398	0.2	590		390			
典当业	36000	3.8	36000					
作坊业	2084	0.2	1640				444	
五金业	740	0.1	740					
草织业	840	0.1	840					
油酱业	58000	6.2					58000	

各业资本分类总数表

表 2-36

业别	总数	店本	
		固定资本	流动资本
总数	929417	248367	681050
烟纸杂货业	11110	3910	7200
南北货业	173008	32708	140300
绸布业	160296	50996	109300
中药业	82054	26254	55800
饮食业	9132	4632	4500

续表

业别	总数	店本	
		固定资本	流动资本
洋货业	12818	4318	8500
粮食业	29182	9202	19980
盐业	79814	17814	62000
酒业	119408	27258	92150
烟业	48558	6958	41600
鞋帽业	9628	3728	5900
鲜肉业	1830	630	1200
纸业	4870	1170	3700
铁器业	1656	336	1320
香烛纸炮业	650	550	100
旅店业	1766	1266	500
金银珠宝业	14608	3608	11000
瓷陶料器业	4318	2118	2200
衣装业	55439	11539	43900
洗染业	3236	736	2500
西药业	1800	1300	500
茶漆业	2126	426	1700
书籍文具业	3048	948	2100
灯伞业	1398	298	800
典当业	36000	26000	10000
作坊业	2084	784	1300
五金业	740	240	500
草织业	840	340	500
油酱业	58000	8000	50000

各区组合分类商店资本类别表

表 2-37

区别	总数	独资			合资		
		总数	固定资本	流动资本	总数	固定资本	流动资本
总数	929417	764542	208292	556250	164875	40075	124800
第一区	743935	590402	159202	431200	153537	36037	117500
第二区	12056	3556	556	3000	8500	3500	5000
第三区	17678	17678	5328	12350			
第四区	7470	7470	2270	5200			
第五区	109210	106372	26472	79900	2838	538	2300
第六区	39064	39064	14464	24600			

各区组合分类商店资本最大最小比较表

表 2-38

区别	平均	独资			合资		
		平均	最大	最小	平均	最大	最小
总数	3800	4500	89400	246	3100	62000	744
第一区	3800	4500	89400	246	3100	62000	744
第二区	6000	3500	3556		8500	8500	
第三区	2500	2500	4622	390			
第四区	1500	1500	2344	724			
第五区	2100	2900	58000	310	1400	1544	1294
第六区	1700	1700	3000	460			

各业组合分类商店资本最大最小比较表

表 2-39

业别	独资			合资		
	平均	最大	最小	平均	最大	最小
烟纸杂货业	1000	3912	246			
南北货业	4000	89400	460	6000	6164	
绸布业	4000	68000	1340	5000	10000	6180
中药业	2000	47000	694	2000	2020	

续表

业别	独资			合资		
	平均	最大	最小	平均	最大	最小
饮食业	1000	1900	366			
洋货业	2500	3500	346			
粮食业	3000	6450	920			
盐业				6000	62000	4622
酒业	1000	3500	400	20000	20000	
烟业	1000	25156	356			
鞋帽业	1500	3000	470	4000	4020	
鲜肉业		760	310			
纸业	1000	3500	564			
铁器业	1000	900	656			
香烛纸炮业	650	650				
旅店业	1000	1022		700	744	
金银珠宝业	2000	2044	1076	6000	6960	
瓷陶料器业	1200	1300	820	900	978	
衣装业	4000	6000	2380	8000	12610	4100
洗染业	2500	2580				
西药业	1800	1800				
茶漆业	1000	1170		1000	956	
书籍文具业	1000	1410	768			
灯伞业	600	590	390			
典当业	36000	36000				
作坊业	1000	1640	440			
五金业	740	740				
草织业	846	846				
油酱业	58000	58000				

各业组合分类商店资本类别表

表 2-40

业别	独资			合资		
	总数	固定资本	流动资本	总数	固定资本	流动资本
总数	764542	208292	556250	164875	40075	124800
烟纸杂货业	11110	3910	7200			
南北货业	156800	27800	129000	16208	4908	11300
绸布业	144116	44816	99300	16180	6180	10000
中药业	78740	25440	53300	3314	814	2500
饮食业	9132	4632	4500			
洋货业	12818	4318	8500			
粮食业	29182	9202	19980			
盐业	17814	5814	12000	62000	12000	50000
酒业	99408	19258	80150	20000	8000	12000
烟业	48558	6958	41600			
鞋帽业	5608	2208	2900	4020	1020	3000
鲜肉业	1830	630	1200			
纸业	4870	1170	3700			
铁器业	1656	336	1320			
香烛纸炮业	650	550	100			
旅店业	1022	622	400	744	644	100
金银珠宝业	7648	1648	6000	6960	1960	5000
瓷陶料器业	3340	1940	1400	978	178	800
衣装业	21924	7424	14500	33518	4115	29400
洗染业	3236	736	2500			
西药业	1800	1300	500			
茶漆业	1170	170	1000	956	256	700
书籍文具业	3048	948	2100			
灯伞业	1398	598	800			
典当业	36000	26000	10000			

续表

业别	独资			合资		
	总数	固定资本	流动资本	总数	固定资本	流动资本
作坊业	2184	784	1309			
五金业	740	240	500			
草织业	840	340	500			
油酱业	58000	8000	50000			

各区营业分类商店资本类别表

表 2-41

类别	总数	专营			兼售		
		总数	固定资本	流动资本	总数	固定资本	流动资本
总数	929417	477495	132395	345100	451922	115972	335950
第一区	743939	382631	111431	271200	361308	83808	277500
第二区	12056				12056	4056	8000
第三区	17678	8298	1598	6700	9380	3730	5650
第四区	7470	3882	1682	2200	3588	588	3000
第五区	109210	67038	10838	56200	42172	16172	26000
第六区	39064	15646	6846	8800	23418	7618	15800

各区营业分类商店资本最大最小比较表

表 2-42

类别	平均	专营			兼售		
		平均	最大	最小	平均	最大	最小
全县	3800	2500	58000	356	4600	89400	246
第一区	3800	2500	47000	366	4600	89400	246
第二区	6000				6000	8500	3556
第三区	2500	2500	4622	390	2500	3696	400
第四区	1500	1500	1900	724	1500	2344	1244
第五区	2100	2900	58000	356	4000	8544	346
第六区	1700	1100	2600	696	2500	4648	460

各业营业分类商店资本最大最小比较表

表 2-43

业别	专营			兼营		
	平均	最大	最小	平均	最大	最小
烟纸杂货业				1000	3912	246
南北货业				4000	89400	460
绸布业				4000	68000	1340
中药业	2000	47000	694			
饮食业	1000	1900	366			
洋货业	1120	1120		1500	3500	346
粮食业	3000	6450	920		62000	4622
盐业				6000	2446	400
酒业	20000	35000	580	1000		
烟业	1000	25156	356			
鞋帽业	1500	4020	470			
鲜肉业	500	760	310			
纸业				1000	3500	564
铁器业	1000	900	656			
香烛纸炮业	650	650				
旅店业	1000	1022	744			
金银珠宝业	2000	6960	1076			
瓷陶料器业	1200	1300	820			
衣装业	6000	12610	2380			
洗染业	2580	2580				
西药业	1800	1800				
茶漆业	1000	1170	956			
书籍文具业				1000	1410	768
灯伞业	600	590	390			
典当业	36000	36000				
作坊业				1000	1640	444

续表

业别	专营			兼营		
	平均	最大	最小	平均	最大	最小
五金业				740	740	
草织业	846	846				
油酱业	58000	58000				

各业营业分类商店资本类别表

表 2-44

业别	专　资			兼售		
	总数	固定资本	流动资本	总数	固定资本	流动资本
总数	477495	132395	345100	451922	115972	335950
烟纸杂货业				11110	3910	7200
南北货业				173008	32708	140300
绸布业	2100	300	1800	158196	50696	107500
中药业	82054	26254	55800			
饮食业	7532	4032	3500	1600	600	1000
洋货业	1120	620	500	11698	3698	8000
粮食业	20182	9202	19980			
盐业	4622	622	4000	75192	17192	58000
酒业	110994	23694	87300	8414	3564	4850
烟业	47860	6760	41100	698	198	500
鞋帽业	9628	3728	5900			
鲜肉业	1830	630	1200			
纸业				4870	1170	3700
铁器业	1656	336	1320			
香烛纸炮业	650	550	100			
旅店业	1766	1266	500			
金银珠宝业	14608	3608	11000			
瓷陶料器业	4318	2118	2200			
衣装业	54175	11275	42900	1264	264	1000

续表

业别	专资			兼售		
	总数	固定资本	流动资本	总数	固定资本	流动资本
洗染业	3236	736	2500			
西药业	1800	1300	500			
茶漆业	2126	426	1700			
书籍文具业				3048	948	2100
灯伞业	1398	598	800			
典当业	36000	26000	10000			
作坊业				2084	784	1300
五金业				740	240	500
草织业	840	340	500			
油酱业	58000	8000	50000			

各区商店分类资本最大最小比较表

表 2-45

类别	总数	固定资本			流动资本		
		平均	最大	最小	平均	最大	最小
总数	4760	1260	26000	104	3500	8000	100
第一区	5800	1500	26000	146	4300	8000	100
第二区	6000	2000	3500	556	4000	5000	3000
第三区	1760	530	1200	190	1230	4000	150
第四区	1420	420	1200	224	1000	2000	500
第五区	3600	900	8000	104	2700	50000	200
第六区	1800	700	1600	144	1100	4000	300

各业商店分类资本最大最小比较表

表 2-46

类别	总数	固定资本			流动资本		
		平均	最大	最小	平均	最大	最小
烟纸杂货业	1000	350	740	104	650	3600	100
南北货业	5200	1000	6400	148	4200	80000	300

续表

类别	总数	固定资本			流动资本		
		平均	最大	最小	平均	最大	最小
绸布业	11400	3600	2000	340	7800	48000	1000
中药业	4600	1400	17000	294	8200	30000	500
饮食业	800	400	16000	166	400	1000	200
洋货业	1500	500	1300	144	1000	2500	200
粮食业	2600	800	1600	220	1800	5800	500
盐业	19400	4400	12000	622	15000	50000	4000
酒业	6200	1400	8000	180	4800	30000	200
烟业	3900	500	2000	156	3400	24000	200
鞋帽业	2100	700	2000	170	1400	3000	300
鲜肉业	600	200	260	110	400	500	200
纸业	1570	370	700	164	1200	2800	400
铁器业	780	160	180	156	620	720	600
香烛纸炮业	650	550			100		
旅店业	910	660	644	622	250	400	100
金银珠宝业	2700	700	1960	244	2000	5000	700
瓷陶料器业	1000	500	900	178	500	800	400
衣装业	4600	1000	4000	380	3600	12000	500
洗染业	1600	350	580	156	1260	2000	500
西药业	1800	1300			500		
茶漆业	1060	210	256	170	850	1000	700
书籍文具业	1000	300	410	268	700	1000	500
灯伞业	470	200	290	118	270	300	200
典当业	36000	26000			10000		
作坊业	1000	400	640	144	600	1000	300
五金业	740	240			500		
草织业	840	340			500		
油酱业	58000	8000			50000		

各区各业最大最小资本比较表

表 2-47

业别	平均	第一区			第二区			第三区			第四区			第五区			第六区		
		平均	最大	最小	平均	最大	最小	平均	最大	最小	平均	最大	最小	平均	最大	最小	平均	最大	最小
总数	4760	580	89400	246	6000			1760	4622	400	1500	2344	724	3640	58000	856	1700	4648	644
烟纸杂货业	1000	1000	3912	246										700	940	506	900	1200	666
南北货业	5200	11000	89400	800	8500			1300	2000	794	1700	2344	1244	2500	4800	648	1600	2844	460
绸布业	11400	18000	68000	1340	3556			2696						2600	3600	2110	2100		
中药业	4600	7500	47000	802				694			1200	1900	724	1200	1294	1266	1800	2600	696
饮食业	800	800	1900	366										434			1600		
洋货业	1500	2000	3500	770										346			750	900	644
粮食业	2600	2600	6450	920													2600	3000	1800
盐业	19400	62000						4622		400				8544			4648		
酒业	6200	6500	35000	700				1300	1200										
烟业	3900	6000	25156	668										1000	1600	356	698		
鞋帽业	2100	1800	4020	470															
鲜肉业	600	760	760											310					
纸业	1570	1600	3500	564															
铁器业	780	800	900	656															
香烛纸炮业	650	650																	

续表

业别	平均	第一区			第二区			第三区			第四区			第五区			第六区		
		平均	最大	最小	平均	最大	最小	平均	最大	最小	平均	最大	最小	平均	最大	最小	平均	最大	最小
旅店业	910	800	1022	744															
金银珠宝业	2700	3000	6960	1076				2592											
瓷陶料器业	1000	1000	1300	820															
衣装业	4600	5300	12610	2380										660			1264		
洗染业	1600	2580												656					
西药业	1800	1800																	
茶漆业	1060	1000	1170	956															
书籍文具业	1000	1000	1410	768				390											
灯伞业	470	590												418					
典当业	36000	36000																	
作坊业	1000	1640												444					
五金业	740	740																	
草织业	840	846																	
油酱业	58000													58000					

各区商店资本分级家数表

表 2-48

区别	100—500	501—1000	1001—2000	2001—4000	4001—6000	6001—10000	10001—20000	20001—30000	30001—50000	50001—100000
总数	13	55	41	43	15	14	3	2	4	5
第一区	4	38	25	23	12	12	3	2	4	4
第二区				1		1				
第三区	2	2	3	2	1					
第四区		1	3	1						
第五区	6	7	6	8	1	1				1
第六区	1	7	4	8	1					

各区商店资本分级家数表

表 2-49

区别	100—500	501—1000	1001—2000	2001—4000	4001—6000	6001—10000	10001—20000	20001—30000	30001—50000	50001—100000
总数	13	55	41	43	15	14	3	2	4	5
烟纸杂货业	1	7	2	1						
南北货业	1	5	8	12	3	3				1
绸布业			1	7		2	1	1		2
中药业		4	7	4	2				1	
饮食业	3	5	3							
洋货业	1	3	1	3						
粮食业		2	3	5		1				
盐业					2	1				1
酒业	1	8	3	2	1	1	1		2	
烟业	1	4	2	2	1	1		1		
鞋帽业	1	1	1	1	1					
鲜肉业	1					2				
纸业		2		1						
铁器业		2								
香烛纸炮业		1								

续表

区别	100—500	501—1000	1001—2000	2001—4000	4001—6000	6001—10000	10001—20000	20001—30000	30001—50000	50001—100000
旅店业		1	1							
金银珠宝业			2	2		1				
瓷陶料器业		2	2							
衣装业		1	1	2	5	2	1			
洗染业		1		1						
西药业			1							
茶漆业		1	1							
书籍文具业		2	1							
灯伞业	2	1								
典当业										1
作坊业	1		1							
五金业		1								
草织业		1								
油酱业										1

近三年各区营业总数表

表 2-50

区别	近三年平均数	百分比	民国十六年	民国十七年	民国十八年
总数	2038843	100. 0	1731920	2078560	2306050
第一区	1621090	80. 0	1357220	1652200	1853850
第二区	4000	0. 2	4000	3800	4200
第三区	60553	2. 8	56000	61160	64500
第四区	24800	1. 2	23800	28900	24700
第五区	241566	11. 6	209400	251800	263500
第六区	86833	4. 2	81500	83700	95300

近三年各业营业总数表

表 2-51

区别	近三年平均数	百分比	民国十六年	民国十七年	民国十八年
总数	2038843	100. 0	1731920	2078560	2306050

续表

区别	近三年平均数	百分比	民国十六年	民国十七年	民国十八年
烟纸杂货业	19033	0.9	14200	20600	22300
南北货业	361467	16.7	321400	360700	402300
绸布业	259333	12.0	203400	248400	326200
中药业	281633	13.0	472500	185300	187100
饮食业	34017	1.6	32800	34200	35050
洋货业	33567	1.6	32800	34500	33400
粮食业	95233	4.6	86600	99600	99500
盐业	147333	7.2	132000	148000	162000
酒业	294353	13.4	207000	313160	362900
烟业	115267	5.5	108400	112800	124600
鞋帽业	23933	1.2	20300	23800	27700
鲜肉业	25767	1.3	20000	30500	26800
纸业	10267	0.5	7200	9300	14300
铁器业	3740	0.2	3920	3500	3800
香烛纸炮业	766	0.1	500	1000	800
旅店业	6667	0.3	7000	5600	7400
金银珠宝业	19333	1.0	17200	21100	19700
瓷陶料器业	10467	0.5	8900	11000	11500
衣装业	174333	8.0	147700	180000	195400
洗染业	6133	0.3	5800	6600	6000
西药业	1900	0.1			1900
茶漆业	7600	0.4	5000	7000	10800
书籍文具业	24767	1.2	20500	26000	27800
灯伞业	6200	0.3	6000	66000	6000
典当业	52667	2.0	40000	60000	58000
作坊业	9900	0.5	10000	9700	10000
五金业					
草织业	2933	0.1	3600	2400	2800
油酱业	113333	5.5	100000	120000	120000

各区各业营业十八年营业总数表

表 2-52

业别	总数	第一区	第二区	第三区	第四区	第五区	第六区
总数	2306050	1853850	4200	64500	24700	263500	95300
烟纸杂货业	22300	14400				5500	2400
南北货业	402300	283600		19500	15800	44400	39000
绸布业	326200	293700	4200	10000		18300	
中药业	187100	154800		4100	8900	7700	11800
饮食业	35050	29050				3000	3000
洋货业	33400	27600				1800	4000
粮食业	99500	82000					17500
盐业	162000	90000		20000		40000	12000
酒业	362900	354000		8900			
烟业	124600	112800				11800	
鞋帽业	27700	27700					
鲜肉业	26800	24000				2800	
纸业	14300	14300					
铁器业	3800	3800					
香烛纸炮业	800	800					
旅店业	7400	7400					
金银珠宝业	19700	19700					
瓷陶料器业	11500	11500					
衣装业	195400	187000				2600	5800
洗染业	6000	4800				1200	
西药业	1900	1900					
茶漆业	10800	10800					
书籍文具业	27800	27800					
灯伞业	6000	1600		2000		2400	
典当业	58000	58000					
作坊业	10000	8000				2000	

续表

业别	总数	第一区	第二区	第三区	第四区	第五区	第六区
五金业							
草织业	2800	2800					
油酱业	120000					120000	

各业商店营业总数分级家数表

表 2-53

区别	501—1000	1001—2000	2001—4000	4001—6000	6001—8000	8001—10000	10001—20000	20001—40000	40001—100000
总数	7	22	32	42	18	10	19	15	13
烟纸杂货业	2	4	2			1			
南北货业		1	4	9	7	2	3	3	1
绸布业				2	3	1	1	1	4
中药业		2	5	5		1	2	1	1
饮食业	3	1	3	3	1				
洋货业		3	1	2	1	1			
粮食业				6			4		
盐业							2	1	1
酒业		1	3	5	2	2	1	1	4
烟业		1	5			2	1	2	
鞋帽业		2		1			1		
鲜肉业			1				2		
纸业			2		1				
铁器业		2							
香烛纸炮业	1								
旅店业			1	1					
金银珠宝业				1	2				
瓷陶料器业	1		2	1					
衣装业			1	1			1	6	
洗染业		1		1					
西药业		1							

续表

区别	501—1000	1001—2000	2001—4000	4001—6000	6001—8000	8001—10000	10001—20000	20001—40000	40001—100000
茶漆业				2					
书籍文具业				2			1		
灯伞业		2	1						
典当业									1
作坊业		1			1				
五金业									
草织业			1						
油酱业									1

各区商店营业总数分级家数表

表 2-54

级别	总数	第一区	第二区	第三区	第四区	第五区	第六区
501—1000	7	6				1	
1001—2000	22	12		1	1	5	3
2001—4000	32	14			2	13	3
4001—6000	42	25	1	5	1	2	8
6001—8000	18	10				5	3
8001—10000	10	8		2			
10001—20000	19	15		1	1	1	1
20001—40000	15	14				1	
40001—100000	13	12				1	

注：各区商店，未注明全年营业总额者，凡十七家。

全县商店组合分类营业总数表

表 2-55

项别	总数	独资商店	合资商店
营业数	2306050	1909250	396800
百分比	100.0	82.6	17.4

各区商店组合分类营业总数表

表 2-56

区别	项别	总数	独资商店营业数	合资商店营业数
第一区	营业数	1853850	1467250	386600
	百分比	100.0	79.2	20.8
第二区	营业数	4200	4200	
	百分比	100.0	100.0	
第三区	营业数	64500	64500	
	百分比	100.0	100.0	
第四区	营业数	24700	24700	
	百分比	100.0	100.0	
第五区	营业数	263500	253300	10200
	百分比	100.0	9630	4.0
第六区	营业数	95300	95300	
	百分比	100.0	100.0	

各区各业组合分类商店全年营业总数表

表 2-57

业别	总数	第一区		第二区		第三区		第四区		第五区		第六区	
		独资	合资	独资	合资	独资	合资	独资	合资	独资	合资	独资	合资
总数	2306050	1467250	386600	4200		64500		24700		253300	10200	95300	
烟纸杂货业	22300	14400								5500		2400	
南北货业	402300	259600	24000			19500		15800		37900	6500	39000	
绸布业	326200	226700	67000	4200		10000				18300			
中药业	187100	149000	5800			4100		8900		4000	3700	11600	
饮食业	35050	29050								3000		3000	
洋货业	33400	27600								1800		4000	
粮食业	99500	82000										17500	
盐业	162000		90000			2000				40000		12000	
酒业	362900	279000	75000			8900							
烟业	124600	112800								11800			
鞋帽业	27700	27700											
鲜肉业	26800	24000								2800			
纸业	14300	14300											
铁器业	3800	3800											
香烛纸炮业	800	800											

续表

业别	总数	第一区		第二区		第三区		第四区		第五区		第六区	
		独资	合资	独资	合资	独资	合资	独资	合资	独资	合资	独资	合资
旅店业	7400	4400	3000										
金银珠宝业	19700	19700											
瓷陶料器业	11500	10700	800										
衣装业	195400	72000	115000							2600		5800	
洗染业	6000	4800								1200			
西药业	1900	1900											
茶漆业	10800	4800	6000										
书籍文具业	27800	27800											
灯伞业	6000	1600				2000				2400			
典当业	58000	58000											
作坊业	10000	8000								2000			
五金业													
草织业	2800	2800	300										
油酱业	120000									120000			

全县商店营业分类营业总数表

表 2-58

项别	总数	专资商店	兼售商店
营业数	2306050	1292950	1013100
百分比	100. 0	56. 0	44. 0

各区商店营业分类营业总数表

表 2-59

区别	项别	总数	专营商店营业数	兼售商店营业数
第一区	营业数	1853850	1053250	800600
	百分比	100. 0	57. 0	43. 0
第二区	营业数	4200		4200
	百分比	100. 0		100. 0
第三区	营业数	64500	26100	38400
	百分比	100. 0	40. 5	59. 5
第四区	营业数	24700	8900	15800
	百分比	100. 0	36. 0	64. 0
第五区	营业数	263500	169800	93700
	百分比	100. 0	64. 5	35. 5
第六区	营业数	95300	34900	60400
	百分比	100. 0	36. 6	63. 4

各区各业营业分类商店全年营业总数表

表 2-60

业别	总数	第一区		第二区		第三区		第四区		第五区		第六区	
		专营	兼售	专营	兼售	独资	合资	独资	合资	独资	合资	独资	合资
总数	2306050	1053250	800600		4200	26100	38400	8900	15800	169800	93700	34900	60400
烟纸杂货业	22300		14400								5500		2400
南北货业	402300		283600				19500		15800		44400		39000
绸布业	326200		293700		4200		10000			18300			
中药业	187100	154800				4100		8900		7700		11600	
饮食业	35050	29050								3000			3000
洋货业	33400	4800	22800								1800		4000
粮食业	99500	82000										17500	
盐业	162000		90000			20000					40000		12000
酒业	362900	308000	46000				8900						
烟业	124600	112800								11800			
鞋帽业	27700	27700											
鲜肉业	26800	24000								2800			
纸业	14300		14300										
铁器业	3800	3800											
香烛纸炮业	800	800											

续表

业别	总数	第一区		第二区		第三区		第四区		第五区		第六区	
		专营	兼售	专营	兼售	独资	合资	独资	合资	独资	合资	独资	合资
旅店业	7400	7400											
金银珠宝业	19700	19700											
瓷陶料器业	11500	11500											
衣装业	195400	187000								2600		5800	
洗染业	6000	4800								1200			
西药业	1900	1900											
茶漆业	10800	10800											
书籍文具业	27800		27800										
灯伞业	6000	1600				2000				2400			
典当业	58000	58000											
作坊业	10000		8000								2000		
五金业													
草织业	2800	2800											
油酱业	120000									120000			

全县商店营业设备费表

表 2-61

项别	总数	建筑	生财
设备费	236555	150493	86062
百分比	100.0	63.5	36.5

各区商店营业设备费表

表 2-62

区别	项别	总数	建筑	生财
第一区	设备费	187957	121055	66902
	百分比	100.0	64.5	35.5
第二区	设备费	2220	1520	700
	百分比	100.0	68.5	31.5
第三区	设备费	4880	2280	2600
	百分比	100.0	47.0	53.0
第四区	设备费	2190	1090	1100
	百分比	100.0	49.8	50.2
第五区	设备费	25276	14436	10840
	百分比	100.0	57.0	43.0
第六区	设备费	14032	10112	3920
	百分比	100.0	72.0	28.0

各区各业商店营业设备费表

表 2-63

业别	总数	第一区		第二区		第三区		第四区		第五区		第六区	
		建筑	生财	建筑	生财	建筑	生财	建筑	生财	建筑	生财	建筑	生财
总数	236555	121055	66902	1520	700	2280	2600	1090	1100	14436	10840	10112	3920
烟纸杂货业	3670	1040	910							750	140	530	300
南北货业	29610	7796	6902	1500	200	860	600	40	500	5048	2230	2424	1510
绸布业	50380	34000	12300	20	500	100	500			1310	1400	50	200
中药业	25578	16210	4700			20	150	1050	600	50	450	1848	500
饮食业	4230	2150	1370							10	100	500	100
洋货业	4270	1640	1520							10	100	700	300
粮食业	8752	1502	3100									3900	250
盐业	16770	10000	2000			50	500			80	3600	80	460
酒业	26524	15224	9850			1200	250						
烟业	6370	1740	3000							1080	400	50	100
鞋帽业	3466	1786	1680										
鲜肉业	516	38	400							28	50		
纸业	1064	84	980										
铁器业	240	90	150										
香烛纸炮业	550	500	50										

续表

业别	总数	第一区		第二区		第三区		第四区		第五区		第六区	
		建筑	生财	建筑	生财	建筑	生财	建筑	生财	建筑	生财	建筑	生财
旅店业	1110	110	1000										
金银珠宝业	3220	100	2600			20	500						
瓷陶料器业	1990	1370	620										
衣装业	10785	4025	6400							10	120	30	200
洗染业	640	20	500							20	100		
西药业	1300	1000	300										
茶漆业	340	40	300										
书籍文具业	790	90	720										
灯伞业	490	240	50			30	100			20	50		
典当业	25000	20000	5000										
作坊业	520	200	200							20	100		
五金业	2100	10	200										
草织业	150	50	100										
油酱业	8000									6000	2000		

全县组合分类商店营业设备费表

表 2-64

项别	总数		建筑		生财	
	独资	合资	独资	合资	独资	合资
设备费	195964	40591	124372	26121	71592	14470
百分比	83.0	17.0	83.0	17.0	83.2	16.8

各区组合分类商店营业设备费表

表 2-65

区别	项别	总数		建筑		生财	
		独资	合资	独资	合资	独资	合资
第一区	设备费	151296	36664	97774	23281	53522	13380
	百分比	80.5	19.5	80.5	19.5	80.0	20.0
第二区	设备费	520	1700	20	1500	500	200
	百分比	23.5	76.5	2.0	98.0	71.4	28.6
第三区	设备费	4880		2280		2600	
	百分比	100.0					
第四区	设备费	2190		1090		1100	
	百分比	100.0					
第五区	设备费	23896	1380	13646	790	10250	500
	百分比	94.6	5.4	95.0	5.0	95.0	5.0
第六区	设备费	13202	830	9582	530	3620	300
	百分比	94.0	6.0	94.8	5.2	92.4	7.6

全县组合分类商店营业设备费分配表

表 2-66

项别	总数		独资商店营业设备		合资商店营业设备	
	建筑	生财	建筑	生财	建筑	生财
设备费	150493	86062	124372	71592	26121	14470
百分比	63.5	36.5	63.5	36.5	64.4	35.6

各区组合分类商店营业设备费分配表

表 2-67

区别	项别	总数		独资		合资	
		建筑	生财	建筑	生财	建筑	生财
第一区	设备费	121055	66902	97774	53522	23281	13380
	百分比	64. 5	35. 5	64. 6	35. 4	63. 5	36. 5
第二区	设备费	1520	220	20	500	1500	200
	百分比	87. 3	12. 6	3. 8	96. 2	88. 3	11. 7
第三区	设备费	2280	2600	2280	2600		
	百分比	47. 0	53. 0	47. 0	53. 0		
第四区	设备费	1090	1100	1090	1100		
	百分比	49. 8	50. 2	49. 8	50. 2		
第五区	设备费	14436	10840	13646	10250	790	590
	百分比	57. 0	43. 0	57. 0	43. 0	57. 0	48. 0
第六区	设备费	10112	8920	9582	3620	530	300
	百分比	72. 0	28. 0	72. 6	27. 4	63. 8	36. 2

各业组合分类商店营业设备费表

表 2-68

项别	总数		建筑		生财	
	独资	合资	独资	合资	独资	合资
总数	195964	40591	124372	26121	71592	14470
烟纸杂货业	1950	1720	1040	1280	910	440
南北货业	26610	3000	16068	1600	10542	1400
绸布业	44320	6060	31420	4060	12900	2000
中药业	24888	690	19138	40	5750	650
饮食业	4230		2660		1570	
洋货业	4270		2350		1920	
粮食业	8752		5402		3350	
盐业	4770	12000	210	10000	4560	2000
酒业	18524	8000	9424	7000	9100	1000

续表

项别	总数		建筑		生财	
	独资	合资	独资	合资	独资	合资
烟业	6370		2870		3500	
鞋帽业	900	2566	100	1686	800	880
鲜肉业	516		66		450	
纸业	1064		84		980	
铁器业	240		90		150	
香烛纸炮业	550	560	500		50	
旅店业	550	1840	50	60	500	500
金银珠宝业	1380	130	80	40	1300	1800
瓷陶料器业	1860	3785	1340	30	520	100
衣装业	7000		3780	285	3220	3500
洗染业	640		40		600	
西药业	1300		1000		300	
茶漆业	120	220	20	20	100	200
书籍文具业	360		90		270	
灯伞业	490		290		200	
典当业	25000		20000		5000	
作坊业	520		220		300	
五金业	210		10		200	
草织业	150		50		100	
油酱业	8000		6000		2000	

全县营业分类商店营业设备费表

表 2-69

项别	总数		建筑		生财	
	专营	兼售	专营	兼售	专营	兼售
设备费	125881	110674	80221	70272	45660	40402
百分比	53.0	47.0	53.5	46.5	35.0	47.0

各区营业分类商店营业设备费表

表 2-70

区别	项别	总数		建筑		生财	
		专营	兼售	专营	兼售	专营	兼售
第一区	设备费	106175	81782	66085	54970	40090	26812
	百分比	56.0	44.0	54.6	45.4	60.0	40.0
第二区	设备费		2220		1520		700
	百分比						
第三区	设备费	820	4060	70	2210	750	1850
	百分比	16.8	83.2	3.0	97.0	29.0	71.0
第四区	设备费	1650	540	1050	40	600	500
	百分比	75.0	25.0	96.5	3.5	54.5	45.5
第五区	设备费	10488	14788	7218	7218	3270	7570
	百分比	42.0	58.0	50.0	50.0	30.0	70.0
第六区	设备费	6748	7284	5798	4314	950	2970
	百分比	48.0	52.0	57.3	42.7	24.0	76.0

全县营业分类商店营业设备费分配表

表 2-71

项别	总数		专营		兼营	
	建筑	生财	建筑	生财	建筑	生财
设备费	150493	86062	80221	45660	70272	40402
百分比	63.8	36.5	63.0	37.0	63.5	36.5

各区营业分类商店营业设备费分配表

表 2-72

区别	项别	总数		专营		兼售	
		建筑	生财	建筑	生财	建筑	生财
第一区	设备费	121058	66902	66085	40090	54970	26812
	百分比	64.5	35.5	62.4	37.6	67.0	33.0
第二区	设备费	1520	700			1520	700
	百分比	68.5	31.5			68.5	31.5

续表

区别	项别	总数		专营		兼售	
		建筑	生财	建筑	生财	建筑	生财
第三区	设备费	2280	2600	70	750	2210	1850
	百分比	46.6	53.4	9.0	91.0	54.5	45.5
第四区	设备费	1090	1100	1050	600	40	500
	百分比	49.8	50.2	63.5	36.5	7.4	92.6
第五区	设备费	14436	10840	7218	3270	7218	7570
	百分比	57.0	43.0	68.8	31.2	48.7	51.3
第六区	设备费	10112	3920	5798	950	4314	2970
	百分比	72.2	27.8	86.0	14.0	59.4	40.6

各业营业分类商店营业设备费表

表 2-73

业别	总数		建筑		生财	
	专营	兼售	专营	兼售	专营	兼售
总数	125881	110674	80271	70272	45660	40402
烟纸杂货业		3670		2320		1350
南北货业		29610		17668		11942
绸布业	250	50130	50	35430	200	14700
中药业	25578		19178		6400	
饮食业	3630	600	2160	500	1470	100
洋货业	620	3650	500	1850	120	1800
粮食业	8752	16770	5402		3350	
盐业		3260		10210		6560
酒业	23264	150	14614	1810	8650	1450
烟业	6220		2820	50	3400	100
鞋帽业	3466		1786		1680	
鲜肉业	516		66		450	
纸业		1064		84		980
铁器业	240		90		150	

续表

业别	总数		建筑		生财	
	专营	兼售	专营	兼售	专营	兼售
香烛纸炮业	550		500		50	
旅店业	1110		110		1000	
金银珠宝业	3220		120		3100	
瓷陶料器业	1990		1370		620	
衣装业	10555	230	4035	30	6520	200
洗染业	640		40		600	
西药业	1300		1000		300	
茶漆业	340		40		300	
书籍文具业		810		90		720
灯伞业	490		290		200	
典当业	25000		20000		5000	
作坊业		520		220		300
五金业		210		10		200
草织业	150		50		100	
油酱业	8000		6000		2000	

全县商店营业费表

表 2-74

项别	总数	生财折旧	房租	薪金	杂支
营业费	134151	2485	13400	39419	78838
百分比	100.0	1.8	10.0	29.4	58.8

各区商店营业费表

表 2-75

业别	项别	总数	生财折旧	房租	薪金	杂支
第一区	营业费	106885	1941	11194	31250	62500
	百分比	100.0	1.8	10.5	28.0	59.7
第二区	营业费	1993	10	36	649	1298
	百分比	100.0	0.5	1.8	32.5	65.2

续表

业别	项别	总数	生财折旧	房租	薪金	杂支
第三区	营业费	5122	45	448	1543	3086
	百分比	100.0	0.9	8.7	30.2	60.2
第四区	营业费	1408	45	100	421	842
	百分比	100.0	2.9	7.1	30.0	60.0
第五区	营业费	12096	297	1008	3597	7194
	百分比	100.0	2.5	8.3	29.8	59.4
第六区	营业费	6647	147	623	1959	3918
	百分比	100.0	2.2	9.4	29.5	58.9

各业商店营业费表

表 2-76

项别	总数	生财折旧	房租	薪金	杂支
总数	134148	2485	13409	39418	78836
烟纸杂货业	1797	50	241	502	1004
南北货业	23924	377	1290	7419	14838
绸布业	11911	400	5626	5885	11770
中药业	11218	187	696	3445	6890
饮食业	3579	91	402	1029	2058
洋货业	1923	78	228	509	1108
粮食业	5282	125	450	1569	3138
盐业	8220	100	320	2600	5200
酒业	15431	231	734	4822	9644
烟业	4951	121	588	1414	2828
鞋帽业	4225	60	262	1301	2602
鲜肉业	1727	20	114	312	624
纸业	1743	30	120	561	1062
铁器业	681	15	96	190	380
香烛纸炮业	29	5		8	16
旅店业	1170	60	156	318	636

续表

项别	总数	生财折旧	房租	薪金	杂支
金银珠宝业	5431	75	388	1656	3312
瓷陶料器业	1054	18	128	236	672
衣装业	9781	252	754	2925	5850
洗染业	1125	21	90	338	676
西药业	390			130	260
茶漆业	659	15	86	186	372
书籍文具业	1783	40	138	535	1070
灯伞业	448	7	108	111	222
典当业	2210	50		720	1440
作坊业	750	30	264	152	304
五金业	159		30	43	86
草织业	326	8	96	74	148
油酱业	1397	20		459	918

全县组合分类商店营业表

表 2-77

项别	总数		生财折旧		房租		薪金		杂支	
	独资	合资	独资	合资	独资	合资	独资	合资	独资	合资
营业费	100066	34085	2030	455	7319	6090	30239	9180	60478	18360
百分比	74.8	25.2	81.3	18.3	54.6	45.4	72.0	28.0	77.0	23.0

各区组合分类商店营业表

表 2-78

项别	营业费	总数		生财折旧		房租		薪金		杂支	
		独资	合资	独资	合资	独资	合资	独资	合资	独资	合资
第一区	营业费	75613	31272	1506	435	5152	6042	22985	8265	45970	16580
	百分比	70.8	29.2	77.5	22.5	46.0	54.0	73.5	26.5	73.6	26.4
第二区	营业费	490	1503	10		36		148	501	296	1602
	百分比	24.5	75.5								

续表

项别	营业费	总数		生财折旧		房租		薪金		杂支	
		独资	合资	独资	合资	独资	合资	独资	合资	独资	合资
第三区	营业费	5122		45		448		1543		3086	
	百分比										
第四区	营业费	1408		45		100		421		842	
	百分比										
第五区	营业费	10786	1310	277	20	960	48	3183	414	6366	828
	百分比	89. 2	10. 8	93. 3	6. 7	95. 2	4. 8	88. 5	11. 5	88. 5	11. 5
第六区	营业费	6647		147		623		1959		3918	
	百分比										

全县组合分类商店营业费分配表

表 2-79

项别	独资					合资				
	总数	生财折旧	房租	薪金	杂支	总数	生财折旧	房租	薪金	杂支
营业费	100066	2030	7319	30239	60478	34085	455	6090	9180	18360
百分比	100. 0	2. 1	7. 3	30. 2	60. 4	100. 0	1. 3	19. 7	26. 8	52. 2

各区组合分类商店营业费分配表

表 2-80

项别	营业费	独资					合资				
		总数	生财折旧	房租	薪金	杂支	总数	生财折旧	房租	薪金	杂支
第一区	营业费	75613	1506	5152	22985	45970	31272	435	6042	8265	16530
	百分比	100. 0	2. 0	6. 8	30. 2	61. 0	100. 0	1. 4	19. 3	26. 4	52. 9
第二区	营业费	490	10	36	148	296	1503			501	1002
	百分比	100. 0	2. 4	7. 3	30. 2	60. 1	100. 0			33. 2	66. 8
第三区	营业费	5122	45	448	1543	3086					
	百分比	100. 0	0. 9	8. 2	30. 1	60. 8					
第四区	营业费	1408	45	100	421	842					
	百分比	100. 0	3. 2	7. 1	30. 0	59. 7					

续表

项别	营业费	独资					合资				
		总数	生财折旧	房租	薪金	杂支	总数	生财折旧	房租	薪金	杂支
第五区	营业费	10786	277	960	3183	6366	1310	20	48	414	828
	百分比	100.0	2.5	8.9	29.5	59.1	100.0	1.5	3.7	31.6	63.2
第六区	营业费	6647	147	623	1959	3918					
	百分比	100.0	2.2	9.4	29.5	59.9					

各区组合分类商店营业表

表 2-81

项别	总数		生财折旧		房租		薪金		杂支	
	独资	合资	独资	合资	独资	合资	独资	合资	独资	合资
总数	100066	34085	2030	455	7319	6690	30239	9180	60478	18360
烟纸杂货业	1797		50		241		502		1004	
南北货业	20362	3562	337	40	1182	108	6281	1138	12562	2276
绸布业	13349	10332	300	100	506	5120	4181	1704	8362	3408
中药业	11396	2361	2706	20	572	124	2706	739	5412	1478
饮食业	3579		90		402		1020		2058	
洋货业	1833		78		228		509		1018	
粮食业	5282		125		450		1569		3138	
盐业	3314	4910	50	50	324		980	1620	1960	3240
酒业	12563	2868	201	30	734		3876	946	7752	1892
烟业	4951		121		588		1414		2828	
鞋帽业	1651	2574	60		142	120	483	818	966	1636
鲜肉业	1070		20		114		312		624	
纸业	1743		30		120		531		1062	
铁器业	681		15		96		100		380	
香烛纸炮业	29		5				8		16	
旅店业	318	852	30	30	72	84	72	246	144	492
金银珠宝业	3605	1826	55	20	268	120	1004	562	2188	1124
瓷陶料器业	446	408	18		80	48	116	120	232	240

续表

项别	总数		生财折旧		房租		薪金		杂支	
	独资	合资	独资	合资	独资	合资	独资	合资	独资	合资
衣装业	4871	3910	92	160	424	330	1785	1140	2570	2280
洗染业	1125		21		90		338		676	
西药业	390						130		260	
茶漆业	177	482	10	5	50	36	30	147	78	294
书籍文具业	1783		40		138		535		1070	
灯伞业	448		7		108		111		222	
典当业	2210		50				720		1440	
作坊业	750		30		264		152		304	
五金业	159				30		43		86	
草织业	326		8		96		74		148	
油酱业	1397		20				459		918	

全县营业分类商店营业费表

表 2-82

项别	总数		生财折旧		房租		薪金		杂支	
	专营	兼售	专营	兼售	专营	兼售	专营	兼售	专营	兼售
营业费	66566	67585	1357	1128	4846	8563	20121	19298	30242	38596
百分比	49. 5	50. 5	54. 5	45. 5	36. 0	64. 0	51. 0	49. 0	51. 0	49. 0

各区营业分类商店营业费表

表 2-83

区别	项别	总数		生财折旧		租房		薪金		杂支	
		专营	兼售	专营	兼售	专营	兼售	专营	兼售	专营	兼售
第一区	营业费	58719	48066	1178	763	4162	7032	17793	13457	35586	26814
	百分比	55. 0	45. 0	60. 0	40. 0	37. 2	62. 8	43. 0	57. 0	43. 0	57. 0
第二区	营业费		1993		10		36		649		1298
	百分比										
第三区	营业费	1248	3874	12	33	228	220	336	1207	672	2414
	百分比	24. 3	75. 7	26. 6	78. 4	51. 0	49. 0	21. 8	78. 2	22. 0	78. 0

续表

区别	项别	总数		生财折旧		租房		薪金		杂支	
		专营	兼售	专营	兼售	专营	兼售	专营	兼售	专营	兼售
第四区	营业费	545	863	25	20	52	48	156	265	312	530
	百分比	38.6	61.4	55.5	44.5	52.0	48.0	37.0	63.0	37.0	63.0
第五区	营业费	3664	8432	92	205	296	712	1092	2505	2184	5010
	百分比	30.2	69.8	31.0	69.0	28.3	71.7	30.0	70.0	30.4	69.6
第六区	营业费	2390	4257	50	97	108	515	744	1215	1488	2430
	百分比	36.0	64.0	34.0	66.0	17.5	82.5	38.5	61.5	38.0	62.0

全县营业分类商店营业费分配表

表 2-84

项别	专营					兼售				
	总数	生财折旧	房租	薪金	杂支	总数	生财折旧	房租	薪金	杂支
营业费	66566	1357	4846	20121	40242	67385	1128	8563	19298	38396
百分比	100.0	2.2	7.3	30.2	60.3	100.0	1.7	12.7	28.6	57.0

各区营业分类营业费分配表

表 2-85

项别	营业费	专营					兼售				
		总数	生财折旧	房租	薪金	杂支	总数	生财折旧	房租	薪金	杂支
第一区	营业费	58709	1178	4162	17793	35586	48066	763	7032	13457	26814
	百分比	100.0	2.0	7.1	30.2	60.7	100.0	1.6	14.4	28.0	56.0
第二区	营业费						1993	10	36	649	1298
	百分比						100.0	0.5	1.8	3235	65.2
第三区	营业费	1248	12	228	336	672	3874	33	220	1207	2414
	百分比	100.0	1.0	18.2	26.8	54.0	100.0	0.9	5.7	31.2	62.2
第四区	营业费	545	25	52	156	312	863	20	48	265	530
	百分比	100.0	4.6	9.5	28.6	57.3	100.0	2.3	5.6	30.6	61.5
第五区	营业费	3664	92	296	1092	2184	8432	205	72	2505	5010
	百分比	100.0	2.5	8.0	29.7	59.8	100.0	2.4	8.4	29.7	59.5

续表

项别	营业费	专营					兼售				
		总数	生财折旧	房租	薪金	杂支	总数	生财折旧	房租	薪金	杂支
第六区	营业费	2390	50	108	744	1488	4257	97	515	1215	2430
	百分比	100.0	2.1	4.5	31.0	62.4	100.0	2.2	12.2	28.4	57.2

各区组合分类商店营业表

表 2-86

项别	总数		生财折旧		房租		薪金		杂支	
	专营	兼售	专营	兼售	专营	兼售	专营	兼售	专营	兼售
总数	66566	67585	1357	1128	4846	8563	20121	19298	40242	38596
烟纸杂货业		1797		50		241		502		1004
南北货业		23924		377		1290		7419		14838
绸布业	511	23170	10	390	60	5566	147	5738	294	11476
中药业	11218		187		696		3445		6890	
饮食业	3219	360	90		402		909	120	1818	240
洋货业	169	1664	10	68		288	53	456	106	912
粮食业	5282		125		450		1569	2456	3138	
盐业	514	7706	10	90	72	248	144	1262	288	4912
酒业	11303	4128	193	38	430	304	3560		7120	2524
烟业	4903	48	121		540	48	1414		2828	
鞋帽业	4225		60		262		1301		2602	
鲜肉业	1070		20		114		312		624	
纸业		1743		30		120		531		1062
铁器业	681		15		96		190		380	
香烛纸炮业	29		5				8		16	
旅店业	1170		60		156		318		636	
金银珠宝业	5431		75		388		1656		3312	
瓷陶料器业	854		18		128		236		472	
衣装业	9557	224	242	10	720	34	2865	60	5730	120
洗染业	1125		21		90		338		676	

续表

项别	总数		生财折旧		房租		薪金		杂支	
	专营	兼售	专营	兼售	专营	兼售	专营	兼售	专营	兼售
西药业	390						130		260	
茶漆业	659		15		86		186		372	
书籍文具业		1783		40		138		535		1070
灯伞业	323	125	2	5	60	48	87	24	174	48
典当业	2210		50				720		1440	
作坊业		750		30		264		152		304
五金业		159				30		43		86
草织业	326		8		96		74		148	
油酱业	1397		20				459		918	

全县商店营业损失表

表 2-87

项别	总数	呆账	底货	其他
损失数	11782	5127	2265	4390
百分比	100. 0	43. 5	19. 5	37. 0

各区商店营业损失表

表 2-88

区别	项别	总数	呆账	底货	其他
第一区	损失数	9156	4181	2085	2890
	百分比	100. 0	45. 6	22. 8	31. 6
第二区	损失数	20	20		
	百分比	100. 0	100. 0		
第三区	损失数	1690	140	50	1500
	百分比	100. 0	8. 3	2. 7	89. 0
第四区	损失数	30	30		
	百分比	100. 0	100. 0		
第五区	损失数	570	440	130	
	百分比	100. 0	77. 2	22. 8	

续表

区别	项别	总数	呆账	底货	其他
第六区	损失数	316	316		
	百分比	100.0	100.0		

各业商店营业损失总数表

表 2-89

类别	总数	呆账	底货	其他
总数	11782	5127	2265	4390
烟纸杂货业	1081	71	10	1000
南北货业	2006	806	300	900
绸布业	1480	610	870	
中药业	280	260	20	
饮食业	204	164		40
洋货业	170	140	30	
粮食业	760	650	60	50
盐业	250	200	50	
酒业	3018	548	70	2400
烟业	287	282	5	
鞋帽业	178	98	80	
鲜肉业	133	133		
纸业	130	110	20	
铁器业	60	60		
香烛纸炮业				
旅店业	10	10		
金银珠宝业	150	150		
瓷陶料器业	60	60		
衣装业	1230	530	700	
洗染业				
西药业				
茶漆业	35	35		

续表

类别	总数	呆账	底货	其他
书籍文具业	140	100	40	
灯伞业	5	5		
典当业				
作坊业	50	40	10	
五金业				
草织业	15	15		
油酱业	50	50		

全县组合分类商店营业损失表

表 2-90

项别	总数		呆账		底货		其他	
	独资	合资	独资	合资	独资	合资	独资	合资
损失费	10069	1713	4334	793	1345	920	4390	
百分比	85. 5	14. 5	84. 5	15. 5	59. 5	40. 5	100. 0	

各区营业分类商店营业费表

表 2-91

区别	项别	总数		呆账		底货		其他	
		独资	合资	独资	合资	独资	合资	独资	合资
第一区	损失数	7366	1690	3411	770	1165	920	2890	
	百分比	81. 3	18. 7	81. 5	18. 5	56. 0	44. 0		
第二区	损失数	20		20					
	百分比								
第三区	损失数	1690		140		50		1500	
	百分比								
第四区	损失数	30		60					
	百分比								
第五区	损失数	547	23	417	23	130			
	百分比								

续表

区别	项别	总数		呆账		底货		其他	
		独资	合资	独资	合资	独资	合资	独资	合资
第六区	损失数	316		316					
	百分比								

全县组合分类商店营业损失比较表

表 2-92

项别	总数		呆账		底货		其他	
	独资	合资	独资	合资	独资	合资	独资	合资
损失费	10069	4334	1345	4390	1716	793	920	
百分比	100. 0	43. 0	13. 3	43. 4	100. 0	46. 0	54. 0	

各区组合分类商店营业损失比较表

表 2-93

区别	项别	独资商店营业损失费				合资商店营业损失费			
		总数	呆账	底货	其他	总数	呆账	底货	其他
第一区	损失数	7366	3411	1165	2890	1690	770	920	
	百分比	100. 0	46. 2	15. 8	38. 0	100. 0	45. 5	54. 5	
第二区	损失费	20	20						
	百分比								
第三区	损失费	1690	140	50	1500				
	百分比	100. 0	8. 3	2. 7	89. 0				
第四区	损失费	30	30						
	百分比								
第五区	损失费	547	417	130		23	23		
	百分比	100. 0	76. 2	23. 8					
第六区	损失费	316	316						
	百分比								

各业组合分类商店营业损失总数表

表 2-94

项别	总数		呆账		底货		其他	
	独资	合资	独资	合资	独资	合资	独资	合资
总数	10069	1713	4334	793	1345	920	4390	
烟纸杂货业	1081		71		10		1000	
南北货业	1913	93	733	73	280	20	900	
绸布业	950	530	480	130	470	400		
中药业	250	30	230	30	20			
饮食业	204		164				40	
洋货业	170		140		30			
粮食业	760		650		60		50	
盐业	150	100	109	100	50			
酒业	2968	50	496	50	70		2400	
烟业	287		282		5			
鞋帽业	178		98		80			
鲜肉业	133		133					
纸业	130		110		20			
铁器业	60		60					
香烛纸炮业								
旅店业	10		10					
金银珠宝业	100	50	100	50				
瓷陶料器业	60		60					
衣装业	380	850	180	350	200	500		
洗染业								
西药业								
茶漆业	25	10	25	10				
书籍文具业	100	40	100		40			
灯伞业	5		5					
典当业								

续表

项别	总数		呆账		底货		其他	
	独资	合资	独资	合资	独资	合资	独资	合资
作坊业	50		40		10			
五金业								
草织业	15		15					
油酱业	50		50					

全县营业分类商店营业损失表

表 2-95

项别	总数		呆账		底货		其他	
	专营	兼售	专营	兼售	专营	兼售	专营	兼售
损失数	4993	6789	2898	2229	905	1360	1190	3200
百分比	42. 5	57. 5	56. 5	43. 5	40. 0	60. 0	27. 0	78. 0

各区营业分类商店营业损失表

表 2-96

区别	项别	总数		呆账		底货		其他	
		专营	兼售	专营	兼售	专营	兼售	专营	兼售
第一区	损失数	4759	4397	2664	1517	905	1180	1190	1700
	百分比	52. 0	48. 0	63. 8	36. 2	43. 5	56. 5	41. 0	59. 0
第二区	损失费		20		20				
	百分比								
第三区	损失费	30	1660	30	110		50		1500
	百分比	2. 0	98. 0	21. 5	78. 5				
第四区	损失费		30		30				
	百分比								
第五区	损失费	114	456	114	326		130		
	百分比	20. 0	80. 0	26. 0	74. 0				
第六区	损失费	90	226	90	226				
	百分比	28. 5	71. 5	28. 5	71. 8				

全县营业分类商店营业损失比较表

表 2-97

项别	专营				兼售			
	总数	呆账	底货	其他	总数	呆账	底货	其他
损失数	4993	2898	905	1190	6789	2229	1360	3200
百分比	100.0	58.0	18.2	23.8	100.0	32.8	20.0	47.2

各区营业分类商店营业损失比较表

表 2-98

区别	项别	专营				兼售			
		总数	呆账	底货	其他	总数	呆账	底货	其他
第一区	损失数	4759	2664	905	1190	4397	1517	1180	1700
	百分比	100.0	56.0	19.0	25.0	100.0	34.5	26.8	38.7
第二区	损失费					20	20		
	百分比								
第三区	损失费	30	30			1660	110	50	1500
	百分比					100.0	6.6	3.4	90.0
第四区	损失费					30	30		
	百分比								
第五区	损失费	114	114			456	326	130	
	百分比					100.0	71.5	28.5	
第六区	损失费	90	90			226	226		
	百分比								

各业营业分类商店营业损失总数表

表 2-99

业别	总数		呆账		底货		其他	
	专营	兼售	专营	兼售	专营	兼售	专营	兼售
总数	4993	6789	2898	2229	905	1360	1190	3200
烟纸杂货业		1081		71		10		1000
南北货业		2006		806		300		900
绸布业		1480		610		870		

续表

业别	总数		呆账		底货		其他	
	专营	兼售	专营	兼售	专营	兼售	专营	兼售
中药业	280		260		20			
饮食业	204		164				40	
洋货业	30	140	20	120	10	20		
粮食业	760		650		60		50	
盐业	20	230	20	180		50		
酒业	1486	1532	356	192	30	40	1100	1300
烟业	287		282		5			
鞋帽业	178		98		80			
鲜肉业	133		133					
纸业		130		110		20		
铁器业	60		60					
香烛纸炮业								
旅店业	10		10					
金银珠宝业	150		150					
瓷陶料器业	60		60					
衣装业	1230		530		700			
洗染业								
西药业								
茶漆业	35		35					
书籍文具业		140		100		40		
灯伞业	50		5					
典当业		50		40		10		
作坊业								
五金业								
草织业	15		15					
油酱业	50		50					

近三年各区商店灾害损失表

表 2-100

区别	近三年损失数	百分比	民国十六年	民国十七年	民国十八年
总数	99988	100.0	95198	400	4390
第一区	82568	82.5	79278	400	2890
第二区	100	0.1	100		
第三区	6940	7.0	5440		1500
第四区	400	0.4	400		
第五区	5870	5.9	5870		
第六区	4110	4.1	4110		

近三年各业灾害损失表

表 2-101

区别	近三年损失数	百分比	民国十六年	民国十七年	民国十八年
总数	99988	100.0	95198	400	4390
烟纸杂货业	3370	3.4	2370		1000
南北货业	16150	16.2	15250		900
绸布业	10000	10.0	10000		
中药业	3420	3.4	3420		
饮食业	1180	1.2	1140		40
洋货业	2150	2.2	2150		
粮食业	6710	6.7	6260	400	50
盐业	3100	3.1	3100		
酒业	16840	16.8	14440		2400
烟业	2140	2.1	2140		
鞋帽业	2108	2.1	2108		
鲜肉业	430	0.4	430		
纸业	200	0.2	200		
铁器业	400	0.4	400		
香烛纸炮业	10	0.1	10		
旅店业	280	0.3	280		

续表

区别	近三年损失数	百分比	民国十六年	民国十七年	民国十八年
金银珠宝业	900	0.9	900		
瓷陶料器业	530	0.5	530		
衣装业	8100	8.1	8100		
洗染业	500	0.5	500		
西药业					
茶漆业	230	0.2	230		
书籍文具业	1050	1.0	1050		
灯伞业	160	0.2	160		
典当业	15000	15.0	15000		
作坊业	530	0.5	530		
五金业					
草织业	3000	3.0	3000		
油酱业	1500	1.5	1500		

近三年各区营业净余数表

表 2-102

区别	近三年损失数	百分比	民国十六年	民国十七年	民国十八年
总数	97767	100.0	7630	129751	155920
第一区	78900	80.5	6160	105240	125320
第二区	97	0.1	50	120	120
第三区	2300	2.5	-700	4480	3130
第四区	810	0.9	430	1000	1000
第五区	12120	12.4	1700	15370	19300
第六区	3490	3.6	-10	3441	7050

近三年各业营业净余数表

表 2-103

区别	近三年损失数	百分比	民国十六年	民国十七年	民国十八年
总数	97767	100.0	7630	129751	155920
烟纸杂货业	767	0.8	-510	1620	1190

续表

区别	近三年损失数	百分比	民国十六年	民国十七年	民国十八年
南北货业	22524	24.7	1380	28271	37920
绸布业	11113	11.7	3500	17900	11240
中药业	4083	4.3	1280	5580	5390
饮食业	890	0.9	-220	1410	1480
洋货业	437	0.5	-910	1400	820
粮食业	2430	2.6	-1680	4520	4450
盐业	8233	8.7	2100	9100	23500
酒业	15953	16.9	310	24020	23530
烟业	4913	5.2	1130	5570	8040
鞋帽业	833	0.9	-1200	1580	2120
鲜肉业	560	0.6		680	1000
纸业	266	0.3	100	70	630
铁器业	277	0.3	-150	480	500
香烛纸炮业	83	0.1	50	100	100
旅店业	357	0.4	20	430	620
金银珠宝业	333	0.4	-300	500	800
瓷陶料器业	313	0.4	-200	600	540
衣装业	9317	9.9	480	12700	14770
洗染业	253	0.3	-150	490	420
西药业	-60				-60
茶漆业	417	0.5	100	400	750
书籍文具业	373	0.4	-380	630	870
灯伞业	290	0.3	130	320	330
典当业	1833	2.0	-500	2500	3500
作坊业	233	0.3	-350	580	470
五金业					
草织业	1067	1.1	2600	300	300
油酱业	6333	6.2	1000	8000	10000

各区各业营业净余数表

表 2-104

业别	总数	第一区	第二区	第三区	第四区	第五区	第六区
总数	155920	125320	120	3130	1000	19300	7050
烟纸杂货业	1190	490				240	280
南北货业	37920	30900		1200	700	2100	3020
绸布业	11940	10300	120	800		720	
中药业	5390	4190		80	300	220	600
饮食业	1480	560				620	300
洋货业	820	400				120	300
粮食业	4450	2900					1550
盐业	23500	18000		1000		4000	500
酒业	23530	23500		-50			
烟业	8040	7440				600	
鞋帽业	2120	2120					
鲜肉业	1000	900				100	
纸业	630	630					
铁器业	500	500					
香烛纸炮业	100	100					
旅店业	620	620					
金银珠宝业	800	800					
瓷陶料器业	540	540					
衣装业	14770	14190				80	500
洗染业	420	320				100	
西药业	-60	-60					
茶漆业	750	750					
书籍文具业	870	870					
灯伞业	330	80		100		150	
典当业	3500	3500					
作坊业	470	400				70	

续表

业别	总数	第一区	第二区	第三区	第四区	第五区	第六区
五金业							
草织业	800	300					
油酱业	10000					10000	

全县组合分类商店营业净余数表

表 2-105

项别	总数	独资商店	合资商店
净余数	155920	117100	38820
百分比	100.0	75.0	25.0

各区组合分类商店营业净余数表

表 2-106

区别	项别	总数	独资商店	合资商店
第一区	净余数	125320	86770	38550
	百分比	100.0	69.4	30.6
第二区	净余数	120	120	
	百分比	100.0	100.0	
第三区	净余数	3130	3130	
	百分比	100.0	100.0	
第四区	净余数	1000	1000	
	百分比	100.0	100.0	
第五区	净余数	19300	19030	270
	百分比	100.0	98.6	1.4
第六区	净余数	7050	7050	
	百分比	100.0	100.0	

各区各业组合分类商店营业净余总数表

表 2-107

业别	总数	第一区		第二区		第三区		第四区		第五区		第六区	
		独资	合资	独资	合资	独资	合资	独资	合资	独资	合资	独资	合资
总数	156820	86770	38550	120		3130		1000		19030	270	7050	
烟纸杂货业	1190	490								420		280	
南北货业	37920	29450	1450			1200		700		1900	200	3020	
绸布业	11940	5700	4600	120		800				720			
中药业	5390	4110	80			80		300		150	70	600	
饮食业	1480	560								620		300	
洋货业	820	400								120		300	
粮食业	4450	2900										1550	
盐业	23500		18000			1000				4000		500	
酒业	23530	20080	350			-50							
烟业	8040	7440								600			
鞋帽业	2120	2120											
鲜肉业	1000	900								100			
纸业	630	630											
铁器业	500	500											
香烛纸炮业	100	100											

续表

业别	总数	第一区		第二区		第三区		第四区		第五区		第六区	
		独资	合资	独资	合资	独资	合资	独资	合资	独资	合资	独资	合资
旅店业	620	300	320										
金银珠宝业	800	800											
瓷陶料器业	540	740	-200										
衣装业	14770	3890	10300							80		500	
洗染业	420	320								100			
西药业	-60	-60											
茶漆业	750	250	500										
书籍文具业	870	870											
灯伞业	330	80								150			
典当业	3500	3500											
作坊业	470	400								70			
五金业													
草织业	300	300											
油酱业	10000									10000			

全县营业商店净余表

表 2-108

项别	总数	专营商店	兼售商店
净余数	155920	77430	78490
百分比	100. 0	49. 5	50. 5

各区营业商店余净表

表 2-109

区别	项别	总数	专营商店	兼售商店
第一区	净余数	125320	61430	63890
	百分比	100. 0	49. 0	51. 0
第二区	净余数	120		120
	百分比	100. 0		100. 0
第三区	净余数	3130	1810	1950
	百分比	100. 0	37. 5	62. 5
第四区	净余数	1000	300	700
	百分比	100. 0	30. 0	70. 0
第五区	净余数	19300	11870	7430
	百分比	100. 0	61. 5	38. 5
第六区	净余数	7050	2650	4400
	百分比	100. 0	37. 5	62. 5

各区各业营业分类商店营业净余总数表

表 2-110

业别	总数	第一区		第二区		第三区		第四区		第五区		第六区	
		专营	兼售	专营	兼售	独资	合资	独资	合资	独资	合资	独资	合资
总数	156920	61430	63890		120	1180	1950	300	700	11870	7430	2650	4400
烟纸杂货业	1190		490								420		280
南北货业	37920		30900				1200		700		2100		3020
绸布业	11940		10300		120		800						
中药业	5390	4190				80		300		220		600	
饮食业	1480	560								620			300
洋货业	820	200	200								720		300
粮食业	4450	2900										1550	
盐业	23500		18000			1000					4000		500
酒业	23530	21480	2100				50						
烟业	8040	7440								600			
鞋帽业	2120	2120											
鲜肉业	1000	900								100			
纸业	630		630										
铁器业	500	500											
香烛纸炮业	100	100											

续表

业别	总数	第一区		第二区		第三区		第四区		第五区		第六区	
		专营	兼售	专营	兼售	独资	合资	独资	合资	独资	合资	独资	合资
旅店业	620	620											
金银珠宝业	800	800											
瓷陶料器业	540	540								80		500	
衣装业	14770	14190								100			
洗染业	420	320											
西药业	-60	-60											
茶漆业	750	750											
书籍文具业	870		870			100				150			
灯伞业	330	80											
典当业	3500	3500									70		
作坊业	740		400										
五金业													
草织业	300	300											
油酱业	10000									10000			

各区各业商店店员总数表

表 2-111

业别	总数	第一区	第二区	第三区	第四区	第五区	第六区
总数	1025	761	14	43	15	124	68
烟纸杂货业	20	14				5	1
南北货业	203	97	9	16	9	45	27
绸布业	136	96	5	5		23	7
中药业	89	63		2	6	8	10
饮食业	48	41				4	3
洋货业	21	17				2	2
粮食业	46	40					6
盐业	37	17		4		7	9
酒业	116	106		10			
烟业	47	86				10	1
鞋帽业	26	26					
鲜肉业	7	5				2	
纸业	16	16					
铁器业	8	8					
香烛纸炮业	3	3					
旅店业	9	9					
金银珠宝业	29	25		4			
瓷陶料器业	10	10					
衣装业	71	65				4	2
洗染业	10	8				2	
西药业	5	5					
茶漆业	6	6					
书籍文具业	16	16					
灯伞业	7	3		2		2	
典当业	20	20					
作坊业	5	3				2	

业别	总数	第一区	第二区	第三区	第四区	第五区	第六区
五金业	3	3					
草织业	3	3					
油酱业	8					8	

各区各业商店店员学徒总数表

表 2-112

业别	总数		第一区		第二区		第三区		第四区		第五区		第六区	
	店员	学徒	店员	学徒	店员	学徒	店员	学徒	店员	学徒	店员	学徒	店员	学徒
总数	824	200	604	156	12	2	38	5	12	3	102	22	56	12
烟纸杂货业	16	4	12	2							4	1		1
南北货业	168	25	83	14	8	1	13	3	6	3	36	9	22	5
绸布业	110	26	80	16	4	1	4	1			18	5	4	3
中药业	72	17	49	14			2		6		6	2	9	1
饮食业	38	10	31	10							4		3	
洋货业	16	5	12	5							2		2	
粮食业	37	9	31	9									6	
盐业	31	6	13	4			4				6	1	8	1
酒业	85	22	84	22			9	1						
烟业	33	13	25	10							8	2		1
鞋帽业	19	7	19	7										
鲜肉业	7		5								2			
纸业	10	6	10	6										
铁器业	6	2	6	2										
香烛纸炮业	1	2	1	2										
旅店业	9		9											
金银珠宝业	25	4	21	4			4							
瓷陶料器业	7	3	7	3										
衣装业	58	13	53	12							3	1	2	
洗染业	9	1	7	1							2			
西药业	4	1	4	1										

续表

业别	总数		第一区		第二区		第三区		第四区		第五区		第六区	
	店员	学徒	店员	学徒	店员	学徒	店员	学徒	店员	学徒	店员	学徒	店员	学徒
茶漆业	4	2	4	2										
书籍文具业	15	1	15	1										
灯伞业	6	1	2	1							2			
典当业	14	6	14	6										
作坊业	4	1	2	1							2			
五金业	2	1	2	1										
草织业	3		3											
油酱业	7	1									7	1		

各区各业商店店员薪给总数表

表 2-113

业别	总数	第一区	第二区	第三区	第四区	第五区	第六区
总数	39418	31249	649	1543	421	3597	1959
烟纸杂货业	502	472				27	3
南北货业	7419	4231	501	571	265	1284	567
绸布业	5885	4752	148	147		691	147
中药业	3445	2662		24	156	186	417
饮食业	1029	811				98	120
洋货业	509	461				48	
粮食业	1569	1389					180
盐业	2600	1620		144		371	465
酒业	4822	4332		489			
烟业	1414	1248				166	
鞋帽业	1301	1301				36	
鲜肉业	312	276					
纸业	531	531					
铁器业	190	190					
香烛纸炮业	8	8					

续表

业别	总数	第一区	第二区	第三区	第四区	第五区	第六区
旅店业	318	318					
金银珠宝业	1656	1524		132			
瓷陶料器业	236	236					
衣装业	2925	2766				99	60
洗染业	338	290				48	
西药业	130	130					
茶漆业	186	186					
书籍文具业	535	535					
灯伞业	111	51		36		24	
典当业	720	720					
作坊业	152	92				60	
五金业	43	43					
草织业	74	74					
油酱业	459					459	

各业店员薪给表

表 2-114

业别	总数	最高	最低	平均
总数	39418	200	12	50. 4
烟纸杂货业	502	65	24	37
南北货业	7419	120	28	49
绸布业	5885	87	12	49
中药业	3445	90	24	45
饮食业	1029	72	24	43
洋货业	509	51	48	41
粮食业	1569	63	27	52
盐业	2600	200	12	94
酒业	4822	72	30	51
烟业	1414	67	24	50

续表

业别	总数	最高	最低	平均
鞋帽业	1301	106	68	87
鲜肉业	312	90	36	52
纸业	531	96	24	60
铁器业	190	45	24	35
香烛纸炮业	8			
旅店业	318	66	15	40
金银珠宝业	1656	114	36	75
瓷陶料器业	236	46	44	45
衣装业	2925	86	24	58
洗染业	338	72	24	48
西药业	130	60	24	42
茶漆业	186	66	48	57
书籍文具业	535	64	18	41
灯伞业	111	48	24	36
典当业	720	100	24	62
作坊业	152	60	36	45
五金业	43	40		40
草织业	74	50	24	37
油酱业	459	120	24	48

全县商店纳税数表

表 2-115

项别	总数	房捐	警捐	烟酒捐	屠宰捐	当帖捐	公益捐
纳税数	4990. 0	1653. 5	817. 1	893. 2	523. 2	109. 2	994. 0
百分比	100. 0	33. 2	16. 4	17. 9	10. 5	2. 2	19. 8

各区商店纳税数表

表 2-116

区别	项别	总数	房捐	警捐	烟酒捐	屠宰捐	当帖捐	公益捐
第一区	纳税数	3492. 6	1208. 6.	533. 8	542. 0	427. 2	109. 0	672. 0
	百分比	100. 0	34. 6	15. 3	15. 5	12. 2	3. 1	19. 3
第二区	纳税数	27. 8						
	百分比							
第三区	纳税数	263. 8	80. 0	108. 6	75. 2			
	百分比	100. 0	30. 5	41. 0	28. 5			
第四区	纳税数	33. 1	17. 1		16. 0			
	百分比	100. 0	51. 5		48. 5			
第五区	纳税数	623. 1	193. 9	81. 0	204. 0	96. 0		48. 2
	百分比	100. 0	31. 2	13. 0	32. 8	15. 3		7. 7
第六区	纳税数	549. 5	142. 5	85. 2	48. 0			273. 8
	百分比	100. 0	26. 0	15. 2	8. 8			50. 0

各业商店纳税总数表

表 2-117

项别	总数	房捐	警捐	烟酒捐	屠宰捐	当帖捐	公益捐
总数	4990. 0	1653. 5	817. 1	893. 2	523. 2	109. 0	993. 9
烟纸杂货业	152. 9	50. 7	17. 6	64. 0			20. 6
南北货业	1030. 1	266. 0	168. 6	308. 0	140. 0		147. 5
绸布业	382. 7	149. 1	86. 7	40. 0			106. 9
中药业	278. 5	135. 6	65. 4				77. 5
饮食业	143. 1	66. 5	15. 0				61. 6
洋货业	103. 8	55. 1	16. 8				31. 9
粮食业	205. 9	78. 1	41. 4	16. 0			70. 4
盐业	317. 3	103. 3	105. 6				108. 4
酒业	653. 8	167. 8	103. 6	265. 2			117. 2
烟业	357. 9	82. 5	47. 6	184. 0			43. 8
鞋帽业	43. 2	28. 8	1. 2				13. 2

续表

项别	总数	房捐	警捐	烟酒捐	屠宰捐	当帖捐	公益捐
鲜肉业	413.1	14.1	10.2		383.2		5.6
纸业	36.6	19.8	7.2				9.6
铁器业	18.0	14.4					3.6
香烛纸炮业	8.4	4.8					3.6
旅店业	37.8	23.4	7.2				7.2
金银珠宝业	78.3	46.8	14.7				16.8
瓷陶料器业	76.6	38.7	27.1				10.8
衣装业	236.6	119.7	55.7				61.2
洗染业	24.6	14.4	6.0				4.2
西药业	11.1	6.3					4.8
茶漆业	20.4	10.8					9.6
书籍文具业	45.7	26.8	5.7				13.2
灯伞业	26.4	18.6	3.6				4.2
典当业	185.0	52.0				109.0	24.0
作坊业	44.3	18.0	4.8	16.0			5.5
五金业	110.0	5.4	1.8				3.8
草织业	18.0	14.4					3.6
油酱业	28.8	21.6	3.6				3.6

机械工业调查表

中华民国十九年十二月□日

表 2-118

<table>
<tr><td colspan="2">工厂牌号</td><td colspan="6">建德城厢电气股份有限公司</td></tr>
<tr><td colspan="2">厂址</td><td colspan="3">建德小南门</td><td>厂地面积</td><td colspan="2">一亩二分（租用）</td></tr>
<tr><td colspan="2">创办年月</td><td colspan="3">民国十五年五月</td><td>组合性质</td><td colspan="2">商办　计分三百三十股</td></tr>
<tr><td rowspan="2">股本</td><td colspan="2">每股金额</td><td>股本定额</td><td>实收股额</td><td>股息定率</td><td colspan="2">附记</td></tr>
<tr><td colspan="2">一百元</td><td>三万三千元</td><td>三万三千元</td><td>年息八厘</td><td colspan="2"></td></tr>
<tr><td rowspan="2">注册</td><td colspan="2">商标式样</td><td colspan="2">注册年月</td><td>注册机关</td><td colspan="2">附记</td></tr>
<tr><td colspan="2"></td><td colspan="2">民国十五年七月</td><td>建德县公署</td><td colspan="2">由县递呈中央</td></tr>
<tr><td rowspan="11">组织</td><td rowspan="2">董事长</td><td>姓名</td><td>籍贯</td><td>全年薪金</td><td colspan="3">董事</td></tr>
<tr><td>包仲寅</td><td>建德</td><td>年支公费一百元</td><td>姓名</td><td colspan="2">籍贯</td></tr>
<tr><td rowspan="3">经理</td><td>姓名</td><td>籍贯</td><td>全年薪金</td><td>方仪笙</td><td colspan="2">建德</td></tr>
<tr><td>王莲舸</td><td>建德</td><td>三百六十元</td><td>邵吉晖</td><td colspan="2">建德</td></tr>
<tr><td>赵慕三</td><td>建德</td><td>二百四十元</td><td>王绶溶</td><td colspan="2">建德</td></tr>
<tr><td rowspan="4">各部主任职员</td><td>职别</td><td>全年薪金</td><td>职别</td><td>全年薪金</td><td>方荫庵</td><td>建德</td></tr>
<tr><td>账房</td><td>二百四十元</td><td></td><td></td><td></td><td></td></tr>
<tr><td>庶务</td><td>一百九十二元</td><td></td><td></td><td></td><td></td></tr>
<tr><td>查灯</td><td>一百四十元</td><td></td><td></td><td></td><td></td></tr>
<tr><td rowspan="2">其他职员</td><td>男职员数</td><td>女职员数</td><td>合计人数</td><td>最高薪额</td><td>最低薪额</td><td>全年薪金总额</td></tr>
<tr><td></td><td></td><td></td><td></td><td></td><td></td></tr>
<tr><td rowspan="4">资产</td><td rowspan="2">固定资本</td><td>基地总值</td><td>建筑总值</td><td>机械总值</td><td>其他总值</td><td colspan="2">合计</td></tr>
<tr><td>租用民地</td><td>五千元</td><td>二万四千元</td><td>四千元</td><td colspan="2">三万三千元</td></tr>
<tr><td rowspan="2">流动资本</td><td>每年工厂支出准备额</td><td>每年营业支出准备额</td><td>每年银行钱庄通融额</td><td>其他流动额</td><td colspan="2">合计</td></tr>
<tr><td></td><td></td><td>三千元</td><td></td><td colspan="2">三千元</td></tr>
<tr><td rowspan="4">纳税</td><td colspan="2">种类</td><td>税率</td><td>全年税额</td><td>征收机关</td><td colspan="2">附记</td></tr>
<tr><td colspan="2"></td><td></td><td></td><td></td><td colspan="2"></td></tr>
<tr><td colspan="2"></td><td></td><td></td><td></td><td colspan="2"></td></tr>
<tr><td colspan="2"></td><td></td><td></td><td></td><td colspan="2"></td></tr>
</table>

续表

保险	种类	保险额	保险率	认保公司	附记

营业状况	年别	营业总额	营业净余额	灾害损失额
	民国十六年	一万零九百元	五百元	
	民国十七年	一万二千元	六百元	
	民国十八年	一万二千五百元	六百元	

红利分配	项别	股东	职员	工人	公积金	合计
	分配定率	十四成	三成	二成	一成	二十成
	民国十六年红利分配总额	三百五十元	七十五元	五十元	二十五元	五百元
	民国十七年红利分配总额	四百二十元	九十元	六十元	三十元	六百元
	民国十八年红利分配总额	四百二十元	九十元	六十元	三十元	六百元

工人状况					
工人数	男工数	女工数	童工数	合计	
	九人	无	无	九人	
工时	每日工作时数	每年工作日数	每年例假日数	附记	
	自傍晚起至即夜十二点钟止	全年工作	无		

工资	男工每月工资		女工每月工资		童工每月工资		附记
	最高	最低	最高	最低	最高	最低	
	六十元	十二元					

工人待遇	工人住宅	每人每月房租	医药娱乐	饮食	教育
	由公司供给			由公司供给	

罢工	民国十六年		民国十七年		民国十八年	
	次数	日数	次数	日数	次数	日数

续表

<table>
<tr><td rowspan="12">原料</td><td colspan="2">品名</td><td>价格</td><td>全年需用量</td><td>全年需用数值</td><td>原料来路</td><td>采购方法</td><td>附记</td></tr>
<tr><td colspan="2"></td><td></td><td></td><td></td><td></td><td></td><td></td></tr>
<tr><td colspan="2"></td><td></td><td></td><td></td><td></td><td></td><td></td></tr>
<tr><td colspan="2"></td><td></td><td></td><td></td><td></td><td></td><td></td></tr>
<tr><td colspan="2"></td><td></td><td></td><td></td><td></td><td></td><td></td></tr>
<tr><td colspan="2"></td><td></td><td></td><td></td><td></td><td></td><td></td></tr>
<tr><td colspan="2"></td><td></td><td></td><td></td><td></td><td></td><td></td></tr>
<tr><td colspan="2"></td><td></td><td></td><td></td><td></td><td></td><td></td></tr>
<tr><td colspan="2"></td><td></td><td></td><td></td><td></td><td></td><td></td></tr>
<tr><td colspan="2"></td><td></td><td></td><td></td><td></td><td></td><td></td></tr>
<tr><td colspan="2"></td><td></td><td></td><td></td><td></td><td></td><td></td></tr>
<tr><td colspan="2"></td><td></td><td></td><td></td><td></td><td></td><td></td></tr>
<tr><td rowspan="16">工场概况</td><td rowspan="4">原动机</td><td>种类</td><td>机数</td><td>马力总数</td><td>启罗华特总数</td><td>每时燃料消耗量</td><td>机械出品国别</td><td>价值总额</td></tr>
<tr><td>引擎</td><td>二座</td><td>八十六匹</td><td></td><td></td><td>英国</td><td></td></tr>
<tr><td>发电机</td><td>二座</td><td></td><td>五十五个</td><td></td><td>英国</td><td></td></tr>
<tr><td></td><td></td><td></td><td></td><td></td><td></td><td></td></tr>
<tr><td rowspan="12">工作机</td><td>名称</td><td>机数</td><td>每具价值</td><td>总值</td><td>每具每天出品数量</td><td>机械出品国别</td><td>附记</td></tr>
<tr><td></td><td></td><td></td><td></td><td></td><td></td><td></td></tr>
<tr><td></td><td></td><td></td><td></td><td></td><td></td><td></td></tr>
<tr><td></td><td></td><td></td><td></td><td></td><td></td><td></td></tr>
<tr><td></td><td></td><td></td><td></td><td></td><td></td><td></td></tr>
<tr><td></td><td></td><td></td><td></td><td></td><td></td><td></td></tr>
<tr><td></td><td></td><td></td><td></td><td></td><td></td><td></td></tr>
<tr><td></td><td></td><td></td><td></td><td></td><td></td><td></td></tr>
<tr><td></td><td></td><td></td><td></td><td></td><td></td><td></td></tr>
<tr><td></td><td></td><td></td><td></td><td></td><td></td><td></td></tr>
<tr><td></td><td></td><td></td><td></td><td></td><td></td><td></td></tr>
<tr><td></td><td></td><td></td><td></td><td></td><td></td><td></td></tr>
</table>

续表

工场概况	其他附属机	名称	机数	每具价值	总值	用处	机械出品国别	附记

工场概况	燃料	种类	每吨价值	每年消费量	全年消费总值	附记
		柴油	七十元	四十二吨	二千九百四十元	

工场概况	消耗品	种类	价格	全年消费量	全年消费总值	附记

工场概况	水	每日七担

出品	品名	商标式样	批发价格	每日产量	每月产量	全年产量	全年出产总值	内地税率	出品税率	销路	供求情况

备注	包灯与表灯约共一千盏

邮局调查表

中华民国十九年十二月十七日

表 2-119

<table>
<tr><td>局名</td><td colspan="2">严州邮局</td><td>地址</td><td colspan="2">三星街</td></tr>
<tr><td>等级</td><td colspan="2">二等甲级</td><td>设立年月</td><td colspan="2">清光绪廿七年五月</td></tr>
<tr><td>隶属</td><td colspan="2">杭州邮务管理局</td><td>属辖</td><td colspan="2"></td></tr>
<tr><td>职工</td><td>人数</td><td>全年薪给</td><td>职工</td><td>人数</td><td>全年薪给</td></tr>
<tr><td>局长</td><td>一人</td><td>960 元</td><td>职务办事员</td><td></td><td></td></tr>
<tr><td>邮务员</td><td>一人</td><td>580 元</td><td>练习生</td><td>一人</td><td>588 元</td></tr>
<tr><td>邮寄代办人</td><td>二人</td><td>138 元</td><td>普通信差</td><td>二人</td><td>558 元</td></tr>
<tr><td>邮差</td><td>一人</td><td>294 元</td><td>村镇信差</td><td></td><td></td></tr>
<tr><td>杂役</td><td>一人</td><td>210 元</td><td>其　他</td><td></td><td></td></tr>
<tr><td>城邑邮柜名称</td><td colspan="2">大街、西门街、南门外、东关</td><td>村镇邮柜名称</td><td colspan="2">由严州至兰溪九十里
由严州至桐庐九十里
由严州至淳安一百廿里</td></tr>
</table>

<table>
<tr><td rowspan="10">近五年邮</td><td rowspan="2">邮件类别</td><td colspan="2">十四年</td><td colspan="2">十五年</td><td colspan="2">十六年</td><td colspan="2">十七年</td><td colspan="2">十八年</td></tr>
<tr><td>寄出</td><td>递入</td><td>寄出</td><td>递入</td><td>寄出</td><td>递入</td><td>寄出</td><td>递入</td><td>寄出</td><td>递入</td></tr>
<tr><td>挂号邮件数</td><td>约 7300</td><td>约 7500</td><td>约 7900</td><td>约 8000</td><td>约 8150</td><td>约 8600</td><td>约 8400</td><td>约 9000</td><td>约 8800</td><td>约 2000</td></tr>
<tr><td>快递邮件数</td><td>约 150</td><td>约 1000</td><td>约 1605</td><td>约 1200</td><td>约 1750</td><td>约 1300</td><td>约 1800</td><td>约 1400</td><td>约 1900</td><td>约 1500</td></tr>
<tr><td>保险信函数</td><td></td><td></td><td></td><td></td><td></td><td></td><td></td><td></td><td></td><td></td></tr>
<tr><td>普通邮件数</td><td>约 17800</td><td>约 19000</td><td>约 18000</td><td>约 20000</td><td>约 19000</td><td>约 21000</td><td>约 20000</td><td>约 23000</td><td>约 22000</td><td>约 24000</td></tr>
<tr><td>就地投送邮件数</td><td></td><td>约 400</td><td></td><td>约 500</td><td></td><td>约 500</td><td></td><td>约 600</td><td></td><td>约 650</td></tr>
<tr><td>航空邮件数</td><td></td><td></td><td></td><td></td><td></td><td></td><td></td><td></td><td></td><td></td></tr>
<tr><td>民局交寄包封信件数</td><td></td><td></td><td></td><td></td><td></td><td></td><td></td><td></td><td></td><td></td></tr>
<tr><td>邮转电报件数</td><td>约 20</td><td></td><td>约 24</td><td></td><td>约 28</td><td></td><td>约 32</td><td></td><td>约 35</td><td></td></tr>
</table>

续表

<table>
<tr><td rowspan="2">包裹</td><td>件数</td><td>约
280</td><td>约
560</td><td>约
300</td><td>约
370</td><td>约
350</td><td>约
400</td><td>约
370</td><td>约
400</td><td>约
380</td><td>约
550</td></tr>
<tr><td>重量（公斤即基足）</td><td>约
260</td><td>约
700</td><td>约
280</td><td>约
705</td><td>约
310</td><td>约
910</td><td>约
320</td><td>约
970</td><td>约
330</td><td>约
1250</td></tr>
<tr><td rowspan="2">汇兑</td><td>汇银元数</td><td colspan="2">约 60000</td><td colspan="2">约 65000</td><td colspan="2">约 70000</td><td colspan="2">约 73000</td><td colspan="2">约 75000</td></tr>
<tr><td>兑银元数</td><td colspan="2">约 40000</td><td colspan="2">约 45000</td><td colspan="2">约 50000</td><td colspan="2">约 55000</td><td colspan="2">约 67000</td></tr>
<tr><td colspan="2">全年邮局发售总数</td><td colspan="2">约 60000</td><td colspan="2">约 6400</td><td colspan="2">约 6800</td><td colspan="2">约 7000</td><td colspan="2">约 7250</td></tr>
<tr><td colspan="2">全年汇费等收入总数（元）</td><td colspan="2">约 650</td><td colspan="2">约 720</td><td colspan="2">约 730</td><td colspan="2">约 750</td><td colspan="2">约 778</td></tr>
<tr><td colspan="2">其他收入</td><td colspan="2"></td><td colspan="2"></td><td colspan="2"></td><td colspan="2"></td><td colspan="2"></td></tr>
<tr><td colspan="2">合计</td><td colspan="2"></td><td colspan="2"></td><td colspan="2"></td><td colspan="2"></td><td colspan="2"></td></tr>
<tr><td>局全年经费</td><td>约 4800 元</td><td colspan="2">沿革</td><td colspan="8"></td></tr>
<tr><td colspan="12"></td></tr>
</table>

电报局调查表

中华民国十九年十二月十七日

表 2-120

名称	交通部建德电报局	呼号	
等级	五等	地址	建德北门石板井头
管理机关	直隶大部	设立年月	民国七年开办
局长姓名	李毓卫	全年薪给	一二〇〇元
职员人数	一	全年薪给	七二〇元
工役人数	四	全年工食	七五〇元
有线发报机式及其座数	莫尔斯机二部	有线收报机式及其座数	
无线电机式		电力	启罗华脱
通信距离		电波长度	公尺（即米突）
值报时间	十六时	通报线路	
全局全年开支		沿革	

	类别	十四年	十五年	十六年	十七年	十八年	附记
报务情形	全年报费收入			1500 元	950 元	900 元	
	紧急报件数						
	校对报件数						
	预付回报费报件数						
	收据报件数						
	专送报件数						
	分送报件数						
	面交报件数						
	露封报件数						
	留交报件数						
	跟送报件数						
	转递报件数						
	连线报件数						
	邮传报件数						
	新闻报件数						

续表

<table>
<tr><td rowspan="6">报务情形</td><td colspan="2">类别</td><td>十四年</td><td>十五年</td><td>十六年</td><td>十七年</td><td>十八年</td><td>附记</td></tr>
<tr><td colspan="2">公益报件数</td><td></td><td></td><td></td><td></td><td></td><td></td></tr>
<tr><td colspan="2">纳费公电报件数</td><td></td><td></td><td></td><td></td><td></td><td></td></tr>
<tr><td colspan="2">军事报件数</td><td></td><td></td><td></td><td></td><td></td><td></td></tr>
<tr><td rowspan="2">电汇</td><td>件数</td><td></td><td></td><td></td><td></td><td></td><td></td></tr>
<tr><td>银元数</td><td></td><td></td><td></td><td></td><td></td><td></td></tr>
<tr><td>备注</td><td colspan="8">报件数皆无统计</td></tr>
</table>

注：如有机械工匠者，须于工役人数及全年工食二栏内分别填注明白。

水上交通机关调查表

中华民国十九年十二月十七日

表 2-121

机关名称			兴利船局	利商船局	福星船局	利行船局	
地址			南门外	南门外	南门外	南门外	
性质			内河航船	内河航船	内河航船	内河航船	
资本			九百元	九百元	九百元	六千元	
创设年月			民国八年	民国十八年	民国十三年	民国九年	
经理人姓名			唐仲甘	童子照	陈履祥	方心齐	
沿革			初创有船二只后因营业不振改为一只	初创有船二只后因营业不振改为一只	初创有船二只后因营业不振改为一只	初创有船十一只后因营业不振改为八只	
近三年营业概况	十六年	收入总数	2500 元		2200 元	15000 元	
		支出总数	3100 元		2900 元	16000 元	
	十七年	收入总数	2800 元		2500 元	16000 元	
		支出总数	2900 元		2900 元	14000 元	
	十八年	收入总数	2900 元	2400 元	2500 元	17000 元	
		支出总数	2600 元	3600 元	2700 元	14000 元	
全年负担税捐款额			20 元	20 元	20 元	50 元	
船只	名称		快船	快船	航船	快船	
	艘数		一只	一只	一只	八只	
	总吨额						
	净吨额						
	长度		长 48 尺 阔 11 尺	长 48 尺 阔 11 尺	长 48 尺 阔 11 尺	长 48 尺 阔 11 尺	
	船首尾吃水尺寸						
	质料		木质	木质	木质	木质	
	发动机						
	马力						
	速（平水）率						
	每小时燃料消费量						

续表

船只	名称	快船	快船	航船	快船	
	无线电报及其呼号					
	救生艇数					
	救生衣圈件数					
	防险设备					
	建造年月	民国八年六月	民国十七年六月	民国十三年六月	不齐	
	总值	800 元	800 元	800 元	6400 元	
来往埠名		严州大洋兰溪桐庐	严州大洋兰溪桐庐	严州大洋兰溪桐庐	严州至安徽深渡	
班期		三日一往返	三日一往返	三日一往返	八日一往返	
主要装载货品						
注册机关		内河水上警察第四队队部	内河水上警察第四队队部	内河水上警察第四队队部	内河水上警察第四队队部	
注册年月		民国九年一月	民国十七年	民国十三年	民国八年十二月	
执照号码		3679				
验船机关						
营业事务员人数		六人	六人	六人	三人	
驾驶船员人数						
同机员人数						
水夫人数		九人	九人	九人	七二人	
茶房人数						
其他人数		每船账房一人驾长一人	每船账房一人驾长一人	每船账房一人驾长一人	每船账房一人驾长一人	
备注	每船高铺十三位，统舱三十人 四船局皆系载客者，货物运输无定价，随给水力而已					

注：1. 各种客舱位数须在备注栏内注明各埠客票价目须分别另纸查填。
2. 货物运费价目须分别另纸查填。

车站船埠交通状况调查表

中华民国十九年十二月十七日

表 2-122

<table>
<tr><td colspan="3">站埠名称</td><td></td><td></td><td></td><td></td><td></td></tr>
<tr><td colspan="3">建设年月</td><td></td><td></td><td></td><td></td><td></td></tr>
<tr><td colspan="3">隶属机关</td><td></td><td></td><td></td><td></td><td></td></tr>
<tr><td colspan="3">设备</td><td></td><td></td><td></td><td></td><td></td></tr>
<tr><td colspan="3">办事人员数</td><td></td><td></td><td></td><td></td><td></td></tr>
<tr><td colspan="3">每日舟车上下行次数</td><td></td><td></td><td></td><td></td><td></td></tr>
<tr><td colspan="3">沿革</td><td></td><td></td><td></td><td></td><td></td></tr>
<tr><td rowspan="3">全年开支</td><td colspan="2">职员工匠薪给</td><td></td><td></td><td></td><td></td><td></td></tr>
<tr><td colspan="2">修理费</td><td></td><td></td><td></td><td></td><td></td></tr>
<tr><td colspan="2">其他杂项</td><td></td><td></td><td></td><td></td><td></td></tr>
<tr><td rowspan="12">近三年收入</td><td rowspan="4">十六年</td><td>客票</td><td></td><td></td><td></td><td></td><td></td></tr>
<tr><td>运货费</td><td></td><td></td><td></td><td></td><td></td></tr>
<tr><td>杂项</td><td></td><td></td><td></td><td></td><td></td></tr>
<tr><td>合计</td><td></td><td></td><td></td><td></td><td></td></tr>
<tr><td rowspan="4">十七年</td><td>客票</td><td></td><td></td><td></td><td></td><td></td></tr>
<tr><td>运货费</td><td></td><td></td><td></td><td></td><td></td></tr>
<tr><td>杂项</td><td></td><td></td><td></td><td></td><td></td></tr>
<tr><td>合计</td><td></td><td></td><td></td><td></td><td></td></tr>
<tr><td rowspan="4">十八年</td><td>客票</td><td></td><td></td><td></td><td></td><td></td></tr>
<tr><td>运货费</td><td></td><td></td><td></td><td></td><td></td></tr>
<tr><td>杂项</td><td></td><td></td><td></td><td></td><td></td></tr>
<tr><td>合计</td><td></td><td></td><td></td><td></td><td></td></tr>
<tr><td rowspan="6">旅客</td><td rowspan="3">进站人数</td><td>十六年</td><td></td><td></td><td></td><td></td><td></td></tr>
<tr><td>十七年</td><td></td><td></td><td></td><td></td><td></td></tr>
<tr><td>十八年</td><td></td><td></td><td></td><td></td><td></td></tr>
<tr><td rowspan="3">出站人数</td><td>十六年</td><td></td><td></td><td></td><td></td><td></td></tr>
<tr><td>十七年</td><td></td><td></td><td></td><td></td><td></td></tr>
<tr><td>十八年</td><td></td><td></td><td></td><td></td><td></td></tr>
</table>

续表

<table>
<tr><td colspan="3">站埠名称</td><td></td><td></td><td></td><td></td><td></td></tr>
<tr><td rowspan="6">货物</td><td rowspan="3">进站吨数</td><td>十六年</td><td></td><td></td><td></td><td></td><td></td></tr>
<tr><td>十七年</td><td></td><td></td><td></td><td></td><td></td></tr>
<tr><td>十八年</td><td></td><td></td><td></td><td></td><td></td></tr>
<tr><td rowspan="3">出站吨数</td><td>十六年</td><td></td><td></td><td></td><td></td><td></td></tr>
<tr><td>十七年</td><td></td><td></td><td></td><td></td><td></td></tr>
<tr><td>十八年</td><td></td><td></td><td></td><td></td><td></td></tr>
<tr><td>备注</td><td colspan="7">查建德县车站，向无设立，船埠虽多，则漫无稽考，既无组织，又无负责人员，即县政府亦无由调查</td></tr>
</table>

注：1. 从何处至何处谓上行从何处至何处谓下行须在备注栏内填明。

2. 进出站货物以何者为大宗须在备注栏内填明。

运搬机关调查表

中华民国十九年十二月十四日

表 2-123

<table>
<tr><td rowspan="26">运搬状况</td><td colspan="3">机关名称</td><td></td><td></td><td></td><td></td><td></td></tr>
<tr><td colspan="3">地址</td><td></td><td></td><td></td><td></td><td></td></tr>
<tr><td colspan="3">性质</td><td></td><td></td><td></td><td></td><td></td></tr>
<tr><td colspan="3">资本</td><td></td><td></td><td></td><td></td><td></td></tr>
<tr><td colspan="3">设立年月</td><td></td><td></td><td></td><td></td><td></td></tr>
<tr><td colspan="3">管理人姓名</td><td></td><td></td><td></td><td></td><td></td></tr>
<tr><td colspan="3">运员人数</td><td></td><td></td><td></td><td></td><td></td></tr>
<tr><td colspan="3">运夫人数</td><td></td><td></td><td></td><td></td><td></td></tr>
<tr><td colspan="3">运舟车数</td><td></td><td></td><td></td><td></td><td></td></tr>
<tr><td colspan="3">注册机关</td><td></td><td></td><td></td><td></td><td></td></tr>
<tr><td colspan="3">注册年月</td><td></td><td></td><td></td><td></td><td></td></tr>
<tr><td colspan="3">执照号码</td><td></td><td></td><td></td><td></td><td></td></tr>
<tr><td colspan="2" rowspan="2">主要运输货物</td><td>进口</td><td></td><td></td><td></td><td></td><td></td></tr>
<tr><td>出品</td><td>茶叶柏子</td><td></td><td></td><td></td><td></td></tr>
<tr><td rowspan="4">十六年</td><td colspan="2">货物件数</td><td>茶叶 400 件
柏子 100 担</td><td></td><td></td><td></td><td></td></tr>
<tr><td colspan="2">运费收入</td><td>62 元</td><td></td><td></td><td></td><td></td></tr>
<tr><td colspan="2">杂项收入</td><td></td><td></td><td></td><td></td><td></td></tr>
<tr><td colspan="2">全年支出</td><td>10 元</td><td></td><td></td><td></td><td></td></tr>
<tr><td rowspan="4">十七年</td><td colspan="2">货物件数</td><td>茶叶 600 件
柏子 200 担</td><td></td><td></td><td></td><td></td></tr>
<tr><td colspan="2">运费收入</td><td>96 元</td><td></td><td></td><td></td><td></td></tr>
<tr><td colspan="2">杂项收入</td><td></td><td></td><td></td><td></td><td></td></tr>
<tr><td colspan="2">全年支出</td><td>16 元</td><td></td><td></td><td></td><td></td></tr>
<tr><td rowspan="4">十八年</td><td colspan="2">货物件数</td><td>茶叶 600 件
柏子 150 担</td><td></td><td></td><td></td><td></td></tr>
<tr><td colspan="2">运费收入</td><td>93 元</td><td></td><td></td><td></td><td></td></tr>
<tr><td colspan="2">杂项收入</td><td></td><td></td><td></td><td></td><td></td></tr>
<tr><td colspan="2">全年支出</td><td>15 元</td><td></td><td></td><td></td><td></td></tr>
</table>

续表

各埠联络商号					
运费价目	茶叶每篓 14 元 柏子每担 0.06 元				
备注	建德全县无运搬机关，惟洋溪一过塘行，组织亦不完全，且经理系一农人，名虽过塘行，事实不过一堆栈耳，故无搬运人夫及舟车，货物上船随时雇用零散挑夫，计每件洋二分，且只管上船，亦无联络各埠之商号				

注：运搬业习惯及其运搬方法须另纸报告。

田赋调查表

中华民国十九年十二月十六日

表 2-124

产别			田	地	基山	荡	合计
原有亩分							
造串亩分			143593.92534亩	66690.3亩	8380.046亩 314480.5696亩	4006.7444亩	537151.58534亩
原有赋额	地丁银元数						
	抵补金银元数						
	合计银元数						
造串赋额	地丁银元数		37529.708元	6482.337元	802.432元 8490.974元	340.412元	53645.863元
	抵补金银元数						
	合计银元数		37529.708元	64822.017元	802.432元 8490.974元	340.412元	
近三年实征银元数	十六年		51163.488元				
	十七年		47660.355元				
	十八年		36470.158元				
近三年豁免	十六年	亩数					
		银数					
	十七年	亩数					
		银数					
	十八年	亩数					
		银数					
近三年灾蠲	十六年	亩数					
		银数					
	十七年	亩数	301.12亩	10.02亩			
		银数	43.723两	541两			
	十八年	亩数	330.516亩				
		银数	479.908两				

续表

产别			田	地	基山	荡	合计
近三年歉缓	十六年	亩数					
		银数					
	十七年	亩数	301.12 亩	10.02 亩			
		银数	43.723 两	541 两			
	十八年	亩数	550.158 亩				
		银数	798.829 两				
近三年补征	十六年	亩数	311 亩	38.08 亩	4420.8 亩		5112.2 亩
		银数	45.151 两	20.563 两	66.306 两		132.026 两
	十七年	亩数	600 亩	100.0 亩	786.6 亩		2386.6 亩
		银数	87.120 两	54.000 两	11.799 两		152.919 两
	十八年	亩数	539.5 亩	1947.8 亩	8274.43 亩		10761.73 亩
		银数	78.335 两	150.181 两	124.116 两		307.632 两

征收费

地丁项下				
征收费限度		九厘	应征数	6740.319
近三年实征数	十六年	6395.436	留县数	尽数留支
	十七年	6115.547	报解数	无
	十八年	4676.559	拨补数	无

抵补金项下		
应征总数		无
近三年实征数	十六年	无
	十七年	无
	十八年	无

征收机关	建德县政府

征收总柜			
征收主任员	姓名	民国十六年二月	
	籍贯	四百八十元	
	履历		
	任职年月		
	应提薪额		
	办理成绩		
其他员役	职别	人数	薪金总额
	分柜征收主任员	四人	一千一百五十元

全年开支	
薪金总额	四千七百五十二元
粮串印刷费	七百五十三元七角三分三厘
办公费	一千二百元
合计	六千七百零五元七角三分三厘

征收分柜	
分柜名称	所在地点
东区分柜	三都镇
南区分柜	大溪镇
西区分柜	洋溪镇

续表

<table>
<tr><td rowspan="5">征收总柜</td><td rowspan="5">其他员役</td><td>司会员</td><td>一人</td><td>二百四十元</td><td rowspan="5">征收分柜</td><td>北区分柜</td><td>乾潭镇</td></tr>
<tr><td>掌册员</td><td>二人</td><td>三百八十四元</td><td></td><td></td></tr>
<tr><td>管串员</td><td>二人</td><td>三百八十四元</td><td></td><td></td></tr>
<tr><td>经征人</td><td>八人</td><td>一千一百
五十二元</td><td></td><td></td></tr>
<tr><td>催征役</td><td>七人</td><td>九百六十元</td><td></td><td></td></tr>
<tr><td colspan="8">征收方法</td></tr>
</table>

<table>
<tr><td rowspan="2">开征时期</td><td>上忙</td><td>五月一日</td><td rowspan="3">征收串据</td><td>式样</td><td>遵照颁式</td></tr>
<tr><td>下忙</td><td>十一月一日</td><td>印刷及用纸</td><td>毛边纸印蓝色</td></tr>
<tr><td rowspan="2">征收限期</td><td>上忙</td><td>三个月</td><td>串票张数</td><td>三万七千余张</td></tr>
<tr><td>下忙</td><td>两个月</td><td rowspan="3">征收簿册</td><td>式样</td><td>遵照颁式缩小</td></tr>
<tr><td rowspan="2">处罚时期</td><td>上忙</td><td>八月一日</td><td>印刷及用纸</td><td>毛鹿纸石印蓝色</td></tr>
<tr><td>下忙</td><td>一月一日</td><td>种类</td><td>地征　地月　地柜　地领
地缴　丁册　丁报　丁收
丁照　丁歉</td></tr>
<tr><td colspan="6">附加税</td></tr>
</table>

<table>
<tr><td rowspan="2">种别</td><td rowspan="2">税率</td><td rowspan="2">全年应征数</td><td colspan="3">近三年实征数</td></tr>
<tr><td>十六年</td><td>十七年</td><td>十八年</td></tr>
<tr><td>地丁特捐</td><td>每两收银七角</td><td>20539.893元</td><td>19896.912元</td><td>18534.582元</td><td>14182.839元</td></tr>
<tr><td>地丁自治附捐</td><td>每两收银一角</td><td>2934.270元</td><td>2842.416元</td><td>2647.798元</td><td>2026.120元</td></tr>
<tr><td>地丁善后特捐</td><td>每两收费一元</td><td>29342.704元</td><td></td><td>27628.920元</td><td>20518.687元</td></tr>
<tr><td>地丁建设费</td><td>每两收银一角五分</td><td>4401.406元</td><td></td><td>3971.696元</td><td>3039.180元</td></tr>
<tr><td>地丁教育费</td><td>每两收银一角五分</td><td>4401.406元</td><td></td><td>3471.696元</td><td>3039.180元</td></tr>
<tr><td>地丁治虫费</td><td>每两收银一角</td><td>2934.270元</td><td></td><td></td><td>2026.120元</td></tr>
<tr><td></td><td></td><td></td><td></td><td></td><td></td></tr>
<tr><td></td><td></td><td></td><td></td><td></td><td></td></tr>
<tr><td colspan="6">其他各项</td></tr>
</table>

<table>
<tr><td>解款方法</td><td>交兰溪支金库转解</td><td>鱼鳞册有无</td><td>散佚不齐</td></tr>
<tr><td>全县粮户数</td><td>三万六千四百八十九户</td><td>最多纳税数</td><td>居十分之二</td></tr>
<tr><td>备注</td><td colspan="3"></td></tr>
</table>

续表

起征年月	征收年限	报解机关	征收手续费			用途
			费率	银元总数	用途分配	
元年五月起	无	照章按成扣给县款产会及教育款产会并警察之用	九厘	4735.263 元	连同带征收费由征收处按月具领	作为征收处员役薪工及编造册串并一切杂支之用
五年五月起	无	解交县款产会				
十七年四月起	无	报解财政厅	千分之五	240.738 元	由征收处具领	作为征收处员役薪工及编造册串并一切杂支之用
十七年五月起	无	报解财政厅	千分之五	35.054 元	由征收处具领	作为征收处员役薪工及编造册串并一切杂支之用
十七年五月起	无	解交教育款产会				
十八年五月起	无	给充治虫会经费				
陋规之革除				革除已尽		
一般纳税数				居十分之八		

杂税杂捐调查表

中华民国十九年十二月十六日

表 2-125

<table>
<tr><td rowspan="21">当税</td><td colspan="2" rowspan="2">类别</td><td rowspan="2">户数</td><td colspan="3">近三年额定税数</td><td colspan="3">近三年实收税数</td><td colspan="3">近三年罚金收入</td></tr>
<tr><td>十六年</td><td>十七年</td><td>十八年</td><td>十六年</td><td>十七年</td><td>十八年</td><td>十六年</td><td>十七年</td><td>十八年</td></tr>
<tr><td colspan="2">帖捐</td><td></td><td></td><td></td><td></td><td></td><td></td><td></td><td></td><td></td><td></td></tr>
<tr><td colspan="2">当税</td><td>一户</td><td></td><td></td><td></td><td>150 元</td><td>150 元</td><td>75 元</td><td></td><td></td><td></td></tr>
<tr><td colspan="2">架本捐</td><td></td><td></td><td></td><td></td><td>60 元</td><td>60 元</td><td>30 元</td><td></td><td></td><td></td></tr>
<tr><td colspan="2">注册费</td><td></td><td></td><td></td><td></td><td></td><td></td><td></td><td></td><td></td><td></td></tr>
<tr><td colspan="2">合计</td><td></td><td></td><td></td><td></td><td></td><td></td><td></td><td></td><td></td><td></td></tr>
<tr><td colspan="2">附加税</td><td></td><td></td><td></td><td></td><td>7.5 元</td><td>7.5 元</td><td>3.75 元</td><td></td><td></td><td></td></tr>
<tr><td colspan="2"></td><td></td><td></td><td></td><td></td><td></td><td></td><td></td><td></td><td></td><td></td></tr>
<tr><td colspan="3">近三年报解总净数</td><td colspan="3" rowspan="2">报解机关</td><td colspan="3" rowspan="2">报解方法</td><td colspan="3" rowspan="2">附注</td></tr>
<tr><td>十六年</td><td>十七年</td><td>十八年</td></tr>
<tr><td></td><td></td><td></td><td colspan="3"></td><td colspan="3"></td><td colspan="3"></td></tr>
<tr><td></td><td></td><td></td><td colspan="3"></td><td colspan="3"></td><td colspan="3">款由各前任列入交册未解</td></tr>
<tr><td></td><td></td><td></td><td colspan="3"></td><td colspan="3"></td><td colspan="3"></td></tr>
<tr><td></td><td></td><td></td><td colspan="3"></td><td colspan="3"></td><td colspan="3"></td></tr>
<tr><td></td><td></td><td></td><td colspan="3"></td><td colspan="3"></td><td colspan="3"></td></tr>
<tr><td></td><td></td><td></td><td colspan="3"></td><td colspan="3"></td><td colspan="3"></td></tr>
<tr><td></td><td></td><td></td><td colspan="3"></td><td colspan="3"></td><td colspan="3"></td></tr>
<tr><td colspan="3">全县当户数</td><td colspan="3">一户</td><td colspan="3">全县当户资本总数</td><td colspan="3">20000 元</td></tr>
<tr><td colspan="3">经征机关</td><td colspan="3">建德县政府</td><td colspan="3">征收方法</td><td colspan="3">由业户赴县政府缴纳</td></tr>
<tr><td colspan="3">备注</td><td colspan="9">查建德原有当铺两家于十八年份报关一家</td></tr>
</table>

续表

<table>
<tr><td rowspan="27">钱业捐</td><td rowspan="2" colspan="2">类别</td><td rowspan="2">户数</td><td colspan="3">近三年额定税数</td><td colspan="3">近三年实收税数</td><td colspan="3">近三年罚金收入</td></tr>
<tr><td>十六年</td><td>十七年</td><td>十八年</td><td>十六年</td><td>十七年</td><td>十八年</td><td>十六年</td><td>十七年</td><td>十八年</td></tr>
<tr><td colspan="2">上等</td><td></td><td></td><td></td><td></td><td></td><td></td><td></td><td></td><td></td><td></td></tr>
<tr><td colspan="2">中等</td><td></td><td></td><td></td><td></td><td></td><td></td><td></td><td></td><td></td><td></td></tr>
<tr><td colspan="2">次等</td><td></td><td></td><td></td><td></td><td></td><td></td><td></td><td></td><td></td><td></td></tr>
<tr><td colspan="2">又次等</td><td></td><td></td><td></td><td></td><td></td><td></td><td></td><td></td><td></td><td></td></tr>
<tr><td colspan="2">合计</td><td></td><td></td><td></td><td></td><td></td><td></td><td></td><td></td><td></td><td></td></tr>
<tr><td colspan="2"></td><td></td><td></td><td></td><td></td><td></td><td></td><td></td><td></td><td></td><td></td></tr>
<tr><td colspan="2"></td><td></td><td></td><td></td><td></td><td></td><td></td><td></td><td></td><td></td><td></td></tr>
<tr><td colspan="3">近三年报解总净数</td><td rowspan="2" colspan="3">报解机关</td><td rowspan="2" colspan="3">报解方法</td><td rowspan="2" colspan="3">附注</td></tr>
<tr><td>十六年</td><td>十七年</td><td>十八年</td></tr>
<tr><td></td><td></td><td></td><td colspan="3"></td><td colspan="3"></td><td colspan="3"></td></tr>
<tr><td></td><td></td><td></td><td colspan="3"></td><td colspan="3"></td><td colspan="3"></td></tr>
<tr><td></td><td></td><td></td><td colspan="3"></td><td colspan="3"></td><td colspan="3"></td></tr>
<tr><td></td><td></td><td></td><td colspan="3"></td><td colspan="3"></td><td colspan="3"></td></tr>
<tr><td></td><td></td><td></td><td colspan="3"></td><td colspan="3"></td><td colspan="3"></td></tr>
<tr><td></td><td></td><td></td><td colspan="3"></td><td colspan="3"></td><td colspan="3"></td></tr>
<tr><td></td><td></td><td></td><td colspan="3"></td><td colspan="3"></td><td colspan="3"></td></tr>
<tr><td colspan="3">全县钱庄资本总数</td><td colspan="3"></td><td colspan="3">经征机关</td><td colspan="3"></td></tr>
<tr><td colspan="3">经征机关</td><td colspan="3">建德县政府</td><td colspan="3">征收方法</td><td colspan="3">由业户赴县政府缴纳</td></tr>
<tr><td colspan="3">征收方法</td><td colspan="9"></td></tr>
<tr><td colspan="3">备注</td><td colspan="9">向无钱店</td></tr>
</table>

续表

牙行帖税

类别	户数	近三年额定税数			近三年实收税数			近三年罚金收入		
		十六年	十七年	十八年	十六年	十七年	十八年	十六年	十七年	十八年
帖费										
帖捐					72.800元	184.400元	158.950元			
换帖手续费										
领帖手续费					3.640元	9.220元	7.948元			
合计					76.440元	198.620元	166.808元			

近三年报解总净数			报解机关	报解方法	附注
十六年	十七年	十八年			
72.800	184.400	158.950	财政厅	解交兰溪支金库	
1.456	3.688	3.179	财政厅	解交兰溪支金库	前项手续费向系二厘解省三厘留县开支
74.256	188.088	162.129			

全县牙行数	增闭无常并无定额	经征机关	建德县政府
征收方法	或交商会转送或由牙户自行呈缴		
备注	实查收数栏内十六年度缴纳捐税者三户、十七年度缴纳捐税者八户、十八年度缴纳捐税者八户，计银各如上数，均经扫数报解在案		

续表

<table>
<tr><td rowspan="28">钱业捐</td><td colspan="2" rowspan="2">类别</td><td rowspan="2">灶数</td><td colspan="3">近三年额定税数</td><td colspan="3">近三年实收税数</td><td colspan="3">近三年罚金收入</td></tr>
<tr><td>十六年</td><td>十七年</td><td>十八年</td><td>十六年</td><td>十七年</td><td>十八年</td><td>十六年</td><td>十七年</td><td>十八年</td></tr>
<tr><td rowspan="3">商营帖税</td><td>单灶</td><td></td><td></td><td></td><td></td><td></td><td></td><td></td><td></td><td></td><td></td></tr>
<tr><td>双灶</td><td></td><td></td><td></td><td></td><td></td><td></td><td></td><td></td><td></td><td></td></tr>
<tr><td>新式烘机</td><td></td><td></td><td></td><td></td><td></td><td></td><td></td><td></td><td></td><td></td></tr>
<tr><td rowspan="3">自用帖税</td><td>单灶</td><td></td><td></td><td></td><td></td><td></td><td></td><td></td><td></td><td></td><td></td></tr>
<tr><td>双灶</td><td></td><td></td><td></td><td></td><td></td><td></td><td></td><td></td><td></td><td></td></tr>
<tr><td>新式烘机</td><td></td><td></td><td></td><td></td><td></td><td></td><td></td><td></td><td></td><td></td></tr>
<tr><td colspan="2">合计</td><td></td><td></td><td></td><td></td><td></td><td></td><td></td><td></td><td></td><td></td></tr>
<tr><td colspan="3">近三年报解总净数</td><td colspan="3" rowspan="2">报解机关</td><td colspan="3" rowspan="2">报解方法</td><td colspan="3" rowspan="2">附注</td></tr>
<tr><td>十六年</td><td>十七年</td><td>十八年</td></tr>
<tr><td></td><td></td><td></td><td colspan="3"></td><td colspan="3"></td><td colspan="3"></td></tr>
<tr><td></td><td></td><td></td><td colspan="3"></td><td colspan="3"></td><td colspan="3"></td></tr>
<tr><td></td><td></td><td></td><td colspan="3"></td><td colspan="3"></td><td colspan="3"></td></tr>
<tr><td></td><td></td><td></td><td colspan="3"></td><td colspan="3"></td><td colspan="3"></td></tr>
<tr><td></td><td></td><td></td><td colspan="3"></td><td colspan="3"></td><td colspan="3"></td></tr>
<tr><td></td><td></td><td></td><td colspan="3"></td><td colspan="3"></td><td colspan="3"></td></tr>
<tr><td></td><td></td><td></td><td colspan="3"></td><td colspan="3"></td><td colspan="3"></td></tr>
<tr><td></td><td></td><td></td><td colspan="3"></td><td colspan="3"></td><td colspan="3"></td></tr>
<tr><td></td><td></td><td></td><td colspan="3"></td><td colspan="3"></td><td colspan="3"></td></tr>
<tr><td></td><td></td><td></td><td colspan="3"></td><td colspan="3"></td><td colspan="3"></td></tr>
<tr><td></td><td></td><td></td><td colspan="3"></td><td colspan="3"></td><td colspan="3"></td></tr>
<tr><td></td><td></td><td></td><td colspan="3"></td><td colspan="3"></td><td colspan="3"></td></tr>
<tr><td colspan="3">全县茧行数</td><td colspan="3"></td><td colspan="3">经征机关</td><td colspan="3"></td></tr>
<tr><td colspan="3">征收方法</td><td colspan="9"></td></tr>
<tr><td colspan="3">备注</td><td colspan="9">查建德向无茧行故将各栏从阙</td></tr>
</table>

续表

<table>
<tr><td rowspan="22">契税契纸费</td><td rowspan="4">契税</td><td rowspan="2">契别</td><td rowspan="2">税率</td><td colspan="3">近三年报征税数</td></tr>
<tr><td>十六年</td><td>十七年</td><td>十八年</td></tr>
<tr><td>卖契</td><td>百分之六</td><td></td><td></td><td></td></tr>
<tr><td>典契</td><td>百分之三</td><td></td><td></td><td></td></tr>
<tr><td colspan="2">契纸费</td><td>每张五角</td><td></td><td></td><td></td></tr>
<tr><td colspan="2">合计</td><td></td><td>20000.000 元</td><td>2000.000 元</td><td>2000.000 元</td></tr>
<tr><td colspan="3">近三年实税征数</td><td colspan="3">近三年罚金收入</td></tr>
<tr><td>十六年</td><td>十七年</td><td>十八年</td><td>十六年</td><td>十七年</td><td>十八年</td></tr>
<tr><td>1263.894 元</td><td>1054.584 元</td><td>697.082 元</td><td></td><td></td><td></td></tr>
<tr><td>219.225 元</td><td>148.410 元</td><td>48.280 元</td><td></td><td></td><td></td></tr>
<tr><td>219.000 元</td><td>197.000 元</td><td>123.500 元</td><td></td><td></td><td></td></tr>
<tr><td>1712.119 元</td><td>1399.994 元</td><td>868.862 元</td><td></td><td></td><td></td></tr>
<tr><td colspan="3">近三年报解总净数</td><td rowspan="2">报解机关</td><td rowspan="2">报解方法</td><td rowspan="2">附注</td></tr>
<tr><td>十六年</td><td>十七年</td><td>十八年</td></tr>
<tr><td>1263.894 元</td><td>1054.584 元</td><td>697.082 元</td><td>财政厅</td><td>解交兰溪支金库</td><td></td></tr>
<tr><td>219.225 元</td><td>148.410 元</td><td>48.280 元</td><td>财政厅</td><td>解交兰溪支金库</td><td></td></tr>
<tr><td>229.000 元</td><td>197.000 元</td><td>123.500 元</td><td>财政厅</td><td>解交兰溪支金库</td><td></td></tr>
<tr><td>1712.119 元</td><td>1399.994 元</td><td>868.862 元</td><td></td><td></td><td></td></tr>
<tr><td colspan="3">全县契纸发行所数</td><td colspan="3">分设四乡</td></tr>
<tr><td>征收方法</td><td colspan="5">由业户赴验契处纳税</td></tr>
<tr><td>经征机关</td><td colspan="5">建德县政府</td></tr>
<tr><td>备注</td><td colspan="5"></td></tr>
</table>

续表

契税契纸费	类别		税率	近三年实征税数		
				十六年	十七年	十八年
	宰猪税		每只四角	2842.400元	2956.400元	3959.600元
	宰牛税			无	无	无
	宰羊税		每只三角	9.000元	8.100元	无
	合计			2851.400元	2934.500元	3959.600元
	近三年罚金收入			近三年报解总净数		
	十六年	十七年	十八年	十六年	十七年	十八年
				2842.400元	2926.400元	3959.600元
		无	无	无	无	无
				9.000元	8.100元	无
				2851.400元	2934.500元	3959.600元
	报解机关	报解方法		附注		
	财政厅	解交兰溪支金库				
	财政厅	解交兰溪支金库				
	财政厅	解交兰溪支金库				
	全县全年猪牛羊屠宰总数		猪		牛	羊
	征收方法	派员按月查收				
	经征机关	建德县政府				
	备注					

续表

<table>
<tr><td rowspan="21">广告捐</td><td colspan="3" rowspan="2">类别</td><td rowspan="2">捐率</td><td colspan="3">近三年派征捐数</td><td colspan="3">近三年实收税数</td><td colspan="3">近三年罚金收入</td></tr>
<tr><td>十六年</td><td>十七年</td><td>十八年</td><td>十六年</td><td>十七年</td><td>十八年</td><td>十六年</td><td>十七年</td><td>十八年</td></tr>
<tr><td colspan="3">普通广告捐</td><td></td><td></td><td></td><td></td><td></td><td></td><td></td><td></td><td></td><td></td></tr>
<tr><td colspan="3">特别广告捐</td><td></td><td></td><td></td><td></td><td></td><td></td><td></td><td></td><td></td><td></td></tr>
<tr><td colspan="3">合计</td><td></td><td></td><td></td><td></td><td></td><td></td><td></td><td></td><td></td><td></td></tr>
<tr><td colspan="3">近三年报解总净数</td><td colspan="4" rowspan="2">报解机关</td><td colspan="3" rowspan="2">报解方法</td><td colspan="3" rowspan="2">附注</td></tr>
<tr><td>十六年</td><td>十七年</td><td>十八年</td></tr>
<tr><td></td><td></td><td></td><td colspan="4"></td><td colspan="3"></td><td colspan="3"></td></tr>
<tr><td></td><td></td><td></td><td colspan="4"></td><td colspan="3"></td><td colspan="3"></td></tr>
<tr><td></td><td></td><td></td><td colspan="4"></td><td colspan="3"></td><td colspan="3"></td></tr>
<tr><td colspan="3">起征年月</td><td colspan="10"></td></tr>
<tr><td colspan="3">经征机关</td><td colspan="4"></td><td colspan="2">征收方法</td><td colspan="4"></td></tr>
<tr><td colspan="3">备注</td><td colspan="10"></td></tr>
<tr><td colspan="3" rowspan="2">税捐名别</td><td rowspan="2">捐率</td><td rowspan="2">全年应征额</td><td colspan="3">近三年实征数</td><td colspan="2" rowspan="2">起征年月</td><td colspan="3" rowspan="2">征收年限</td></tr>
<tr><td>十六年</td><td>十七年</td><td>十八年</td></tr>
<tr><td colspan="3"></td><td></td><td></td><td></td><td></td><td></td><td colspan="2"></td><td colspan="3"></td></tr>
<tr><td colspan="3"></td><td></td><td></td><td></td><td></td><td></td><td colspan="2"></td><td colspan="3"></td></tr>
<tr><td colspan="3">征收机关</td><td colspan="2">征收经费</td><td colspan="2">征收方法</td><td colspan="2">报解机关</td><td colspan="2">用途</td><td colspan="2">附注</td></tr>
<tr><td colspan="3"></td><td colspan="2"></td><td colspan="2"></td><td colspan="2"></td><td colspan="2"></td><td colspan="2"></td></tr>
<tr><td colspan="3"></td><td colspan="2"></td><td colspan="2"></td><td colspan="2"></td><td colspan="2"></td><td colspan="2"></td></tr>
<tr><td colspan="3"></td><td colspan="2"></td><td colspan="2"></td><td colspan="2"></td><td colspan="2"></td><td colspan="2"></td></tr>
</table>

财政收付调查表

中华民国十九年十二月十六日

表 2-126

收项								
科目		十六年		十七年		十八年		备考
		预算数	实收数	预算数	实收数	预算数	实收数	
1	地丁正省税		51163.488		41660.355		36470.158	
2	地丁罚金		1046.688		835.476		470.550	
3	地丁善后特捐				27628.920		20518.687	
4	地丁建设费				3971.696		3039.180	
5	契税		1483.119		1202.994		745.362	
6	契纸费		229.000		197.000		123.500	
7	验契注册及纸价		248.000		175.450		56.400	
8	屠宰税		2851.400		2934.500		3959.600	
9	牙当税		222.800		334.400		308.950	
10	烟酒牌照税		1686.000		2233.000		2817.000	
11	地丁特捐		19896.912		18534.582		14182.839	
12	地丁自治附捐		2842.416		2647.798		2026.120	
13	地丁教育费				3971.696		3039.180	
14	地丁治虫费						2026.120	
15	屠宰税公益捐		710.600		731.600		989.900	
16	屠宰税警察捐		710.600		731.600		989.900	
17	店屋捐		3283.623		3283.623		3283.623	
18	铺捐		604.784		604.784		604.784	
备注		资本表自一号起至十号止均为国省税又自十一号起至十八号止系县地方税						

续表

付项								
科目		十六年		十七年		十八年		备考
		预算数	实收数	预算数	实收数	预算数	实收数	
1	地丁正省税		51163.488		41660.355		36470.158	
2	地丁罚金		1046.688		835.476		470.550	
3	地丁善后特捐				27628.920		20518.687	
4	地丁建设费				3971.696		3039.180	
5	契税		1483.119		1202.994		745.362	
6	契纸费		229.000		197.000		123.500	
7	验契注册及纸价		248.000		175.450		56.400	
8	屠宰税		2851.400		2934.500		3959.600	
9	牙当税		222.800		334.400		308.950	
10	烟酒牌照税		1686.000		2233.000		2817.000	
11	地丁特捐		19896.912		18534.582		14182.839	
12	地丁自治附捐		2842.416		2647.798		2026.120	
13	地丁教育费				3971.696		3039.180	
14	地丁治虫费						2026.120	
15	屠宰税公益捐		710.600		731.600		989.900	
16	屠宰税警察捐		710.600		731.600		989.900	
17	店屋捐		3283.623		3283.623		3283.623	
18	铺捐		604.784		604.784		604.784	
备注		上列实付各数对于国省税则已解划清讫所有县地方税亦经支付无存						

历年积欠赋税调查表

中华民国十九年十二月十六日

表 2-127

年度别	地丁				抵铺金			
	积欠额	豁免额	补征额	净欠额	积欠额	豁免额	补征额	净欠额
民国元年					无	无	无	无
民国二年								
民国三年								
民国四年								
民国五年								
民国六年								
民国七年								
民国八年								
民国九年		110.056 元						
民国十年		513.214 元						
民国十一年		966.922 元						
民国十二年		1301.989 元						
民国十三年		1434.874 元						
民国十四年		1303.511 元						
民国十五年		1806.692 元						
民国十六年				1653.379 元				
民国十七年	5431.761 元	796.75 元		5352.086 元				
民国十八年	17175.695 元	863.834 元	1437.892 元	16311.861 元				
备注	查建邑元年至八年地丁均已照额征齐，故将各栏从阙至各年地丁正税系照每两一元八角折算附税则十六年每两一元八角十七年每两二元一角十八年每两二元二角。根据银数分别核列又十七年奉准蠲免银四十四两二钱六分四厘十八年奉准蠲免银四百七十九两九钱八厘缓征银七百九十八两八钱二分九厘合共各如上数							

续表

年度别	各种附加税				合计			
	积欠额	豁免额	补征额	净欠额	积欠额	豁免额	补征额	净欠额
民国元年					无	无	无	无
民国二年								
民国三年								
民国四年								
民国五年								
民国六年								
民国七年								
民国八年								
民国九年		48914元				158.970元		
民国十年		228095元				741.309元		
民国十一年		429743元				1396.665元		
民国十二年		578662元				1880.651元		
民国十三年		687721元				2072.595元		
民国十四年		579338元				1882.849元		
民国十五年		802974元				2609.666元		
民国十六年				1653.369元				3306.758元
民国十七年	6337.055元	92.954元		6244.101元	11768.816元	172.629元		11596.187元
民国十八年	20992.517元	1055.798元	1757.423元	19936.719元	38168.212元	1919.632元	3195.315元	36248.580元
备注								

注：1. 本表所填各款须折合银元数。

2. 本表所填各项关系公帑数目须由该机关主任长官加盖私章及机关钤印为凭。

历年认派公债调查表

中华民国十九年十二月十六日

表 2-128

年月别	公债名称	发行机关	利率	派募数	实募数	派募方法	备注
十六年	二五库券	省政府	八厘	三万元	二万二千八百元	四乡公正士绅分任劝募	
十七年	公路公债	省政府	一分	五万五千元	一万五千七百八十五元	四乡公正士绅分任劝募	
十七年	善后短期公债	省政府	八厘	八千元	三千四百二十元	四乡公正士绅分任劝募	
十八年	续募公路公债	省政府	一分	四万元	二千元	四乡公正士绅分任劝募	
备注							

公款公产委员会调查表

中华民国十九年十二月十六日

表 2-129

<table>
<tr><td colspan="2">成立年月</td><td colspan="3">民国十六年九月</td><td>地址</td><td colspan="2">县政府前谯楼东偏</td></tr>
<tr><td colspan="2">职员人数</td><td colspan="3">委员七人出纳办事员书记各一人工役一人</td><td>全年经费</td><td colspan="2">一千二百四十八元</td></tr>
<tr><td colspan="2">组织</td><td colspan="3">遵照修正章程</td><td>沿革</td><td colspan="2">由前参事会移交</td></tr>
<tr><td colspan="8">款产目录</td></tr>
<tr><td rowspan="10">公款</td><td>款名</td><td>数额</td><td>集款年月</td><td>存储商号</td><td>利率</td><td>全年收益金额</td><td>附注</td></tr>
<tr><td>县税公益费</td><td>二成</td><td></td><td></td><td></td><td></td><td></td></tr>
<tr><td>严东关附捐</td><td>每月拨六十五元</td><td></td><td></td><td></td><td></td><td></td></tr>
<tr><td>屠宰税附捐</td><td>每头一角</td><td></td><td></td><td></td><td></td><td></td></tr>
<tr><td>茶桌捐</td><td>每桌月收一角</td><td></td><td></td><td></td><td></td><td></td></tr>
<tr><td>茶馆营业捐</td><td>按店认捐</td><td></td><td></td><td></td><td></td><td></td></tr>
<tr><td>东西两湖渔租</td><td>本年加租</td><td></td><td></td><td></td><td></td><td></td></tr>
<tr><td></td><td></td><td></td><td></td><td></td><td></td><td></td></tr>
<tr><td></td><td></td><td></td><td></td><td></td><td></td><td></td></tr>
<tr><td>偿还旧欠公债利息</td><td>利息</td><td></td><td></td><td></td><td></td><td></td></tr>
<tr><td rowspan="7">公产</td><td>产别</td><td>数量</td><td>总值</td><td>坐处</td><td>置产年月</td><td>全年收益金额</td><td>附注</td></tr>
<tr><td>公益田租</td><td>田一四亩</td><td></td><td>各乡</td><td>古产</td><td>25 元</td><td></td></tr>
<tr><td>地租</td><td>地七亩</td><td></td><td>仇池坞前小西门外</td><td>古产</td><td>5 元</td><td></td></tr>
<tr><td>范公祠租金</td><td>房屋一座</td><td></td><td>小南门街</td><td>古产</td><td>72 元</td><td>本年六月份起此屋归区公所用</td></tr>
<tr><td>忠孝祠田租</td><td>田一〇亩</td><td></td><td>各乡</td><td>古产</td><td>80 元</td><td></td></tr>
<tr><td></td><td></td><td></td><td></td><td></td><td></td><td></td></tr>
<tr><td>备考</td><td colspan="6"></td></tr>
</table>

续表

收项							
科目	十六年		十七年		十八年		备考
	预算数	实收数	预算数	实收数	预算数	实收数	
公益费二成		1013.306元		1097.402元	6544元		
准备金一成		188.554元		159.350元	1860元		
自治附捐		296.028元		250.12元	2921元		
育婴清节堂		387.162元		483.146元			
教育费			15523元				
救济院					4466元		
备注							

续表

付项							
科目	十六年		十七年		十八年		备考
	预算数	实收数	预算数	实收数	预算数	实收数	
公益费二成		7323.89 元		9589.50 元	6541 元		
准备金一成		1603.38 元		2998.58 元	340 元		
自治附捐		1680.47 元		3314.59 元	2912 元		
育婴清节堂		5480.53 元		5201.81 元			
教育费			15334 元				
救济院					5402 元		
备注							

教育款产委员会调查表

中华民国十九年十二月十六日

表 2-130

成立年月	十七年四月			地址			
职员人数				全年经费			
组织				沿革			
款产目录							
公款	款名	数额	集款年月	存储商号	利率	全年收益金额	附注
	小学基金	3800 元	教厅分期拨放有案	杭州兴业银行建德杨永春号	全年利一分		此基金系整存整付尚未到期故收益金全无
公产	产别	数量	总值	坐处	置产年月	全年收益金额	附注
	学田	1475 亩		散落各庄		年收谷 934.5 石	
	房租	店屋住屋计五间		城乡均有		年收租金 165 元	
	地基租	四所		城乡均有		年收租金 11 元	
备考							

教育款产收付调查表

中华民国十九年十二月十六日

表 2-131

收项							
科目	十六年		十七年		十八年		备考
	预算数	实收数	预算数	实收数	预算数	实收数	
四成教育费			7442.000	6372.993	7442	5435.070	
一成教育附捐			4372.000	3580.447	4372	3173.151	
租息			3709.000	3049.826	3540	3227.726	
戏捐			200.000	无	无	无	
验契附捐			24.000	8.600	24	2.200	
育蚕收入			60.000	35.590	60		
县立小学学费			150.000	无	150		
县立小学校产租息			12.000	无	12		
县政府拨补行政费					880	880	
备注	十八年度决算书正在编制中，已得决算者分别填入，其未得决算者暂付阙如						

续表

付项							
科目	十六年		十七年		十八年		备考
	预算数	实收数	预算数	实收数	预算数	实收数	
教育局经费			1688	1688	2848	2587.010	
教育委员会经费			396	396	396	396	
教育款产委员会经费			883	888	888	888	
区教育委员公费			80	70	160	100	
县立中心小学经费			2610	2768	2670	2670	
县立女子小学经费			1840	1690	1922	1872	
县立中心小学经费			2100	1050	2380	2350	
公众运动场经费			144	无	288	无	
建德教育月刊费			240	60			
补助费			3260	3140	4060	3940	
联合毕业考试经费			120	无	60	60	
杂支			480	384.324	484	无	
教育预备费			528	78			
县立中心小学开办费			700	700			
公众运动场开办费			260	无			
临时追加费				303.347			
社会教育费					1292	951.006	
备注	见前						

浙江经济调查·寿昌县

概　说

寿昌为禹贡扬州之域，汉为富春地，吴置新昌县，至晋始有寿昌之名。隋省入新安县，唐复置，隶睦州。宋属严州府，改属建德府。元属建德路。明初属建安府，改属建德府，寻改属严州府。清因之。民国废府，仍为寿昌县治。

疆域东至建德，以菱塘为界；南至龙游，以梅岭为界；西至遂安，以黄连岭为界；北至淳安，以杜滨为界；东南至兰溪，以睹山为界；西南至衢县，以鹅笼山为界。东西宽一百一十里，南北长九十里，县治设于寿昌溪左岸。东北距省城二百八十五里。前自治区域，计分九区，自区公所成立，并为五区，第一区公所设城区，第二区公所设南乡陈店，第三区公所设西乡长林口，第四区公所设西乡华藏寺，第五区公所设北乡罗坑坞。

地势西北高而东南低，山脉起自西乡衢寿交界之三元尖；分两支，一支环绕东北出建德，一支环绕东南出兰溪。河流曰寿昌溪，发源于西乡鹅笼山，自西南至东北，长凡一百一十余里，至东乡罗桐埠入新安江。会纳曹溪、爽溪、交溪各支流，长短不一，沿溪多建水碓，用以舂米，磨麦。

土地面积，凡二千二百二十四方里；平原占百分之十二强，山区占百分之八十七强，水区所占，不及百分之一。共计熟地一千四百九十八方里，占全面积百分之六十七以上，荒地七百二十六方里，占全面积百分之三十二以上。

全县户口，凡一万二千零四十一户，六万七千零九十一口，平均每户五个半人，人口密度每方里三十人。就性别分之，男占四万零一百七十六人，女占二万六千九百一十五人。就职业分之，农业占百分之八十以上，商业占百分之十以上，工业占百分之八，自由职业占百分之一以上，失业者为数甚微。

农民合计凡五万八千五百四十九人，内自耕农占百分之四十一强，半自耕农占百分之十三强，佃农占百分之三十七强，雇农占百分之七强。每农户所占耕地，最少一亩，最多百亩，普通少不下五亩，多不过十九亩。

境内纯系内陆性质，为海洋风所不能调济之地，温度最高华氏九十六度，最低二十度。四季却少风灾，惟多瘴气，春夏秋三季瘴气尤厉，触之即死，常有不及医治者。

全县农产物，可分为禾谷，豆，根芋，特用，茶，蔬菜，果实，林产，畜产，水产，工艺，油，酒等十三类。产值以禾谷类为最多，林产类次之，水产类为最少。各类产物总值，全年计凡六百六十万余元。禾谷，豆，麦多产于东乡。根芋等类，多产于南乡。莲子，毛竹，茶叶多产于西乡。木料，桐油多产于北乡。其余各类，各乡均有生产。

工艺品有棉纱线袜，花笺纸，南屏纸，砖瓦，竹木铁器等类。但均系手工产品，货色粗陋，产量无多，仅能供应本地之需用。

矿产以煤最多，距城四十里之太白山产半无烟煤，煤层约厚一公尺，尚有乡溪坞，白马洞口，李家，及新桥下等处亦产半无烟煤，惜煤层不厚。东乡一都石马头地方，产笔铅，质不佳。东乡岩洞山产方铅矿，产量亦微。若能开采，于地方经济，亦不无少补也。

产米农田，计一十一万一千三百六十九亩，丰年可出米量二十二万二千五百一十三石，平年可出一十五万五千七百五十九石。全县每年需米量，为一十七万一千三百五十石，以其所产，供其所需，不遇凶年，民食自有盈余，尚有粮食运售出境。

风气闭塞，民情强悍，富于守旧性。南北乡沿俭约，东西乡好奢侈。住民半系皖省移民，言语操土音，多以耕菑贸易为业。农业习惯，分民田客田二种，民田属于所有权，客田属于永佃权。民间佃田，须与永佃权订立租批，每亩纳押租洋一元，所有权之租谷，由永佃权负责。

雇佣手续，废历二月以前订立口头契约，预定做工一年，先付定洋一二元，二月二日上工。其他各项工匠，均系临时雇用，或由工匠承揽，无一定之手续。工匠分包头伙计两阶级，生活工资，均归包头负责支配，包工雇用伙计，亦须先付定洋，其工作期间，临时约定，徒弟无论智愚，三年出师，三年以内，酌给津贴，惟多少不等。

商人交易，春借秋归，惟赊欠账目率须年终方能结束。分红制度，以二八成为准则。人民缺乏政治修养，在此训政时期，对于村里委员会区公所各级自治机关，均甚漠视。县政府年来对于建设事业，渐加注意，如公园运动场，民众教育馆，均在筹划进行中。

交通水陆不便，其与建德兰溪龙游衢县遂安淳安往来之道路，全系旧式驿道，幅宽不过四五尺，行旅往还，仅有竹舆羊角车可以代步，其通建德兰溪衢县省公路支线，路线虽经勘定，兴修尚无定期。

水运仅寿昌溪可通竹筏，溪流最深不过七尺，最宽不过三十丈，通行竹筏，亦仅八十余里，交通机关有三等邮局一所，更楼镇大同镇设有分柜二处。电报电话，均无设立。

工业分公营私营两种，公营工业，县府办有草纸工厂一所，纸槽六十四具，尚在试办期中。私营工业，有电灯公司附碾米厂一家，营业不劣，惟机器须时修理，否则每年必因机件损坏停工一二月，不能营业。

全县商店就调查时期计之，凡一百三十七家，计分二十四业，共有店学学徒五百九十八人，资本总数，凡一十六万一千四百三十元，各年营业平均总数，凡六十七万九千三百二十五元，内计费去营业费六万零五百四十七元，营业损失费四千七百五十八元，纳税三千二百二十八元，除去各项消耗，各年平均营业，可获净余三万八千三百三十五元。

就全县各业商店分布情形而言，第一区为最多，凡八十四家，计二十二业；次为第四区，凡三十八家，计九业；第三区为最少，凡十五家，计四业；二区，五区，据调查员报称无商店。商店之分布情形既明，则其他资本，营业净余，以及各项数量之大小，当亦同其次第，不能例外，其详见商业说明，兹不具述。

进出贸易，进口货以布匹、绸缎、南货、洋广杂货、煤油、食盐为大宗。出口货以米、麦、木材、柏油、纸类为大宗。进口货总值，凡六十三万六千元。出口货总值，凡一百九十万元。全年贸易总额，达二百五十三万六千元，每年出超，凡一百二十六万四千元。

商人团体，县城设有商会，会员凡一百二十余人，各业分会亦有组织，大都有名无实。商人乏团结性，同业竞争，以及市价涨落之各种纠纷，时有所闻，双方争执不下时，率先请商会调处，不决则转向县政府诉理。

最近三年以来，商场营业，几无盈亏可言，十八年渐有起色，广货，南货，布，盐各业，乃稍有盈余。然其市集，仅城区东西二乡有之。南北两乡，地多高原，又以接近邻县市镇，则并市集亦不能兴起。

银行，钱庄，典当各种金融机关，寿邑均无设立。主持全县金融者，厥惟该县县商会。举凡金融之周转，货币之涨落，皆须取决于该会。在前旧商会时代，议决货币价格，每半年开会一次，通知城乡商店照兑。及该会成立，改为每星期一次矣。民间借贷，分信用借贷，抵押借贷两种。借贷利率，最小一分，最大二分。

通过货币，银币有中山洋、袁头洋、龙洋、鹰洋、银角五种。纸币有中国、交通、中央三种。各种银币流通数额，约计相等，信用亦同。惟银角对于福建之新角，与广东十年以后所铸之银角，皆拒不用，纸币以中国银行流通额为较大，信用亦较著。交通中央两行为数甚少，其他四明兴业等行纸币，以及中国交通两行角币，则皆固拒不用。

县有财政，自以田赋、杂税、附加税，杂捐各项收入为来源。寿邑田赋，仅有地丁，而抵补金因数微不列。鱼鳞册于洪杨时遗失，现所依据者，皆十六年之造串额也。查造串赋额，计三万零五百九十二元，而十八年实征数，凡二万一千九百二十六元，核之正税额征，仅达七成以上。

征收费限度为百分之十，应征额数，计四千零二十八元。而十八年实征数，凡三千四百六十六元。核之额数，约达九成，用作征收经费，尚感不敷，须由厅令拨补。

附加税项下，计有粮捐、建设特捐、建设附捐、县税、自治附捐、教育附捐、治虫经费等七项。十八年度七项附加收入，合计凡三万八千零六元。内计建设特捐，建设附捐为应解省款，其余悉属地方经费。

杂捐项下，计有牙行帖税、契税契纸费、屠宰税三项。十八年度计实征牙行帖税一百四十二元，实征契税契纸费二千六百二十五元，实征屠宰税二千五百五十三元，合计三项杂税收入，共为五千三百二十元，此乃实征实解，不能由县呈请抵拨之款。

杂捐项下，计有店房捐、住屋捐、铺捐三项。十八年度收入，共为一千九百一十二元，用作县警经费，不敷尚巨，须由县政府设法拨补。

总计田赋、杂税、附加税、征收费、杂捐各项收入，全年共计凡七万零六百三十元。内除田赋、杂税、建设特捐、建设附捐各项应解省款，凡四万四千余元。留县办理地方事业款项，不过二万六千余元。田赋解款项下，除坐支县行政经费一万六千余元，及司法经费外，解省实款，要亦无多。寿邑人民对于政府税捐之负担，似尚可以胜任。

寿邑无公产，其公款用作自治、公益、建设、警察各种经费者，系由自治附捐，县附税收入充数。两项捐税全年收入，凡一万二千五百一十九元。十八年度计付一万四千一百四十一元，不足之数，悉由县府拨补。

县有教育经费，计小学基金四千八百九十余元，学田六百三十余亩，十八年所收租息，及附加、特捐、学生学费、县府拨补费等共计一万二千三百一十一元。除付教育局教育款产会经费外，余悉支作县有学校及社会教育经费之用。对于各区学校，亦有补助。

此外征收机关，寿邑尚无设立，浙江烟酒事务局十八年度征收该县烟酒牌照税，凡一千二百二十四元，乃系委托该县政府代为征解，未设分局。

寿邑僻处山乡，不当冲要，又无河港要道经过其境，足利交通，故工商不振兴，金融不活泼。然民情强悍耐劳，多勤本业，农产物丰富，民食常有盈余，要亦严属自给有余之一县也。民间财力，实在建德淳安二县之上，倘能集合群力发展全县之交通，投资于西乡之纸业矿业，开发利源，调和经济，工商之由凋敝变为繁荣，要亦转念间事耳。此次调查，系傅锦炜担任，自本年一月二十一日起，至二月十二日止，历时凡二十日而竣事。

土　地

全县土地面积表

表 3-1

项别	总数	平原	山区	水区
方里数	2224	270	1937	17
百分比	100.00	12.14	87.10	0.76

全县田亩总数表

表 3-2

项别	总数	平原	山丘	湖荡
地亩数	213970	111369	86940	15661
百分比	100.00	52.05	40.63	7.32

全县荒地面积表

表 3-3

项别	总数	平原	山丘	湖荡
方里数	726	95	635	6
百分比	100.00	13.10	86.10	0.80

全县熟地荒地比较表

表 3-4

项别	总数		平原		山丘		湖荡	
	熟地	荒地	熟地	荒地	熟地	荒地	熟地	荒地
方里数	1498	726	175	95	1312	625	11	6
百分比	67.36	32364	64.81	35.19	67.73	32.27	64.7	35.3

全县土地地价表

表 3-5

项别	旱地	田地	山地	湖荡
平均价格（元）	25	68	13	6

续表

项别	旱地	田地	山地	湖荡
最高价格（元）	40	100	20	8
最低价格（元）	10	36	6	4

注：土地各表，系根据浙省民政厅土地调查，及该县政府填送之土地调查表。

户　口

全县户数人口表

表 3-6

项别	全县户数	全县人口数	平均每户人口数
户数或人数	12041	67091	5.5

全县男女人数比较表

表 3-7

项别	总人口	男子数	女子数
人口数	67091	40176	26915
百分比	100.00	59.90	40.10

全县男女年龄分配表

表 3-8

岁别	总数	男子数	女子数
20 岁以下	30756	18238	12518
%	100.00	59.30	40.70
21—40 岁	20784	12745	8039
%	100.00	61.32	38.68
41 岁以上	15551	9193	6358
%	100.00	40.90	59.10

全县人口密度数

表 3-9

项别	每方里人口密度	全县面积	全县人口数
方里或人数	30	2224	67091

全县每人平均所占地亩数表

表 3-10

项别	每人平均所占地	全县面积亩数	全县人口数
亩数或人数	17.90	1200939	67091

注：人口各表，系根据浙江省民政厅人口调查，及该县政府填送之人口调查表。

农　工

全县农民类别表

表 3-11

项别	总数	自耕农	半自耕农	佃农	雇农
人数	58549	24406	8136	21802	4205
百分比	100.00	41.69	13.89	37.24	7.18

全县每农户耕地最多最少比较表

表 3-12

项别	自耕农所有耕地（亩）	半自耕农所有耕地（亩）	佃农所有耕地（亩）
最多	66	110	44
最少	1	1	1
普通	5	10	19

农工工资表

表 3-13

项别	常时（日/元）	忙时（日/元）
男工	0.50	0.60
女工	0.40	0.48
童工	0.32	0.38

物　产

全县米谷收获量表

表 3-14

项别	米田总亩数	全年收获总量			平均每亩收获量		
		丰年	平年	差量	丰年	平年	差量
亩数或石数	111369	222513	155759	66754	1. 99	1. 39	0. 60

全县米谷盈绌表

表 3-15

项别	全县需米总量	全县米量盈绌数	
		丰年盈余量	平年盈余量
石数	171350	51163	15591

民国十八年米谷收量表

表 3-16

项别	民国十八年收获量	较平年短收量	全县不足量
石数	86978	68781	84372

全县物产分类产值表

表 3-17

物产类别	全类总值（元）	百分比（%）
总产值	6601670	100. 00
禾谷类	2565647	38. 85
豆类	1000235	15. 15
根芋类	59678	0. 91
工艺类	158400	2. 40
特用类	11890	0. 18
茶类	9200	0. 14
蔬菜类	917801	13. 90
果实类	19694	0. 30

续表

物产类别	全类总值（元）	百分比（%）
林产类	1321249	20.01
畜产类	261048	3.95
水产类	7388	0.12
油类	256400	3.88
酒类	13040	0.20

全县物产一览表

表 3-18

物产类别	物品名称	全年产量（担）	全年总值（元）
禾谷类	粳谷	320739	1282956
	糯谷	89095	445475
	大麦	47462	142386
	小麦	51840	207360
	荞麦	41530	124590
	玉蜀黍	60480	241920
	穇稷	25920	77760
	黄粟	10800	43200
豆类	大豆	107904	539520
	小豆	90720	362880
	蚕豆	21600	64800
	豌豆	7560	30240
	赤豆	186	930
	黑豆	373	1865
根芋类	马铃薯	4272	5126
	甘薯	11196	22392
	芋头	6800	16200
	萝卜	6430	15960
工艺类	花笺纸	39600	158400

续表

物产类别	物品名称	全年产量（担）	全年总值（元）
特用类	茧	43	1290
	蜂蜜	302	6040
	蜡	76	4560
茶类	红茶	100	2000
	绿茶	360	7200
蔬菜类	白菜	10204	16417
	青菜	7200	13730
	甜菜	300	665
	芥菜	20000	21901
	黄芽菜	6782	13564
	苋菜	14140	18170
	油菜	43161	86322
	冬笋	19683	196830
	春笋	78732	393660
	鞭笋	15740	110222
	姜	396	1584
	葱	87	131
	蒜	160	240
	茄子	600	925
	辣椒	3360	13440
果实类	桃	400	1080
	李	280	675
	杏	200 担	405
	梅	100 担	180
	栗	60 担	200
	梨	50 担	240
	柿	360 担	1080
	枣	280 担	1120

续表

物产类别	物品名称	全年产量（担）	全年总值（元）
果实类	葡萄	140 担	700
	枇杷	120 担	600
	橙子	220 担	600
	石榴	252 担	1008
	山楂	150 担	550
	杨梅	600 担	1800
	莲子	2132 担	9396
林产类	松	354300 枝	354300
	杉	137788 枝	206682
	柏	22400 枝	127933
	檀	59052 枝	177156
	樟	25430 枝	70860
	枫	13613 枝	18890
	椿	25430 枝	35430
	栎	59049 枝	29524
	杨	177150 枝	70860
	椐	31492 枝	15746
	竹	493575 枝	98715
	柳杉	20757 枝	44287
	杂木	141733 枝	70866
畜产类	牛	3744 头	113220
	马	36 头	2160
	驴	10 头	500
	猪	12580 头	100640
	羊	1258 头	3774
	鸡	76610 头	33966
	鸭	7548 头	3769
	鹅	3774 头	3019

续表

物产类别	物品名称	全年产量（担）	全年总值（元）
水产类	鲤鱼	87 担	912
	鲫鱼	53 担	878
	青鱼	49 担	882
	白鱼	45 担	1440
	鳝鱼	42 担	1176
	鳗鱼	38 担	684
	鲢鱼	64 担	810
	龟	30 担	600
油类	柏油	15000 担	225000
	桐油	1047 担	31400
酒类	白酒	170 担	1360
	黄酒	1460 担	11680

注：本表系根据该县政府填送物产状况调查表。

贸　易

全县出口货值表

表 3-19

物品名称	全年总值（元）	销路
总数	1900000	
米	240000	邻县
麦	200000	邻县
豆	200000	邻县
茶叶	5000	沪杭
纸	100000	浙江省境内
莲子	5000	邻县
柏油	150000	杭绍甬
木材	1000000	杭绍甬

全县进口货值表

表 3-20

物产名称	全年总值（元）	来源
总数	636000	
绸缎布匹	85000	沪杭
南货茶食	75000	杭绍兰溪
纸烟	25000	沪杭
煤油	36000	由杭转口
洋广杂货	120000	杭绍兰溪
药材	25000	杭
文具书籍	20000	杭绍兰溪
五金	20000	杭州兰溪
食盐	60000	余姚
棉纱	20000	沪杭甬
其他商品	150000	各地

商业统计说明

寿昌西北多山，地荒人稀；东南又与兰溪、龙游之繁盛市场相近，其商业之不发达，自可不言可喻，故总计全县商店家数，仅一百三十有七焉。第一区为县治所在，地又平衍，水陆交通亦较他区为便，宜其市场之盛，甲于全县，计其商店家数，多至八十有四，几及全数三分之二。其次则为第四区，盖其地有大同镇等之市场，或当交溪要冲，或扼严衢孔道，商业之盛，仅亚于县城之第一区，商店合计可三四十家。至于寿昌溪上游之第三区，地瘠人稀，市场商店，寥寥无几，全区合计亦不过十有五家。其他各区，或静处山陬，或偏于僻壤，市肆商场，绝无而仅有也。

商店家数，分布各区，其情形既如上述，而其他所谓资本数、营业数、店员人数、纳税银数等项，亦皆与之相若。如店员人数，全县共五百九十八人：第一区约占其百分之六九点四，为全县冠；次之即为第四区，约占百分之二六点八；第三区仅占百分之四点八，位居最后。资本总数，全县共计约一十六万一千四百余元，而第一区则占最大多数，约百分之六五点六一；第四区次之，占百分之二九点三二；第三区最少，仅占百分之五点〇七。营业设备费，全县计之，不及四万元，而第一区已占其百分之五一点四二，合四三两区计之，及不及百分之五〇。至于营业额与纳税数，乃更足以觇商业之盛衰，今全县营业总数，近三年平均计之，为六十七万九千余元，而第一区乃占其百分之六八点九，为最大，第四区占百分之二七点三，居其次，第三区仅占百分之三点八，其最少者也。全县商店纳税总数，三千余元中，第一区占其百分之六四点五，第四区二九点二，第三区六点三，亦同其次第焉，其他若营业损失及盈余各项，盖若不如是也。

若从各业之分配情形，加以研究，则当地市场之情况，更昭然若揭矣。全县商店一百三十余家，分业凡二十有四；各业家数之多，首推中药业，计二十三家；最少者为金银珠宝、水果、香烛纸炮等八业，计各二家；其他如百货业为数亦多，计二十二家，盖百货业商店，经售商品，繁杂众多，实为一种粮食业、油酱业、南货业之混合商店也。上所述者，乃全县之情况。若论各区，则以第一区分类较繁，计二十有二业：内中药业计十一家为最多；南北货业次之，计十家；至香烛纸炮、金银珠宝、衣装、棉织、水果、盐、油酱等七业各计一家，为各业家数最少者。第三区分业仅四种，曰洋广杂货业，曰百货业，曰中药业，曰鲜肉业，其中以洋广杂货业之家数为较多，计六家；余则均各三家。至于第四区则介于二者之间，计分九业，其中以百货业之家数为最多，计十二家；次之则为中药业，计九家；最少为盐业，仅一家；而瓷陶料器业及伞业，则为第四区所独有，亦均一家也。

各业中分配最普遍而为各区皆有者有四业，即百货业，中药业，洋广杂货业，鲜肉业是也。此四业中，其家数之分布于各区情况，大都与各业总家数之分布者相同，惟百货则异殊，百货业二十二家中，第四区计有十二家，第一区计七家，第三区计三家。

至各业之盛衰，常可由资本额或营业数中见之，寿昌各业中资本额之最大者为百货业，其营业数亦较大于其他各业；若以此类推，次之则为绸布业，再次则为油酱业及南北货业，盐业及中药业又次之，最小为香烛纸炮业，水果业，灯伞业等，盖亦受社会一般需求情况之影响也。

各业家数较多者，固未必即为营业之较发达者，但资本额之多寡，常与营业数有相互之关系。如资本额最大之百货业，其营业数额之巨，为各类冠。资本较巨之各业，如绸布业，油酱业，盐业，南北货业等，其营业数额亦较大；又如香烛纸炮业，灯伞业，水果业，营业数较少者，其资本额盖亦较低也。

各业营业盈余数，就大体观之，营业大者其盈余亦大，盖其地供求市场稳定而又无甚风险也。若百货业者，营业数之大，为各业冠，而其盈余额亦超出各业之上，灯伞业为各业中之最小者，而其盈余额亦独少，他若衣装业，则因营业平平，盈余毫无，理发业系一种劳工业务，营业所入，仅堪糊口，故亦无盈余之可言。

上述最大营业数额，乃就各地全数商店合而言之也，今若以各业最大商店之营业额互相比较，则各业之盛衰，更洞若观火矣，下表所表，即其大略：

民国十八年寿昌主要各业最大商店比较表

表 3-21

业别	资本额（元）	全年营业数（元）	全年盈余数（元）	所在地
油酱业	15000	80000	4000	第一区
绸布业	8500	50000	2000	第一区
盐业	5600	42000	1500	第四区
百货业	6000	35000	2000	第四区
南北货业	2500	9000	800	第一区
鲜肉业	1100	7000	600	第一区
烟业	1400	55000	500	第一区
洋广货业	500	4000	300	第一区
中药业	1100	3800	120	第四区

各区各业商店，开办年数之分级比较，乃可观各地各时期经济变动之大势。本邑各区商店，开办在年五年内者，计三十七家，前五年至十年十六家，十年至十五年者二十三家，十五年至二十年者二十一家，二十年至三十年者十一家，三十年至四十年者十八家，总上以观，本县商店，机关报开者实较旧设者为多，盖一百三十余家商店中有四分之一以上系开办在最近五年之内也；其尤足注意者，二十年至三十年前所开商店，占各级中之最少数，次之则为五年至十年前之一级，此何故耶？前者适当清季紊乱之秋，而后者又在国民革命军北伐期间也。

开办年数之分级，各区情形，无甚差别，若论各业，老店则以中药业为较多，次之为南北货业及烟业，近五年内新开张者，洋广货业之外，尚有百货业等数商店，他若衣装及金银珠宝等业，亦均开办于五年之内，凡此新兴各业，非必即为昔日之所无，特昔日之老店，不能维持至烽十年之久耳。

商店因组合之不同，而分独资与合资二种：独资商店之营业，恒不如合资商店之大，以其资力较小也；故在市场较小，商业不盛之地，独资商店，自较合资商店为多也。寿昌全县营业总数，年仅六十余万元，商店组合之多独资，乃意中事，总计全县合资商店，家数凡六，资本仅一万七千余元，论地点则以在第四区者为较多，论营业则以百货业为主要焉。

商店资本，默系营业，上已其述；然其运用之方式，及其分配之比例，亦颇重要，自不得不略加研究也。本邑各商店，运用客本，恒不及店本之多，二者相去，乃在十余倍之间，此则金融枯竭，信用薄弱之所致也。店本之中，固定资本虽包含较多，举凡生财，设备，房屋等乃均入其范围，然与流动资本之现金及货款等相较，盖尚不及其二分之一。至各业情形，每不相若，其分配比例，自较纷繁，大抵水作，理发，铁器，灯伞等业，固定资本恒较大于流动资本，而以铁器业及水作业为尤甚；而流动之大于固定者，则以盐业及油酱业为特著。此外若百货业，若南北货业，需用客本，为数较巨，是亦吾人所当注意者也。

寿昌商店，营业不大，开锁亦颇简省，全县总计年约六万元，惟纳税及营业损失不与焉。此六万元中，以杂支一项为较巨，约占百分之五二；薪给次之，占百分之三四点九；房租又次之，占百分之一〇点三；最小为生财折旧，仅占百分之二点八。就普通情形而论，商店开锁，薪给支出似较杂支为重要，今寿昌各业商店，因多为一种家庭商店，店员多由店主一家人自兼，家用乃常由店中开支，故薪给之支出较少，而杂支之开销独巨也。至于薪给数额之高低，常规各业之营业状况及店员职务之轻重，而有殊异，大抵最高者年约一百六十元，百货业之经理薪给是也；最低者十二元，一般商店满期学徒之年薪是也。大体而论，百货、绸布、南北货等业之店员薪给，恒较其他各业为高，其较低者，则为中药业及烟业等。

商店纳税之负担，商店纳税表中，记之颇详，毋庸赘述，惟其中须略加以解释者，各业纳税之范围颇多逾越常规也。如南北货业之有屠宰税，及烟酒牌照捐，而为数亦巨；百货业及洋广货业，亦有烟酒牌照捐之缴纳，其数且与烟酒各业之所纳者，不相上下，此则各业商店之多兼营他业之又一明证也。

其次论营业损失，在营业损失表中之“其他”一项，全县总数共六百元，因调查表中未见其注脚，自虽知其究为何种损失，然细观各业中之有此项者，仅南北货、烟、中药、衣装与洋广货五业，其或为盗窃失慎等之特殊损失欤？又全县商店，营业损失中，几全为呆账之关系，至于底货则分文无失，此种买卖信用之难维持，盖亦经济衰落之表征也。

综观各表，全县商业之盛，论地域则以第一区为最，论各业当以百货业为首；第一区商业较盛之原因，已详上文，兹不赘述，百货业营业之所以独盛者，自不得不略述一二也。盖寿昌环境皆山，商业不振，市场既无大宗之买卖，商家又乏雄厚之资本，因之各地市场，几有有店必杂，无货不卖之势。除中药油酱等业而外，其余各家商店，其所经售商品类多相同，如南北货商店，沽酒卖肉之外，又兼售纸烟杂物，粮食一项，虽属主要商品，但皆由百货杂货等各商店兼售，而无一粮食业之专号者，凡此种种，不一而足，其中尤以百货商店之所经售者品繁而为数更大也，故百货业商店非特资本大，营业巨，而其营业支出及营业盈余，亦超出各业商店之上也。

商业概况

各区概况表

表 3-22

区别	商店家数	店员及学徒人数	资本总数	营业设备费	全年营业数	营业费	营业损失	纳税数	营业净余
全县	137	598	161430	38680	679325	60547.5	4758	3228.67	38335
第一区	84	415	105924	19890	468738	42559.5	3333	2081.37	24888
第三区	15	29	8178	3654	25694	2599.0	112	203.70	2133
第四区	38	154	47328	15136	184893	15389.0	1313	943.60	11314

各业概况表

表 3-23

业别	商店家数	店员及学徒人数	资本总数	营业设备费	全年营业数	营业费	营业损失	纳税数	营业净余
总数	137	598	161430	38680	679325	60547.5	4758	3228.67	38335
水作业	2	4	364	220	1447	491.0		12.80	212
饮食业	6	9	1411	390	3525	770.0	10	36.23	250
盐业	2	14	11302	1100	77334	1562.0	100	65.90	2500
油酱业	10	11	15450	450	78333	1390.0	100	54.00	3667
南北货业	13	81	15317	2726	56567	8332.0	702	535.40	5010
鲜肉业	1	45	7972	1688	41144	4249.0	107	779.50	2411
水果业	4	1	160	80	423	85.0		6.10	60
酒业	5	7	1278	556	3240	662.0	10	43.60	313
烟业	23	28	4964	996	14517	2783.0	240	149.40	945
中药业	8	53	12766	5178	36513	4716.0	382	214.88	2174
烟纸杂货业	22	45	8672	3496	29816	4655.0	360	223.40	2155
百货业	3	156	44604	11770	170582	16328.0	1037	668.40	11456
绸布业	1	68	22380	3040	126999	7234.0	1350	140.40	4366
棉织业	4	3	308	180	900	418.0	7	6.44	80
鞋帽业	1	7	844	420	1837	557.5		34.40	295

续表

业别	商店家数	店员及学徒人数	资本总数	营业设备费	全年营业数	营业费	营业损失	纳税数	营业净余
衣装业	18	4	720	140	2500	446.0	100	6.88	
洋广货业	1	29	9230	4720	22476	2836.0	188	157.24	1733
金银珠宝业	3	2	252	156	405	152.0		68.40	70
铁器业	2	5	328	194	897	337.0		13.54	90
书籍文具业	1	9	1530	504	5967	858.0	50	31.70	320
香烛纸炮业	4	1	300	260	300	53.0		3.00	45
理发业	1	12	552	182	1343	1180.0		20.12	
瓷陶料器业	1	2	536	184	1700	269.0	15	12.40	140
灯伞业	1	2	130	50	560	189.0		6.10	43

各区商店所在地一览表

表 3-24

区别	所在地地名
第一区	上街　中街　下街　十字街　西门大街　罗桐埠　淤堨　更楼镇　洪家庭前
第三区	溪口　长林口　下马桥
第四区	大同镇　李家村　劳村

商店家数及店员

全县商店总数表

表 3-25

区别	商店总数	百分比
全　县	137	100.00
第一区	84	61.31
第三区	15	10.95
第四区	38	27.74

各区各业商店家数表

表 3-26

业别	总数	第一区	第三区	第四区
总数	137	84	15	38
水作业	2	2		
饮食业	6	6		1
盐业	2	1		
油酱业	1	1		4
南北货业	10	10		
鲜肉业	13	6	3	2
水果业	1	1		9
酒业	4	4		2
烟业	5	3		12
中药业	23	11	3	
烟纸杂货业	8	6		
百货业	22	7	3	
绸布业	3	3		6
棉织业	1	1		
鞋帽业	4	4		
衣装业	1	1		
洋货业	18	6	6	
金银珠宝业	1	1		
铁器业	3	3		
书籍文具业	2	2		
香烛纸炮业	1	1		
理发业	4	4		
瓷陶料器业	1			1
灯伞业	1			1

各区商店开办年数分级表

表 3-27

区别	1—5 年	6—10 年	11—15 年	16—20 年	21—30 年	31—40 年	41 年以上
全县	37	16	23	21	11	11	13
第一区	29	11	10	13	5	4	12
第三区	4	1	3	2	1	2	2
第四区	4	4	10	6	5	5	4

各业商店开办年数分级表

表 3-28

区别	1—5 年	6—10 年	11—15 年	16—20 年	21—30 年	31—40 年	41 年以上
总数	37	16	23	21	11	11	18
水作业	1		1				
饮食业	4	1					1
盐业						2	
油酱业						1	
南北货业	2	2	2		1	1	2
鲜肉业	3	1	5	3			1
水果业			1				
酒业	2		1			1	
烟业	3						2
中药业	1	5	1	4	6	2	4
烟纸杂货业	2			2		1	3
百货业	5		7	5	2	1	2
绸布业					1		2
棉织业	1						
鞋帽业	1		1	2			
衣装业	1						
洋货业	6	4	4	2		1	1
金银珠宝业	1						

续表

区别	1—5 年	6—10 年	11—15 年	16—20 年	21—30 年	31—40 年	41 年以上
铁器业		1		2			
书籍文具业	1	1					
香烛纸炮业				1			
理发业	3	1					
瓷陶料器业					1		
灯伞业						1	

各区各种组合商店家数表

表 3-29

区别	总数	独资商店	合资商店
全县	137	131	6
%	100.00	95.62	4.38
第一区	84	82	2
%	100.00	97.61	2.39
第三区	15	15	
%	100.00	100.00	
第四区	38	34	4
%	100.00	89.47	10.53

各区各业各种组合商店家数表

表 3-30

区别	全县			第一区			第三区			第四区		
	合计	独资	合资	合计	独资	合资	合计	独资	合资	合计	独资	合资
总数	137	131	6	84	82	2	15	15		38	34	4
水作业	2	2		2	2							
饮食业	6	6		6	6							
盐业	2	2		1	1					1	1	
油酱业	1	1		1	1							
南北货业	10	10		10	10							

续表

区别	全县			第一区			第三区			第四区		
	合计	独资	合资	合计	独资	合资	合计	独资	合资	合计	独资	合资
鲜肉业	13	12	1	6	6		3	3		4	3	1
水果业	1	1		1	1							
酒业	4	3	1	4	3	1						
烟业	5	5		3	3					2	2	
中药业	23	22	1	11	11		3	3		9	8	1
烟纸杂货业	8	8		6	6					2	2	
百货业	22	19	3	7	6	1	3	3		12	10	2
绸布业	3	3		3	3							
棉织业	1	1		1	1							
鞋帽业	4	4		4	4							
衣装业	1	1		1	1							
洋货业	18	18		6	6		6	6		6	6	
金银珠宝业	1	1		1	1							
铁器业	3	3		3	3							
书籍文具业	2	2		2	2							
香烛纸炮业	1	1		1	1							
理发业	4	4		4	4							
瓷陶料器业	1	1								1	1	
灯伞业	1	1								1	1	

各区商店店员学徒人数表

表 3-31

区别	总数	百分比	店员	学徒
全县	598	100.0	496	102
第一区	415	69.4	351	64
第三区	29	4.8	24	5
第四区	154	26.8	121	33

各区各业商店店员学徒人数表

表 3-32

业别	总数		第一区		第三区		第四区	
	店员	学徒	店员	学徒	店员	学徒	店员	学徒
总数	496	102	351	64	24	5	121	33
水作业	4		4					
饮食业	8	1	8	1				
盐业	12	2	6	1			6	1
油酱业	8	3	8	3				
南北货业	68	13	68	13				
鲜肉业	38	7	28	4	5		5	3
水果业	1		1					
酒业	5	2	5	2				
烟业	25	3	19	1			6	2
中药业	41	12	27	6	3	1	11	5
烟纸杂货业	37	8	34	8			3	
百货业	123	33	37	10	10	3	76	20
绸布业	63	5	63	5				
棉织业	3		3					
鞋帽业	4	3	4	3				
衣装业	3	1	3	1				
洋货业	26	3	9	1	6	1	11	1
金银珠宝业	1	1	1	1				
铁器业	3	2	3	2				
书籍文具业	7	2	7	2				
香烛纸炮业	1		1					
理发业	12		12					
瓷陶料器业	2						2	
灯伞业	1	1					1	1

各业商店职员人数最多最少比较表

表 3-33

业别	普通	最多	最少
各业总普通数	4	24	1
水作业	2	3	1
饮食业	1	2	1
盐业	6	6	6
油酱业	8	8	8
南北货业	7	11	1
鲜肉业	3	6	1
水果业	1	1	1
酒业	1	2	1
烟业	5	13	2
中药业	2	5	1
烟纸杂货业	5	11	1
百货业	6	17	1
绸布业	21	24	19
棉织业	3	3	3
鞋帽业	1	1	1
衣装业	3	3	3
洋货业	1	4	1
金银珠宝业	1	1	1
铁器业	1	1	1
书籍文具业	3	4	3
香烛纸炮业	1	1	1
理发业	3	3	3
瓷陶料器业	2	2	2
灯伞业	1	1	1

商店资本

各区商店资本总数表

表 3-34

区别	总数	百分比
全县	161430	100.00
第一区	105924	65.61
第三区	8178	5.07
第四区	47328	29.32

各区商店资本分类总数表

表 3-35

区别	总数	店本	客本
全县	161430	150030	11400
%	100.00	92.93	7.07
第一区	105924	96124	9800
%	100.00	90.74	9.26
第三区	8178	8178	
%	100.00	100.00	
第四区	47828	45728	1600
%	100.00	96.62	3.38

各区各业商店资本总数表

表 3-36

业别	总数	第一区	第三区	第四区
总数	161430	105924	8178	47328
水作业	364	364		
饮食业	1411	1411		
盐业	11302	5700		5602
油酱业	15450	15450		
南北货业	15317	15317		

续表

业别	总数	第一区	第三区	第四区
鲜肉业	7972	3772	1600	2600
水果业	160	160		
酒业	1278	1278		
烟业	4964	2562		2402
中药业	12766	4826	1214	6726
烟纸杂货业	8672	8378		294
百货业	44604	17348	2818	24438
绸布业	22380	22380		
棉织业	368	368		
鞋帽业	844	844		
衣装业	720	720		
洋货业	9230	2084	2546	4600
金银珠宝业	252	252		
铁器业	328	328		
书籍文具业	1530	1530		
香烛纸炮业	300	300		
理发业	552	552		
瓷陶料器业	536			536
灯伞业	130			130

各业商店资本分类总数表

表 3-37

区别	总数	店本			客本
		合计	固定资本	流动资本	
总数	161430	150030	44330	105700	11400
水作业	364	364	244	120	
饮食业	1411	1411	511	900	
盐业	11302	11302	1302	10000	
油酱业	15450	15450	450	15000	

续表

区别	总数	店本			客本
		合计	固定资本	流动资本	
南北货业	15317	13317	3367	9950	2000
鲜肉业	7972	6872	2272	4600	1100
水果业	160	160	110	50	
酒业	1278	1278	628	650	
烟业	4964	4164	1254	2910	800
中药业	12766	12266	5726	6540	500
烟纸杂货业	8672	7672	3902	3770	1000
百货业	44604	38904	13054	25850	5700
绸布业	22380	22380	3880	19000	
棉织业	368	368	168	200	
鞋帽业	844	844	594	250	
衣装业	720	720	220	500	
洋货业	9230	8930	5230	3700	300
金银珠宝业	252	252	192	60	
铁器业	328	328	248	80	
书籍文具业	1530	1530	630	900	
香烛纸炮业	300	300	260	40	
理发业	552	552	282	270	
瓷陶料器业	536	536	236	300	
灯伞业	130	130	80	50	

各区各业商店资本最大最小比较表

表 3-38

业别	全县各业普通资本数	第一区			第三区			第四区		
		普通	最大	最小	普通	最大	最小	普通	最大	最小
各业总普通数	1178	1261	15450	66	545	1700	114	1245	5740	114
水作业	182	182	270	94						
饮食业	235	235	778	66						

续表

业别	全县各业普通资本数	第一区			第三区			第四区		
		普通	最大	最小	普通	最大	最小	普通	最大	最小
盐业	5651	5700	5700	5700				5602	5602	2602
油酱业	15450	15450	15450	15450						
南北货业	1532	1532	3022	140						
鲜肉业	613	290	1128	178	533	720	380	650	1260	356
水果业	160	160	160	160						
酒业	320	320	472	160						
烟业	993	854	1396	410				1201	1300	1102
中药业	555	439	498	184	450	700	114	747	1160	390
烟纸杂货业	1084	1396	3150	116				147	180	114
百货业	2027	2478	6802	214	939	1700	198	2037	5740	130
绸布业	7460	7460	9142	4918						
棉织业	368	368	368	368						
鞋帽业	211	211	300	132						
衣装业	720	720	720	720						
洋货业	513	347	690	150	409	800	130	760	2100	240
金银珠宝业	252	252	252	252						
铁器业	109	109	130	90						
书籍文具业	765	765	808	722						
香烛纸炮业	300	300	300	300						
理发业	138	138	176	86						
瓷陶料器业	536							536	536	536
灯伞业	130							130	130	130

各区各种组合商店资本分类表

表 3-39

区别	总数	独资商店				合资商店			
		合计	店本		客本	合计	店本		客本
			固定	流动			固定	流动	
全县	161430	143494	41514	94680	7300	17926	2316	11020	4100

续表

区别	总数	独资商店				合资商店			
		合计	店本		客本	合计	店本		客本
			固定	流动			固定	流动	
第一区	105924	98812	22302	70310	6200	7112	992	2520	3600
第三区	8178	8178	4078	4100					
第四区	47328	36504	15134	20270	1100	10824	1824	8500	500

各业各种组合商店资本分类表

表 3-40

业别	总数	独资商店				合资商店			
		合计	店本		客本	合计	店本		客本
			固定	流动			固定	流动	
总数	161430	143494	41514	94680	7300	17936	2816	11020	4100
水作业	364	364	244	120					
饮食业	1411	1411	511	900					
盐业	11302	11302	1302	10000					
油酱业	15450	15450	450	15000					
南北货业	15317	15317	3367	9950	2000				
鲜肉业	7972	6712	2012	3600	1100	1260	260	1000	
水果业	160	160	110	50					
酒业	1278	968	438	530		310	190	120	
烟业	4964	4964	1254	2910	800				
中药业	12766	11606	5566	6040		1160	160	500	500
烟纸杂货业	8672	8672	3902	3770	1000				
百货业	44604	29398	10848	16450	2100	15206	2206	9400	3600
绸布业	22380	22380	3380	19000					
棉织业	368	368	168	200					
鞋帽业	844	844	594	250					
衣装业	720	720	220	500					
洋货业	9230	9230	5230	3700	300				

续表

业别	总数	独资商店				合资商店			
		合计	店本		客本	合计	店本		客本
			固定	流动			固定	流动	
金银珠宝业	252	252	192	60					
铁器业	328	328	248	80					
书籍文具业	1530	1530	630	900					
香烛纸炮业	300	300	260	40					
理发业	552	552	282	270					
瓷陶料器业	536	536	236	300					
灯伞业	130	130	80	50					

各区各种组合商店资本最大最小比较表

表 3-41

区别	普通	独资商店			合资商店		
		普通	最大	最小	普通	最大	最小
全县	1200	1095	15450	68	2989	6802	310
第一区	1261	1205	15450	66	2556	6802	310
第三区	545	539	1700	114			
第四区	1245	1074	5602	114	2706	5740	1160

各业各种组合商店资本最大最小比较表

表 3-42

业别	普通	独资商店			合资商店		
		普通	最大	最小	普通	最大	最小
各业总普通数	1178	1095	15450	66	2989	6802	310
水作业	182	182	270	94			
饮食业	235	235	778	66			
盐业	5651	2651	5700	5602			
油酱业	15450	15450	15450	15450			
南北货业	1532	1532	3022	140			
鲜肉业	613	559	1128	178	1260	1260	1260

续表

业别	普通	独资商店			合资商店		
		普通	最大	最小	普通	最大	最小
水果业	160	160	160	160			
酒业	320	323	472	160	310	310	310
烟业	993	993	1396	410			
中药业	555	528	1150	114	1160	1160	1160
烟纸杂货业	1084	1084	3150	114			
百货业	2027	1547	4600	130	5069	6802	2664
绸布业	7460	7460	9142	4918			
棉织业	368	368	368	368			
鞋帽业	211	211	300	132			
衣装业	720	720	720	720			
洋货业	508	508	2100	130			
金银珠宝业	252	252	252	252			
铁器业	109	109	130	90			
书籍文具业	765	765	808	722			
香烛纸炮业	300	300	300	300			
理发业	138	138	176	86			
瓷陶料器业	536	536	536	536			
灯伞业	130	130	130	130			

各区商店店本总数表

表 3-43

区别	总数	固定资本	流动资本
全县	150030	44330	105700
%	100.00	29.54	70.46
第一区	96124	23294	72830
%	100.00	24.23	75.77
第三区	8178	4078	4100
%	100.00	49.91	50.09

续表

区别	总数	固定资本	流动资本
第四区	45728	16958	28770
%	100.00	37.08	62.92

各区商店店本分类最大最小比较表

表 3-44

区别	普通	固定资本			流动资本		
		普通	最大	最小	普通	最大	最小
全县	1095	324	2800	46	772	15000	20
第一区	1144	277	2150	46	867	15000	20
第三区	545	272	700	64	273	1000	50
第四区	1203	446	2800	64	757	5000	50

各业商店店本分类最大最小比较表

表 3-45

区别	普通	固定资本			流动资本		
		普通	最大	最小	普通	最大	最小
各业总普通数	1096	324	2800	46	772	15000	20
水作业	182	122	170	74	60	100	20
饮食业	235	85	178	46	150	600	20
盐业	5651	651	700	602	5000	5000	5000
油酱业	15450	450	450	450	15000	15000	15000
南北货业	1332	337	540	90	995	2000	50
鲜肉业	529	175	312	78	354	1000	100
水果业	160	110	110	110	50	50	50
酒业	290	157	190	110	133	300	50
烟业	833	251	396	106	582	1000	150
中药业	533	249	650	64	284	800	50
烟纸杂货业	959	488	560	64	471	1000	1100
百货业	1768	593	2800	80	1175	5000	50
绸布业	7460	1127	1320	918	6333	8000	4000

续表

区别	普通	固定资本			流动资本		
		普通	最大	最小	普通	最大	最小
棉织业	368	168	168	168	200	200	200
鞋帽业	212	149	200	82	63	100	50
衣装业	720	220	220	220	500	500	500
洋货业	497	291	1800	80	206	600	50
金银珠宝业	252	192	192	192	60	60	60
铁器业	110	83	110	70	27	40	20
书籍文具业	765	315	322	308	450	500	400
香烛纸炮业	300	260	260	260	40	40	40
理发业	138	78	100	46	60	80	40
瓷陶料器业	536	236	236	236	300	300	300
灯伞业	130	80	80	80	50	50	50

各区商店客本最大最小比较表

表 3-46

区别	普通	最大	最小
全县	760	3600	100
第一区	1089	3600	200
第三区			
第四区	267	500	100

注：第三区各商店，均无客本故缺。

各业商店客本最大最小比较表

表 3-47

业别	普通	最大	最小	附注
各业总普通数	760	3600	100	各业借客本者计 15 家共 11400 元
水作业				本业无客本
饮食业				本业无客本
盐业				本业无客本
油酱业				本业无客本

续表

业别	普通	最大	最小	附注
南北货业	1000	1000	1000	本业借客本者凡二家各 1000 元
鲜肉业	220	300	100	本业借客本者凡五家共 1100 元
水果业				本业无客本
酒业				本业无客本
烟业	400	500	300	本业借客本者凡二家共 800 元
中药业	500	500	500	本业借客本者凡一家计 500 元
烟纸杂货业	1000	1000	1000	本业借客本者凡一家计 1000 元
百货业	1900	3600	100	本业借客本者凡三家共 5700 元
绸布业				本业无客本
棉织业				本业无客本
鞋帽业				本业无客本
衣装业				本业无客本
洋货业	300	300	300	本业借客本者凡一家计 300 元
金银珠宝业				本业无客本
铁器业				本业无客本
书籍文具业				本业无客本
香烛纸炮业				本业无客本
理发业				本业无客本
瓷陶料器业				本业无客本
灯伞业				本业无客本

各区商店利率分级客本总数表

表 3-48

区别	客本总数	10%—11%	12%—13%	14%—15%	16%—17%	18%—19%
全县	11400	100		8900		2400
第一区	9800			8800		1000
第三区						
第四区	1600	100		100		1400

各业商店利率分级客本总数表

表 3-49

区别	客本总数	10%—11%	12%—13%	14%—15%	16%—17%	18%—19%
各业总普通数	11400	100		8900		2400
水作业						
饮食业						
盐业						
油酱业						
南北货业	2000			1000		1000
鲜肉业	1100	100		700		300
水果业						
酒业						
烟业	800			500		300
中药业	500					500
烟纸杂货业	1000			1000		
百货业	5700			5700		
绸布业						
棉织业						
鞋帽业						
衣装业						
洋货业	300					
金银珠宝业						
铁器业						
书籍文具业						
香烛纸炮业						
理发业						
瓷陶料器业						
灯伞业						

营业设备费

各区商店营业设备费总数表

表 3-50

区别	总数	百分比
全县	38680	100.00
第一区	19890	51.42
第三区	3654	9.45
第四区	15136	39.13

各区商店营业设备费分类表

表 3-51

区别	总数	建筑费	生财费
全县	38680	15870	22810
%	100.0	41.0	59.0
第一区	19890	6590	13300
%	100.0	33.2	66.8
第三区	3654	2044	1610
%	100.0	56.0	44.0
第四区	15136	7236	7900
%	100.0	47.8	52.2

各业商店营业设备费表

表 3-52

业别	总数	建筑费	生财费
各业总普通数	38680	15870	22810
水作业	220	50	170
饮食业	390	120	270
盐业	1100	200	900
油酱业	450	50	400
南北货业	2726	506	2220

续表

业别	总数	建筑费	生财费
鲜肉业	1688	508	1180
水果业	80	30	50
酒业	556	156	400
烟业	996	246	750
中药业	5178	2768	2410
烟纸杂货业	3496	2236	1260
百货业	11770	4710	7060
绸布业	3040	240	2800
棉织业	180	20	160
鞋帽业	420	170	250
衣装业	140	60	80
洋货业	4720	3240	1480
金银珠宝业	156	36	120
铁器业	194	74	120
书籍文具业	504	104	400
香烛纸炮业	260	240	20
理发业	182	42	140
瓷陶料器业	184	34	150
灯伞业	50	30	20

各区商店设备费最大最小比较表

表 3-53

区别	普通	最大	最小
全县	280	2800	30
第一区	237	2150	30
第三区	244	600	60
第四区	398	2800	40

各业商店设备费最大最小比较表

表 3-54

业别	普通	最大	最小
各业总普通数	280	2800	30
水作业	110	130	90
饮食业	65	130	30
盐业	550	600	500
油酱业	450	450	450
南北货业	273	420	60
鲜肉业	130	256	46
水果业	80	80	80
酒业	139	200	80
烟业	199	350	70
中药业	225	650	60
烟纸杂货业	437	2150	36
百货业	535	2800	50
绸布业	1013	1160	840
棉织业	180	180	180
鞋帽业	105	150	50
衣装业	140	140	140
洋货业	262	180	50
金银珠宝业	156	156	156
铁器业	65	80	50
书籍文具业	252	254	250
香烛纸炮业	260	260	260
理发业	46	60	30
瓷陶料器业	184	184	184
灯伞业	50	50	50

各区各种组合商店设备费表

表 3-55

区别	独资商店			合资商店		
	总数	建筑费	生财费	总数	建筑费	生财费
全县	6290	15500	20990	2390	370	2020
%	100.0	42.7	57.3	100.0	15.5	84.5
第一区	19020	6470	12550	870	120	750
%	100.0	34.0	66.0	100.0	13.8	86.2
第三区	3654	2044	1610			
%	100.0	55.9	44.1			
第四区	13616	6986	6630	1520	250	1270
%	100.0	51.2	48.8	100.0	16.4	83.6

各业各种组合分类商店设备费表

表 3-56

业别	独资商店			合资商店		
	总数	建筑费	生财费	总数	建筑费	生财费
总数	36290	15500	20790	2390	370	2020
水作业	220	50	170			
饮食业	390	120	270			
盐业	1100	200	900			
油酱业	450	50	400			
南北货业	2726	206	2220			
鲜肉业	1478	408	1010	210	40	170
水果业	80	30	50			
酒业	416	116	300	140	40	100
烟业	996	246	750			
中药业	5048	2738	2310	130	30	100
烟纸杂货业	3496	2236	1260			
百货业	9860	4450	5410	1910	260	1650
绸布业	3040	240	2800			

续表

业别	独资商店			合资商店		
	总数	建筑费	生财费	总数	建筑费	生财费
棉织业	180	20	160			
鞋帽业	420	170	250			
衣装业	140	60	80			
洋货业	4720	3240	1480			
金银珠宝业	156	36	120			
铁器业	194	74	120			
书籍文具业	504	104	400			
香烛纸炮业	260	240	20			
理发业	182	42	140			
瓷陶料器业	184	34	150			
灯伞业	50	30	20			

营业总数

各区商店近三年营业总数表

表 3-57

区别	各年营业平均数	百分比	民国十六年	民国十七年	民国十八年
全县	679325	100.0	608300	640980	690680
第一区	468738	68.9	421840	440360	468850
第三区	25694	3.8	23690	24810	25780
第四区	184893	27.3	163770	175810	196050

各区商店近三年营业总数表

表 3-58

业别	各年营业平均数	民国十六年	民国十七年	民国十八年
总数	679325	609300	640980	690880
水作业	1447	1200	1390	1370
饮食业	3525	1360	3240	3800

续表

业别	各年营业平均数	民国十六年	民国十七年	民国十八年
盐业	77334	70000	80000	82000
油酱业	78333	75000	80000	80000
南北货业	56567	47300	57000	56100
鲜肉业	41144	31200	30930	41100
水果业	423	420	450	400
酒业	3240	2250	2220	3250
烟业	14517	8000	10000	14700
中药业	36513	32510	33780	36800
烟纸杂货业	29816	29760	29160	29730
百货业	170582	154360	158390	174100
绸布业	126999	128000	125000	128000
棉织业	900	900	900	900
鞋帽业	1837	1400	1510	1880
衣装业	2500			2500
洋货业	22476	18450	20070	23070
金银珠宝业	405		310	500
铁器业	897	900	910	880
书籍文具业	5967	2200	1800	5900
香烛纸炮业	300	300	300	300
理发业	1343	1440	1340	1250
瓷陶料器业	1700	1800	1700	1600
灯伞业	560	550	580	550

各区商店营业总数最大最小比较表

表 3-59

区别	普通	最大	最小
全县	4959	78333	213
第一区	5580	78333	213
第三区	1713	5700	313
第四区	4866	36667	400

各业商店营业总数最大最小比较表

表 3-60

业别	普通	最大	最小
各业总普通数	4959	78333	213
水作业	724	1067	380
饮食业	588	1650	213
盐业	38667	40667	36667
油酱业	78333	78333	78333
南北货业	5657	9300	800
鲜肉业	3165	7333	947
水果业	423	423	423
酒业	810	1000	717
烟业	2903	5567	1300
中药业	1588	3850	390
烟纸杂货业	3727	9733	400
百货业	7754	32333	400
绸布业	42333	49333	38333
棉织业	900	900	900
鞋帽业	459	707	213
衣装业	2500	2500	2500
洋货业	1238	3733	313
金银珠宝业	405	405	405
铁器业	299	307	290
书籍文具业	2984	4000	1967
香烛纸炮业	300	300	300
理发业	448	573	353
瓷陶料器业	1700	1700	1700
灯伞业	560	560	560

各区各种组合商店各年营业平均数比较表

表 3-61

区别	总数	独资商店	合资商店
全县	679325	600042	79283
%	100.0	88.5	11.5
第一区	468738	443688	25050
%	100.0	94.7	5.3
第三区	25694	25694	25694
%	100.0	100.0	100.0
第四区	184893	130660	54233
%	100.0	70.6	29.4

各区各业各种组合商店各年营业平均数表

表 3-62

业别	全县			第一区			第三区			第四区		
	总数	独资	合资	总数	独资	合资	总数	独资	合资	总数	独资	合资
总数	679325	600042	79283	463738	443688	25080	25694	25694		184892	130680	54221
水作业	1447	1447		1447	1447							
饮食业	3525	3525		3525	3525							
盐业	77334	77334		40667	40667					36667	36667	
油酱业	78333	78333		38333	78333							
南北货业	56567	56567		56567	56567							
鲜肉业	41144	35144	60000	22433	22433		8307	8307		10404	44047	6000
水果业	423	423		423	423							
酒业	3240	2523	717	3240	2523	717						
烟业	14517	14517		9117	9117					5400	5400	
中药业	36513	34613	1900	17757	17757		2923	2923		15833	13933	1900
烟纸杂货业	29816	29816		28866	28866					950	950	
百货业	170582	99916	70666	56909	32576	24333	8980	8980		104693	58360	46333
绸布业	126999	126999		126999	126999							
棉织业	900	900		900	900							
鞋帽业	1837	1837		1837	1837							

续表

业别	全县			第一区			第三区			第四区		
	总数	独资	合资	总数	独资	合资	总数	独资	合资	总数	独资	合资
衣装业	2500	2500		2500	2500							
洋货业	22476	22476		8306	8306		5484	5484		8686	8686	
金银珠宝业	405	405		405	405							
铁器业	897	897		897	897							
书籍文具业	5967	5967		5967	5967							
香烛纸炮业	300	300		300	300							
理发业	1343	1343		1343	1343							
瓷陶料器业	1700	1700								1700	1700	
灯伞业	560	560								560	560	

营业支出

营业费

各区商店营业总数表

表 3-63

区别	总数	百分比
全县	60547.5	100.0
第一区	42559.5	70.2
第三区	2599.0	4.3
第四区	15389.0	25.5

各区商店营业费分类表

表 3-64

区别	总数	薪给	房租	生财折旧	杂支
全县	60547.5	21133.5	6215	1720	31479
%	100.0	34.9	10.3	2.8	52.0
第一区	42559.5	16048.5	3927	1075	21509
%	100.0	37.7	9.3	2.5	50.5
第三区	2599	356	462	141	1640
%	100.0	13.7	17.8	5.4	63.1
第四区	15389	4729	1826	504	8330
%	100.0	30.7	11.9	3.2	54.2

各业商店营业费表

表 3-65

业别	总数	薪给	房租	生产折旧	杂支
总数	60547.5	21133.5	6215.0	1720.0	31479.0
水作业	491.0	90.0	64.0	37.0	300.0
饮食业	770.0	54.0	170.0	36.0	510.0
盐业	1562.0	570.0	202.0	50.0	740.0
油酱业	1390.0	660.0	100.0	50.0	580.0

续表

业别	总数	薪给	房租	生产折旧	杂支
南北货业	8332.0	3374.0	671.0	159.0	4128.0
鲜肉业	4249.0	1310.0	592.0	117.0	2230.0
水果业	85.0		30.0	5.0	50.0
酒业	662.0	114.0	176.0	22.0	350.0
烟业	2788.0	990.0	258.0	80.0	1455.0
中药业	4716.0	971.0	678.0	211.0	2856.0
烟纸杂货业	4655.0	1862.0	406.0	107.0	2280.0
百货业	16328.0	6125.0	1288.0	389.0	8526.0
绸布业	7234.0	3334.0	340.0	210.0	3350.0
棉织业	413.0	200.0	48.0	5.0	160.0
鞋帽业	557.5	7.5	174.0	20.0	356.0
衣装业	446.0	138.0	80.0	8.0	220.0
洋货业	2836.0	522.0	530.0	124.0	1660.0
金银珠宝业	152.0	6.0	36.0	10.0	100.0
铁器业	337.0	10.0	74.0	9.0	244.0
书籍文具业	858.0	216.0	126.0	20.0	496.0
香烛纸炮业	53.0			5.0	48.0
理发业	1180.0	522.0	90.0	28.0	540.0
瓷陶料器业	269.0	42.0	52.0	15.0	160.0
灯伞业	189.0	16.0	30.0	3.0	140.0

各区商店营业费最大最小比较表

表 3-66

区别	普通	最大	最小
全县	442	2662	53
第一区	507	2662	53
第三区	173	838	62
第四区	405	2620	63

各业商店营业总数最大最小比较表

表 3-67

业别	普通	最大	最小
各业总普通数	442	2662	53
水作业	246	383	108
饮食业	128	231	80
盐业	781	874	688
油酱业	1390	1390	1390
南北货业	833	1341	80
鲜肉业	327	733	108
水果业	85	85	85
酒业	166	263	82
烟业	557	1306	179
中药业	205	542	53
烟纸杂货业	582	1298	83
百货业	742	2620	63
绸布业	2411	2662	2248
棉织业	413	413	418
鞋帽业	1394	179	87
衣装业	446	446	446
洋货业	158	426	62
金银珠宝业	152	152	152
铁器业	112	138	70
书籍文具业	429	430	428
香烛纸炮业	53	53	53
理发业	295	356	240
瓷陶料器业	269	269	269
灯伞业	189	189	189

各区各种组合商店营业费表

表 3-68

区别	独资商店					合资商店				
	总数	薪给	房租	折旧	杂支	总数	薪给	房租	折旧	杂支
全县	54135. 5	18333. 5	5785	1598	28419	6412	2800	430	122	3060
%	100. 0	33. 6	10. 8	2. 9	52. 7	100. 0	43. 6	6. 7	1. 9	47. 8
第一区	40318. 5	14978. 5	3801	1050	20489	2241	1070	126	25	1020
%	100. 0	37. 1	9. 4	2. 6	50. 9	100. 0	47. 8	5. 6	1. 1	45. 5
第三区	2599. 0	356	462	141	1640					
%	100. 0	13. 6	17. 8	5. 4	63. 2					
第四区	11218. 0	2999	1522	407	6290	4171	1730	304	97	2040
%	100. 0	26. 7	13. 6	3. 6	56. 1	100. 0	41. 4	7. 3	2. 3	490

各业各种组合商店营业费表

表 3-69

业别	独资商店					合资商店				
	总数	薪给	房租	折旧	杂支	总数	薪给	房租	折旧	杂支
总数	54135. 5	18333. 5	5785	1598	28419	6412	2800	430	122	3080
水作业	491. 0	90. 0	64	37	300					
饮食业	770. 0	54. 0	170	36	510					
盐业	1562. 0	570. 0	202	50	740					
油酱业	1390. 0	660. 0	100	50	580					
南北货业	8332. 0	3374. 0	671	159	4128					
鲜肉业	3968. 0	1196. 0	542	100	2130	281	114	50	17	100
水果业	85. 0		30	5	50					
酒业	441. 0	52. 0	122	17	250	221	62	54	5	100
烟业	2783. 0	990. 0	258	80	1455					
中药业	4414. 0	909. 0	648	201	2656	302	62	30	10	200
烟纸杂货业	4655. 0	1862. 0	406	107	2280					
百货业	10720. 0	3563. 0	992	299	5866	5608	2562	296	90	2600
绸布业	7234. 0	3334. 0	340	210	3350					

续表

业别	独资商店					合资商店				
	总数	薪给	房租	折旧	杂支	总数	薪给	房租	折旧	杂支
棉织业	413.0	200.0	48	5	160					
鞋帽业	557.5	7.5	174	20	356					
衣装业	446.0	133.0	80	8	220					
洋货业	2836.0	522.0	530	124	1660					
金银珠宝业	152.0	6.0	36	10	100					
铁器业	337.0	10.0	74	9	244					
书籍文具业	858.0	216.0	126	20	496					
香烛纸炮业	53.0			5	48					
理发业	1180.0	522.0	90	28	540					
瓷陶料器业	269.0	42.0	52	15	160					
灯伞业	189.0	16.0	30	3	140					

各区商店店员薪给总数表

表3-70

区别	总数	百分比
全县	21133.5	100.0
第一区	16048.5	75.8
第二区	356.0	1.7
第四区	4729.0	22.5

各区各业店员薪给总数表

表3-71

业别	总数	第一区	第三区	第四区
总数	21138.5	16048.5	356.0	4729.0
水作业	90.0	90.0		
饮食业	54.0	54.0		
盐业	570.0	218.0		352.0
油酱业	660.0	660.0		
南北货业	3374.0	3374.0		

续表

业别	总数	第一区	第三区	第四区
鲜肉业	1310.0	1106.0	78.0	126.0
水果业				
酒业	114.0	114.0		
烟业	990.0	746.0		244.0
中药业	971.0	833.0	60	132.0
烟纸杂货业	1862.0	1826.0		36.0
百货业	6125.0	2296.0	268.0	3561.0
绸布业	3334.0	334.0		
棉织业	200.0	200.0		
鞋帽业	7.5	7.5		
衣装业	138.0	138.0		
洋货业	522.0	298.0	4.0	220.0
金银珠宝业	6.0	6.0		
铁器业	10.0	10.0		
书籍文具业	216.0	216.0		
香烛纸炮业				
理发业	522.0	522.0		
瓷陶料器业	42.0			42.0
灯伞业	16.0			16.0

各区各业店员薪给最高最低比较表

表3-72

业别	第一区			第三区			第四区		
	普通	最高	最低	普通	最高	最低	普通	最高	最低
各业总普通数	51	160	12	40	60	12	54	120	12
水作业	45	50	40						
饮食业	48	48	48						
盐业	42	72	12				57	90	22
油酱业	80	140	32						

续表

业别	第一区			第三区			第四区		
	普通	最高	最低	普通	最高	最低	普通	最高	最低
南北货业	49	120	12						
鲜肉业	46	80	12	39	48	30	57	60	54
水果业									
酒业	54	60	48						
烟业	41	70	12				60	84	42
中药业	37	60	12				50	60	40
烟纸杂货业	54	160	18				36	36	36
百货业	58	160	20	37	60	12	52	120	12
绸布业	52	144	16						
棉织业	67	100	40						
鞋帽业									
衣装业	44	60	24				43	72	12
洋货业	57	80	24						
金银珠宝业									
铁器业									
书籍文具业	42	60	22						
香烛纸炮业									
理发业	58	80	40						
瓷陶料器业							42	42	42
灯伞业									

商店纳税

各区商店纳税总数表

表 3-73

区别	纳税	百分比
全县	3228.67	100.00
第一区	2081.37	64.5

续表

区别	纳税	百分比
第三区	208.70	6.3
第四区	943.60	29.2

各区商店纳税总数分类表

表 3-74

区别	总数	房捐	警卫捐	公益捐	牌照捐	屠宰捐
全县	3228.67	1358.54	431.18	258.97	622.00	558.00
%	100.0	43.10	13.40	7.90	19.30	17.30
第一区	2081.37	657.04	347.96	194.37	494.00	388.00
%	100.00	31.60	16.70	9.3	23.80	18.60
第三区	203.70	116.70	11.00		16.00	60.00
%	100.00	57.20	5.40		7.80	29.60
第四区	943.60	584.80	72.20	64.60	112.00	110.00
%	100.00	61.90	7.60	6.90	11.60	11.70

各业商店纳税总数分类表

表 3-75

业别	总数	房捐	警卫捐	公益捐	牌照捐	屠宰捐
总数	3228.67	1358.54	431.16	258.97	622.00	558.00
水作业	12.80	9.00	3.00	0.80		
饮食业	36.23	25.24	6.00	4.99		
盐业	65.90	22.50	37.60	5.80		
油酱业	54.00	24.00	18.00	12.00		
南北货业	535.40	119.80	65.00	50.60	260.00	40.00
鲜肉业	779.50	219.30	28.00	14.20		518.00
水果业	6.10	4.50	1.20	0.40		
酒业	43.60	26.40	9.20		8.00	
烟业	149.40	47.90	15.20	14.30	72.00	
中药业	214.88	150.10	28.30	36.48		
烟纸杂货业	223.40	65.20	25.56	20.64	112.00	

续表

业别	总数	房捐	警卫捐	公益捐	牌照捐	屠宰捐
百货业	668.40	374.40	92.20	55.80	146.00	
绸布业	140.40	61.00	59.00	20.40		
棉织业	6.44	3.60	2.40	0.44		
鞋帽业	34.40	26.10	7.00	1.30		
衣装业	6.88	3.60	2.00	0.88		
洋货业	157.24	112.30	15.60	10.74	24.00	
金银珠宝业	6.84	5.40	1.20	0.24		
铁器业	13.54	11.10	2.20	0.24		
书籍文具业	31.70	18.90	7.20	5.60		
香烛纸炮业	3.00	2.40	0.60			
理发业	20.12	9.50	3.60	7.02		
瓷陶料器业	12.40	10.60	0.70	1.10		
灯伞业	6.1	5.70		0.40		

各业商店纳税最大最小比较表

表3-76

业别	普通	最大	最小
各业总普通数	23.57	100.40	2.20
水作业	4.50	5.40	3.60
饮食业	4.21	7.20	2.20
盐业	33.00	38.90	27.00
油酱业	54.00	54.00	54.00
南北货业	12.00	24.00	4.50
鲜肉业	60.00	100.40	8.30
水果业	6.10	6.10	6.10
酒业	10.90	20.00	5.30
烟业	29.90	50.60	18.90
中药业	9.34	20.70	3.60
烟纸杂货业	28.00	75.20	3.20

续表

业别	普通	最大	最小
百货业	28.60	85.60	4.80
绸布业	46.80	64.50	25.90
棉织业	6.44	6.44	6.44
鞋帽业	8.60	12.40	5.40
衣装业	6.88	6.88	6.88
洋货业	10.48	40.40	4.80
金银珠宝业	6.84	6.84	6.84
铁器业	4.51	5.54	3.60
书籍文具业	15.90	18.00	13.70
香烛纸炮业	3.00	3.00	3.00
理发业	5..03	7.32	3.82
瓷陶料器业	12.40	12.40	12.40
灯伞业	6.10	6.10	6.10

营业损失

各区商店营业损失总数表

表 3-77

区别	总数	百分比
全县	4758	100.0
第一区	3333	70.0
第三区	112	2.4
第四区	1313	27.6

各区商店营业损失分类表

表 3-78

区别	总数	呆账	底货	其他
全县	4758	4158		600
%	100.0	37.4		12.6

续表

区别	总数	呆账	底货	其他
第一区	3333	2983		350
%	100.0	89.5		10.5
第三区	112	112		
%	100.0	100.0		
第四区	1313	1063		250
%	100.0	81.0		19.0

各业商店营业损失分类表

表 3-79

业别	总数	呆账	底货	其他
总数	4758	4158		600
水作业				
饮食业	10	10		
盐业	100	100		
油酱业	100	100		
南北货业	702	652		50
鲜肉业	107	107		
水果业				
酒业	10	10		
烟业	240	40		200
中药业	382	182		200
烟纸杂货业	360	360		
百货业	1037	1037		
绸布业	1350	1350		
棉织业	7	7		
鞋帽业				
衣装业	100			100
洋货业	188	138		50
金银珠宝业				

续表

业别	总数	呆账	底货	其他
铁器业				
书籍文具业	50	50		
香烛纸炮业				
理发业				
瓷陶料器业	15	15		
灯伞业				

各区商店营业损失最大最小比较表

表 3-80

区别	普通	最大	最小
全县	35	1000	2
第一区	40	1000	2
第三区	7	30	5
第四区	35	200	5

各业商店营业损失最大最小比较表

表 3-81

业别	普通	最大	最小
各业总普通数	35	1000	2
水作业			
饮食业	10	10	10
盐业	50	50	50
油酱业	100	100	100
南北货业	65	200	2
鲜肉业	8	20	5
水果业			
酒业	5	5	5
烟业	13	20	10
中药业	8	30	4
烟纸杂货业	45	200	10

续表

业别	普通	最大	最小
百货业	47	200	2
绸布业	450	1000	50
棉织业	7	7	7
鞋帽业			
衣装业			
洋货业	71	35	5
金银珠宝业			
铁器业			
书籍文具业	25	30	20
香烛纸炮业			
理发业			
瓷陶料器业	15	15	15
灯伞业			

各区各种组合商店营业损失比较表

表 3-82

区别	独资商店				合资商店			
	总数	呆账	底货	其他	总数	呆账	底货	其他
全县	4408	3808		600	350	350		
%	100. 0	86. 4		13. 6	100. 0	100. 0		
第一区	3303	2953		350	30	30		
%	100. 0	89. 4		10. 6	100. 0	100. 0		
第三区	112	112						
%	100. 0	100. 0						
第四区	993	743		250	320	320		
%	100. 0	75. 0		25. 0	100. 0	100. 0		

各业各种组合商店营业损失表

表 3-83

业别	独资商店				合资商店			
	总数	呆账	底货	其他	总数	呆账	底货	其他
总数	4408	3808		600	350	350		
水作业								
饮食业	10	10						
盐业	100	100						
油酱业	100	100						
南北货业	702	652		50				
鲜肉业	97	97			10	10		
水果业								
酒业	10	10						
烟业	240	40		200				
中药业	372	172		200	10	10		
烟纸杂货业	360	360						
百货业	707	707			330	330		
绸布业	1350	1350						
棉织业	7	7						
鞋帽业								
衣装业	100			100				
洋货业	188	188		50				
金银珠宝业								
铁器业								
书籍文具业	50	50						
香烛纸炮业								
理发业								
瓷陶料器业	15	15						
灯伞业								

营业盈亏

各区商店近三年营业盈余表

表 3-84

区别	近三年平均数额	民国十六年		民国十七年		民国十八年	
		家数	数额	家数	数额	家数	数额
全县	38335	73	27510	102	36615	120	40535
第一区	24888	36	17580	58	22730	71	26480
第三区	2133	10	1520	11	2030	14	2380
第四区	11314	27	8410	33	11855	35	11675

各区商店营业盈余数额最大最小比较表

表 3-85

区别	普通	最大	最小
全县	280	3667	20
第一区	296	3667	20
第三区	142	667	45
第四区	298	2200	43

注：本县各区商店营业亏损者，绝无仅有。

各业商店近三年营业盈余表

表 3-86

区别	近三年平均数额	民国十六年		民国十七年		民国十八年	
		家数	数额	家数	数额	家数	数额
总数	38335	73	27510	102	36615	120	49535
水作业	212	1	180	2	170	2	220
饮食业	250	2	110	3	250	3	290
盐业	2500	2	1800	2	2700	2	3000
油酱业	3667	1	3000	1	4000	1	4000
南北货业	5010	8	3650	9	4990	10	5060
鲜肉业	2411	7	1340	10	1885	13	2360

续表

区别	近三年平均数额	民国十六年		民国十七年		民国十八年	
		家数	数额	家数	数额	家数	数额
水果业	60	1	30	1	70	1	80
酒业	313	2	110	3	190	4	350
烟业	945	2	500	3	700	4	1050
中药业	2174	10	1430	17	2130	18	2060
烟纸杂货业	2155	6	1630	7	2150	7	2620
百货业	11456	14	8050	19	11280	22	12260
绸布业	4366	3	4200	3	3900	3	5000
棉织业	80			1	80	1	80
鞋帽业	295	2	140	3	230	4	320
衣装业							
洋货业	1733	10	1100	12	1430	17	1175
金银珠宝业	70					1	70
铁器业	90			2	100	2	80
书籍文具业	320	1	200	1	60	2	300
香烛纸炮业	45			1	50	1	40
理发业							
瓷陶料器业	140			1	200	1	80
灯伞业	43	1	40	1	50	1	40

各业商店营业盈余最大最小比较表

表 3-87

业别	普通	最大	最小
总数	280	3667	20
水作业	106	147	65
饮食业	50	107	43
盐业	1250	1433	1067
油酱业	3667	3667	3667
南北货业	501	800	57

续表

业别	普通	最大	最小
鲜肉业	185	640	53
水果业	60	60	60
酒业	78	120	50
烟业	189	427	113
中药业	95	300	60
烟纸杂货业	308	633	65
百货业	521	2200	63
绸布业	1455	1833	1000
棉织业	80	80	80
鞋帽业	74	90	55
衣装业			
洋货业	97	300	20
金银珠宝业	35	35	35
铁器业	30	50	40
书籍文具业	160	200	120
香烛纸炮业	45	45	45
理发业			
瓷陶料器业	140	140	140
灯伞业	43	43	43

各区各种组合商店营业盈余表

表 3-88

区别	总数	独资商店	合资商店
全县	38335	34732	3603
%	100.0	90.6	9.4
第一区	24888	24018	870
%	100.0	96.5	3.5
第三区	2133	2133	
%	100.0	100.0	

续表

区别	总数	独资商店	合资商店
第四区	11314	8581	2733
%	100.0	75.8	24.2

各区各业各种组合商店营业盈余家数表

表 3-89

业别	全县			第一区			第三区			第四区		
	合计	独资	合资	合计	独资	合资	合计	独资	合资	合计	独资	合资
总数	120			71			14			35		
水作业	2			2	2							
饮食业	3			3	3							
盐业	2			1	1					1	1	
油酱业	1			1	1							
南北货业	10			10	10							
鲜肉业	13		1	6	6		3	3		4	3	1
水果业	1			1	1							
酒业	4	3	1	4	3	1						
烟业	4			3	3					1	1	
中药业	18			8	8		2	2		8	7	1
烟纸杂货业	7			5	5					2	2	
百货业	23		3	7	6	1	3	3		12	10	2
绸布业	3			3	3							
棉织业	1			1	1							
鞋帽业	4			4	4							
衣装业												
洋货业	17			6	6		6	6		5	5	
金银珠宝业	1			1	1							
铁器业	2			2	2							
书籍文具业	2			2	2							
香烛纸炮业	1			1	1							

续表

业别	全县			第一区			第三区			第四区		
	合计	独资	合资	合计	独资	合资	合计	独资	合资	合计	独资	合资
理发业												
瓷陶料器业	1									1	1	
灯伞业	1									1	1	

各区各业各种组合商店营业盈余数额表

表 3-90

业别	全县			第一区			第三区			第四区		
	合计	独资	合资	合计	独资	合资	合计	独资	合资	合计	独资	合资
总数	38335	34732	3603	24883	24018	670	2131	2138		11287	3581	2733
水作业	212	212		212	212							
饮食业	250	250		250	250							
盐业	2500	2500		1433	1433					1067	1067	
油酱业	3667	3667		3667	3667							
南北货业	5010	5010		5010	5010							
鲜肉业	2411	2211	200	1470	1470		513	513		428	228	200
水果业	60	60		60	60							
酒业	313	243	70	313	243	70						
烟业	945	945		832	832					113	113	
中药业	2174	2074	100	1117	1117		214	214		843	743	100
烟纸杂货业	2155	2155		2008	2008					147	147	
百货业	11456	8223	3233	2580	1780	800	1017	1017		7859	5426	2433
绸布业	4366	4366		4366	4366							
棉织业	80	80		80	80							
鞋帽业	295	295		295	295							
衣装业												
洋货业	1695	1695		670	670		387	389		647	647	
金银珠宝业	70	70		70	70							
铁器业	90	90		90	90							

续表

业别	全县			第一区			第三区			第四区		
	合计	独资	合资	合计	独资	合资	合计	独资	合资	合计	独资	合资
书籍文具业	320	320		320	320							
香烛纸炮业	45	45		45	45							
理发业												
瓷陶料器业	140	140								140	140	
灯伞业	43	43								43	43	

商人团体

寿昌县商会成立于民国五年，至十九年改为商人组织统一委员会，从事整理改组。民国二十年二月十五日改组就绪，复正式成立县商会，并向寿昌县党部县政府备案。其宗旨专以图谋贸易上之发展，及增进工商业公共福利。全体会员凡一百二十三人，其组织各县咸同，姑且从略。

全体会员大会定期每年开会一次，产生执行委员十五人，候补执委七人，监察委员七人，候补监察委员三人。复由执委十五人中，互推主席一人及常委四人，现由黄仲麟朱峻狱吴清海张裕善汪化之程宁德周鸿友等分任之。下设有总务，指导，财务，商务等科。会址设县城新安会馆内，每年租金洋二十四元。全年经费，收入约四百三十余元，支出以各委等均尽义务，故仅有雇员三人之薪金，年需三百三十余元，其他杂支年二百余约，收支相抵，不敷一百余元，临时筹募，以为弥补。

工业调查

寿昌处山区僻地，全县人民皆以务农为业，无工业可言。手工造纸业虽有七十余户，不过农家之副业，详情见前浙江省政府设计会出版之浙江之纸业一书。至于机械工业，亦仅有电灯兼碾米之工厂一所，兹将调查所得概述于下。

电灯兼碾米业调查

该县以电灯公司而兼营碾米业者，仅有程兢兴一家。该公司成立于民国十五年五月，厂地设城区北门，资本总额原定五千余元，系独资经营，房屋建筑费约洋千元，机械总值约洋二千余元，计十四马力柴油发动机一部，八启罗华德发电机一具，有供灯一百余盏之力；又有碾米机一具，每日可碾米六十石左右。电灯收费，二十五支烛光每月每盏计洋一元五角，全年可收一千八百余元；碾米每石收费洋二角，全年可收三千六百余元；全年营业收入，合计约洋五千四百余元。该厂职工共十人，年需薪金二千五百余元；柴油及各种消耗，全年需洋一千余元；其他租金杂项，年约需洋千元左右；合计全年开支约洋四千五百余元，每年若无意外损失，尚可净余千元左右。

交通调查

陆道交通现状

该县陆路交通要道，可分东、南、西、北四路。东自圈门外起至建德县分界，长凡三十五里，南自圈门外起东行至龙游县分界，长凡四十五里；西自圈门外起西行至遂安县分界，长凡六十三里；北自圈门外起向西北行至建德县分界，长凡二十七里。此外尚有支路三条，其一以南圈门外起过白艾桥三里亭经排塘村达兰溪县分界，约长二十余里。其二以西圈门外起过大同镇及障东村至衢县分界，约长五十余里；其三以西圈门外起向西北行过水口亭及蒋公桥达北坑源口到北坑岭与淳安县分界，约长五十余里。路之阔狭，四五尺不等，仅能以竹舆或羊角车代步，其交通之困难，不待言喻。至于货物运输起卸，仅有谢恒泰过塘行一家，成立于清光绪末年，资本一千元，地点在罗桐埠。其主要运输货物，以茶叶柴炭为大宗。近三年来营业状况，逐渐增兴，其内部组织，设经理一人，主持重要事务，会计一人，掌管银钱出纳及登账，搬运夫役，系临时雇。此外对于往来旅行代步，则有轿行七家，如毛老三徐老四陈家顺李水崽许忠明姚一记杨宗贵等皆是。其交通范围，四乡及邻县。轿资每乘每里计大洋五分，如遇雨雪当另加资，至于七家成立年月与所在地址，及近三年来营业收入等，均详另表。兹为明晰起见，将各表分列如下：

陆道交通表

表 3-91

路别	起讫及经过地名	里程	交通现状
寿建路	东圈门　七里亭　乌龙庙　新市桥　新市村　撒纲山麓	35 里	羊角车　竹舆
寿兰路	南圈门　白艾桥　南碣渡　三里亭　霁月桥　小范岭　新桥　排塘　檀村	27 里	羊角车　竹舆
寿龙路	南圈门　白艾桥　南碣渡　三里亭　霁月桥　双溪桥　大塘村　大麦路　石灰桥　陈店村　志塘村	45 里	羊角车　竹舆
寿遂路	西圈门　宋公桥　航川桥　雨头埠　砚岭　大同镇　劳村　万岭村　水吕桥　涅桥　程村　百罗坪	53 里	羊角车　竹舆
寿衢路	西圈门　航川桥　雨头埠　砚岭大同镇　上湖村　松坑桥　码桥　障东桥　三坑村　牛头坞	52 里	羊角车　竹舆
寿淳路	西圈门　水口亭　罗坞口　方家桥　蒋公桥　寺磡桥　关帝庙新桥　石门桥　北坑源口　北坑岭	59 里	羊角车　竹舆
寿建路	北圈门　密山桥　周溪桥　夏郎坝　乌龙冈东　澄源庄　淡竹岭	27 里	羊角车　竹舆

过塘行调查表

表 3-92

名　称			谢恒泰
近三年营业状况	民国十六年	货物件数	5000 件
		运费收入	1000 元
		杂项收入	200 元
		全年支出	800 元
		净余	400 元
	民国十七年	货物件数	5500 件
		运费收入	1100 元
		杂项收入	300 元
		全年支出	1000 元
		净余	400 元
	民国十八年	货物件数	5700 件
		运费收入	1140 元
		杂项收入	300 元
		全年支出	1000 元
		净余	400 元

轿行调查表

表 3-93

名称			毛老三	徐老四	陈家顺	李水崽	许忠明	姚一记	杨宗贵
地址			寿邑西门	大同镇	寿邑东门	更楼里	大同镇	航头	航头
资本			150 元	120 元	150 元	100 元	100 元	80 元	80 元
成立年月			民国十年	民国十四年	民国二年四月	民国十年九月	民国三年五月	民国十三年二月	民国五年一月
近三年营业状况	十六年	收入总额	270 元	200 元	250 元	180 元	150 元	100 元	90 元
		支出总额	210 元	140 元	200 元	120 元	100 元	40 元	40 元
	十七年	收入总额	270 元	210 元	280 元	200 元	180 元	90 元	90 元
		支出总额	210 元	140 元	240 元	140 元	120 元	30 元	40 元
	十八年	收入总额	290 元	190 元	300 元	200 元	180 元	90 元	100 元
		支出总额	240 元	120 元	240 元	150 元	120 元	30 元	50 元

查该县除有轿行七家，计轿四十余乘外，尚有羊角车三十余辆，亦为交通上必需之器具，然皆系民间各自经营，并无车行之组织。

水路交通现状

查寿昌县群山环抱，峻岭崎岖，水路交通，颇感不便。其较著名溪流，约计有四，即寿昌溪交溪曹溪爽溪等是。寿昌溪发源起自百罗坪至罗桐埠入建德为新安江，长约一百十五里，其能以竹筏通航者，长八十余里；交溪发源起自魏驮山至大同镇入寿昌溪，长约二十六里，其能以竹筏通行者，长十余里；曹溪发源起自玳瑁岭至颜公桥入寿昌溪，长约三十四里，其能以竹筏通航者，长约二十里；爽溪发源起自大树岭至南堨渡入寿昌溪，长约十四里，其能以竹筏通航者，长约八里。上述四溪，惜河床甚浅，仅堪行驶竹筏，货物运输多利赖之。行旅进出，殊觉困难。兹为详明起见，特另列表如下：

水路交通表

表 3-94

水名	起讫地名	水深	水阔	通航里程	交通情形
寿昌溪	码桥—罗桐埠建德县界	4—7 尺	12—30 丈	83 里	竹筏
曹溪	寺磡桥—颜公桥入寿昌溪	3—4 尺	6—9 丈	20 里	竹筏

续表

水名	起讫地名	水深	水阔	通航里程	交通情形
爽溪	双溪桥—南埸渡入寿昌溪	3—5 尺	6—9 丈	8 里	竹筏
交溪	李家桥—大同镇入寿昌溪	3—4 尺	5—9 丈	14 里	竹筏

邮　政

寿昌县邮局隶辖于浙江省邮务管理局，于民国十年成立，等级为三等乙级，局址设在城内。置局长一人，年薪六百元，普通信差一人，年薪四百零九元；邮差一人，年薪三百六十七元；邮寄代办一人，年给津贴二十余元；近年该局以业务发达，年需经费一千八百余元。此外分设邮柜于更楼镇及大同镇二处。邮递路程，自县治至建德及兰溪，约长各一百六十余里。该局自成立以来，营业收入，年见增多，兹将近五年业务概况，列表如下：

邮政业务统计表

表 3-95

邮件类别		民国十四年		民国十五年		民国十六年		民国十七年		民国十八年	
		寄出	递入	寄出	递入	寄出	递入	寄出	递入	寄出	递入
挂号邮件数		2148	3561	2376	3964	2487	4198	2808	4303	2882	4843
快递邮件数		78		105		84		97		164	
保险信函数											
普通邮件数		12064	43691	10609	42888	19544	4661	22980	58601	28592	54752
航空邮件数											
民局交寄包封信件数											
就地投送邮件数			66		88		81		94		89
邮转电报件数			19		16		21		19		25
包裹	件数	69	146	72	150	84	188	117	297	196	231
	重量（公斤即基罗）	73420	246300	103434	198770	96350	297120	127644	403950	194105	216960

金融调查

金融现状

寿昌地处山僻之中，交通不便，商业不振，物产亦不丰富，银行钱庄亦无设立，所有经济周转仅赖民间自由借贷，借贷方法亦不外信用与抵押二种，利率乡间较城市大，期限城市较乡间短。利率以二分为最高，一分二厘为最低，普通约在一分八厘左右。期限则信用较短，抵押较可延长云。

通用货币

寿昌县地处山乡，交通不便，商业因以难于振兴，通用市面之货币，亦颇稀少，大别之约分二类，以硬币较多，纸币较少。硬币计有中山币、袁头币、鹰洋、龙洋等四种；上述诸币，以中山币及袁头币为最多，约占百分之八十弱，鹰洋及龙洋较少，约占百分之二十强。纸币流通，计有三种，中国、交通、中央，市面流通额最多者推中国，因其开创最早，信用卓著，民众乐于使用；次之当推交通及中央。纸币票面计分一元五元十元等三种，至近十年来铜元兑换市价，竟自一百六十枚，激增至二百九十枚，相差几至一倍。银角之流通，为数较甚，约自十角左右升涨至十二角余。该县城治向无钱庄钱摊及易兑烟纸店之设，故银洋兑换，须向商店购物，方可兑得银角或铜元也。至于日常兑换市价，每星期由商会开会议定，通告商店及各乡镇云。

货币汇兑等项统计表

表 3-96

汇兑	汇银元数	9803.020	7248.880	9397.620	9499.150	12298.250
	兑银元数	2811.260	2179.680	3250.000	4909.660	6871.800
各项收入	全年邮票发售总数	1280.100	1144.220	1456.120	1569.940	1835.680
	全年汇费等收入数	127.920	142.200	108.300	206.690	240.120
	其他收入	2.980	3.540	3.040	2.760	2.840
	收入总计	1411.000 元	1289.960 元	1567.460 元	1779.390 元	2078.640 元

田　赋

田赋：

造串亩分：田，111368.9500 亩；地，43256.8650 亩；

山，43682.9350 亩；荡，15661.4965 亩；

合计，2139720.2465 亩。

造串赋额：田，地丁，26518.595 元；地，地丁，2569.458 元；

山，地丁，715.526 元；荡，地丁，789.339 元；

合计，30592.918 元。

寿昌地处山区僻壤，原非富庶之区。全县田赋，仅有地丁；而南米抵补金，因为数甚少，故未列入。鱼鳞册籍，已于洪杨时遗失，田赋确数，无从稽考，上开亩分及征收地丁银数，系照民国十六年造串额为标准，并此附释。

近三年征收银元数：

民国十六年：23183.489 元

民国十七年：23351.677 元

民国十八年：21926.750 元

近三年豁免，灾蠲，及歉缓：

近三年灾蠲，仅于十八年有三千零七十七亩九分五厘，计银一百八十二元三角五分三厘。歉缓，十八年有三千零七十七亩九分五厘，计银二百二十四元八角一分七厘。补征数，十六年计银二百九十四元六角四分二厘，十七年计银二十一元七角零九厘，十八年计银九元九角七分七厘。至近三年间因田亩并无坍毁，故亦无豁免云。

征收费：

地丁，征收费限度为百分之十，应征数原额 4028.068 元，实征数则仅有九成左右。

除全部留县支用外，所有不敷数由省拨补之。兹将近三年实征数列下：

民国十六年：3732.845 元

民国十七年：3694.710 元

民国十八年：3466.791 元

征收机关：

钱粮总柜，设于城内，为便利民众起见，复于各要镇设置分柜，计凡三区，内中有南柜系输流性质，兹将各柜之地址与名称列下：

分柜名称　　所在地点

城柜　　城内

东柜　　更楼里

南柜　　输设各都关

西柜　　大同里

总柜主任翁文涛籍隶寿昌，于民国十六年二月任职，征收成绩，尚称不弱，主任年薪按照实征数每两提银九厘九毫，约洋二百余元。其他员役，计有分柜主任三人，每两提银二分七厘九毫作为薪金，年支约共五百余元。司会员一职，仅于总柜设总司会一人，其余各柜由分主任兼充，每两提银七厘作为司会员年薪，年支约一百五十余元。掌册员四人，每两提银一分八厘作为薪金，经征人二十八人，每两提银七分五厘二毫作薪金，年支共一千六百余元。催征役无定，视事实上之需要而酌定人数，每两提银七厘作为催征人经费。尚有督征员及总稽核员二人经费，亦由征收费内开支。至十八年经费开支，约计三千五百余元。兹将其分项列下：

开支表

表 3-97

科目	金额
薪金	2450 元
粮串印刷费	407 元
办公费	700 元
合计	3557 元

征收方法：

征收串据：征收凭证，则用串据，其式样以六联式，系用毛边纸以木版洋蓝印刷，每忙须用一万九千四百四十八张。

征收簿册：钱银征收簿，均照财政厅颁发式样，其种类计有流水，报单，及总报等三种。记载方法，无异旧式登账。此类簿册之印刷及用纸均与串据同。

征收时期：年分二期，前期曰上忙，后期曰下忙，规定期间，公告完纳，逾期滞纳，则处罚金，省应颁有定章，各县遵照办理。兹将该县开征及处罚时期并征收限期，列表如下：

征收时期表

表 3-98

忙别	开征时期	征收限期	处罚时期
上忙	五月一日	三个月	本年八月一日
下忙	十一月一日	二个月	次年一月一日

附加税：

附加税统计表

表 3-99

税别	税率	全年应征数	近三年实征银元数			起征年月	用途
			十六年度	十七年度	十八年度		
粮捐	0. 300 元	5098. 820 元	4636. 698	4670. 335	4385. 350		解省
军事善后特捐	1. 000 元	16996. 066 元	785. 472	15567. 785		民国十七年四月	解省
建设特捐	1. 000 元	17008. 832 元			14617. 834	民国十八年六月	解省
建设附捐	0. 150 元	2551. 325 元		2335. 168	2192. 675	民国十七年五月	解省
县税	0. 750 元	12747. 050 元	11591. 715	11675. 838	10963. 375		警察费及教育费等
自治附捐	0. 150 元	2549. 410 元	2318. 349	2335. 168	2192. 675	民国十四年	自治经费
教育附捐	0. 150 元	2549. 410 元	2318. 349	2335. 168	2192. 675	民国十七年五月	地方教育经费
治虫经费	0. 100 元	1701. 624 元			1461. 783	民国十八年六月	治虫经费
合计			22150. 613	38919. 462	38006. 367		

该县附加税，计有教育附捐等八项，如上表所列。税率以地丁银每两为计算标准，自一角至一元不等，就中解省者，计有军事善后特捐，建设特捐及建设附

捐，粮捐四项。其余均为留县补助各项经费之用。再军事善后特捐，系自民国十七年起征，至十八年奉令废止，改征建设特捐。故在十六十七两年度内，有军事特捐之税收，而在十八年度，一变而为建设特捐之项款矣。

粮户数：该县近年粮户日益增多，兹将近三年粮户数开列于下：

民国十六年：19448 户

民国十七年：19534 户

民国十八年：19657 户

解款方法：该县所有赋税收入，凡解省者，均先雇夫派警押挑解至兰溪支金库收转，以省手续。

历年赋税积欠

地丁积欠表

表 3-100

年度别	积欠额	蠲免额	补征额	净欠额
民国十六年	2310. 610		11. 625	2298. 985
民国十七年	2161. 571		14. 966	2146. 605
民国十八年	3597. 614	273. 529	859. 365	2464. 720
合计	8069. 795	273. 529	885. 956	6910. 310

附加税积欠表

表 3-101

年度别	积欠额	蠲免额	补征额	净欠额
民国十六年	3388. 894		17. 050	3371. 844
民国十七年	3602. 619		24. 944	3577. 675
民国十八年	5996. 024	455. 882	1432. 275	4107. 867
合计	12987. 537	455. 882	1474. 269	11057. 386

田赋自民元以来，年有积欠，为数颇巨，惟于民国十八年曾奉省令，将十五年以前，田赋等积欠一概豁免，故上二表仅列最近十六年至十八年之积欠额。上表地丁银元数，依照地丁银每两一元五角折合。十六年附加税，以二元二角折合，十七十八两年则以二元五角折合。

杂 税

牙行帖税表

表 3-102

类别	近三年实征银元数			近三年报解银元总数			报解机关
	十六年	十七年	十八年	十六年	十七年	十八年	
帖费	35. 000	40. 000	40. 000	35. 000	40. 000	40. 000	浙江省财政厅
帖捐	86. 400	100. 800	96. 000	86. 400	100. 800	96. 000	同上
换帖手续费	6. 070	6. 070	6. 800	2. 428	2. 428	27. 200	同上
领帖手续费		0. 970			0. 388		同上
合计	127. 470	147. 840	142. 828	123. 828	143. 616	163. 200	

该县僻处山中，地方瘠苦，商业萧条，故牙行仅有四户，系偏中年帖三户，偏下年帖一户。全年税收最多百余元，且系全数解省，仅于手续费项下留提六成，充作公费云。

契税契纸费表

表 3-103

类别	税率	近三年实征银元数			近三年报解银元总数			报解机关
		十六年	十七年	十八年	十六年	十七年	十八年	
实契税	0. 06 元	2713. 578	2047. 017	2112. 708	2577. 899	1944. 666	2007. 073	浙江省财政厅
典契税	0. 03 元		4200			3. 999		同上
契纸费	0. 50 元	610. 590	447. 500	512. 500	305. 250	223. 750	256. 250	同上
合计		3324. 078	2498. 717	2625. 208	2883. 149	2172. 406	2263. 323	

寿邑契税等收入，近三年来，未见增进，其税率均以元为计算单位，即每元征收六分或三分，为契纸费则每张一律须纳税五角。所有税收及验契事宜均由县政府之验契处办理之。

屠宰税表

表 3-104

类别	税率	近三年实征银元数			近三年报解银元总数			报解机关
		十六年	十七年	十八年	十六年	十七年	十八年	
宰猪税	0.40元	1803.600	2365.200	2553.600	1659.312	2175.984	2349.312	浙江省财政厅

该县仅有宰猪税一项，余如宰羊宰牛等税均无。全年宰猪数，约在六千三百八十四只以上。

其他杂捐表

表 3-105

税捐名别	捐率	近三年实征银元数			征收机关	征收经费	用途
		十六年	十七年	十八年			
店屋捐	15%	589.377	1080.000	1080.000	县政府	10%	警察经费
住屋捐	10%		205.470	194.400	县政府	10%	警察经费
铺捐		437.279	638.400	638.400	县政府	0.5%	警察经费
烟牌照税		304.000	320.000	344.000	县政府	10%	浙江烟酒事务局
酒牌照税		800.000	880.000	880.000	县政府	10%	同上

县财务状况

寿昌县十六年份地丁征银计二万三千一百余元，附税及杂税等征银计二万六千余元，合计四万九千四百余元。十七年地丁征银计二万三千三百余元，附税及杂税等征银计四万八千八百余元，合计七万二千一百余元。十八年地丁征银计二万一千九百余元，附税及杂税等计四万七千四百余元，合计六万九千四百余元。此则为该县近三年来之收入概况。至该县开支除划解省款，十六年计一万三千余元，十七年五万零五百余元，十八年四万一千余元。余均留县，其支付用途，十六年份县行政经费约七千余元，准备金约一千余元，公益金约二千余元，警察费约四千余元，教育费约六千四百余元，自治费约二千余元，合计约共三万六千余元。十七年份县行政经费约九千元，准备金给二千余元，公益金约三千余元，警察费约五千余元，教育费约六千五百余元，自治费约五千余元，合计约共三万一千余元。十八年份县行政经费约一万六千余元，准备金约五百余元，公益金约四千余元，警察费约五千七百余元，教育费约六千一百余元，自治费约三千余元，合计约共三万五千三百余元。至十七的上县行政经费，本定按月六百二十元，至十八年五月奉省令按月增加七百八十元，故十七年度为九千元，十八年度为一万六千元。每年留县项下支付不足，均由应解省款内呈请拨补，再如司法监狱等费，亦由留县项下支出，不敷再呈请省厅归垫云。

公款公产

1. 公款公产委员会

寿昌县公款公产委员会，成立于民国十六年十一月，委员三人，互推常委一人，处理日常事务，每月开常会一次，下设出纳员一人，书记兼办事员一人，年需经费八百二十元。

2. 公款公产收付

该县公款公产支收，历年不敷，因会内无公产，仅赖各项税收，其不敷数，胥由县政府筹垫拨补。兹将该会近二年收支概况，列表如下：

公款公产收付表

中华民国十七年度

表 3-106

收项	金额	付项	金额
自治附捐	2335.000	自治费	5253.000
县附税	10364.000	准备金	2033.000
县府筹垫拨补费	3847.000	公益费	3015.000
		建设费	867.000
		警察费	5378.000
	16546.000		16546.000

公款公产收付表

中华民国十八年度

表3-107

收项	金额	付项	金额
自治附捐	2244.000	自治费	3649.000
县附税	10275.000	准备金	598.000
县府筹垫拨补费	1622.000	公益费	3227.000
		建设费	946.000
		警察费	5721.000
	14141.000		14141.000

教育款产

1. 教育款产委员会

寿昌县教育款产委员会，于民国十七年三月成立，由当然委员三人及聘任委员四人组织而成，由各委员互选常委一人，主持会务，下设出纳员兼事务员一人，掌管银钱收支登账及缮写文件等职务，年需经费三百三十元。该会掌管公款，计有小学基金四千八百九十余元，存储兰溪浙江地方银行等商家，全年得息三百九十余元，外有公产计田六百三十余亩，总值六千二百余元，全年收益一千二百余元。兹为详明起见，用将公产部分，列表如下：

教育公产统计表

表3-108

产别	数量（亩）	总值（元）	所在地	全年收益金额（元）
屏山书院田	234.40	2344.000	拾都图	468.800
屏山小学田	153.60	1536.000	八都二图	307.200
儒学田	128.93	1289.300	九都一图	257.860
学田	35.00	350.000	六都二图	70.000
鹿鸣文会田	62.00	620.000	九都二图	124.000
义学田	25.90	259.000	坊都一图	51.800

2. 教育款产收付

该县教育款产委员会，历年以来，收付相抵，年感不敷，唯十七年少有裕余，至十六年实支六千九百余元，十八年实支一万二千余元，增加几至一倍，盖因推广教育，支付浩巨，有以致之。兹将最近三年间收付概况，列表如下：

教育款产收支表

中华民国十六年度

表 3-109

收项	金额	付项	金额
四成教育费	3395.719	补助各区教育费	2172.633
一成附税	64.332	县立学校补助费	2896.200
学产	708.240	教育行政机关经费	1296.000
出埠猪捐	20.000	社会教育经费	349.000
屏山小学学费	219.600	参观费	110.000
岘山小学学费	220.800	差旅费	122.470
县府拨补费	2367.990	暑期讲演费	50.378
	6996.681		6996.681

教育款产收支表

中华民国十七年度

表 3-110

收项	金额	付项	金额
四成教育费	4163.977	补助各区教育费	2643.438
一成附税	2313.319	推广乡村小学费	225.000
学产	1367.700	县立学校补助费	3024.000
谷米出埠捐	30.000	教育行政机关经费	1732.000
出埠猪捐	10.000	社会教育经费	369.000
屏山小学学费	250.000	县督学经费	192.000
岘山中学学费	250.000	参观费	150.000
小学基金利息	300.000	粮税	377.371
验契附捐	141.200	本年度结存	113.387
	8826.196		8826.196

教育款产收支表

中华民国十八年度

表 3-111

收项	金额	付项	金额
四成教育费	3870. 346	补助各区教育费	2627. 141
一成附税	2150. 193	县立学校补助费	5894. 544
学产	1421. 611	教育行政机关经费	3076. 422
谷米出埠捐	42. 000	社会教育经费	269. 000
出埠猪捐	17. 000	粮税	384. 092
屏山小学学费	280. 000	其他教育经费	60. 400
岘山小学学费	245. 000		
小学基金利息	391. 600		
验契附捐	0. 800		
水碓捐	190. 000		
县府拨补费	3703. 049		
	12311. 599		12331. 599

历年认派公债

表 3-112

年月别	公债名称	发行机关	利率	派募数	实募数	派募方法
民国丨四年二月	浙省善后公债	浙财政厅	年息 10%	3000 元	3860 元	会同乡绅劝募
民国十六年十月	续发二五附税库券	财政部	月息 8%	20000 元	19320 元	会同乡绅劝募
民国十七年九月	善后短期公债	财政部	年息 8%	6000 元	3800 元	会同乡绅劝募
民国十八年九月	十八年关税库券	民国政府	月息 7%	3000 元	1700 元	会同乡绅劝募
民国十八年九月	编遣库券	国民政府	月息 7%	10000 元	755 元	县商会及村里会筹募
民国十八年十一月	浙省建设公债	浙财政厅	年息 8%	30000 元	17000 元	尚在继续筹募中

县政府交代欠款

表 3-113

年月别	卸任主任官姓名	交代未清款额	未清原因
民国十六年	李师泌	231. 977 元	延欠
民国十六年七月	王肇龙	3495. 312 元	迭催罔应
民国十九年二月	陈士林	2365. 573 元	正在函催补缴中

建德田赋之研究

建德田赋之研究目次*

* 为方便阅读，此目录页码由编者加注。

附表目录*

* 为方便阅读，此目录页码由编者加注。

第一章　地籍

第一节　乡都庄保之划分

建德旧分九乡四十里，共二十一都，五十三图，清康熙十年，大造直脚细号，原额版图八十四里，十一年，奉文每田三千亩为一里，编定五十三里，雍正六年，以前督院李卫奏，始行顺庄法，凡各庄田地山塘基税，俱以千字文编号，县绅马自鋐，捐金请发藩库鱼鳞，如式监造，共分四十五庄，惟后以庄书私自分割移转，折一庄为数庄，致庄数增多，现共有十七庄。兹将庄别以及保之字号，列表如下：

第一表　建德庄保地籍字号

表 4-1

庄别	保及字号	附注
纯孝庄	一保天字	
富寿庄	二保地字	
富春庄	二保地字	
亲仁庄	二保地字　二保元字	
福善庄	三保元字　四保黄字	
字民庄	三保元字　二保地字	
书锦庄	四保黄字	
仓前庄	四保黄字　右三保日字	
宣化庄	五保宇字　一保天字	
里仁庄	五保宇字	
辑睦庄	六保宙字	
黄浦庄	二保荒字	以上城区
西湖庄	一保洪字　二保荒字　九保鳞字　十保鳞字	
东馆庄	左三保日晕了　左四保日字　十保宇字　左五保日字　十保辰字	以上两庄于民国二年因自治之便划出城区

续表

庄别	保及字号	附注
杨家庄	一保月字　二保月字　五保盈字　三保晟字　七保戾字　八保辰字　九保辰字　四保宿字	今分杨家上、杨家下两庄
下公庄	一保列字　六保盈字　一保闰字　二保列字　三保张字	
上公庄	九保张字　四保寒字　六保来字　七保来字　八保暑字　九保收字　十保收字	今分上公里、上公外两庄
洪岭庄	五保秋字　六保秋字　四保收字　七保收字　八保收字　九保收字　十保收字	
梓里庄	一保冬字　二保冬字　三保冬字　一保闰字	今分梓里里、梓里外两庄
里周庄	一保闰字　二保闰字　三保定字	以上东区
鲍村庄	四保藏字　五保藏字　六保藏字　七保藏字　八保藏字　九保藏字　十保藏字	此庄旧属东乡民国二年划归南区
洋费庄	三保余字　四保余字　六保成字　七保成字　五保岁字　八保岁字　一保律字　二保律字	
麻车庄	九保吕字　十保吕字　八保岁字　二保调字　一保雨字　九保雨字　三保阳字	
陈村庄	五保胜字　六保胜字　七保胜字　三保致字　五保致字　七保咸字　八保河字	今分陈村上、陈村下两庄，建德云字、重咸字、河字
南小洋庄	九保雨字　十保雨字　一保露字　二保结字　三保为字　七保生字　八保生字	今分南小洋上、南小洋下两庄
姜山庄	四保霜字　五保昆字　六保金字　九保丽字　十保号字　一保水字　二保水字　三保玉字　四保玉字	今分姜山外上、姜山外下、姜山里三庄
青山庄	七保出字　十保出字　九保昆字　六保罔字　里八保罔字　外八保罔字	今分青山上、青山下两庄
马目庄	一保剑字　二保剑字　三保剑字　四保创字　六保巨字　上七保巨字　下七保巨字	令分马目里、马目外两庄
殿后庄	一保阙字　五保珠字　二保珠字　四保珠字	以上南区
西小洋庄	四保称字　五保称字　十保号字　二保夜字　三保夜字　一保九字　上八保巨字　下八保巨字	今分西小洋上、西小洋下两庄
西塘庄	三保果字　四保果字　五保果字　一保珍字　三保珍字　六保珍字　六保咸字　七保季字　八保李字　九保李字　十保李字	今分西塘外、西塘中、西塘里三庄
莲花庄	五保柰字　六保柰字　九保李字　十保李字　一保芥字　二保芥字　三保达字　四保盖字	今分莲花里、莲花外、莲花东三庄

续表

庄别	保及字号	附注
潘村庄	十保莱字　六保重字　七保重字　八保重字　九保重字	
里程庄	一保海字　二保海字　三保海字　四保咸字　五保咸字　六保咸字　七保河字　八保河字　九保河字　十保河字	今分里程里、里程外两庄
山边庄	五保剑字　六保剑字　七保剑字　八保剑字　九保号字　十保号字　七保河字　一保淡字　二保淡字　三保淡字　四保淡字　四保麟字	今分山边东、山边西两庄
鹤皋庄	五保鳞字　六保鳞字　七保鳞字　十保河字　八保鳞字　九保鳞字　十保鳞字	今分鹤皋里、鹤皋外两庄
山路庄	一保潜字　一保羽字　二保羽字　三保羽字　四保羽字　四保翔字　五保翔字　六保翔字　七保龙字　小一保龙字	今分山路里、山路外两庄
三台庄	七保龙字　八保龙字　九保龙字　七保火字　小九保潜字　里十保潜字　外十保潜字	今分三台里、三台外两庄　以上西区
早胡庄	六保师字　八保火字　九保火字　一保帝字　二保帝字　三保帝字　四保帝字	
余村庄	五保鸟字　六保鸟字　七保官字　十保官字　又十保官字　八保人字　九保人字	
庙前庄	七保人字　八保人字　五保鸟字　六保鸟字	
施家庄	一保皇字　二保皇字　三保皇字　四保皇字　五保皇字　六保皇字	今分施家上、施家下两庄
牌楼庄	三保始字　三保师字　四保师字　九保人字　八保火字　九保火字　十保火字　十保官字　又十保官字	今分牌楼里、牌楼外两庄
里何庄	五保制字　六保制字　一保师字　二保师字　七保丈字　三保师字　四保师字　五保师字　六保师字　七保火字	今分里何里、里何中、里何外三庄
乾潭庄	四保文字　七保文字　一保始字　二保始字　三保始字　八保字字　九保字字　十保字字	今分乾潭里、乾潭外、乾潭中三庄　以上北区

至各庄征粮亩分，多寡不一，据主管征收人员填报，多者达二万九千余亩，少者仅二千余亩，所填均系正数，尾数未列，故总亩数与造串额不无出入，详见下表。

第二表　建德各庄亩数

表 4-2

庄别	田（亩）	地（亩）	山（亩）	塘（亩）	合计（亩）
城区	4590	3172	3431	77	11270
东关	869	1775	3744	12	6400
上公外	1488	820	4725	11	7044
梓里外	1157	576	5803	10	7546
上公里	2735	1076	6999	54	10864
下公	2949	737	10392	8	13456
杨家上	1734	1711	2917	49	6411
杨家下	2622	1579	1056	15	5272
梓里里	1393	1192	6493	5	9083
洪岭	3974	3731	13959	4	21668
里周	1925	1826	10240	12	14003
鲍村	3212	1066	*18960	15	23253
青山上	2433	1236	2678	85	6432
青山下	3685	718	4428	130	8961
姜山外上	3589	1311	3577	75	8552
殿后	3098	605	5622	95	9420
洋尾	5841	3400	*21409	91	30741
姜山里	2109	1190	12142	16	15457
南小洋上	3831	1565	10990	149	16535
南小洋下	2102	1490	3977	66	7635
麻车庄	5362	2160	*21872	198	29592
陈村上	3575	1257	*9045	207	14084
陈村下	2709	792	*20840	38	24379
马目外	2934	634	7319	87	10974
马目里	1399	745	5573	21	7738
姜山外下	3655	2530	7362	84	13631
西塘中	1400	913	6559	9	8881

续表

庄别	田（亩）	地（亩）	山（亩）	塘（亩）	合计（亩）
山边西	3026	2636	10841	38	16541
潘村	1791	1354	8114	10	11269
三台里	1493	604	6912	18	9027
三台外	1793	880	6877	9	9559
莲花里	1566	1570	5811	3	8950
鹤皋外	846	1937	1739	17	4539
山路里	4183	1212	8662	33	14090
山路外	2494	906	9192	34	12626
莲花外	1444	815	2790	10	5059
西塘外	1938	1042	3440	28	6448
西塘里	1359	1611	8082	2	11054
山边东	1751	2844	4194	35	8824
西小洋上	3456	3705	15200	72	22433
西小洋下	2569	1193	3528	66	7356
莲花东	1264	1587	8318	2	11171
里程里	1030	855	3968	1	5854
鹤皋里	1740	648	5196	36	7620
里程外	3630	1351	4075	63	9119
里何外	2583	701	3851	52	7187
里何中	2837	676	1504	67	5084
里何里	2137	863	4153	23	7176
施家上	3627	1324	5424	146	10521
施家下	2161	513	3251	10	5935
乾潭外	361	1170	27792	5	29328
乾潭里	4163	1386	4385	163	10097
早胡	2132	1834	13263	12	17241
牌楼里	1998	590	6448	54	9090
牌楼外	2087	805	3637	22	6551

续表

庄别	田（亩）	地（亩）	山（亩）	塘（亩）	合计（亩）
余村	4256	611	3007	58	7932
庙前	1878	462	3905	23	6268
乾潭中	1540	427	405	47	2417
总计	144903	77919	430046	2782	655650

注：1. 城区包括十三庄。2. * 表示白山。

第二节　鱼鳞册与庄书

建德鱼鳞图册，创始于何时，府县志均不载，官有鱼鳞，洪杨乱后，散失迨尽，惟现庄书（昔称清理书）处，尚存有誊抄之该项附册，册以庄保为单位，丘各为图，顺号编制，详载亩分坐落四至等，田地疆界之讼，均以此为质，兹录其册式如下：

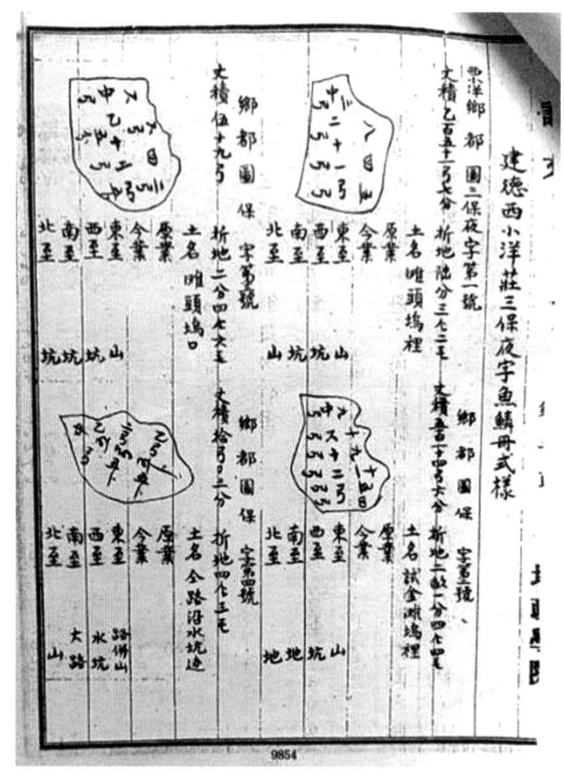
建德西小洋莊三保夜字魚鱗册式樣

西小洋鄉 都 圖三保夜字第一號
丈積乙百五十一弓七分　折地陸分三七二毛
土名 唯頭塢裡
原業
今業
東至 山
西至 坑
南至 坑
北至 山

鄉 都 圖 保 字第三號
丈積壹百十四弓六分　折地二畝一分四七四毛
土名 試金湖塢裡
原業
今業
東至 山
西至 坑
南至 地
北至 地

鄉 都 圖 保 字第二號
丈積伍十九弓　折地二分四七六毛
土名 唯頭塢口
原業
今業
東至 山
西至 坑
南至 坑
北至 坑

鄉 都 圖 保 字第四號
丈積拾弓○二分　折地四厘三毛
土名 全路沿水坑边
原業
今業
東至 路併山
西至 水坑
南至 大路
北至 山

9854

图 4-1　建德鱼鳞册

除鱼鳞图册外，庄书尚备有直脚册，细号底册，与四柱实征册等。直脚册一名得税册，又名条号册，册式编制，系以鱼鳞地号等按次编列，以丘领户，户有主佃之分，主即业主，佃即执有永佃权者，此乃建邑之特殊情形。细号底册，系以户领丘，载明地权移转变迁之迹。四柱实征册，即科征底册，纪录各花户所有田地之旧管开除新收实在亩数，及应完银元总额，此乃编造造串底簿之根据，兹均录其册式如下：

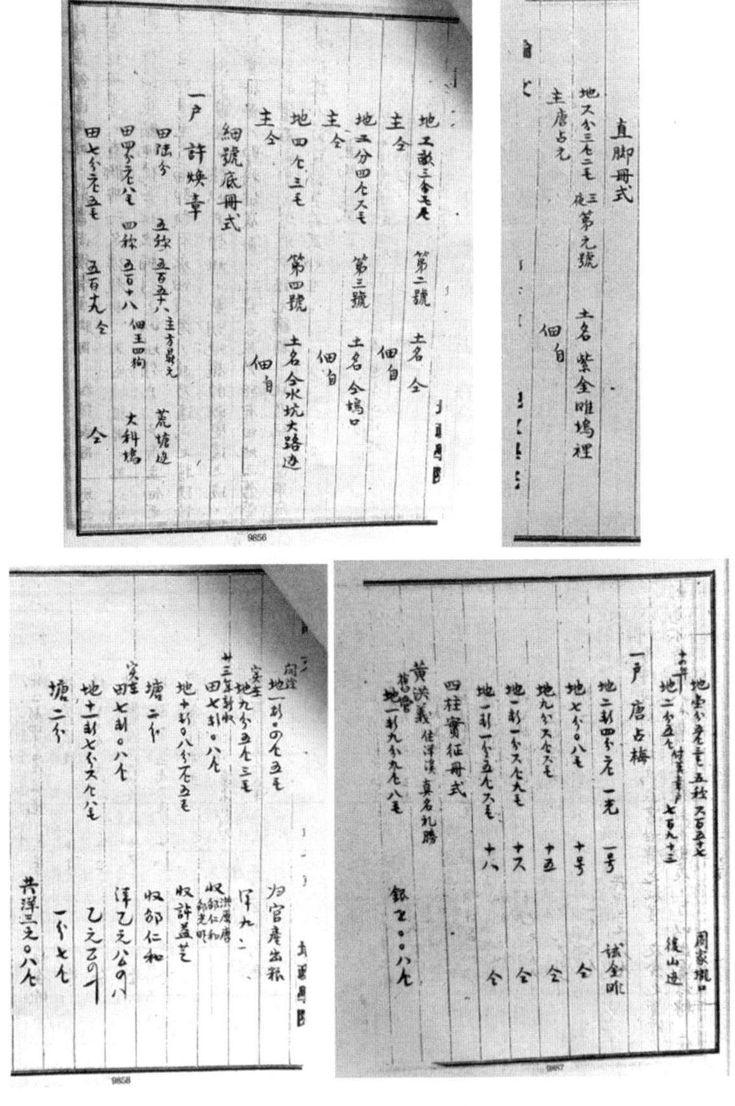

图 4-2　建德庄书

上列各种册籍，均为庄书世传之秘笈，衣食之资源，轻易不肯示人，实同一种私有财产，可以出卖移转，在昔每庄价达五六百元，甚至千余元不等，其值所以如此之高者，因过田地移转推收之时，无往而非需索之机会，其得利甚厚也。

全县现在有庄书五十三人，均为无给职，各庄书所管庄份，除少数自二庄至四庄外，除均一人承管一庄，庄将各庄书姓名及其承管庄份，列表如下：

第三表　建德庄书姓名及其承管庄份

表 4-3

姓名	承管庄份	姓名	承管庄份
张广招	里周庄	毛凤鸣	乾潭中庄
张敬熙	里仁庄	毛凤章	书锦庄
唐世荣	姜山里庄		乾潭里庄
	字民庄		乾潭外庄
	南小洋下庄	宋福寿	亲仁庄
	梓里外庄	郑景丈	仓前庄
吴北群	宣化庄	方福申	西湖庄
	富寿庄		东关庄
	施家上庄	朱金根	杨家上庄
孙永源	黄浦庄	朱花辰	杨家下庄
蒋海潮	上公外庄	夏承书	梓里里庄
蒋炳森	上公里庄	张纯仁	下公庄
程监清	洪岭庄	载允赓	辑睦庄
路青云	鲍村庄		马目外庄
钱绪清	洋尾庄	鲁长庚	殿后庄
张桂林	麻车庄	黄厚铭	青山上庄
	南小洋上庄	方延生	青山下庄
徐思进	姜山外上庄	邹若梁	马目里庄
徐之谦	姜山外下庄	张绪昌	西小洋上庄
余达权	陈村上庄	黄金生	西小洋下庄
洪兆炎	陈村下庄	王维垣	山边东庄
沈培荣	西塘外庄	江正杰	山边西庄

续表

姓名	承管庄份	姓名	承管庄份
张锡华	莲花外庄	林景椿	山路里庄
	乾潭外庄	张关升	山路外庄
	乾潭中庄	方吉星	里程里庄
孙季琨	莲花里庄		潘村庄
吴桂芳	莲花东庄		富春庄
余志诚	余村庄	蔡荫椿	三台里庄
蔡秉直	三台外庄	何寿笺	牌楼里庄
唐宝荣	鹤皋里庄	何寿箕	牌楼外庄
朱　棠	鹤皋外庄		福善庄
	纯孝庄	蒋文先	里何外庄
张蕴琨	早胡庄	蒋文荣	里何里庄
	庙前庄	蒋寅生	里何中庄
董文源	施家下庄	徐仲寅	里程外庄

第三节　田地种类

建德民田，可大别为田地山荡四大类，四类中，地又分为二等，曰地，曰基，山亦别为二种，曰青山，曰白山。田地基荡，意义明显，毋庸诠释，至所谓青山，则为山之表面。覆土层厚，可供栽种林木，或番薯之属者，白山则为山之纯属岩质，不可利用者，名虽如此划分，然事实上，仍以田地山荡四大类别之，各项民田数详下节。

民田之外，官田有籍田，学田，衙署基地，义冢地，育婴清节两堂田，及忠义节孝两祠田等。各项官田，大都来自民田，故均已并入民田计数矣。

籍田供县官亲耕之用，雍正六年，知县薛景珏购置，计田四亩九分，先农坛基捌分，合计五亩七分。

学田原仅百三余亩，据光绪志载，“合县城乡捐归双峰书院膏火分管田六十三亩六分，捐归宝贤书院膏火分管田一百五十三亩零，同治十三年，兰溪方纪勋捐买陈村庄田一百三十八亩，作为书院宾兴费，嘉庆二十年，县绅以捐修试馆余资，置田二十二亩零，以为试馆宾兴费”，今原载书院及宾兴各项田产，或存或失，存者与社田文元田及新捐县立小学田，共计有一千四百余亩，均列为学田，归教育公款公产委员会管理，细数如下：

第四表　建德县学田一览

表 4-4

区别	庄别	田地种类	亩额（亩）
城区	字民庄	田	1.659
	仓前庄	田	9.1443
	黄浦庄	田	2.78
	东馆庄	田	10.066
	西湖庄	田	161.1816
		地	22.065
		基	0.875
	纯孝庄	基	1.532
	里仁庄	基	4.9997
东区	杨家庄	田	22.533
	下公庄	田	25.0206
	上公庄	田	29.6564
	洪岭庄	田	19.966
	梓里庄	田	36.054
	里周庄	田	4.195
		地	10.865
南区	洋尾庄	田	54.6033
	麻车庄	田	19.502
	陈村庄	田	107.668
		基	1.19
	南小洋庄	田	20.2742
	鲍村庄	田	7.167
	姜山庄	田	96.2386
		地	1.976

续表

区别	庄别	田地种类	亩额（亩）
南区	青山庄	田	122.7648
		地	12.514
		塘	1.06461
	马目庄	田	51.1935
西区	西小洋庄	田	21.1222
		塘	0.05
	西塘庄	田	17.884
		地	0.646
	里程庄	田	128.7307
		塘	3.476
	山边庄	田	156.2722
	山路庄	田	51.5442
	莲花庄	田	34.56
	三台庄	田	29.42
北区	余村庄	田	30.327
	庙前庄	田	18.438
	施家庄	田	63976
	牌楼庄	田	29.0641
	里何庄	田	45.403
	乾潭庄	田	104.0852
		田	473.8349
		地	48.012
	合计	基	7.90092
		塘	4.59061
	总计	田地基塘	1534.32843

注：学田仍照民田纳税，惟南区洋尾、麻车、陈村等庄中，计有田一百六十余亩，每亩收租谷九斗，由公家完粮，余均归佃户完粮，亩租谷六斗，各区一律。

衙署基地，据县府填报，计共一百八十亩零，表列如下：

第五表　建德衙署基地一览

表 4-5

产别	坐落	面积（亩）	现在用途	现在经管机关
旧严州府署及府经历署	纯孝庄	38.005	现改建德县政府	建德县政府
府仓基	仓前庄	2.000	现改建德县仓	同上
建德县署	字民庄	40.000	林场	省立建德林场
典史署基	字民庄	5.000	林场	同上
校士馆	福善庄	20.000	法院	建德地方分院
府文庙	纯孝庄	30.000	校舍	严州中学
迁善所	将军衙内	0.801	监狱	建德县监狱官
协署	字民庄	15.000	现设公安局及县党部	同左
县文庙	字民庄	15.700		县教育局
旧府庙	字民庄	11.770	今作乞丐收容所	救济院
邑庙	福善庄	1.415	中山纪念厅	县党部
县文庙前余基	字民庄	0.468	公共运动场	县政府

义冢地计有五处，一在兴仁门外，一在澄清门外施家埠，离城二十三里，一在和义门外，教场路边，一在拱宸门外，一在武定门外，前四处亩数不详，后一处计面积二十四亩四分零。

育婴堂清节堂田地，现归救济院保管，列入慈善公产项下，忠义节孝两祠田，现归地方公款公产处保管，列入祭祠公产项下，其田地亩数如下表：

第六表　建德慈善祭祠两公产田地亩数

表 4-6

产别	亩数（亩）
育婴堂	4868.262
清节堂	506.212
忠义祠	2.403
节孝祠	219.947
共计	5596.824

以上各项官田地山荡，合计约共七千余亩，此外公共庙寺田地，亩数无从查考。

第四节　亩额

建德田地亩数，明以前无考，明后得见于县志者，列表比较如下：

第七表　建德历年田地亩数

表 4-7

	田（亩）	地（亩）	基（亩）	山（亩）	塘（亩）	合计（亩）
明弘治间	166209.930	116779.768	11976.771	512463.430	5564.850	812994.749
万历四十年	166742.089	126732.597	11970.261	512594.130	5576.789	823615.866
清顺治三年	166742.089	126732.597	11970.261	512594.130	5576.789	823615.866
乾隆元年	166237.132	125527.602	11935.585	509928.176	5529.536	819158.031
乾隆四年	164407.740	84017.028	8383.800	500868.850	6314.859	763992.277
乾隆十年	164250.744	84017.028	8383.800	500868.850	6314.859	763835.281
乾隆十七年	163892.956	84017.028	8383.800	500868.850	6314.859	763477.493
乾隆三十七年	163926.269	84081.941	8383.800	500868.850	6314.859	763574.719
乾隆三十九年	163950.465	84178.380	8383.800	500868.850	6314.859	763696.354
乾隆五十八年	163959.890	84197.425	8383.800	500868.850	6314.859	763724.824
嘉庆三年	163962.402	84274.272	8383.800	500868.850	6314.859	763804.183
道光三年	163387.515	84240.753	8380.046	500868.850	6314.859	763192.023
道光八年	163387.515	84240.753	8380.046	500868.850	6314.859	763192.023
光绪三十四年	162283.946	83997.513	8377.066	500868.850	6314.859	761842.234
宣统初年	162283.946	83997.513	8377.066	500868.850	6314.859	761842.234
民国八年	130822.582	47746.881	8380.046	459517.973	6314.859	652782.341
民国二十三年造串额	144931.524	78005.974		430081.557	2729.183	655748.238

注：1. 弘治至民国八年间亩数据道光光绪民国三县志编制。2. 民二十三年造串额由建德财政科填报。3. 民二十三年造串额基一栏空缺因基典地已合并计数。

观上表，万历四十年，较弘治间，增一万余亩，盖由于丈量之结果。清初，亩额无增减，至乾隆元年，减少四千余亩，乾隆四年，又骤减五万四千余亩，盖原以除坍荒，并州县征粮案内，题准缺额之故，历复年有增减，但上下有限，惟至民国八年，田地数亩，俱骤减三万余亩，山则骤减四万余亩，总减十一万余亩之多，未知何故，近数十年来，垦熟者多，各地几无荒虚，然据县政府所填二十三年之造串额，较民八亦仅增加三千余亩，而据浙江省陆军测量局所测成之地形图计算，建德全县面积为二七一九九三三亩，其中平地一八八四五七亩，山地二四五五八七七亩，道路三二四〇亩，河湖六七五〇〇亩，沙涂四八五九亩，仅平地山地合计，亦有二万百六十四万四千三百三十四亩，民二十三年之造串额，仅及其百分之四，虽因建邑山多田少，所有山粮多未足额，山之失粮额为多，然田地之失粮额，亦甚可观也。

第五节　亩法

建德田地面积，普通计算，向以二百四十弓为一亩，每弓合市尺五尺，亩法尚称整齐，并无大小亩之分，但山之面积，与田地不同，税亩全属估计，俗称喝税，故山亩参差，殊不一致，闻诸人言，山亩之大小，大抵以离城之远近为比例，盖二十里外一亩之山，与近城一亩之山较，其面积风大二倍以上，愈外，则其一亩之面积亦愈大云。

第六节　地权凭证

建德地权凭证，相沿以契为正，粮串为副，此外庄书发给之归户册，亦为地权之重要凭证，契分卖契抵退契（即典契）二种，兹均录其式如下：

卖契式样：

立卖契人＊＊＊，今因正用无办，自愿将祖遗民田壹业坐落＊保＊字＊号计田税＊亩＊分＊厘，土名＊＊＊自身托中前来立契，出卖与＊＊＊处为业，三面言定时值卖价大洋＊元＊角正，其洋当日自身一并收足，应用其田听凭洋主即时收入户承粮永远收花管业，不得阻执，自卖之后，日后以及亲房本家大小人等不得异言翻悔，并无回赎亦无找价等情，此乃自愿，恐口无凭，立此卖契永远为据

再批其税在＊庄＊＊＊户内开付外不另立附币原笔又照

民国　　年　　月　　日　　　　　　立卖契人＊＊＊押

中人＊＊＊押

卖契永远　　　　　　　　　　　　卖代字＊＊＊笔

抵退契式样：

立抵退契人＊＊＊，今因正用无办，自愿将祖遗民田壹业坐落＊保＊字＊号计田税＊亩＊分＊厘，土名＊＊＊自身托中前来立出抵退契约与＊＊＊名下处，当面议定时值抵退价大洋＊元＊角正，其洋当日自手一并收讫，其洋定于＊＊日期一并奉完，如有少欠过期不取，听凭洋主即时犁田耕种禾苗＊年为满，＊年以外如备原价对月取赎，自抵退之后，不得异言翻悔阻执，此乃两相情愿，并非强逼，恐后无凭立此抵退契存照

再批其田在＊庄＊＊＊户内听凭洋主即时挂号原笔又照

民国　　年　　月　　日　　　　　　　　　　　　　　立抵退契人＊＊＊押

　　　　　　　　　　　　　　　　　　　　　　　　　中人＊＊＊押

抵退信行　　　　　　　　　　　　　　　　　　　　　代字＊＊＊笔

附挂号单式（此单由洋主于抵退契成立后持至清理书处挂号时清理书发给之）：

一户＊＊＊（洋主姓名）

一挂田＊亩＊分＊厘　　　　＊保＊字＊号　　　　土名＊＊＊

税在＊＊＊户挂号＊＊日期为限

民国　　　年　　月　　日　　（清理书章）挂号单

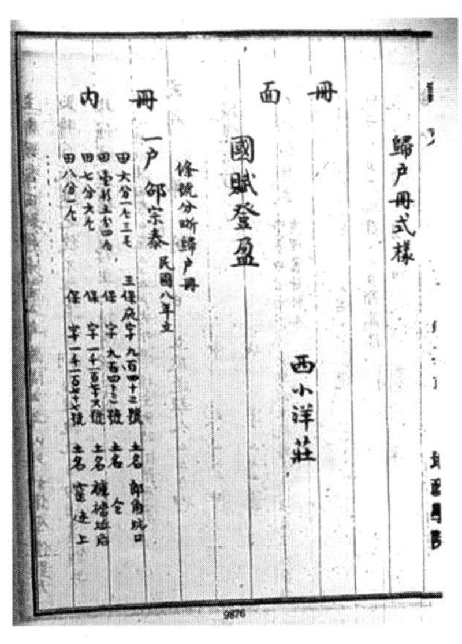

图4-3　挂号单

注：册内户名上与田地亩分上均盖有庄戳或庄书私章。

二十一年推收所成立后，遇田地移转推收，由推收所发给户折一种，为人民执业凭证，惟民间对户折信仰，反较沿用之契纸粮串归户册等为薄，故户折少为人所重视云。

凡民间分割析产，则另立新契，并在原契上批注户名及年月日分割，或分析若干字样，持至庄书处投税过户，换立新归户册。

如遇水火盗贼，契据并归户册遗失时，呈县请府备案，并登载本县报纸，声明原契作废，一面请庄书查明遗失契据田地亩分，补立新归户册为凭。

第二章 地籍之整理

第一节 民三民十七之验契

民国三年，北京财政部通令全国验契，浙省奉令后，即遵饬各县举办，建德亦曾奉行，惟成效如何，以旧时档卷遗失，无可稽考。

民国十七年三月，国民政府财政门口，为整理赋税，保障产权计，复拟订验契条例，令饬各省财政厅转饬各县举办验契，浙财政厅以浙省自民三办理验契以来，历年仍循照办理，并未间断，但部例规定“在本条例施行以前成立之旧契，无论已税契未税契，均应一律呈验”，又“呈验关项旧契，无论典卖，均应一律注册，给予新契纸……”等等条例，与浙省情形，多所不合，为推行尽利计，乃参照向办验契成例，予以变通，订定验契补充办法十四条，提经省府会议通过，令饬各县于四月一日起，开始办理，补充办法中最重要三点，为凡旧契除经过从前登记及验契手续，给有登记证书，与验契执照者，准予以免验，盖因过去旧契，如已经登记及验契手续，于政府信用攸关，不能再令人民投验，且在法亦应予有效也，再呈验旧契，概给验契执照，不另给新契纸，其执照由省政府定式制印，通颁各县填用。盖浙省向有颁行官契纸一种，由业户于典卖各产成效时购用，其验契系填用官印执照，以示区别，此次验契，仍颁用验契执照，免与官契纸相混意也。又凡呈验之契，如未经投税者，除照例验契外，仍应按照现行契税章程补税，此项办法，为部颁暂行条例，及验契章程所未规定，为杜漏税计，实有补充必要。

建德自奉令后，即由县府严饬杂税处遵办，并摘录部省验契章则大要，持至四乡张贴，其中最重要一点，即“凡业户有旧契不呈验者，于诉讼时，不能作为凭证……”但以收费太高（每契一张，取费一元八角），而人民复不明产权确定观念，投验者颇不踊跃，计自十七年四月起，至十八年三月止，一年中征收之验契纸价，及注册各费，总计只四百五十余元，验契执照张数，乙两一，合计仅发四百余张，验契呼声最高一年之成绩尚如此，其他各年之成绩，盖可想见。兹将十七年四月，至十八年三月一年中征收验契纸价及注册各费，列表如下，以供参考。

第八表　建德民国十七年四月至民国十八年三月一年间验契数

表 4-8

月份	验契执照张数种（张）		验契纸价（元）	注册费（元）	教育费（元）	逾限递增纸价	合计（元）
	甲	乙种					
民国十七年4月	14	10	21.00	2.40	2.80		26.20
5月	30	48	45.00	7.80	6.00		58.80
6月	102	52	153.00	15.60	20.40		189.00
7月	26	21	39.00	4.70	5.20	3.90	52.80
8月	16	10	24.00	2.60	3.20	4.80	34.60
9月	1	4	1.50	0.50	0.20	0.45	2.65
10月	8	14	12.00	2.20	1.60	3.60	19.40
11月	5	2	7.50	0.70	1.00	2.25	11.45
12月	10	15	15.00	2.50	2.00	4.50	24.00
民国十八年1月	6	14	9.00	2.00	1.20	2.70	14.70
2月	6	8	9.00	1.40	1.20	2.70	14.30
3月	3	4	4.50	0.70	0.60	1.80	7.60
总计	227	202	340.50	43.10	45.40	26.70	455.70

验契初意，在确定产权，清厘地籍，但每契一张，收费至一元八角，并逐渐递加处罚，以至于二元五角五分之数，凋敝之民生，那堪受如此重大负担，投验者之不踊跃，无怪其然，政府此举，可谓尽背原有目的矣。

第二节　民十八之土地陈报

民国十八年四月，浙江省民政厅，为整理地籍起见，通令各县市政府，督同村里委员会，举办土地陈报，限期竣事。建邑奉令后，即开始筹备，而土地陈报办事处于十八年八月一日始正式成立，内设主任一人，助理员三人，技术员四人，指导员十人，书记三人，总办土地陈报一切事宜，其实际工作者，则为村里委员会，全县分八区，计一百零六村里委员会，俱受办事处之指导督率，陈报事宜，原定十一月底结束，当时办事处拟有各村里委员会办理土地陈报程序，计分三期办毕，其所订之程序如下：

建德县各村里委员会办理土地陈报程序

第一期　自八月十日起至八月三十一日止。

一、雇用有给职员。

二、统计本村里土地亩数，并收集整理土地勇者册籍。

三、造送土地陈报预算。

四、指导员召集村里职员，及有给职员，举办土地陈报讲习会。

五、绘制本村里土地分段编号草图及草簿。

六、估计应发陈报单数目，呈县核发。

第二期　自九月一日起至十月二十日止。

一、分发各业户陈报单。

二、召集各邻长会同指导员，指导填报方法，俾各就本邻明白指导。

三、按旬缴送省县七成陈报。

四、随时审查各户陈报单。

五、催各业户依限陈报。

六、按照草图及草图簿查明逾期未报土地，以职权查填，并通知业主。

七、查报国有荒地。

八、汇集业主不能绘算丈量之土地陈报单，代行绘图丈量。

第三期　自十月二十一日起至十一月二十日止

一、汇集陈报单，分段编造土地清册呈县。

二、编造土地陈报经费决算呈县。

三、办理结束，呈县核转。

工作程序虽如此订定，但事实上未能如期进行，初则因各村里邻闾长，多数未能明了办法，并有以办理陈报手续较繁，相互推诿，不负责任，以致工作停顿，继则以业户方面，又皆听谣言，疑恐百端，相率观望，延不陈报，迭经县方晓谕，亦难奏效，虽厅方据各层呈请，因筹备需时，酌展至十二月底结果，但迄限期将届，而陈报事宜，依然无进展，旋又奉令续展至十九年四月底一体结束，在此时期中，民厅催促之电文，有如雪片飞降，县长暨秘书及陈报处职员，于是更番下乡严催，并令分公安局所，派警巡回督促，但至四月底，仍未能如限结束，惟将土地陈报办事处裁撤，移归第一科继续办理，牵延至六月中旬，始大部分草草结束，由县编成总册送厅，八月间，又结束一部分，其余未结束者，尚有十余村，乃由县方估计，先送总册呈报，兹将总册中所列各区陈报之公私地积，列表如下：

第九表　建德土地陈报公私地积一览

表 4-9

		城区（亩）	泰明区（亩）	亲睦区（亩）	纯善区（亩）	光华区（亩）	龙山区（亩）	芝川区（亩）	仁行区（亩）	总计（亩）
田	公有	20. 222	0. 60							20. 822
	私有	6045. 173	16659. 804	30214. 373	18846. 806	19428. 174	25028. 906	17649. 896	6737. 750	139710. 882
地	公有	226. 995			4. 730			7. 370		239. 095
	私有	9757. 184	14182. 0765	15727. 194	6936. 397	19632. 788	14874. 891	7420. 130	2198. 134	90728. 794
山	公有	15. 600		395. 000		5. 200				415. 800
	私有	14151. 572	58138. 166	123100. 824	31736. 091	63013. 991	61269. 268	25892. 799	11511. 988	387824. 699
荡	公有	1963833								196. 833
	私有	293. 776	612. 629	1178. 295	960. 192	413. 497	567. 893	545. 728	103. 596	4675. 606
总计		30707. 355	89593. 275	169625. 868	58484. 216	101493. 650	101740. 958	51515. 925	20651. 468	623812. 531

陈报面积，较当年造串额 484278. 60 亩，计增 13953. 901 亩，陈报亩数，虽较造串额加增 28. 36%，然论其实际成绩，则由于业主不脱恐惧心理，且以收费过大，故其中以多报少，虚名为止，不一而足，而各村里职员，又多未能尽审核责任，第以此种不实陈报单册，于整理田赋，确定产权等待，实属一无帮助，此次陈报经费，据县府呈厅土地陈报经临各费收支报告，收入项下，计陈报手续费洋一万二千四百六十六元二角八分，支出项下，经常费六千三百八十七元六角七分七厘，临时费五千六百一十二元七角一分五厘，两共一万二千四百九十元三角

九分二厘，收支相抵，尚不敷洋二十四元，以如此之代价，得如是之结果，岂特劳民伤财已耶？

第三节　民二十一年之查编丘地图册

继土地陈报之后，二十一年，浙省府为达到按丘制串，就地问粮起见，乃通令各县编造旧都图丘地图册，并令先指定一二都图为试办区域，查编经费，在征起十六年至十九年民欠田赋项下拨充之。

建德于二十一年六月奉令开办，当由县府拟具分庄编造丘地图册实施办法大纲，及办事细则附下：

建德县分庄编造丘地图册实施办法大纲

附志　本实施办法大纲包含编查须知编查方法编查程序及全县编查计划

第一条　本办法大纲依据奉颁修正各县土地陈报后分手实施查丈办法浙江省整理土进行方案及各县编造旧都图丘地图册应行注意事项等章则订定之。

第二条　本县各庄查编图册承办人员决采分工合作制度其分配如下：

一、乡镇长副闾邻长及乡警等专任就地引导及调查业户事宜。

二、各庄主管庄书专任编造清册及查核各业户所有原承粮户名及原承粮亩分等事宜。

三、绘图员悉由县府选任具有测绘技能者分发各庄实地担任绘图事宜。

四、各区督促及初次检查事宜由县府选派区督促检查员分区实施巡回督促检查。

五、各乡镇长副如确具能力情愿承办是项工作得具呈申请并来府接洽经考查合格亦得承办。

六、各区区长应负随时督促指导之责。

第三条　本府附设整理土地办事处设主任一人秉承专员县长指挥负责主办本案一应事宜区督促检查员若干人分区专任督促指导及检查各庄承办人编造图册是否实在绘图员若干人分发各庄实施绘图事务员兼书记若干人，专任缮写及其他杂务，该项人员于本案全部工作结束时裁撤之。

第四条　各庄查编图册承办人员应行充分注意之重要编查方法及关键如下：

一、查编图册应遵照规定图式册式，逐项勘查明晰，分别绘制填载，不得丝毫错误，此次即以查编有无误漏，为各庄承办人考成之标准。

二、凡编查时遇有公有田地而向示承粮者作公有无粮地论，应于备考栏内注明失粮亩分。

三、凡编查原承粮户名无着及向未升科，并无粮根而有人耕植者，作有主无粮地论，应予备考栏内注明失粮亩分。

四、凡承粮亩分少于陈报亩分或实地目测亩分者，即作匿粮田地论，应予备考栏内注明匿粮亩分。

五、凡有地无粮并无人耕植者，即无主无粮田地作官荒论，应予备查考栏内注明。

六、寄粮插花田地，应即于查编时详细注明备考栏内，例如坐落甲庄而寄粮在乙庄者，应仍予推收至甲庄完粮坐落他庄而寄粮本庄者，即将本庄之粮推收过去。

七、倘编查时发现余花田地（即抱粮完租粮由佃户完纳），于查编时详细调查于备考栏内注明粮田由佃户某某完纳等字样。

八、倘查编时发现田成地、地成田、田成荡、荡成田等类变更地，应分丘于备考栏内详细注明以为将来改正粮赋之根据。

九、倘能编查时发现客粮田地，应于查编时在备考栏内注明客粮字样以资识别。

十、真实业主务须与原征册上承粮户名相连。

十一、凡同一业主在同庄范围以内，倘有数丘之田地不相毘连者，应分别顺次编号，但应于其最先地号栏内注明兼某某等号字样，同时于备考栏内注明某号田或地亦为本业主所有等字样。

十二、凡同一业主在同庄范围以内，倘有数丘之田地不相毘连，而以总承粮户纳粮者，应于最先地号之备考栏内注明某某等号田或地，并由某总粮户完纳等字样，其后列地号之田或地应于其上下期赋额栏内注明并纳于前第几号等字样。

十三、凡同一业主在同庄范围内各丘田地互相毘连，但原有阡陌自成界限者，属同一业主所有，应按照原有阡陌界限分别编列地号，以免日后发生紊乱。

十四、图册内均应注明原承粮庄名，不可仅注小地名，以免酿成新编图册与原有征册不相连贯及将来清丈后另发新方单时无所根据。

十五、编查人员应于实地查编地号时，将各丘田地实在面积加以目测，并于备考栏内注明目测大概亩分。

十六、凡一丘田或地内包括一荡虽属同一业主的，将荡另编地号，但于备考栏内注明本荡粮于某号田或地内并纳等字样，其余地目不同而粮赋总纳者类推。

十七、凡荡介于数丘田或地之间，而为数业主共有者，应另编地号并于备考栏内详细注明各业主姓名。

十八、各庄界线应由绘图员会同主管庄书查明后，于分界处树立红旗，旗上书明某区某庄字样以为标识，旗由县府制发，一面并由绘图员先行绘就各庄分界草图，再行分丘编号。

各庄分界草图可依天然形势联合数庄为一区，分区绘制。

十九、各庄四至不得丝毫错误。

二十、各庄绘图员于查编地号时，应一律自东北角起号，顺次至西南角止，号不得丝毫错误。

二十一、各庄编号自东北角之丘地起号，后本庄各丘地号均须互相衔接，如因丘号过多分绘数图时甲图自一号起至五百号止，乙图即自五百零一号起编，不得间断。

二十二、省颁规定册式备考栏，过于狭小不敷填注，兹定变通办法，每一丘田地即一地号，不限定填入于规定一格内，倘须详细注明于备考栏时，每一地号不妨占据两格或三格，地位务求填注详尽，以免有所遗漏。

每等现实地价若干应由查编员于实地查编时切实调查，详细注明于每庄之总说明内。

第五条　各庄承办人员于每一计查编竣事后，应于册上加具总说明，其格式规定如下：

亩分总结数（列于册之末页）

本图（庄或圩）现有造串额田若干、地若干、山若干、荡若干，共计若干，

（注）田地山荡等地别应依征粮地别填入。

应加本图之地寄粮他图田若干、地若干、山若干、荡若干，共计若干；有主无粮（即失粮地）田若干、地若干、山若干、荡若干，共计若干；无主无粮（即官荒）田若干、地若干、山若干、荡若干，共计若干。

应减他图之地寄粮本图田若干、地若干、山若干、荡若干，共计若干；本图承粮地已冲失粮示豁除（即水底完粮）田若干、地若干、山若干、荡若干，共计若干；粮在本图地之坐落不明田若干、地若干、山若干、荡若干，共计若干。

依上加减本图应有地额田若干、地若干、山若干、荡若干，共计若干。

比较现有造串额田若干、地若干、山若干、荡若干（增或减）若干，共计若干。

此次编查附得有主无粮地、无主无粮地，除去冲失地及坐落不明地计田地山荡（增或减）若干，共计（增或减）若干。

本庄田地山荡现实地价应分上中下三等。

子自第几号起至第几号止，为上等土地。

田每亩地价若干元，地每亩地价若干元，

山每亩地价若干元，荡每亩地价若干元。

丑自第几号起至第几号止，为中等土地。

田每亩地价若干元，地每亩地价若干元，

山每亩地价若干元，荡每亩地价若干元。

寅自第几号起至第几号止，为下等土地。

田每亩地价若干元，地每亩地价若干元，

山每亩地价若干元，荡每亩地价若干元。

第六条　本案先责成主管庄书根据原有粮册及鳞册调查各庄实在亩额与业主户姓名，分别按照颁发表式切实查报，俾与查编图册互相对照。

第七条　全县各庄开办日起，即责成绘图员会同各庄主管庄书乡镇闾邻长、乡警等人员分班实地查绘图册，一面即由县酌派督促检查员若干人，分往各区担任督促指导事宜，俟一庄办竣即由各该员实地检查，倘发现隐匿遗漏错误，即责令的查编员更正，经检查后认为并无错误，即将该项图册会区审核报县。

第八条　各庄丘地图册编竣，并经检查员检查无误，报县后省委专员得随时实地抽查之，倘能发现隐匿误漏情事，原检查员、本区区长、原编查人员均须连带负责。

第九条　区督促检查员于本区督促检查工作竣事后，即令回县兼办内业工作，以节经费。

第十条　此次办理编造后地图册主旨完全为查排隐匿改正粮赋及减轻人民负担起见，各区区长应于本案开办时召集地方人士，先事宣传，以免人民发生误会。

第十一条　本案所需办事经费悉由公家支给，不向民间收取分毫，倘承办人员如有藉端需索准即扭就近送公安局转解本府依法究办。

第十二条　本案内业外业工作人员，如有特殊成绩者，得由专员会县呈请民、财两厅从优叙奖。

第十三条　各庄承办人员以担任查编实在亩分别酌定完成期限，并计算其应领经费，但自开办至完成期间至多不得过六个月。

第十四条　前项承办人员为统一步骤起见，事前得分区分期施以短期训练。

第十五条　内业工作人员对于册列承粮户名、亩分及承粮地别有未明了及疑义时，得随时通知各主管庄书持同原征册逐一校对主管庄书，不得推诿。

第十六条　本案开办后，各庄主管庄书乡警等一应承办人员，得领开办经费三成，督促检查员、绘图员及内业工作人员应有之薪俸及川旅费等，由县府按月发放，图册送县时再发四成，其余三成须经检查及抽查无误后发清。

第十七条　前项承办人员如有未能遵限完成或无力补正错误等情形，均按奉颁各县编造旧都图丘地图册应行注意事项第九至第十二各条办法，分别追回原款或扣除其未发之款。

第十八条　旧严属各县所派见习人员均由专员县长分别指派，帮办内业外业各项工作，作其川旅费须由各该县自行支给。

第十九条　前项应需经费遵照整理土地进行方案乙项第一条就二十年份征起田赋项下呈准垫用，不足时得呈请民、财两厅另行指拨。

第二十条　办事细则暨预算另定之。

第二十一条　凡省颁各项章则已有规定者，本办法大纲不再列举。

第二十二条　本实施办法大纲呈奉民、财两厅核准后施行。

第二十三条　本办法大纲如有未尽事宜，得随时呈请修正之。

建德县分庄编造地丘图册办事细则

附志　本细则包括内外业工作人员服务规则及奖惩规则等

第一条　本办事细则依据本县分庄编造丘地图册实施办法大纲订定之。

第二条　本案开始编造日期由县政府酌量订定之，所有担任外业工作人员，应同时分别会齐出发其工作步骤分定如次。

一、主管庄书应即根据原有鳞册及粮册，着手调查庄内实在亩额业主佃户之真实姓名及其住址等项，并按照丘地清册册式摘要查报。

二、绘图员应参照庄书查报之草册，会同各该庄主管庄书同莅该庄实地绘图。

三、绘图员暨主管庄书到达各庄，在着手办理之前各该庄所在地乡镇长及闾邻长应负就地引导及调查业户责任，乡警等人员应受绘图员及主管庄书指挥。

四、绘图员于每一庄丘地图绘齐分别编号并于各丘田地备考栏内，加具目测亩分后即检交主管庄书，由庄书依照奉颁清册送交区督促检查员实地检查无误后，再行呈县。

第三条　主管庄书如兼管其他各庄者，应由该庄书于本案开办日前指派负责人员分庄承办，以免妨碍进行，倘绘图员到达该庄，主管庄书并无指定负责人员承办者，得由绘图员陈明予以惩处。

第四条　各承办人员之外业工作每日至少应查绘至近二百亩，其内业整理每一万亩以二十日为标准。

第五条　承办人员出发查编时，应先查明现在征粮区域各该庄之界线绘成各该庄分界图，并树立红旗以为标识。

第六条　每一庄面积过大者得按照固有天然形势，再划为若干段分绘，但每段规定以五百上下亩为标准。

第七条　每一庄或段内应以丘为单位，依照奉颁丘地编号图说例各规定绘成联络丘地图，按丘编定地号并依式绘制正图。

第八条　各庄绘图员及主管庄书承办本案之勤惰及成绩之考查，均由区督促检查员随时负责巡回查察，按周造具报告书送府，以凭核办。

第九条　各庄绘图员及主管庄书如遇天雨或其他关系不能野外实地工作时，须向区督促检查员陈明转报，以凭稽核。

第十条　绘图员及主管庄书于实地查编时应秉承区督促检查员之指挥办理。

第十一条　绘图员及主管庄书于实地查编时发生困难，得就近向区督促检查员暨区长请示，遇不能解决时，得由区督促检查员或区长呈请县府核示。

第十二条　外业工作人员应将逐日工作拟具工作日记分期报县以凭稽核。

第十三条　整理图册全部工作及日常公文应由办事处主任负责督同内业工作人员主办之。

第十四条　如遇工作紧张时，无论内外工作人员得随时令饬，星期日一律照常办公不得休息。

第十五条　各区督促检查员实地检查应行注意事项，须遵照省颁检查丘地图册须知所规定，各点切实办理该项办法，另行颁发，本细则内不再列举。

第十六条　田赋征收主任应由县委任，为造册稽核员专任督率各主管庄书造册，并核对原承粮户名原承粮亩分及分庄调派干练庄书等事宜。

第十七条　各区督促检查员务须巡行本区各庄，随时督促检查，不得长驻区公所内，如有并无实地前往各庄巡回督促检查，一经查实，即予相当惩处或竟撤换之。

第十八条　绘图员分发各庄实地绘图后，如发现不能胜任、办事不力及通用舞弊情事者，得随时撤换并依法惩处。

第十九条　各主管庄书如有阳奉阴违、办事不力并通同业主舞弊者，一经查实即革除其原有庄书职务，并依法惩处。

第二十条　办事处主任及各区督促检查员、事务员、绘图员如办理本案确具成绩者，得由专员会县呈厅从优奖叙，并请将来其他各县开办查丈时继续任用。

第二十一条　各庄主管庄书如办理本案，确具成绩者，得由专员会县呈厅奖叙，并由县正式委任为庄书或推收员职务将来土地整理就绪，征收人员确定薪给后，该项办理本案成绩优越各庄书，得提高等级支薪以资激励。

第二十二条　绘图纸暨清册纸等统由县府发给。

第二十三条　本细则呈奉民、财两厅核准后施行。

第二十四条　本细则如有未尽事宜，得随时呈请修正之。

依据实施办法大纲，县政府设附整理土地办事处，惟开首系试办性质，故未正式成立办事处，仅指定城东镇字民庄先行试办，工作于七月二十日开始，该庄面积四百五十亩余，而所拟经费预算达二十二元五角，合每亩五分，超过厅定标准每亩一分八厘者，几达三倍，曾经厅方驳回，复经呈述“编造手续繁重，且本邑山多田少，调查分析极感困难”等情，得准予以变通办理，该庄所有丘地图册编造手续，系由城北东镇镇长洪同柏承办，计经七十余日，始行竣事。于字民庄丘地图册编竣呈厅后，即着手编造其他各庄，计本县共分七十庄，分两期举办，第一期计编造三十五庄，总计承粮面积二十五万八千余亩。

丘地图册办事处于二十二年一月正式成立，内部组织，设主任一人，事务员一人，绘图员十人，督查员五人，造册事务，则由各庄庄书办理，编造工作，于二月一日开始，第一期经费预算为一万一千八十二元，预定七个月办毕，但至八月下旬，图册编造完成者，仅十三庄，其未完成者，尚有二十二庄，于是呈请自九月起，展长四个月，追加预算一千二百五十元，迄十二月上旬，底图已绘完成，而清册尚未编竣者，计尚有十一庄，于是续请展期二个月，追加预算五百零二元，至二十三年二月底办竣，奉令撤销办事处，将公告等手续，责成主管科（第一科）办理，因主管科办事人少，且各有专责，于是添设临时科员事务员各一人，就办事处人员中遴委，专办丘地图册事宜，又复一再牵延，决以是年田禾被旱，经济恐慌，各项税收均告停顿，至九月底，难再筹款办理，于是将丘地图册未了事宜，暂予停止，一俟筹有的款，再行继续开办云云，惟迄今图册满架高搁，再亦无人愿闻问矣。此次编造经费，总计前后共费一万二千八百余元，三十五庄编造结果，实得二五六三一四亩，较承粮面积，反减较少二千余亩。考丘地图册编造目的，原系求地粮户三者之连系，俾征赋可按图索骥，使胥吏无法侵渔，然绘图但凭目测，往往因绘图员之经验不同，结果大相悬殊，而各业主之承粮亩分及户名，复假手庄书查填，其不尽不实，虚构互歧之处，比比皆是，办理一年余之丘地图册，所得实效如此，于举办之初意，实觉背道而驰矣。

第三章 推收及税契

第一节 推收旧例及积弊

推收户粮，乃确定土地所有权之办法，与整理田赋及契税有密切关系，故研究田赋，不可不详及推收。建德田地移转推收，向归各庄庄书办理，推收手续，由买主将卖契交示庄书，庄书核对册籍无误，即录入推收日结簿，其式如下：

吴丽生

地六分正　四保称字　五百六十　土名福主庙前

地九分二厘　　　　　五百六十一　土名仝

收李金镛（即永锦户）凭民国廿四年本人卖契价洋三十元

中人李金海操功贞　代初振麟

录入推收日结簿之目的，一则为已办推收之凭证，盖簿中除录入推收业户姓名，及地号地积外，并将立契年月契价中证代笔等等，一一附带登明，可毋虑业户抵赖，一则为日后办理新旧户名项下，添除之依据。

当推收日结簿登录完毕后，即填发盖章负责之归户册一本（式见地权凭证章），该项户册，与卖契同为执业凭证。

推收手续费，向无定章，过户任意需索，已成惯例，稍不遂欲，即不为推收过户，如“安仁乡业户宋德瑞，有基税四分，民地六分，已照章验契，将契据向该庄庄书推收，该庄庄书竟索诈推粮手续费五十元，否则即不为推收”，可为明证，同此肯捺推收，违法索诈情事，数见不一，以致县府关于此项之控案，年必多起。

庄书除上述和业户勒索重费外，又常盗卖官产，升课肥已，盖以官册散失，田地买卖移转，又归庄书办理，故公家对于官荒官产熟地私产，均漫无稽考，庄书得为所欲为，他人莫之或察，且遇私有土地，因年久失管，或四至不明，庄书往往串能佃户，将其出卖，甚有业主串通庄书，一地数卖，致有一业数主者，而飞洒诡寄，更若通常，以致有地无粮，有粮无地，或粮多产少，或产多粮少者，比比皆是，官民皆受其害。

至承粮业主方面，于田地成交后，或则因图匿税，或欲严守秘密，或畏庄书勒索，往往暗中贴粮与卖主，久延不办推收手续，即或推收过户矣，又往往不立真实姓名，而取某堂某记某祀或无姓化名为户名，或则分立户名承粮，凡此莫非冀图欺隐，以避征粮，历年田赋契税之短绌，要非无因也。

第二节　二十一年推收所之设立

民国二十一年，财政厅以整理田赋，须从推收入手，通令各县成立推收所，建德奉令后，于是年十月一日成立，附设于田赋征收处，推收主任一职，由征收主任兼充，下设助理员一人，司书一人，推收生一职，现即以各庄庄书按照原管区域，分别充任，推收人员之职务如下：

1. 推收主任综理推收所一切事宜，并稽核推收上一应文件。

2. 助理员掌管填发户籍及保管文卷暨会计事宜。

3. 推收生收发推收凭证及查验注册并征缴手续费暨给发收据等事宜。

推收期限与手续，亦经明白规定，凡不动产之买卖继承分析与遗赠等，买主或承受人，须于契约成立后三个月内，会同契据证件，及近三年粮串，持向推收所填具申请书，请求推收，在目下庄书充任推收生时，得向各该管庄内之推收生处请求推收，业户推收，如逾规定三个月期限时，应倍缴手续费，而推收费时，须用真实姓名，如不用真实姓名，一经查觉，或被人举发，查实后，须处以一元以上，十五元以下之罚金，推收生于收受呈验之契据证件及粮串等项，如果查验相符，即予注册，征收推收手续费，每亩四角，（最初亩收二角，二十三年六月奉令加增）不及一亩者，以一亩计算，收讫后，给以正式收据，同时在申请书上盖戳证明，送交推收助理员填给户籍，推收助理员接收前项推守文件时，如查明无误，即将户籍填就，送由主任复核盖章，转发推收生给发业户，推收手续至此乃行举事。兹将推收户粮申请书、推收费收据、推收户粮登记簿以及户籍等式样附下：

推收户粮申请书式样

土地坐落　　产权之所有别

产别亩　　字　号　土　名　　原有户名　赋　额　　摘要

共计十格

右户粮于中华民国二十　　年　月　日因　　移转于户下承完理合遵章检齐后开各项有关推收凭证

并缴纳手续费请求

核准推收过户谨呈

建德县政府

附呈

证件名称　　　数量　　　证件名称　数量

计三格

手续费银　　元　　角正

申请人

年龄　　　　　　　　住址

籍贯　　　　　　　　职业

中华民国二十　　年　　月　　日

推收费收据式样

推收费收据

建德县政府　今据　　都图（圩庄）收户

交到　　户（契据粮串户折等件须视交到件数逐一分别填注）

计出推田（山）或地（荡）　亩　分　厘　毫　丝　忽，申请收入　户管业照章征收手续费银　元　角，除填明缴核及存根外，合给收据交收户　收报限　日内来所换领新户折及呈验各件，此据。（注意）前项呈验各处如有应行归远推户收执之件，由授受双文章自行交接清楚。

中华民国　年　月　日给推收所

字第　　号推收费银　　元　　角

推收费缴核

建德县政府　　今据　都图（圩庄）收户

交到　户推收证件共　纸，计出推田（山）或地（荡）亩　分　厘　毫　丝　忽，申请收入　户管业照章征收手续费银　元　角，除填给收据及留根备查外合具缴核呈验

中华民国　年　月　日给推收所

字第　　号推收费银　元　角

存根

建德县政府　　今据　都图（圩庄）收户　交到　户推收证件共　纸计出推田（山）或地（荡）　亩　分　厘　毫　丝　忽，申请收入　户管业照章征收手续费银　元　角，除填明缴核及给予收据外合留存根备查

中华民国　年　月　日给推收所

推收户粮登记簿式样

申请年月日期、土地坐落、产字别号、亩分、承卖人姓名住址、某户名下推收、收入某户名下、附缴证件名称、附缴证件数目、征收手续费数、业给户折号数日期、附记

共计十格

户折式样

建德县政府户折存根

业户　　住址　　属于某图某庄征册

田赋清册号数

共计田　　地　　山　　塘

共上期田赋

中华民国二十　年　月　日建德县政府 字第　号

字第　　　号

附：业户须知

一、本折为业户承粮之证据。

二、凡有买卖行为或因继承分析赠与等事故而移转户粮者，须依照规定三个月期限内呈缴原有户折分别推收换给新户折。

三、业户请求推收时须呈验已报税之契据推付凭证及近三年粮串并照章缴纳手续费其系继承分析赠与而改立户名者，应将原有印契户折及近三年粮串并关于继承分析等事之证件，一并呈验。

四、推收手续费不分田地山荡每亩缴纳银四角，不及一亩者以一亩计算。

五、业户请求推收逾三个月规定期退者，应倍缴手续费。

六、在浙江省各县户粮推收规则施行后业户请求推收不用真实姓名者，经查觉或被人举发查实后处以一元以上十五元以下之罚金。

七、业户买受不动产应就产之所在地都啚或圩庄内立户承粮一地一户不得寄庄寄户。

八、凡业户住所有变更时须立时，将此户折呈请该管县局推收所验明于首行住所下加以改正并加盖红戳。

九、凡每年在上期田赋开征期三个月以前呈请推收者归当年造串征粮余归入次年办理。

十、本折如有遗失时得照推收规则第十二条检齐合法各证件向推收所声明切实理由，请求补给仍照章缴纳手续费。

十一、凡业户请求推收除照章维纳手续费外本折概不收费。

业户　　　　住所　　属于某图庄征册

产别、亩分、产之所在地、字号、每亩科别、原有户名、赋额记入某啚(庄) 田赋清册、上期第号及承粮年份

共计十六格

共田、地、山、塘

共应完上期田赋正税银

中华民国二十　年　月　日字第　　号

右给业户　收执

自推收所成立后，表面似可将过去一切积弊，尽数去除，但各庄推收员仍由旧日庄书先任，换汤不换药，实未收若何功效也。

第三节 税契

建德税契，无单独管理机关，向由杂税征收处主任负责办理，税契手续，先填早班书，购领官契纸，将单契粘附于其上，持送县府投税，杂税征收处收受后，除将税银等分别登簿外，并填给文件及税银收据，待契纸核验盖印后，申请人即凭收据换领契纸。契税税率，除照省定卖契征收百分之六，典契征收百分之三外，二十年一月起，县复添设契税附加一种，税目置产捐，系按契载原价带征百分之三，充地方建设经费，此外俗例买主须出中资百分之六，其中由乡镇长提取二成，作乡镇公所经费，余归中证代笔等分润，故买田一亩，假定其价百元，则正价以外之耗费，有定额者如下：

契税：6.00 元；

置产附捐：3.00 元；

官契纸：0.50 元；

推收费：0.40 元；

中资：6.00 元；

计：15.90 元。

而中间人之烟酒饭资，庄书之额外需索，及成事前后之一切费用，犹不与焉，故民间成契之后，往往避不投税，虽征收契税章程，对逾限不税，或匿报契价者，均处以罚金之规定，然无何等实效。

逃税之法，最普通者，约有二端：

1. 沿用白税　民间契约，颇多隐匿不税，或虑田地发生纠葛，则暗中贿赂庄书，凭白契代办推收，政府莫由查考也。

2. 短写契价　民间买卖习惯，向立正找二契，正契仅填契价六成左右，契约成立后，如无别种纠葛发生，大都只税正契，将找契隐匿不税，政府亦无法稽查。

二十三年，财厅为鼓励业户投税普及全省实行起见，通令各县，酌定自五月十六日起，将契税税率，分别减轻，（甲）绝卖减照卖价征收百分之四，（乙）

活典减照典价征收百分之二，（丙）赠与遗赠减照产价估征百分之四，（丁）继承分析减照产价估征百分之一征收，其带征之各项附税，随正比例减收，所有逾期投税各户，并准援例免罚，均以三个月为限，后又续展三个月，一面督率经办验税人员，及各区乡镇公所，积极排查催办，勿任短匿隐漏。建德遵令后，拟具查催建邑契税整顿办法十二条，惜均等于具文，未能切实照办，收效殊鲜，兹将所订之办法录下：

建德县遵令拟具查催建邑契税整顿办法

一、本县契税近年税收短绌异常，难免业户有隐匿短税情弊，亟应遵令严密排查以裕税收特订本办法整顿之。

二、本县以原有自治区域分为五区，每区委催员一人，各区内复分二段，每段委派查契员一人，切查实催未完白契投县验税。

三、各区督催员由本县遴选，办事干练熟悉地方情形，品行端方者委任之，各段查契员由督催员选择办事干练者充任之，各该管区内所有查催契税事宜，均由各该督催员负担全责。

四、各督催员须督同各管区内查契人员挨户调查，未税白契暨匿投业户催令克日检出正找各契报向本府验契处照章完税惟不准直接向业户收受契纸及税款免滋流弊。

五、各区督催员应认定查催额数以凭以核并令出具切结以备查考。

六、查催本县契税时期暂以奉令定自五月十六日起至八月十六日止，以三个月为限。

七、各区督催员每名月支薪金十二元，查契员每名月支薪水九元。

八、各区督催员应每月按旬将调查未税白契（或短税）催令克日报税之业户姓名产别契纸契债成契年月未税或短税若干等项填具报告表送交本府验契处查核其表式另定之。

九、本县验契处应设置考核簿，每旬接到前项报告表后将表载各项分别登记，每届月终即会同推收所查明本月份税契及推收各户与考核簿，详细核对以明实情，一面即开单报明，以凭考核，各督催查契人员催办成绩分别惩奖，如按照每月派额催完不及七成者，由县长斟酌情形分别撤委或记过。

十、各督催员暨查契员如有私收税款或借端需索苛扰业户，以及通同业户短写契债等情弊，一经发觉依法严办。

十一、本办法第七条规定之薪水在查催期内征起契税公费九成范围内支给之，俟事竣后检据报销。

十二、本办法由县呈报财政厅核准备案实行。

第四节　契税收数

兹将近年契税收数列表如下：

第十表　建德近七年契税收数

表 4-10

年度	月份	卖契税（元）	典契税（元）	契税共计（元）	契纸费（元）
十七年度	七月份	87.360	21.810	109.170	28.500
	八月份	87.030	9.000	96.030	14.000
	九月份	6.600		6.600	1.000
	十月份	65.880	3.240	69.120	13.500
	十一月份	66.600	21.000	87.600	11.000
	十二月份	57.948	34.800	92.748	16.500
	一月份	95.640	16.650	112.290	20.500
	二月份	19.590	2.970	22.560	6.500
	三月份	217.020	27.150	244.170	40.000
	四月份	113.640		113.640	19.500
	五月份	78.540	15.000	93.540	13.000
	六月份	128.700	3.000	131.700	13.000
	总计	1024.548	154.620	1179.168	197.000
十八年度	七月份	64.140	1.260	65.400	24.000
	八月份	58.620	0.900	59.520	13.000
	九月份	22.080	4.200	26.280	9.500
	十月份	13.440	0.900	14.340	6.500
	十一月份	44.520	0.780	45.300	4.000
	十二月份	17.220	5.200	22.420	7.000

续表

年度	月份	卖契税（元）	典契税（元）	契税共计（元）	契纸费（元）
十八年度	一月份	102.540	9.600	112.140	8.000
	二月份	43.800	10.200	54.000	8.500
	三月份	66.000		66.000	18.000
	四月份	138.870	14.190	153.060	24.500
	五月份	73.500		73.500	9.000
	六月份	30.000	1.500	31.500	8.000
	总计	674.730	48.730	723.460	140.000
十九年度	七月份		3.000	3.000	0.500
	八月份	13.920		13.920	3.000
	九月份	15.600	15.000	30.600	2.500
	十月份	6.900		6.900	1.000
	十一月份	13.980	3.630	17.610	5.000
	十二月份	37.908	41.550	79.458	10.500
	一月份	4.230		4.230	1.500
	二月份	28.200		28.200	6.000
	三月份	19.200	4.800	24.000	7.000
	四月份	29.520	6.540	36.060	12.000
	五月份	25.560		25.560	9.500
	六月份	47.898		47.898	17.500
	总计	242.916	74.520	317.436	76.000
二十年度	七月份	4.860		4.860	2.500
	八月份	20.340		20.340	8.640
	九月份	32.640	3.000	35.640	5.500
	十月份	70.950	19.776	90.726	14.000
	十一月份	124.350	14.610	138.960	24.000
	十二月份	31.081	0.900	31.981	8.500
	一月份	52.260		52.260	8.000
	二月份	18.480	3.450	21.930	5.000

续表

年度	月份	卖契税（元）	典契税（元）	契税共计（元）	契纸费（元）
二十年度	三月份	58.920	1.500	60.420	9.000
	四月份	44.340	10.800	55.140	10.000
	五月份	68.220		68.220	16.000
	六月份	18.780	3.630	22.410	8.500
	总计	545.221	57.666	602.887	119.640
二十一年度	七月份	177.780	27.180	204.960	51.000
	八月份	177.420	89.820	267.240	46.500
	九月份	635.718	157.470	793.188	127.000
	十月份	285.612	61.710	347.322	68.500
	十一月份	115.800	3.540	119.340	18.000
	十二月份	619.800	125.790	745.590	181.000
	一月份	359.754	68.085	427.839	120.000
	二月份	69.660	28.530	98.190	28.000
	三月份	106.200	28.530	134.730	34.500
	四月份	80.342	12.300	92.642	19.500
	五月份	81.870	3.000	84.870	15.500
	六月份	48.030	0.390	48.420	10.000
	总计	2757.986	606.345	3364.331	719.000
二十二年度	七月份	37.380	38.820	76.200	13.000
	八月份	46.200	172.530	218.730	16.000
	九月份	18.660	3.000	21.660	6.000
	十月份	91.440	7.770	99.210	8.500
	十一月份	46.620	12.480	59.100	12.500
	十二月份	75.456	20.430	953886	14.500
	一月份	17.250	3.900	21.150	8.500
	二月份	160.533	40.980	201.513	29.500
	三月份	250.530	11.220	261.750	26.500
	四月份	23.880	34.770	58.650	13.000

续表

年度	月份	卖契税（元）	典契税（元）	契税共计（元）	契纸费（元）
二十二年度	五月份	20.460	8.000	28.460	6.500
	六月份	56.840		56.840	17.000
	总计	845.249	353.900	1199.149	171.500
二十二年度	七月份	20.640	6.800	27.440	13.000
	八月份	50.220	3.140	53.360	12.000
	九月份	1.304	19.040	20.344	4.500
	十月份	14.600	6.880	21.480	3.500
	十一月份	19.840	22.200	42.040	7.000
	十二月份	9.840	6.000	15.840	3.000
	一月份	48.300	21.780	70.080	12.000
	二月份	51.360	13.560	64.920	10.500
	总计	216.104	99.400	315.504	65.500

据厅刊之浙江省各县征解赋税月比一览表，建德契税十九年前，全年派额两千元，二十年以后，增为五千元，以此衡之，则前表民十七之收数，仅占派额百分之五十五点三九，民十八为三六点一七，民十九为三五点八七，民二十为一二点零六，民二十一为六七点二八，民二十二为二三点九八，民二十三为六点三一，除民二十三因年度尚未结束，其收数与派额不足评较外，其他各年份之收数，较之派额，相距颇远也。

第四章　税率

第一节　科则及折价

明沿宋元，袭用两税法，夏征曰夏税，秋征曰秋粮，夏税无过八月，秋粮无过明年二月，夏税秋粮之外，有贡，有杂赋，有和买，有派办，有课利，名目繁多，难以悉记。至田有官田民田之分，科则各别，而官田重于民田，详见下表：

第十一表　明代田地每亩科则

表 4-11

田	地别	银数（钱）
田	官田	1.5
	民田	0.836
地	官地	0.755
	民地	0.185
山	官山	0.057
	买犊等乡山	0.054
	白孝两乡山	0.035
塘	官塘	0.715
	民塘	0.145
基	官基	0.745
	民基	0.175

清则官同并则，银米并征，民田每亩之征加重，科则如下：

第十二表　清代田地每亩科则

表 4-12

	银（钱）	米（合）
田	1.3227	1.900
地	0.4734	0.8

续表

	银（钱）	米（合）
基	0. 42155	0. 704
买犊等乡山	0. 0929	0. 2
白孝等乡山	0. 0638	0. 1
塘	0. 36404	0. 5

惟虽有银米之目，实际除零积余米外，以每石核银一两二钱折征，且正赋外，有蜡茶等外赋，皆随地丁项下按两带征，又按两随征火耗银六分，通计正外各赋，以及耗羡等款，照易知由单，每亩征数如下：

田：每亩征银一钱四分五厘一毫三丝；

地：每亩征银五分三厘九毫七丝；

基：每亩征银五分三厘二毫；

山：每亩征银一分五厘二丝；

白山：每亩征银一分一厘九毫八丝；

塘：每亩征银四分七厘一毫七丝。

遇闰并有按亩加征之规定，其每亩加征数详下：

田：每亩加银三厘五毫八丝；

地：每亩加银一厘三毫三丝；

基：每亩加银一厘三毫一丝；

山：每亩加银三毫七丝；

白山：每亩加银二毫九丝；

塘：亩每加银一厘一毫六丝。

银在清末已折收钱，县属粮价，每地丁银一两，向纳制钱二千二百文，光绪二十八年，奉文每地丁银一两，加捐赔款制钱三百文，共纳二千五百文。

民国以来，田地基山塘，科则俱仍清旧，而以每制钱一千作银币一元核算，二十年财厅通令废两改元，原有银科则，以每两 1.8 折合银元征收，作为上期田赋，所有附征各款，亦均分别依率折合，兹将各则旧征银两数，及折合银元数，列表比较如下：

第十三表　建德田地正税率

表 4-13

地别	旧征银两数（两）	折合银元数（元）
田	0.1452	0.261
地	0.054	0.097
山	0015	0.027
白山	0.012	0.020
塘	0.0472	0.085

注：基与地现已并则，故不列。

第二节　附加税

建德田地，均带征省县附加及特捐，其种类如下：

一、省附加

1. 建设特捐　于民国十八年开始带征，原名军事善后特捐，始于民国十七年四月，地丁每两，抵补金每石各带征一元，专款报解金库，听候拨用，建邑向无抵补金，故遵令于地丁每两带征一元，十八年北伐告终，此款乃经省政府议决，改为建设特捐，照旧征收，以十年为期，专充建设经费。

2. 建设附捐　始于民国十六年，专充修筑各县公路之用，系按地丁抵补金正税数目，带收一成，自十六年下忙开始征收，建邑是时未及开征，故于十七年六月，方始征收。

二、县附加

1. 县税特捐　来自前清旧案县税平余，旧时地丁一两，连赔款捐共征制钱二千五百文，已如前述，光复后，省税及粮捐，共折洋一元八角，尽数解省，其余耗羡平余等，折洋七角，定名特捐，留充地方事业之用，现除扣支九厘公费外，以四成充教育，三成充警察，二成充公益费用，一成为准备金。

2. 自治附捐　始于民国十六年，每地丁一两，带征一角，充自治经费，十九年起，以自治经费不足，奉令增加一角五分，合前共二角五分。

3. 教育附捐　省方见以各县教育经费竭蹶，于是十六年通令各县附征一成教育附捐，以资补救，建德于十七年起征，二十一年，以本县各乡村小学经费支出，呈奉省方核准在地丁项下，每两加征教育附捐银五分，连原征每两一角五分，合计每两带征银二角。

4. 治虫经费　系十八年六月，财建两厅会令于地丁项下，每银一两，征银一角，二十三年三月，财厅通令整顿田赋附加案内，将治虫经费减半征收，建德于二十三年上期田赋实行。

三、特捐

保卫亩捐　二十一年六月，奉省令每正税一元，带征亩捐大洋六角，充保卫经费，二十二年，奉省令减征一角，计正税一元，带征亩捐五角。

四、征收费

地丁每两带征一角六分二厘。

兹将上述甲乙丙各项附加，列表如下以便览：

第十四表　建德田赋附加税一览

表 4-14

类别	附加税目	启征年月	带征方法	全年额征	用途	附注
省附加	建设特捐	民国十八年	上期带征五角五分六厘	31568. 107	拨充建设公债基金	原名军事善后特捐民国十七年四月地下每两带征一元
	建设附捐	民国十七年	上期带征八分三厘	4712. 505	拨充公路公债基金	旧时系按地丁正税每带收一成计一角五分
县附加	县税特捐	民国元年	上期带征三角八分九厘	22686. 319	除扣九厘公费外以十成分配一成准备金二成公益三成警察四成教育	原按地丁每两带征七角
	自治附捐	民国十六年	上期带征一角三分九厘	7892. 027	拨充自治经费	原按地丁每两带征一角十九年奉令增加一角五分合共二角五分
	教育附捐	民国十七年	上期带征一角一分一厘	6302. 266	拨充教育经费	原按地丁每两带征一角五分二十一年奉令增加五分
	治虫经费	民国十八年	上期带征二分八厘	1589. 761	拨充治虫经费	原按地丁每两带征一角二十三年起减半征收
特捐	保卫团亩捐	民国二十一年	每正税一元带征五角	28388. 585	拨充县保卫团经费	原带征六角二十二年起减征

第三节　每亩正附税合计及比较

兹将近数年建德田地山荡每亩应纳之正附税，及征收费，列表如下，以观每亩负担总数，及其增加趋势。

第十五表　建德田地每亩额征正附税一览

表 4-15

年别	科则	正税	建设附捐	建设特捐	军事特捐	土地事业费	县税特捐	教育附捐	治虫经费	自治附捐	新增自治捐	保卫团捐	飞机捐	保卫亩捐	征收公费	共计
十六年	田地丁	2.61	—	—	0.145	—	0.102	—	—	0.015	—	—	—	—	0.024	0.547
	地地丁	0.97	—	—	0.054	—	0.038	—	—	0.005	—	—	—	—	0.009	0.202
	山地丁	0.027	—	—	0.015	—	0.011	—	—	0.002	—	—	—	—	0.002	0.059
	白山地丁	0.022	—	—	0.012	—	0.009	—	—	0.001	—	—	—	—	0.008	0.046
	荡地丁	0.085	—	—	0.047	—	0.033	—	—	0.005	—	—	—	—	0.024	0.178
十七年	田地丁	0.261	0.145	0.22	—	—	0.102	0.022	—	0.015	—	—	—	—	0.24	0.591
	地地丁	0.097	0.054	0.008	—	—	0.038	0.008	—	0.005	—	—	—	—	0.009	0.219
	山地丁	0.027	0.015	0.002	—	—	0.011	0.002	—	0.002	—	—	—	—	0.002	0.061
	白山地丁	0.022	0.012	0.002	—	—	0.009	0.002	—	0.001	—	—	—	—	0.002	0.050
	荡地丁	0.085	0.047	0.007	—	—	0.033	0.007	—	0.005	—	—	—	—	0.008	0.192
十八年	田地丁	0.261	0.145	0.022	—	—	0.102	0.022	0.015	0.015	—	—	—	—	0.024	0.606
	地地丁	0.097	0.0540	0.008	—	—	0.038	0.008	0.005	0.005	—	—	—	—	0.009	0.224
	山地丁	0.027	0.015	0.002	—	—	0.011	0.002	0.002	0.002	—	—	—	—	0.002	0.063
	白山地丁	0.022	0.012	0.002	—	—	0.009	0.002	0.001	0.001	—	—	—	—	0.002	0.051
	荡地丁	0.085	0.047	0.007	—	—	0.033	0.007	0.005	0.005	—	—	—	—	0.008	0.197

续表

年别	科则	正税	建设附捐	建设特捐	军事特捐	土地事业费	县税特捐	教育附捐	治虫经费	自治附捐	新增自治捐	保卫团捐	飞机捐	保卫亩捐	征收公费	共计
十九年	田地丁	0.261	0.145	0.022	—	0.044	0.102	0.022	0.015	0.015	0.021	—	—	—	0.024	0.671
	地地丁	0.097	0.054	0.008	—	0.016	0.038	0.008	0.005	0.005	0.008	—	—	—	0.009	0.248
	山地丁	0.027	0.015	0.002	—	0.005	0.011	0.002	0.002	0.002	0.002	—	—	—	0.002	0.070
	白山地丁	0.022	0.012	0.002	—	0.004	0.009	0.002	0.001	0.001	0.002	—	—	—	0.002	0.057
	荡地丁	0.085	0.047	0.007	—	0.014	0.033	0.007	0.005	0.005	0.007	—	—	—	0.008	0.218
二十年	田地丁	0.261	0.145	0.022	—	—	0.102	0.022	0.015	0.015	0.021	—	—	—	0.024	0.627
	地地丁	0.097	0.054	0.008	—	—	0.038	0.008	0.005	0.005	0.008	—	—	—	0.009	0.232
	山地丁	0.027	0.015	0.002	—	—	0.011	0.002	0.002	0.002	0.002	—	—	—	0.002	0.065
	白山地丁	0.022	0.012	0.002	—	—	0.009	0.002	0.001	0.001	0.002	—	—	—	0.002	0.053
	荡地丁	0.085	0.047	0.007	—	—	0.033	0.007	0.005	0.005	0.007	—	—	—	0.008	0.204
二十一年	田地丁	0.261	0.145	0.022	—	—	0.102	0.029	0.015	0.036	—	0.015	—	0.157	0.024	0.806
	地地丁	0.097	0.054	0.008	—	—	0.038	0.011	0.005	0.013	—	0.005	—	0.058	0.009	0.298
	山地丁	0.027	0.015	0.002	—	—	0.011	0.003	0.002	0.004	—	0.002	—	0.016	0.002	0.084
	白山地丁	0.022	0.012	0.002	—	—	0.009	0.002	0.001	0.003	—	0.001	—	0.013	0.002	0.067
	荡地丁	0.085	0.047	0.007	—	—	0.033	0.009	0.005	0.012	—	0.005	—	0.051	0.008	0.262

续表

年别	科则	正税	建设附捐	建设特捐	军事特捐	土地事业费	县税特捐	教育附捐	治虫经费	自治附捐	新增自治捐	保卫团捐	飞机捐	保卫亩捐	征收公费	共计
二十二年	田地丁	0.261	0.0145	0.022	—	—	0.102	0.029	0.015	0.036	—	—	0.015	0.131	0.024	0.780
	地地丁	0.097	0.054	0.008	—	—	0.038	0.011	0.005	0.013	—	—	0.002	0.048	0.009	0.285
	山地丁	0.027	0.015	0.002	—	—	0.011	0.003	0.002	0.004	—	—	0.001	0.014	0.002	0.081
	白山地丁	0.022	0.012	0.002	—	—	0.009	0.002	0.001	0.003	—	—	0.001	0.011	0.002	0.065
	荡地丁	0.085	0.047	0.007	—	—	0.033	0.009	0.005	0.012	—	—	0.002	0.043	0.008	0.251
二十三年	田地丁	0.261	0.145	0.022	—	—	0.102	0.029	0.008	0.036	—	—	—	0.131	0.024	0.758
	地地丁	0.097	0.054	0.008	—	—	0.038	0.011	0.003	0.013	—	—	—	0.048	0.009	0.281
	山地丁	0.027	0.015	0.002	—	—	0.011	0.003	0.001	0.004	—	—	—	0.014	0.002	0.079
	白山地丁	0.022	0.012	0.002	—	—	0.009	0.002	0.001	0.003	—	—	—	0.011	0.002	0.064
	荡地丁	0.085	0.047	0.007	—	—	0.033	0.009	0.002	0.012	—	—	—	0.043	0.008	0.246

注：二十一年新增自治捐已并入自治附捐内。

兹更将田地山荡每亩所纳正附税之比较，列表如下，以便比观。

第十六表　民十六至民二十三建德田地每亩正附税比例

表 4-16

类别		十六年	十七年	十八年	十九年	二十年	二十一年	二十二年	二十三年
山	正税	0.261	0.261	0.261	0.261	0.261	0.261	0.261	0.261
	附税	0.286	0.330	0.345	0.410	0.366	0.545	0.519	0.497
	百分比	0.110	0.126	0.132	0.157	0.140	0.209	0.199	0.190
地	正税	0.097	0.097	0.097	0.097	0.097	0.097	0.097	0.097
	附税	0.106	0.122	0.127	0.151	0.135	0.201	0.188	0.184
	百分比	0.109	0.126	0.131	0.156	0.140	0.207	0.194	0.190
山	正税	0.027	0.027	0.027	0.027	0.027	0.027	0.027	0.027
	附税	0.030	0.034	0.036	0.043	0.038	0.057	0.054	0.052
	百分比	0.111	0.126	0.133	0.159	0.141	0.211	0.200	0.193
白山	正税	0.022	0.022	0.022	0.022	0.022	0.022	0.022	0.022
	附税	0.024	0.028	0.029	0.035	0.031	0.045	0.043	0.042
	百分比	0.109	0.127	0.132	0.159	0.141	0.209	0.195	0.191
荡	正税	0.085	0.085	0.085	0.085	0.085	0.085	0.085	0.085
	附税	0.093	0.107	0.112	0.133	0.119	0.177	0.166	0.161
	百分比	0.109	0.126	0.132	0.156	0.140	0.208	0.195	0.190

观上列两表，民国十六年以来，附税逐渐增加，各项附税合计，在十六年已超过正税，惟超出不多，至十九年，超出数达一倍以上，二十一年，且当正税之两倍有余，近年以财部通令限制附加，二十二年，乃将保卫团亩捐减征，二十三年，又将治虫经费减半征收，故近两年来，附加数较二十一年略减，惟与二十一年以前较，则高出数仍远也。

第五章　征收

第一节　征收机关及员役

田赋征收事宜，向由粮柜办理，民国改称田赋征收处，设于县府大堂东，归财政科管辖，其组织如下：

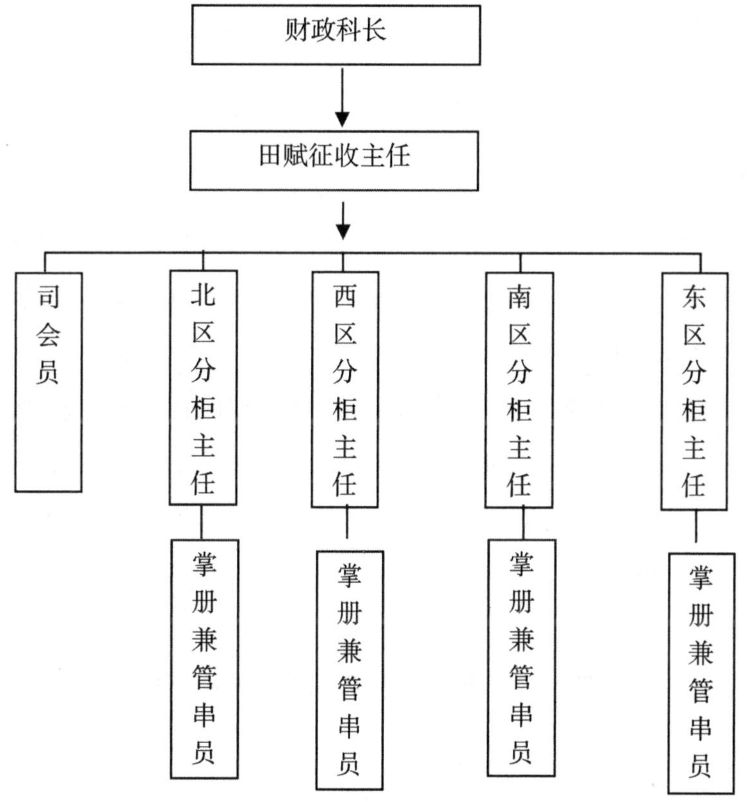

图 4-4　田赋征收处组织图

全处办事人员，总仅十人，组织简单，征收主任之职务，在总理处内一切事宜，并关于征收上一应文件，分柜主任、徒员美名，实则仅为分区征收员而已，其职在处理各该区内田赋征收事宜，掌册兼管串员，职在分别掌理各区征册及粮串，司会则司稽核各柜征数，及缮造月报事宜，现任职员姓名，任职年月，及月薪如下：

第十七表　建德田赋征收处职员调查

表 4-17

职别	姓名	任职年月	月薪（元）
主任	刘炳照	二十三年七月	30
分柜主任	江正杰	二十一年一月	16
分柜主任	朱花农	二十一年一月	16
分柜主任	王光谟	十九年四月	16
分柜主任	黄厚铭	二十二年九月	16
掌册兼管串员	鲁鹏元	二十三年三月	12
掌册兼管串员	曹　影	二十三年七月	12
掌册兼管串员	方坤山	十九年四月	12
掌册兼管串员	黄金生	二十一年九月	12
司会	胡憬唐	二十三年七月	14

乡间无分柜之设，惟每当秋收以后，及桐子茶叶上市之时，征收处派员携带册串，分赴东南西北四乡，设立流动分柜四所，就各乡镇及较大村落，流动分收，期间每次约一月。

此外与征收有关系者，复有包征及粮警，包征现称催征役，或催收人，负催收粮赋之责，现仅十六庄有设催收人，大都人管一庄，其任用方法，系由乡镇长副具结保证，送请征收处转呈主管科传验谕充，此辈既无恒产，复无俸给，其所以能维持，并群相逐鹿者，不难明其故矣。兹将各庄催收人姓名，及应收正税银元，列表如下：

第十八表　建德各庄催收人姓名及应收正税

表 4-18

庄别	姓名	正税银（元）
西小洋上	吴丽生	1678. 757
西小洋下	方廷彦	887. 263
三台外	周世臣	737. 585
三台里	汪日元	622. 105
西塘外	叶炳根	702. 522

续表

庄别	姓名	正税银（元）
西塘中	王粥才	630.933
里程里	许文海	462.104
莲花外	许文邦	534.856
莲花东	徐凤翔	707.482
山边东	陈连春	841.000
山边西	胡备明	1340.000
山路外	许有三	984.243
山路里	黄会荣	1456.331
马目外	俞至顺	1027.983
麻车庄	吴芳春	1021.753
施家上	杨绍忠	1232.793

粮警由征收处雇用，现计共七名，每名月饷八元，遇民间欠赋，或催收人疲玩，不将征起之款缴柜，则饬其下乡催收。

第二节　征收时期

建德田赋，向分两期征收，上忙五月一日启征，下忙十一月一日启征，两忙均折半征收，二十一年，省令废两改元，并将地丁改为上期田赋，于是并为一期征收，期间在六月一日启征，第自并征的后，事实上至感困难，盖向例两期各征半数，民间不觉痛苦，今骤予合并，按之农村实况，民力实有不逮，且时期又值青黄不接，更少输将能力，似宜由县府呈请省方，请求变通，仍分作两期征收，以合地方实情。

依据二十年六月省政府委员会通过之浙江省征收田赋章程，规定上期田赋，各业户应自开征日起，限三个月内一次完纳，凡业户于开征日起，十五日以内完纳者，照所纳正税给以百分之五之奖金，如逾规定完纳期限，滞未完纳者，在第一个月内，照正税应征数，加收百分之五罚金，在第二个月内，照正税应征数，加收百分之十罚金，自第三个月起，至征收年度终了止，照正税应征数，加收百分之十五罚多，经过征收年度仍未完纳者，照正税应征数加收百分之二十罚金，该项罚金，悉数解省，县府不得移借，近数年来，滞纳罚金之收数如下：

第十九表　建德近七年滞纳罚金收数

表 4-19

年份	收数
十六年	1098. 312
十七年	1332. 055
十八年	2375. 872
十九年	3563. 639
二十年	1796. 898
二十一年	3473. 087
二十二年	1871. 078

第三节　征收手续

每届开征之前三个月，由征收处饬令各庄书编造造串底簿，限一个月内呈县，由征收处凭簿造征册，并填制印串及通知单（全县共四万零六百余张），送县盖印，于启征前一月，将通知单发交乡镇公所，按户散发，约在开征期前十日发清。

粮户例须自行投柜完纳，完纳者，先由粮柜分柜主任检查造串底簿，核算银元，按数收款，登入流水簿，再由管串员对号截串，将粮户串号姓名，录入给照簿，其执照即交给粮户收执，据征收主任言，粮户直接交柜者，约十之七八，其余由催收人，代为交柜，催收人代收粮款，先行登入私人手簿，投柜后，掣回印串转给粮户，粮柜向无抛串征收办法，逾限不纳之税，由征收处饬派粮警，持欠户名单催告，初次限以若干日内，到柜投完，如再逾限，依照征收章程拘缴及处罚。

第四节　征收串册

一、征册

征册每庄一本，旧时地丁征册，内容简单，仅载户名，额征银数，及折合银元数，其田地种类，坐落，亩数，以及粮户之真实姓名与住址等，尽付阙如，其式如下：

建德县地丁银数征册式样

第　号　　　　共银　　　　上忙银　下忙银　　　　每面三号

上忙省税洋　县税洋征收费洋　下忙省税洋　县税洋征收费洋

二十一年，地丁改为上期田赋，于是遵照厅颁式样刊制，惟佃户姓名及住址栏，以无可查考，故删除，而改添附记一栏，至业户真实姓名及住址等栏，虽刊列册内，但均空缺不填，照厅颁征册说明栏内，注明业户真实姓名及住址，可留待业户赴柜投纳时，由柜员分别详细查询填注，第事实上未能照行，兹录其册式如下：

建德县田赋征册式样

编定字号、业承粮户名、真实姓名、户地住址号、地别、地积、坐落、上期正税、完纳日期、附记

共计十格

共计田地、山塘、正税银元

建德县　区　庄民国二十三年份田赋征册　第　页

编写业字号承粮户名真实姓名　户地住址号　地别　地积　坐落　上期正税完纳日期　附记

共计十格

共计田地、山塘、正税银元

二、流水簿

流水簿为粮柜分柜主任收取粮户投完粮赋时登录之簿，每柜一本，其式与厅颁式样，略有出入，其式如下：

建德县流水簿式样

征获日期　区庄承粮户名　真实及住址号　应征正税附税及征费　共征银元数　扣奖加罚

共计十格

建德县政府征收民国二十　年份上期田赋流水簿　柜第　页

征获日期　区庄　承粮户名　真实姓名及住址号　应征正税附税及征费　共征银元数　扣奖加罚

共计十格

三、给照簿

给照簿为管串员截串时所用之簿，其式如下：

建德县田赋给照簿式样

年月日　户名　产别　正税银元　给照号码

共计十一格

建德县民国二十　年份田赋给照簿

年月日　户名　产别　正税银元　给照号码

共计十一格

四、粮串

旧时粮串，为六联式，一联由单，于开征前送递，上下忙执照各一联，交人民收执，上下忙报单各一联，呈厅缴验，存根一联，贮县备查。二十一年，并地丁为上期田赋，于是串式改为四联，一联通告单，一联执照，一联报单，一联存根。兹将民十八年、二十三年两年串式附下，十九、二十年两年串式同十八年，二十一、二十二年两年串式同二十三年。

民国十八年上下忙地丁串式：

存根

今据　庄业户　所有产　完纳

民国十八年份上下忙成熟地丁原额银　每两运粮捐折征三角合

银元　元　角　分　厘

建设费照原额银每两带收银元一角五分　合银元　元　角　分　厘

特捐照原额每两带收银元七角　合银元　元　角　分　厘

自治捐照原额每两带收银元一角　合银元　元　角　分　厘

征收费照原额每两带收银元一角六分二厘合银元　元　角　分　厘

计收银元

民国十八年　月　日　字第　号

已完民国十八年份上下忙成熟地丁银元　正

报单

今据　　庄业户　所有产　　完纳

民国十八年份上下忙成熟地丁原额银　每两运粮捐折征 1.5 角合银元　元　角　分　厘

建设费照原额银每两带收银元一角五分　合银元　元　角　分　厘

特捐照原额每两带收银元七角　合银元　元　角　分　厘

自治捐照原额每两带收银元一角　合银元　元　角　分　厘

征收费照原额每两带收银元一角六分二厘合银元　元　角　分　厘

计收银元

民国十八年　月　日　字第　号

已完民国十八年份上下忙成熟地丁银元　　　　正

执照

今据　　庄业户　所有产　　完纳

民国十八年份上下忙成熟地丁原额银　每两运粮捐折征 1.5 角合银元　元　角　分　厘

建设费照原额银每两带收银元一角五分　合银元　元　角　分　厘

特捐照原额每两带收银元七角　合银元　元　角　分　厘

自治捐照原额每两带收银元一角　合银元　元　角　分　厘

征收费照原额每两带收银元一角六分二厘合银元　元　角　分　厘

计收银元

民国十八年　月　日　字第　号

字第　　　号

报单

今据　　庄业户　所有产　　完纳

民国十八年份上下忙成熟地丁原额银　每两运粮捐折征 1.5 角合银元　元　角　分　厘

建设费照原额银每两带收银元一角五分　合银元　元　角　分　厘

特捐照原额每两带收银元七角　合银元　元　角　分　厘

自治捐照原额每两带收银元一角　合银元　元　角　分　厘

征收费照原额每两带收银元一角六分二厘合银元　元　角　分　厘

计收银元

民国十八年　月　日　字第　号

已完民国十八年份上下忙成熟地丁银元　　　　正

执照

今据　　庄业户　所有产　　完纳

民国十八年份上下忙成熟地丁原额银　每两运粮捐折征 1.5 角合

银元　元　角　分　厘

建设费照原额银每两带收银元一角五分　合银元　元　角　分　厘

特捐照原额每两带收银元七角　合银元　元　角　分　厘

自治捐照原额每两带收银元一角　合银元　元　角　分　厘

征收费照原额每两带收银元一角六分二厘合银元　元　角　分　厘

计收银元

民国十八年　月　日　字第　号

字第　　　号

由单

今查　　　庄业户　　所有产　完纳

民国十八年份上下忙成熟地丁原额银　每两运粮捐折征 1.5 角

合银元　　元　角　分　厘

务于上下忙开征期内如数投柜完纳毋得延挨除开征日期另行出示晓谕外合给由单传如须至单者

建设费照原额银每两带收银元一角五分　合银元　元　角　分　厘

特捐照原额每两带收银元七角　合银元　元　角　分　厘

自治捐照原额每两带收银元一角　合银元　元　角　分　厘

征收费照原额每两带收银元一角六分二厘合银元　元　角　分　厘

民国十八年　月　日　　字第　号

民国二十三年上期田赋串式：

通告单

建德县政府　为通告事案，照本邑为上期田赋各业户应自开征日起限三个月内一次完纳，凡业户于开征日起十五日以内完纳者，照所纳正税给以百分之五之奖金，如逾三个月滞未完纳者在第一个月内照正税应征数加收百分之五罚金，在第二个月内照正税应征数加收百分之十罚金，自第三个月起至征收年度终了止，照正税应征数加收百分之十五罚金，经过征收年度仍未完纳者，照正税应征数加收百分之二十罚金，均为浙江省征收田赋章程所规定兹查。

告单

字第　　号

区　庄业户　有　亩　分　厘　毫　丝　忽计应完民国二十三年份上期田赋正税银元　　　　又省县附税及征费每元带征一元三角九分六厘共合银元　元　角　分　厘除开征日期另行布告外，合行通告该业户遵照务须依限投柜完纳守取执照为据毋得拖欠特此通告

右给业户　准此住址

中华民国二十三年　月　日给发　建字第　号

执照

区　乡田亩　分　厘　毫　丝

地亩　分　厘　毫　丝

山亩　分　厘　毫　丝

荡亩　分　厘　毫　丝

坐落　　土名　　佃姓名　　户住址

户名　　住址　应完上期正税银元

带征各项

建设特捐　五角五分六厘　治虫经费二分八厘

建设附捐　八分三厘　自治附捐一角三分九厘

县税特捐　三角八分九厘

教育附捐　一角一分一厘　征收公费九分

共计每元带征一元三角九分六厘，本期正附税及征费共收银行　元　角　分　厘

中华民国二十三年　月　日给建字第　号经征人

报单

字第　　号

区　庄业户　完纳民国二十三年份上期田赋正税银元　　又附税及征费每元带征一元三角九分六厘，共收银行　元　角　分　厘，经征人

中华民国二十三年　月　日建德县政府报验　建字第　号

字第　号

存根

区　乡田亩　分　厘　毫　丝

地亩　分　厘　毫　丝

山亩　分　厘　毫　丝

荡亩　分　厘　毫　丝

坐落　　土名　　佃姓名　　户住址

户名　住址　应完上期正税银元

带征各项

建设特捐　五角五分六厘　治虫经费二分八厘

建设附捐　八分三厘　自治附捐一角三分九厘

县税特捐　三角八分九厘

教育附捐　一角一分一厘　征收公费九分

共计每元带征一元三角九分六厘，本期正附税及征费共收银行　元　角　分　厘

中华民国二十三年　月　日给建字第　号经征人

民国二十一年起征收保卫团亩捐，另串征收，其式如下：

建德征收保卫团亩捐串式：

建德县政府征收收据

今据业户　遵缴　年份保卫团捐银　元　角　分　厘核与奉准征收亩捐户收执

中华民国二十　年　月　日　第　号

建字第　号　捐银　元　角　分　厘

建德县政府征收亩捐缴单

今据业户　遵缴　年份保卫团捐银　元　角　分　厘核与奉准征收亩捐数目相符，除如数核收填给收据外，合将缴单掣送保卫团总团部经理委员会查核

中华民国二十　年　月　日　第　号

建字第　号捐银　元　角　分　厘

建德县政府征收亩捐存根

今据业户　遵缴　年份保卫团捐银　元　角　分　厘与奉准征收亩捐数目相符，除如数核收填给收据外，合留存根备查

中华民国二十　年　月　日　第　号

第五节　税款之解拨与保管

分柜收到粮款，按收数之多寡，约一星期或十日缴解总柜一次，总柜收到粮款，按日缴由县政府会计处核收保管，每日缴解手续，系用普通缴款簿，簿中仅列一银钱总数，会同款洋送会计处，会计处点收无误后，即在缴款簿银洋数字上，加盖戳记，将簿随时发还，总柜至每月终了，始核填日报表（按即月报表，盖日报而作月报用），表分地丁田赋两种，将本月收得历年新旧税款，分别填列，报告财政科，地丁田赋两日报表式样如下：

建德县政府征收处　年　月份征起地丁日报表

款目		二十年份	十九年份	十八年份	十七年份	十六年份	合计
征起	银两数						
1.800	省正税						
1.000	建设特捐						
0.150	建设附捐						
1.000	军事特捐						
0.300	土地事业费						
0.360	滞纳罚金						
0.162	征收公费						
0.700	地丁特捐						
0.150	教育附捐						
0.100	治虫经费						
0.100	自治附捐						
0.150	新增自治捐						
合计							
本日总计							

民国　年　月　日　　征收主任

建德县政府征收处征收田赋日报表

款目		二十一年份	二十二年份	二十三年份
征起	正税银元			
0.556	建设特捐			
0.083	建设附捐			
0.389	县税特捐			
0.139	自治附捐			
0.111	教育附捐			
0.028	治虫经费			
0.056	保卫团捐			

续表

款目		二十一年份	二十二年份	二十三年份
0.020	飞机捐			
0.090	征收公费			
0.200	滞纳罚金			
共计合洋				

民国　　年　月　日　征收主任

至县府会计处收到之税款，省款方面，奉令支拨之款，办理抵解手续，填具抵解书，或领款总收据，送省库转账。现解之款，填具解款书，解省库核收作账，每月月终，由财政科填具月报表，呈送财政厅。其余各项县附税，则按照预算，由会计处拨发，县税特捐，内一成准备金，二成公益费，由地方公款公产委员会具领，三成警察费，由公安局具领，四成教育费，由教育款产委员会具领，自治附捐，由各区公所具领，教育附捐，亦由教育款产会具领，治虫经费由治虫办事处具领，保卫团亩捐则由总团部领用。

第六节　征收经费

建德征收费，地丁每两带征一角六分二厘，二十一年，改征银元后，上期田赋，每元带征九分，省附税，由在税银内扣支千分之五。县税特捐，在税银内扣支百分之九。田亩捐，扣支百分之五。其他县附税，则均无征收费。其他税捐，亦定有扣支标准，列入全年征费预算，计契税扣公费百分之五，契纸价扣五成，验契费扣百分之一，普通营业税扣百分之八，牙行营业税扣百分之五，屠宰营业税扣百分之八屠宰附捐扣百分之五，置产捐扣百分之二，店屋捐扣一成，住屋捐扣一成，固有警捐扣百分之五，广告捐扣一成。

兹将建德二十二、二十三年两年度征收经费预算书岁入岁出概要，列表如下：

第二十表　建德二十二、二十三年度征收经费岁入岁出概要

表 4-20

<table>
<tr><th colspan="4">岁入</th><th colspan="4">岁出</th></tr>
<tr><th colspan="2">科目</th><th>民国二十二年</th><th>民国二十三年</th><th colspan="2">科目</th><th>民国二十二年</th><th>民国二十三年</th></tr>
<tr><td rowspan="11">省税</td><td>上期田赋征收费</td><td>4077</td><td>4077</td><td rowspan="9">薪工</td><td>田赋征收人员薪水</td><td>3775</td><td>3745</td></tr>
<tr><td>建设特捐公费</td><td>125</td><td>125</td><td>田赋督催员薪水</td><td></td><td>360</td></tr>
<tr><td>建设附捐公费</td><td>18</td><td>18</td><td>杂税主任薪水</td><td>420</td><td>420</td></tr>
<tr><td>军事特捐公费</td><td>1</td><td>3</td><td>契税征收员薪水</td><td>288</td><td>288</td></tr>
<tr><td>土地事业费公费</td><td>5</td><td>7</td><td>普通营业税征收员薪水</td><td>360</td><td>360</td></tr>
<tr><td>契税公费</td><td>30</td><td>165</td><td>屠宰营业税征收员薪水</td><td>360</td><td>360</td></tr>
<tr><td>契纸价公费</td><td>56</td><td>360</td><td>店住屋捐征收员薪水</td><td>528</td><td>528</td></tr>
<tr><td>验契费公费</td><td>2</td><td>6</td><td>催收警工食</td><td>480</td><td>480</td></tr>
<tr><td>普通营业税公费</td><td>264</td><td>465</td><td>勤务工食</td><td>120</td><td>120</td></tr>
<tr><td>牙行营业税公费</td><td>20</td><td>10</td><td rowspan="4">办公费</td><td>文具</td><td>48</td><td>48</td></tr>
<tr><td>屠宰营业税公费</td><td>349</td><td>288</td><td>杂品</td><td>48</td><td>48</td></tr>
<tr><td rowspan="8">县税</td><td>县税特捐公费</td><td>1585</td><td>1585</td><td>邮电</td><td>8</td><td>8</td></tr>
<tr><td>屠宰税附捐项下公费</td><td>186</td><td>180</td><td>消耗</td><td>48</td><td>48</td></tr>
<tr><td>置产捐公费</td><td>20</td><td>33</td><td rowspan="2">印制费</td><td>田赋串册印制费</td><td>432</td><td>462</td></tr>
<tr><td>店屋捐公费</td><td>400</td><td>360</td><td>捐税票照印制费</td><td>180</td><td>180</td></tr>
<tr><td>住屋捐公费</td><td>60</td><td>60</td><td rowspan="4">特费</td><td>川旅费</td><td>449</td><td>449</td></tr>
<tr><td>固有警捐公费</td><td>110</td><td>80</td><td>解费</td><td>46</td><td>46</td></tr>
<tr><td>广告捐公费</td><td>8</td><td>7</td><td>编查费</td><td>60</td><td>60</td></tr>
<tr><td>亩捐公费</td><td>1000</td><td>856</td><td>盘串费</td><td>100</td><td>100</td></tr>
<tr><td></td><td>总计</td><td>8316</td><td>8676</td><td>预备费</td><td>预备金</td><td>566</td><td>566</td></tr>
<tr><td></td><td></td><td></td><td></td><td colspan="2">总计</td><td>8316</td><td>8676</td></tr>
</table>

观上表，岁入方面，除扣支各款，本属税银外，其额外取诸于民者，二十二二十三两年度带征之征收费，同为四〇七七元，占据岁入全额之百分之四十九，预算中之征费岁入总额，仅为三年间实收平均数，若照额征足，当不止此数也。

岁出方面，以薪工一项中田赋征收人员薪水一目为最大，二十二年度为三七七五元，计占岁出全额八三一六元之百分之四五点三九，二十三年度为三七四五元，计占岁出全额八六七八元之百分之四三点一六，依照征收处填报之人员薪给计之，月支一百五十六元，年支仅一千六百七十二元，预算中不知何以虚列如此之多，且预算中列有盘串费一百元，惟闻历年向不盘串，据此款常为征收主任中饱云。

第七节 征收积弊

粮柜收到款项，例须每日缴存会计处，而征收主任人员，大都征多报少，将征存税款，挪移生息，移后掩前，甚至吞匿税款，公家亦莫由查考，盖自民国成立以来，从未盘查存串，一任彼辈舞弊。

民国十五年度，征收主任唐雨时，甚至埋没串册，称言是年北军溃兵过境，串册毁失无存，实则当时串册未损秋毫，尽被彼辈事后私自毁灭，虽奉令将十五年前民欠一律豁免，而吏欠部分，以无串册可查，亦只能任彼辈吞没，总计款项不下数万元也。

二十一年十月，县属十里埠地方，有毛乾昌者，向征收主任施伟如，请求补纳十六年至二十年漏征粮税，施某以其乡愚可欺，将五年所补粮银，如数吞没，不补给正式粮串，惟在各年旧串上，加书补银号码，并科以罚金三百元余，此事经地方人民闻悉，于是报告县党部，请求查究，时党部常委方镇华，当即下乡调查，获得确实证据，摄成影片，兹附其片样于下。

图 4-5 串册资料

影片摄成不久，即为施某知悉，当即挽财政科长刘华录至党部疏通，一面代为设法补报，虽后仍经邑人杨祖荣等向建德地方分院起诉，据地方分院亦受施某运动，判以不起诉处分了事云。

催征吏催收粮款，粮柜虽不事前抛串，然其舞弊则同，盖向例催征吏向粮户收得粮款后，先出立一私人收据，缴柜后始领具串票散发，而催征吏往往向粮户收款一部分，例如粮户须纳粮十元者，彼先向其收取五元八元，而收得之款，并不以之缴柜，留作私人花用，粮户未缴部分，彼亦任其拖欠，不再向其催收，因如催收全部，则从前收得已花用者，势必全部缴出。而粮户方面，如已缴纳一部分，则其余部分，如不向其催收，彼等亦乐得不缴，即已全部缴纳者，催收人亦往往因故推托，不给印串，粮户因执有收据，亦不患其抵赖，且不敢向其索串，盖恐下年度吃其眼前亏也，是以民间已纳百元者，公家只得五六十元，甚至四五十元，其余则尽入催收人之私囊矣，催收人收款不给串之例，得见之于档卷中者，如西乡催收人吴金才，自民国二十年份起至二十三年份止，已向叶佩芳黄承荣等二十余人，征收粮银共计达九百余元，不给串票，潘村庄催收人顾宝树收取王保生等滞纳十七年份田赋洋乙百余元，延不给串，又粮警程裕兴私收徐敬尧等十余人粮款，隐匿不报，侵蚀亦达百余元，其余同样事实，不胜枚举，可见其积弊之深。

第六章　赋额完欠及其与农民及县财政之关系

第一节　赋额

赋额无常数，随亩额与税率之增减而异，亩数时有损益，税率年有高低，故往往甲年赋额，与乙年不同，惟除特殊原因外，不应有剧变耳。

建德赋额，清以前无考。清道光间，据县志所载，额银三万六千三百零七两八分二丝八忽，自经咸丰兵灾，户册十去八九，奉特思蠲荒征熟，逐次递加，以迄光绪，额银为三万五千九百两八钱二分三厘九毫八丝六忽，仍未得符原额，民国肇造，赋额大减，据县志载，民国八年造串额仅二万八千九百一十四两二钱七分八厘，较光绪间尚短少近七千两，盖改历后，田多失额，赋额亦随之而减，二十一年废两改元，赋额以银元计算，兹将最近正附税额征银元数列表如下：

第二十一表　建德民国二十三年正附税额征数

表 4-21

税别		数额	百分数
省正税		56813. 223	34. 41
省附税	建设特捐	31568. 107	19. 12
	建设附捐	4712. 505	2. 85
县附税	县税特捐	22686. 319	13. 74
	自治特捐	7892. 027	4. 78
	教育附捐	6302. 266	3. 81
	治虫经费	1589. 761	0. 96
保卫团亩捐		28388. 585	17. 18
征收费		5113. 190	3. 15
总计		165065. 983	100

据上表正税总额与附税总额，为一〇〇与一八五之比，赋额仅为定额而已，岁遇荒歉，则有蠲免，故实际可收者，常不能如定额也。

第二节　实收与民欠

各年实收及民欠，根据县府填报，列表如下：

第二十二表　建德近七年正附税额征灾蠲实征实收及民欠

表 4-22

年别			民十六	民十七	民十八	民十九	民二十	民二十一	民二十二
造串额	正税	银	29344. 398	29500. 120	29806. 098	30109. 472	30329. 366	55031. 385	56424. 112
		折合洋元	52819. 916	53100. 216	53650. 976	54197. 050	54592. 859	55031. 385	56424. 112
	附税	省附税	23746. 058	33925. 138	34277. 013	43658. 736	34878. 771	35165. 055	37183. 489
		县附税	23475. 518	28025. 114	31296. 403	36131. 366	36395. 239	39787. 691	41923. 115
		合计	47221. 576	61950. 252	65573. 416	79790. 102	71274. 010	74952. 746	79106. 604
	正附税合计		110041. 492	115050. 468	119224. 392	133987. 152	125866. 867	129984. 131	135530. 716
灾蠲	正税		—	79. 675	704. 587	—	—	77. 474	597. 040
	附税		—	92. 946	983. 385	—	—	105. 520	825. 083
	合计		—	172. 621	1687. 972	—	—	182. 994	1422. 123
灾蠲占额征百分数			—	0. 15%	1. 41%	—	—	0. 15%	1. 05%
实征	正税		52819. 916	53020. 541	52946. 389	54197. 050	54592. 859	54953. 911	55827. 072
	县附税		57221. 576	61857. 306	64590. 131	79790. 102	71274. 010	74847. 226	78281. 521
	合计		110041. 492	114877. 847	117536. 420	133987. 152	125866. 869	129801. 137	134108. 593
实征蠲占额征百分数			100%	99. 85%	98. 59%	100%	100%	99. 86%	98. 85%
实收	正税		41273. 963	42918. 291	34784. 481	28590. 007	34778. 421	30821. 596	27413. 409
	省县附税		41315. 237	48028. 563	43097. 972	41340. 500	45420. 618	40253. 004	33950. 100
	合计		82589. 200	90946. 854	77882. 453	69930. 507	80199. 039	71074. 600	31363. 509
实收占实征百分数			75. 05%	79. 18%	66. 25%	52. 11%	63. 79%	54. 77%	45. 76%
民欠	正税		11545. 953	10102. 250	18161. 908	25607. 043	19814. 438	24132. 315	28413. 663
	省县附税		15906. 339	13828. 743	21492. 059	38449. 602	25853. 392	34594. 222	44331. 420
	合计		27452. 292	23930. 993	39653. 967	64056. 645	45667. 830	58726. 537	72745. 084
民欠占实征百分数			24. 95%	20. 82%	33. 75%	47389%	36. 21%	45. 23%	54. 24%

附录：1. 实收及民欠均指各该当年而言其后征起旧欠未计入。2. 灾蠲系因水灾蠲免。

观上表，各年实收最佳者，近乎八成，最少者，只四成左右，近年民欠逐渐加多，一则由于水灾及附税之加重，一则由于二十一上下忙之并征，民力俱感不逮之故，民十六至民二十二年之间，积欠省税十三万七千七百七十七元余，附税十九万四千四百六十五元余，两共三十三万二千二百四十三元余，惟旧欠例于各年带征，历年收数如下：

第二十三表　历年征起旧欠细数

表 4-23

年别	省正税	省县附税	合计
十七年	7632.198	10943.722	187575.920
十八年	13280.222	15443.650	28723.872
十九年	19173.605	29339.803	48513.408
二十年	8545.873	11172.266	19718.139
二十一年	8988.250	14816.073	23804.323
二十二年	641.683	850.971	1492.654
总计	58261.831	82566.485	140828.316

民国十七年至二十二年，共征起旧欠正税五万八千二百万八百二十八元，剔除此数不计，民欠省县正附税，犹达十九万一千四百十五元余，其数甚可观也。

第三节　田赋与地价及收益之关系

欲考一县田赋税率之轻重，宜以与该县地价之高低作一比较观察，始克明显，盖照价正税原则，总理已谆谆昭示吾人，十七年十月，财政部所订定之限制田赋附加办法，亦遵循总理遗教，以地价为征税根据，其第一条规定“田赋正附税之总额，不得超过总理遗教所言，现时地价百分之一，其已超过各县，不得再增，并须陆续设法核减，适合地价百分之一为度”，可见以地价为税率之标准，实为最合理最公平之方法也。

建德地价，有十七年浙江民政厅及二十一年浙江财政厅之调查，并二十三年当地各区公所送县之各该区土地评定价格三种，兹转录如下，并附每亩正税附税合计等，以观其与地价之比较。

第二十四表　建德地价表一

表 4-24

产别	等则	亩分	每亩地价（元）	每亩正附税合计	正附税总额占地价百分比（%）
田	上	142454.425	70	0.591	0.84
	中		50		1.18
	下		30		1.97
地	上	63742.500	40	0.219	0.55
	中		30		0.73
	下		15		1.46
山	上	305419.536	5	0.061	1.23
	中		3		2.03
	下		0.5		12.2
荡	上	4006.704	不分等则随田转移不计价	0.192	
	中				
	下				
基	上	8380.046	400	0.219	0.055
	中		200		0.109
	下		100		0.219

注：1. 本表地价根据民十七浙江民政厅土地特刊。2. 基地价格指城市而言各乡镇基地价格较低十分之四五。3. 表内每亩正附税合计系民国十七年之数。

第二十五表　建德地价表二

表 4-25

每亩地价			每亩负担田赋总额	百分比（%）
最高地价	田	70	0.626	0.894
	地	40	0.233	0.582
最高地价	山	10	0.065	0.650
	荡	50	0.204	0.408
	基	300	0.229	0.076
最低地价	田	30	0.626	2.09
	地	10	0.233	2.33

续表

每亩地价			每亩负担田赋总额	百分比（%）
最低地价	山	2	0.065	3.25
	荡	20	0.204	1.02
	基	100	0.229	0.229
平均地价	田	50	0.626	1.25
	地	25	0.233	0.93
	山	6	0.065	1.08
	荡	35	0.204	0.58
	基	200	0.229	0.114

注：1. 本表悉据二十一年一月出版之浙江财政月刊田赋专号所载地价调查表。2. 平均地价系最高最低之平均数。

第二十六表　建德地价表三

表 4-26

类别		第一区（元）	第二区（元）	第三区（元）	第四区（元）	第五区（元）
田	最高	50	70	60	60	60
	最低	20	30	30	20	30
	平均	30	50	45	40	40
地	最高	25	30	30	30	20
	最低	5	10	10	5	5
	平均	15	20	20	15	15
基	最高	60	120	40	70	300
	最低	15	40	20	10	30
	平均	35	80	30	40	40
山	最高	0.6	8	3	10	30
	最低	0.2	1	1	0.5	1
	平均	0.4	4	2	5	8
荡	最高	随田管理	70	5	20	5
	最低	不能估价	30	3	5	1
	平均		50	4	10	4

观上列三表，可知近年地价逐年低落，而税率逐年加高，每亩负担正附税总额，在前两年，除田山两项外，其余尚在百一限度范围内，今则几无一不超过限度，甚有二倍以上者矣。

更就每亩收益论之，以观今日田赋是否为民力所能负担，每亩生产多寡不一，大体言之，中田一亩，可收稻二担五斗，约值七元五角，豆六斗，约值三元，油菜六斗，约值三元，稻秆四百五十斤，约值二元，合计十五元五角，生产成本，每亩人工二十日，每工伙食工资等约需三角，共计六元，种子二元，肥料三元，役畜一元，共计需十二元之谱，收支相抵，赢利不过三元五角，纳赋七角五分八厘，仅余二元七角余。中地一亩，可收麦六斗，约值三元，豆四斗，约值二元，苞芦七斗，约值三元五角，麦秆二百五十斤，约值一元半，合计十元，生产成本，每亩人工十五工，计四元五角，种子一元五角，肥料二元，共计需八元，收支相抵，赢利二元，纳赋二角八分一厘，仅余一元七角余，假定每户平均有田十亩，地五亩（实际不及此数），则每年纯收入仅三十五六元，特此以谋一家生计，其何能足，农家生活之苦，是无待言，宜手其不能如期踊跃纳税也。

至论地主，平均田每亩收租谷一石半左右，现值四五元，纳税去租息五六分之一，近年受二五减租影响，更或以刁玩佃户，任意抗欠，收入大减，以致频频叫苦，中产之家，叠年亏耗，对于应纳赋税，相率滞欠，愈欠愈巨，日积月累，更属无力输纳，宜乎国赋短收日巨也。

第四节　田赋与县财政

建德地方预算，向由各机关单独编造，全县无整个预算，研究颇感困难，兹将所得县公款公产保管委员会，教育局，公安局之岁入岁出预算列下：

第二十七表　二十三年度建德公款公产委员会岁入岁出预算

表 4-27

岁入科目			岁出科目		
经常	上期田赋二成公益费	2972	经常	县党部经费	6000
	上期田赋一成准备金	1486		县款产会经费	1176
	省拨党部经费	3600		救济院补助费	288
	省拨公益费	624		施棺费	134

续表

岁入科目			岁出科目		
经常	屠宰附捐	855	经常	路灯费	686.4
	茶碗捐	555		清道夫经费	168
	租息	646		代表大会经费	300
	公债息银	20		总理诞辰总辰经费	120
	戏捐	200		临时费	599.6
	合计	10958		预备费	1486
			合计		10958

第二十八表　二十三年度建德教育经费预算摘要

表 4-28

岁入科目			岁出科目		
经常	四成教育费	4944	经常	教育局经费	3592
	上期田赋附捐	4662		教育委员会	72
	屠宰税附捐	514		教款委员会	216
	验契附税	12		联立师讲所	200
	房屋租金	176		县立小学	4440
	田地租金	2240		县立乡村初小	1020
	小学基金	130		区乡私立小学补助费	2640
	公债息金	101		各项开会费	86
	县立小学学费	130		县立民教馆	1380
	行政拨补费	614		县立中心民校	704
	自治附捐	1176		非县立社教机关补助费	200
	戏捐	200		各项开会费	50
	合计	15899		开会费	200
				特种补助费	374
				奖励及优待	130
				特种费	514
				总预备费	81
			合计		15899

第二十九表　二十三年度建德公安经费预算摘要

表 4-29

岁入科目			岁出科目		
经常	田赋特捐	6185	经常	县局兼第一分局	14715
	店屋捐	4850		第二分局经费	2236
	住屋捐	830		合计	16951
	铺捐	856			
	茶店捐	320			
	旅店捐	480			
	轿埠捐	120			
	人力车捐	50			
	屠宰捐	884			
	款产会拨补	168			
	卫生捐	240			
	行政经费补助费	768			
	违警罚金	1200			
	合计	16951			

观上列三表，款产委员会岁入项下，田赋二款，共计 4458 元，占总额 40.59%。教育经费中四成教育费，及上期田赋附捐二款，共计 9606 元，占岁入总额 60.42%，公安经费中田赋特捐内之三成警察费 6185 元，占岁入总额 36.49%。三种预算合计，来自田赋者，共计 20249 元，占岁入总额 46.22%。此外尚有保卫亩捐，全年额征 28388 元，以八折计算，实征 22710 元，合并计算，全县收入来自田赋者，达 44000 余元，占岁入总额 67%，可见田赋在县财政上地位之重要矣。

年来附税日增，重为民困，各方均大声疾呼，以求减轻，或者谓减轻后，须另筹抵补，方可裕收入，而资救济，此言固矣，惟考近年建德田赋正税实收，仅及四五成，若能善加整理，收入必增，则减轻附税，并无影响于地方财政，今日者，应如何谋其整理，实为目前之重要关键。

第七章　整理田赋意见

建德田赋积弊之深，于前已详言之，若不亟谋整理，势将积重难返，每况愈下，国计民生，益见交困，爰就地方情势，拟定治标、治本两法，愿与注意该县田赋者共商榷焉。

第一节　治标方法

整理田赋，最要在正本清源，为一劳永逸之计，然治本之法，费时久，用费巨，不若治标之法，取径捷而奏功速，治本既不能骤然举行，只有先谋治标，以图补救，兹试举治标之方法如下：

一、经征机关应与收款机关分立　向来粮柜员经征与收款双重责任，自易舞弊，此后应规定粮柜仅负经征责任，而将税款委托地方银行代收，串票用四联式，一联通知单，通知业户，二联执照（所以用二联执照原因详后），系完粮凭证，一联存根，留县备查，业户纳粮时将通知单并税款缴交银行，银行即凭通知单核算收款，发给收款凭据，业户再持据赴征收处换取执照，征收处收到业户之收据，验明数目，换给串票后，即凭以记账，每日一结束，月终由县造具月报，连同银行收据，报告财厅，如是，不特税款之保管有专责，而经征人员不经手钱粮，亦无所施其技矣。

二、取消催收人役　催收人之舞弊侵蚀，前已恺切言之，是以欲杜欺隐，非将该项人役根本取消，另图催征办法不可。

三、督促办理义团　查建邑山多田少，赋额虽属有限，幅员尚称辽阔，其离城较远之粮户，投完自属不便，故于取消催收人后，须责成各庄人民，自动组织义团，订立团规，推举殷实人户，轮流充当值年员，尽催收该庄内各户钱粮之义务，足缴税款于银行，并赴粮柜领取串票，下乡散发，此不特便利粮户完纳，减少催征骚扰，益且国课无虞短绌，并易查排隐匿。

四、盘查历年存串　串票为田赋征收之根据，追缴旧欠与清查积弊，均当从此入手，建德历年存串，从来一经盘查，其间究竟短少若干，外人莫得其详，故应由各机关联合组织盘串委员会，从事彻底盘查，则其间一切弊窦，不难水落石出，且嗣后须规定每年盘串一次，以杜流弊。

五、整顿征收人员　征收人员薪给菲薄，易启舞弊之心，应酌量提高待遇，以安其心，对于已往侵蚀蒙混之经征人员役，则应严行惩办，毋再存留，其他吏役，亦应分别甄别考核，不肖者斥革，勤廉者留用，夫如是，而后侵渔之恶习，或可稍杀。

六、变通粮赋之交纳方法　建德田赋，向分上下两忙各征半数，自二十一年并征后，所出骤多，为人民财力所不及，不得已而拖欠者，所在皆是，是以宜呈请省方，仍分作两期征收，以便民输，如以事关通案，难于变通，则可将粮串执照，分为两联，各填半数，一随人民财力所及，一次缴纳可，分期缴纳亦可，至迟纳之处罚，仍照省颁条例办理，夫如是，庶可稍减民间困难，拖欠之事实，必减少无疑。

七、切实排查业主真实姓名　欲谋旧新赋税之按户追完，须从清理粮户排查业户真实姓名着手，清查之法，可于征收处另备一簿，专设一人员，待各业户或托人来柜投完田赋时，即详细问清业主姓名住址，登记簿中，至征收年度终了，调簿核对册串，将未完各户摘出，开列产业坐落处所，布告发帖，限一个月内赴柜清完，来完者仍照前项办法问明登记，并可责成佃户代完，准以应缴租息归垫，似此切实认真排查，全县粮户真实姓名住址，期之二年，或可尽行查出，以根据造串，则隐匿规避之弊，可以一扫而空。

第二节　治本方法

治标方法，既如前叙，然仅就征收方面，加以整顿，究非正本清源之策也。夫粮出于户，户出于田，如以粮随户，毋宁以粮随田，有粮即有田，有田必有粮，亘古相依，不易之理，自鱼鳞册散失无存，田地亩数失实，现在所根据以为赋税者，早与事实相去甚远，欲求根本办法，须得田亩真相，自可随田问粮，如是，非实行清丈不可，清丈之后，经界严明，欺隐毕现，再将清丈之结果，从事登记，使政府有精详之图册，适遇任何困难，不难按图索骥，迎刃立解，同时估定地价，厘定税则，依地价为课税标准，以值百抽一为原则，编订地价税册，往昔田地科则，漫无标准，且折算繁杂，非常人所能明了，今一旦实行地价税后，则人民自知其土地之价值，将规定之税率，略一计算，便知个人之负担，夫然后不但几百年来之田赋积弊，可以铲除净尽，并使人民之负担得以公平，于国于民，均有莫大裨益也。

总之，欲谋建德田赋之整理，必先之以治标，使积弊扫除，税收充裕，待民力稍苏，经费有出，然后进行清丈，树立百年大计，此盖均就事实立论，惟田赋积弊已深，不论用何种整理方法，各方之阻力必大，是尚在施政者之具有决心，顺序推进，始克抵于成耳。

赴建德县调查日记

一月六日　星期日　晴

今日为出发调查之第一日。

晨五时半起身，整理行装，与蔡文国、尤保耕、潘万程、徐振亚、谢俊、李盛唐、黎定难诸兄等八人，驱车往西华门，乘京杭长途汽车赴浙。时尚晨光熹微，街灯照空，马路上行人绝少，各商店门仍关闭，惟见清道夫三三两两打扫街道而已。一列人力车八辆，在寂静之马路上奔驰而过，减却沉寂不少。

抵车站，见乘客先吾辈而至者，已大有人在。车于七时半开行，出西华门，过中山陵，得见吾校之新校舍四五幢，大致业已建筑竣工，较租住之浙江会馆宽畅许多，且四周空气新鲜，确系研究良所。沿途诸同学谈笑甚乐，不感寂寞。惟车行颠簸甚烈，幸余惯坐舟车，安然自适。

十二时许，达宜兴。下车，午餐。过宜兴，入浙江境。在江浙交界处有石坊竖立太湖之滨，上有题额曰“江苏门户”。车道依山傍水而筑，俯瞰太湖，宽阔无际，第见烟波茫茫，风帆点点，心神为之一畅。

车于五时半抵杭，寓华兴旅馆。晚间出访昔年光华同学章启馥君，别久重逢，倍觉亲昵。返旅馆时，已钟鸣九下矣。

七日　星期一　雨

晨六时起身，与诸同学握别后赴车站，乘浙省通车来建。

车于七时半开出，行经西湖一角，得见其淡妆素抹，风景确有其独到处，惜如走马看花，未能饱餐秀色。车一路常在山谷间行走，双峰夹道，车路时起时伏，路面铺得尚平整，故车少颠簸。山上遍植松茶，有者成梯田式，颇整齐可观，童山濯濯者未之或见，土地尚能充分利用。

抵桐庐须过江，而桥梁尚未修筑，故将汽车开在驳船上，乘客则下车站立船之两旁，由船夫以双橹摇动驳船渡江。至桐庐车站，改乘桐淳通车。车于半小时中俱在山边行走，而下面则江水滔滔，形势危险万分，设司机稍不留神，势必覆车江中，合车乘客，均将葬身鱼腹。在此时刻中，心胆无刻不悬若空际而自危也。

抵杨村桥，距建尚有二十里处，须守桐建车到。时已过午刻，乃在近旁小食店略用点心充饥。待一小时许，车始到，即乘之来建。

抵建已二时左右。由旅馆待（侍）者接至永兴客栈。安放行李后，即至县府报到。适遇县府开会，号房不便通报，嘱于四时后再去，于是回旅馆休息片刻。再行前去，而会已开毕，科长等均已提早离去，由马县长成骥亲自接见。余乃出示所带公函，并告来意，县长嘱余于明日同财政科接洽，于是略询全县概况，即辞出。

晚间作家书与致主任呈文各一通。

八日　星期二　雨

晨八时至县府，由县长率领至财政科，介绍与财政科李科长秉松接见。寒暄后，提示所带调查表格，请为填写，并逐项为之解释，承允在三五日内代为填就。继与之谈及全县田赋概况，及历年关于田赋之整理情形：

据称建邑田产，分田、地、山、荡四种，类科则甚简单，额田六十五万五千余亩，赋额五万六千余元，惟以粮户欠赋者多，故实收数常年仅及五六成。本年大旱，全县农产收成不及二成，故税收一无起色，不能谈及成数。通常欠赋原因，大都固属粮户，因建邑地方贫苦，人民大都入不敷出，以致无力缴粮，而征收人员之移挪隐匿，亦为事实上所难免。本县旧有鱼鳞册，早经散失，现仅存一部附册，分各庄书保管。民间买卖推收，以及政府征收粮赋，即以此为根据，故彼等在权在握，弊窦丛生，政府拟一度收归公有，惟彼等视同谋生命脉，抗不交出，以迄于今，未克实现。推收所自民国二十一年奉命筹设以来，仅为虚应故事，民间买卖因公家无册籍之故，只得仍向庄书私自推收，交由推收所推收者绝少，故历年推收件数，统计寥寥。至民十八举办之土地陈报，与民二十二年之查编丘地图册，枉费了许多金钱，而一无结果。因土地陈报举办之期限太促，收费过大，兼以民间不知陈报为何物，类皆视为畏途，而政府之催促急迫，于是草潦填报，不尽不实，一无足凭，徒劳民而伤财。至查编丘地图册，原系求地粮户三者之联系，然绘图，但凭目测，往往因绘图员之经验不同而结果大相悬殊。且因旧有鱼鳞册之丧失，承粮亩分已无所根据，或系有地无粮，或系有粮无地，或粮多地少，或地多粮少，或为佃户完粮，或业主无从查问，参错混杂，极难分析明白，准对正确。即丘地亩分、粮号额数、业主姓名三者，极难连成一贯，以达到就地问粮之目的。兼以本县土地全面积中，为山岭所占者几及三分之二，经界不清，查对极感困难，道路崎岖，工作尤为棘手，故时间与经费超出预算甚巨。牵延至二十三年八月间，以本县田禾被旱，经济恐慌，各项税收均告停顿，再难筹此巨款，于是呈请自九月份起，将丘地图册未了事宜，暂予停止，一俟筹有的款，再行继续开办云云。始将丘地图册，搁置一边，再亦无人愿闻问矣……

谈至此，余意拟先将编造丘地图册情形，详细调查明白，其余待其将表格填就后，根据表格从事调查。因丘地图册为第一科主办，于是离财政科而至第一科。第一科科长洪维清君，为余昔年光华同学，相别多年，今于不意中相值，彼此均表有无涯之快感。洪君任职始三月，于各项情形均欠熟悉。该科科员汪文辉先生，乃前丘地图册办事处主任，与之相谈历半小时，所述与财政科长所告相仿佛。午时，洪君招至其府中午餐，由汪文辉先生作陪。

下午，调阅丘地图册办事处卷宗二份，一系省颁及县定丘地图册各项章则及办法，一系工作报告事项，因未带纸笔，所需材料未能抄录。

九日　星期三　晴

今日赴县府抄录《建德县分庄编造丘地图册实施办法大纲》，及《分庄编造丘地图册办事细则》各一份。调阅丘地图册办事处全部卷宗，详悉建德于二十一年六月奉省令举办编造丘地图册*，并嘱指定一二庄为试办区域，爰指定城东镇字民庄为试办区，并于七月二十日开始工作。

该庄面积四百五十余亩，而所拟经费预算达二十二元五角，合每亩五分，超过厅定标准每亩一分八厘者达两倍以上，曾经厅方批驳，复经呈述编查手续繁重，且本邑山多田少，调查分析极感困难等情，得准予变通办理。

该庄所有丘地图册编造手续，系由城北东镇镇长洪同柏承办，计经七十余日，始行竣事，费银十二元，因缮写图册纸张等费，均由县长自给，未另开支。于字民庄丘地图册编竣呈厅后，即着手编造其他各庄，计本县共分七十庄，发两

---

* 建德县于民国二十一年（1932）始编造丘地图册，这项工作从当时全省来看是较早开展的。——编者注

期举办。第一期计编造三十五庄，总计承粮面积二十五万八千余亩。

丘地图册办事处于二十二年一月成立，内部组织设主任一人，事务员一人，绘图员十人，督查员五人，造册事务则由各庄清理书办理。编造工作于二月一日开始，预算第一期经费一万一千零八十二元，在起征十六年至十九年民欠田赋项下拨充，预定七个月为办竣之期。但至八月下旬，图册编造完成者仅十三庄，其未完成者，尚有二十二庄，于是呈请自九月起展长四个月，期间追加预算一千二百五十五元，迄十二月上旬，底图已绘完成，而清册尚未编竣者，计尚有十一庄，于是续请展期二个月，追加支出经费预算五百零二元，至二十三年二月底办竣。奉令撤销办事处，将公告等手续，责成主管科办理。因主管科办事人少，且各有专责，于是添设临时科员、事务员各一人，就办事处人员遴委，专办丘地图册事宜。又复一再牵延决，以是年田禾被旱，经济恐慌，各项税收均告停顿，至九月底，再难筹款办理，于是将丘地图册未了事宜，暂予停止，一俟筹有的款再行继续开办云云。惟迄今图册满架高搁，再亦无心过问，考其办理成绩，则错误百出，即当事者亦不加否认。故设再继续办理结束，亦徒添一笔靡费而已。

十日　星期四　晴

上午至县府征收处访征收主任，探询粮柜组织，及关于征收上一切事宜。

征收主任姓刘，名炳照，于去年七月间始任职。据云，粮柜组织方面，设主任一人，东西南北四分柜主任，掌册兼管串员四人，司会一人，粮警八名。

征收时期，二十一年前分两期征收：一在五月初一日起征，一在十一月初一日起征。二十一年后，省令地丁改为上期田赋，于是改为一期征收，在六月初一日起征，业户完纳田赋，自开征日起，限三个月内一次完纳，逾限则加滞纳罚金。

每届正二月间，即通知各庄书编造征册，限三个月内呈县，由征收处凭册填制印串及通知单，在开征一月前将通知单发交乡镇公所，按户散发，约在开征期前十日发清。田赋由粮户直接交柜者，约占十分之七八，其余由催收人代为交柜，催收人由乡镇长副具结保证，始能充当代收粮款，先登手簿，投柜后掣回印串，转给粮户。逾限不纳粮之粮户，由征收处饬派粮警，持欠户名单催告。初次限以若干日内到柜投完，如再逾限，依照征收章程拘缴及处罚。粮户直接投柜，投完纳税者，当时即掣给印串。

每年秋收以后，及桐子茶叶上市之时，即于东南西北四乡设立流动分柜四所，就各乡镇及较大村落流动征收，分柜收到粮款，约一星期或十日缴解总柜一次，总柜收到粮款，按日缴送会计处保管。粮柜全年开支约四千元，以带征之征收费及附税内扣除之。征收公费提成分配，至全年赋额在五万元以上，而各年实收最佳者，在六成以上，普通只合四五成。

今年本县大旱，自开征以来，仅征得正附税二三千元，推收所附设在征收处，由粮柜主任兼办，推收手续由业户填具推收申请书，会同手续费（每亩四角）交清理书转所推收，由推收所填发户折，给与业户存执，以为产权凭证。惟自民国二十一年成立以来，交所推收之件数甚有限，大致如财政科长所云，仍由各清理书私自推收，不过彼未明言耳。

谈至此，嘱搜集征收上所应用之串册而出。

下午，仍将昨日调阅之丘地图册卷宗披阅一过。撮录所需之材料三五张。

十一日　星期五　晴

晨赴县府路中，邂逅吴瑞芬先生。寒暄后，得知彼在严中附小执教。于是偕至该校一谈，便告所居旅馆离县府过远，每日往返，殊觉不便，蒙允在附近代租房屋。座谈一时余，辞出，至县府阅卷。所阅者为土地陈报卷，卷页纷繁，杂乱无章，分析整理殊感困难。

十一时许，吴君来招午饭，并告已代在附小对面觅得房屋一间。于是同去看定。饭后即移来，仍至县府看卷。

晚，洪君来访，告我县府内部情形甚详。

十二日　星期六　阴

今日续阅土地陈报卷。阅毕，于陈报办理经过尚欠明晰，乃与第一科汪科员一谈，始得了解建邑土地陈报办事处，于十八年八月一日成立，内设主任一人，助理员三人，技术员四人，指导员十人，书记三人，总办土地陈报一切事宜。其实际工作者，则为村里委员会。

全县分八区，计一百零六村里委员会，俱受办事处之指导督率陈报事宜。原定十一月底结束，嗣后厅方据各县呈请，因筹备需时，酌展至十二月底。当时办事处拟有各村里委员会办理土地陈报程序，计分三期办毕。但事实上第二期行将结束之时，第一期类皆尚未办毕，或竟未经开始其故因各村里邻闾长，多数未能明了办法，并有以办理陈报手续较繁，互相推诿，不负责任，以致工作停顿。

而业户方面，又皆听信谣言，疑恐百端，相率观望，延不陈报。迭经县方晓谕，亦难奏效。迄限期将届，而陈报事宜依然无进展，旋奉令续展至十九年四月底一体结束。

在此时期中，民厅催促之电文，有如雪片飞降，县长暨秘书及陈报处职员，于是更番下乡严催，并令分公安局所派警巡回督促。但至四月底，仍未能如限结束。惟将土地陈报办事处裁撤，移归第一科继续办理，牵延至六月中旬，始大部分草草结束，编成总册送厅。陈报经费，计费去一万二千余元。

一月十三日　星期日　雨

晨起，大雨如注，闭门未出。午后，雨止，洪君维清过访，承为介绍至庄书徐思进家观看庄册。蒙其殷勤接待，并将庄册全部取出。册分鱼鳞号册、直脚册、归户册、科征粮底册四种。

鱼鳞号册：每面有图四幅，内地号、四至、丈积、折地、坐落、土名、原业等等，一应全俱。此系同治年间丈量时私家所做造存之副册。

直脚册：即丘领户册，按地号排列，业主有主、佃二种，盖红（洪）羊（杨）乱后，田多荒芜。同治初，知府戴槃[①]立垦荒章程，招人垦种，以开荒作佃，俗名“小顶”，粮由佃户自纳，并无户贯然，可由庄书一纸清单，互相典押，业主转无权支配，惟得稍许干租而已。主俗名“大租”，即祖父遗田有户贯，而未经认粮者，此为建德特殊情形也。

归户册：即户领丘册，按业主姓名排列，一业主所有土地，均汇归户下。

---

① 戴槃，字涧邻，补用道，江苏丹徒县举人。同治四年八月署严州知府，七年补授，八年二月任。

科粮底册：即每年造征册之依据。

继与之略谈推收概况，并依照录各种册式而别。

十四日　星期一　阴

日来调查上发生一重大困难，即县府卷宗室向乏目录，以致不知彼处所有何卷宗，调卷殊感困难。

考不备目录之故，由于管卷员欲保持其饭碗，以管卷为其专职，彼于历年存卷，存放何处，私自有一系统归类，仅彼一人知悉，外人鲜得其详，故虽历届县长更换，而彼之地位，未尝一经动摇。

该君姓戚，名子西，任职已十余年，为人颇狡猾，于每次向其调卷时，彼辄思加刁难，不曰无此存卷，即曰案无可稽，以设法避免麻烦。必再三加以申说，使其无辞推托，始允代为一检，又必经相当时刻，方克如愿送到，因此为之空费之时间殊属不少。其人甚可恶也！

今日将征收卷调阅一过，关于征收时期等与刘主任报告相仿。

十五日　星期二　晴

今日将推收所卷查阅一过，抄录推收所办事细则一份。

查建邑推收所之设，仅为敷衍门面，加重人民负担，因每年征册之编造，并非以推收所所有之统计为变易依据，一随清理书私存之过割为归，故推收所存有之统计，一无意义，且自彼成立以来各庄清理书需索舞弊，仍未免除，盖推收办法，规定业户请求推收时，规须向庄书处加盖戳记。庄书于是每亩仍欲索洋数元，方可盖章，否则拒绝不理，新立户名，每户则索洋四五元，曾一度由周中乡乡长洪善余等呈控之于财厅。财厅得呈后，曾下令严查，县府亦曾以一低空文，布告禁止，惟其所订推收办法使然，故迄今仍故我依然，鲜有实效，如安仁乡业户宋德瑞，有基税四分、民地六分，已照章验契，将契据向该庄庄书推收，该庄庄书竟索诈推粮手续费五十元，否则不为推收云云。

同此措捺推收违法索诈情事，数见不一，欲免此种流弊，赖乎当局之切实整顿，决非一纸空文所能收效也。

十六日　星期三　晴

晨赴财政科索取交填表格，适李科长因公外出，该科戴科员正在核算填写，据尚须明后日交我，盖以表格繁杂，县府向乏统计，故填写甚觉困难云云，便向其探询征收实际情形。

据云近年田赋蒂欠原因，虽由于民生困苦，实在无力完纳。但其主因，实由于包征之撤销，与上下忙之合并。盖往年每届上忙开征之前，向由各庄庄董遴选身家清白熟悉粮务者一人，充当包征，承办本庄粮务。

自民国十八年村里委员会成立，取消庄董后，包征亦随同撤销，致征收颇生阻碍。因包征居住本庄，对本庄粮户经济情形，俱甚熟悉。遇粮户有收入时，包征即向其催收一部分，给以私人收据，至全部完讫时，再代向粮柜领取粮串，户家以陆续完纳，不觉痛苦。尚少蒂欠，近以各庄有催收人者不多，须粮户一次自封投柜，力有未逮。于是拖欠者多，征数即少起色，尤以二十一年将上下两忙并作一次完纳。而时期又值青黄不接，人民更少输将能力，近年民欠逐渐增加者以此。

戴氏所言，不无相当理由，因录之备作他日参考。

下午，调查阅催收人舞弊凑卷，大都为收粮不给串票等等。

十七日　星期四　晴

上午，至杂税处访主任蒋国康，询问契税征收情形。

据称建邑因年契税，收数甚微，仅及千余元左右。盖民间买卖，向立正找两契，正契仅填契价六成左右。契约成立后，类都祗税正契，将找契隐匿不税，甚至并不投税者，因此影响税收甚巨，此种隐匿不税部分，实属难于查考，因之欲求整顿，而得不谈毕，调阅契税卷。

下午，继续阅卷，造成历年征收契税表一纸。

十八日　星期五　晴

今日调阅民三、民十七验契卷。民三卷据已无存。仅取得民十七验契卷，得见各项章则办法。择其要者录之，验契标意，为确定产权，实则重在税收，验契成绩，以十七年六月为最佳。然亦不过发执照一百余张，其余月份，多则六七十张，少仅五六张，成绩之劣，可以想见。

离县府时，向财政科索到调查表格，均为草稿。

回寓后，将其腾录清楚，并将灾蠲实征造串额、实收民欠等等关联处，核算一过。尚属相符，第准确与否，殊难推断。

十九日　星期六　阴

昨日取到调查表格，内有征收费一项，未见填写，故晨至财政科嘱其补填。据李科长云，此栏实无法填写，盖因统计为难。且历年有旧欠征收旨混杂，分年统计更属困难，只能付阙。若欲强为填写，诸多不实，无补于研究也。

快然而出。至管卷室调取二十三年度征收经费预算书。该预算系将各项征收经费，混合编列，将其抄写一过。十一时半，抄毕。

下午，调取阅历届奉令整顿田赋，拟送治标办法卷，历届所拟，均大同小异，可见仅为例行公事，我国下级机关做事大体如此，亦可慨矣。

二十日　星期日　晴

晨偕洪君维清至县党部，遇常委陈季华与监委方镇华两同志，略询建邑党务情况与民间习俗。谈话间，管效先氏前来，氏为土地委员会所派浙省专团专调查员。寒暄后，乃与之改谈调查事项。得知彼之调查经过甚详。

据此次浙省土地调查，共分为七个专区。彼所带担任者，为第三专区，计有兰溪、建德、淳安、遂安、分水、寿昌、武义、东阳、义乌、浦江、金华等十一县。其中抽查者九县，应行普查者有兰溪、建德两县，现淳安、遂安、分水、寿昌四县，调查业已完毕。兰溪、建德普查，亦于去年十一月间先后开始。

此调查赖党部与县政府之切实协助，进行颇感顺利，惟调查员生活颇困苦，因乡村多散漫，时需东西奔波，且以农村贫困者多，有米饭吃者甚少，调查员亦只得与之共吃杂粮蔬菜等等。

至调查结果，就已调查者言，可靠成分，仅有六七分，此非由于调查员之疏忽，实以调查表中所列问题太细碎，使农家难于对答，且农家对我等调查类多狐疑，能确切实告者，至多只能占十之六七，即如关于负债与否一项，十分之十之农家，均普遍的以负债对。虽近年农村破产，已成普遍现象，然一村之中岂无一家生活比较宽裕者乎？其不可尽信也。可知土地委员会拟以各省调查所得，作将来取决土地政策之方针，能否真正对症下药，尚成问题，盖以之为大体之参考。可若以之为确切不移之根据，则所定方针未必能切合事宜也。

管氏所言，虽有一部分理由，然此出之于管氏之口，未免有所不合也。别时向方委员借得县志一部。

下午，披阅县志，制成历代田地亩分表一纸。

二十一日　星期一　晴

晨起续阅县志。九时，始赴县府阅卷，抄得建德县官有各产表一纸，余无所获。

下午，赴征收处，取得串征册日报表等等，并抄得各庄庄书姓名及其承管庄分表一纸，未与北区分柜主任谈及征收困难情形。据说云建邑田赋征收困难点有二：一为公共户粮，合一姓或一族，按年轮完，不知其真实姓名，往往互相推诿；一为外县业主每年或数年派人每收到租息一次，事毕即返，时间上极难相遇，催缴甚觉为难，云云。余意此种困难，不难解决，只须确切查明佃户或经管人，责令其照完，准其将串抵租可耳，但此尚非先行整理地籍不为功也。

二十二日　星期二　晴

为欲调查建邑学田，晨特赴教育局，刺谒局长刘文铭氏，述明来意，承其殷勤接待。

据称，建邑学田，共计一千四百余亩。均为大小宾兴两书院田。及新捐县立小学田，其中一千三百余亩，由佃户完粮，每亩年收租谷六斗，其余一百余亩，均由公家纳粮，年租每亩九斗，总计可收租谷九百余担。年来受减租影响，惟有八折收入，年可得洋二千余元。年本四乡大旱，几于全部受灾，租谷因以颗粒无收，云云。继与之谈及全县教育概况甚详。谈话间，得悉建邑昔有土产学捐一种，全县收入不下六七千元。此种学捐为区乡各校命脉，今以其属于苛捐而被裁，由省方月拨五百元以为抵补矣。谈毕，向其索取学田簿册，分庄编抄一份，并索取得二十三年度教育预算表而出。

二十三日　星期三　晴

晨赴县府晤洪维清君，探以建德租佃惯例。

据云建邑农田，与他处不同，向有大租、小租及归户之区别。租佃情形，亦因之而异。大租，指业主而言，租佃情形有二种，如钱粮由业主自完者，亩岁纳租谷一石，由佃户完者，岁纳租谷三斗或五斗不等。小租，指佃主而言，每亩岁纳租谷一石。归户，指大小租合并而言，每亩岁纳租谷一石四斗或二石不等，云云。

继询田地价格。据称三五年前，每亩价格最高达百一三十元，最低亦四五十元。近则受农村经济影响，地价惨落，最高者始及已往最低之价，最低者则每亩八元、十元，亦无人接受矣。

所述均关实际材料，因录之，以供他日参考。

二十四日　星期四　晴

查民报为建邑惟一言论机关，为欲探求征收实际积弊起见，拟将民报翻阅一过。故特赴党部，访监委方镇华同志。承其将民报检赠一份。惟以该报倡办仅及年余之历史，且系属周刊，故迄今仅出至六十余期。大略将其查阅一过，未见有关此方面之消息。幸方同志于粮柜积弊，知之甚详。

据云征收积弊，可分两方面说：一由于制度不善，一由于柜书之舞弊。盖向来征收制度，系由催征吏向粮户催征代完，领具串票散发，由是催征吏得舞弊机会，往往向粮户收款一部分，出立私人收据，如粮户须纳粮十元者，彼先向其收取五元八元，收得之款，并不全部缴柜，留一部分作私人花用。未收部分，即不再向粮户催收，任其拖欠。如因全部催收，则从前收得已花用者，势必全部吐出，而粮户方面，如已缴纳一部分，则其余部分，如不再向其催收，彼亦乐得不缴，即已全部缴纳者，催收人亦往往不给印串，粮户因执有收据，亦不患其抵赖，且不敢向其索串，盖恐下年度吃其眼前亏也。是以民间已纳百元者，公家只得五六十元，甚至四五十元，其余则尽入催收人之私囊矣。

此历年收数短少之由于制度之不善也，至粮柜方面，则更舞弊百出，凡县官初莅任时，征收人员谋固其位，往往私送规费，多或数千，少亦数百，县官及财政科人员，均得分润，此大都由财政科长与征收主任接洽，至征起税款，例须每日缴存会计处，而征收主任人员，大都征多报少，将征存税款，挪移生息，移后掩前，甚至吞匿税款，公家亦莫由查考，盖自民国成立以来，从未盘查存串，一任彼辈舞弊。

民国十五年度，征收主任唐雨时，甚至湮没征册，称言是年北军溃兵过境，征册遗失无存，实则征册未损秋毫，虽奉令将十六年以前民欠一律豁免，而吏欠部分，以征册毁灭，只能任彼辈吞没，总计款项，当不下数万元也。

又，本县十里埠地方，有毛乾昌者，于民国二十一年十月间，向征收主任施伟如请求补纳十六年至二十年漏征粮税。施某以其乡愚可欺，将五年所补粮银，如数吞没，不补经正式粮串，惟在各年旧串上，加书补银数字，并科以罚金三百余元。此事经地方人氏闻悉，乃来党部报告，请求查究，时余（方委员自称）任常委，当即亲自下乡调查，获得确实证据。旋为施某知悉，于是挽财政科长刘华录前来疏通，决由邑人杨祖荣、陈伟等向建德地方法院分院起诉。施某于是一面央财政科长设法补报，一面运用其金钱手腕，向地方分院运动，决不以起诉处分了事。

凡此皆粮蠹舞弊之大而著者也，历年征收数之所以仅及三四成者，类都由舞弊之结果云云。

谈毕，承赠以补粮舞弊串票相片一纸，如此名贵材料，于不意中得之，实觉喜不胜言。

二十五日　星期五　晴

为欲彻查粮柜舞弊事，今日往访杨祖荣先生。杨君年可三十许，为人颇正直，于征收情形，知之甚详。此次前去拜谒，虽未托人先容得尚不以冒昧见疏，侃侃而谈，盛情殊属可感。

据云建邑民风淳厚，均视纳粮为重要事，除非年岁过于荒谦无收，莫不以粮赋争先缴纳，且以催征收催缴甚力，如无应命，撤加拘捕，故民间虽一时无力，亦必极力设法，甚少蒂欠。历年征收数之所以短少者，类多由于征收员役之隐匿移挪。建邑自民国以来，从来未盘串，征收员役究各亏欠若干，虽无细数，然以彼辈薪金微薄，而生活之阔绰，过于常人一点推之。其亏欠数多者当在四五千元，少者亦必在千余元或数百元不等，总数当在数万元者也。

关于毛乾昌补粮一案，所述与昨日党部方委员所告相仿佛，惟言语中，以现今党治之下，司法仍如此黑暗，深表愤叹不止。

二十六日　星期六　晴

本日与李科长谈及二十三年旱灾情形，承将勘定灾册一本见示，内载细数甚详。据此系由省派勘灾委员王纪芳与本县马县长于去年十月间下乡勘明，以乡镇为单位，分勘实成灾九分以上，七分以上，五分以上三等。今摘录其总计于左下，聊可窥见去夏建德旱灾之一斑。

共计勘实成灾九分以上：田十万六千四百五十二亩六分六厘八毛，地二万八千五百四十七亩七分八厘六毛，山五万三千九十八亩七分四厘八毛，塘三百八十八亩二分六厘。共计勘实成灾七成以上：田一万三千二百二十亩九分九厘三毛，地六千六百九十六亩九分四厘三毛，山一万五千九百一亩六毛，塘四亩三分四厘五毛，共计勘实成灾五分以上：田八千二百七十五亩七分七厘七毛，地一千六百六十四亩三分三厘八毛，山四千九十三亩一分一厘二毛，总共勘实各区成灾田地山塘二十三万八千三百四十三亩九分七厘六毛，居原额六十五万五千七百四十八亩二分三厘八毛中百分之三十五强。

下午，赴田赋征收处，抄得各庄田地分类细数表一纸。

二十七日　星期日　阴

今日由县府汪科员之介绍，得晤前任征收主任严祖光。严氏为严子陵先生后裔，曾两任建德征收主任，一在民国初年，一在民国十六年，两次俱在任三年。于粮务情形，知之甚详，可为粮柜之前辈，现年近六旬，为人老成持重，做事绝不苟且。据历届征收主任下台时，大都身败名裂，惟严氏则至今为人所称道，盖彼自身洁白，又常以至诚待人，邑人莫不敬之爱之。而其为下者，俱有戒心，莫敢或私，彼故在任时，征收颇有起色，民元时常达九成以上。十六七年时，虽迭遭天灾兵祸，征数亦总在七成左右，盖纳之于民者，公家均得实惠，中间毫无走漏。据谈民元里，民间隐粮者不少，自彼就职后，逐渐清理，结果超出原额甚多，惟十六年彼第二次就职里，发现粮额减少，盖又复一再隐陋。于是继续理出一部。自称两次在职，实无愧于公，尚堪自慰。

探问其目令征收减色原因，据谓一由于民，一由于官。年来连岁灾歉，人民财力较薄，大抵生活尚难维持，故国赋不得不行拖欠。此短少之由于民者也，而现之主持征收者，又不免以私利为归，忽视公务，以至上行下效，如此征收安望其有起色？此短少之由于官者也。严氏所言，语甚笼统，大抵谊属同行，不便将实际情形，公之于外人乎？

二十八日　星期一　晴

建德自去年十月奉办编组保甲以来，县府派员分段指导督促，颇为努力，闻现已办理竣事，故今日特访洪科长一谈，得悉全县有二六二保，二四六一甲，二四一〇六户，一一九二八七口，二六三八〇壮丁，俱已造成清册。

据初办时，颇为棘手，因人民不知保甲意义极其重要，故一再派员指导，并请各乡小学校协助宣传，始顺利进行。目下虽大事告成，但为时已久，深恐各保甲人事变动，数目或有增减，故尚得抽查整理，以期无误云。考保甲为治安之本，上年建德迭被赤匪侵扰，难免良莠混杂，治安堪虞。今施政者能知正本清源，清查户口，继以保甲办法，使奸宄无容身之地，各乡匪患可以肃清，而立自治根本，未始非县治上之一件美政。

二十九日　星期二　晴

晨赴公款公产委员会，晤该会常委包汝羲*，叩询种种。悉该会成立于民国十六年，原由前参事会移交现有委员七人，均由县府聘任，任期一年，委员中互选常委一人，处理日常会务，每月召集常会一次，常委主席之下，设办事员书记各一人，经费年需一千一百七十六元。该会产业，计有忠孝两祠，田一百余亩，

---

* 包汝羲（1880—1950），字仲寅，号笑庐，建德乾潭镇人。1912 年 9 月至 1913 年 4 月任浙江省立第九师范学校校长。1926 年包发起创办建德县城厢电气有限股份公司。民国《建德县志》修纂时，他任监局。1937 年筹款重刻光绪版《严州府志》，他为发起人之一，并为是书题名。1949 年 5 月建德解放，他把家藏书籍全部捐献国家。——编者注

岁出常超岁入。盖因地方瘠苦，益以天灾人祸，相继洊至，贫困更甚，各项税收，均感短绌，致收支难期适合，所有历来不敷数，胥由县政府筹垫拨补云。

叩询毕，向其索取二十三年度地方岁入岁出预算书，依照誊录一份。

午后，访县府秘书舒国华，畅谈地政，滔滔不绝。氏意整理土地，端赖治本，故清丈为惟一办法，而实行清丈，须当局先立一通盘计划，然后视各县财政情形，分区逐步推行，庶乎期望可达，言中有至理存焉。

三十日　星期三　晴

上午九时，与商会主席谈，得知全县商业与金融概况甚详。

全县商店凡二百余家，以盐业、油酱业资本最为雄厚，每年营业达十万元，其余酒业、药业营业亦盛，年均在八万元，间至南货业*，如孙春阳栈，每年营业达十二万元，则为全县首屈一指者。全县货以煤油类绸布南北货为大宗，均由杭绍甬等处输入。出口货以桐油、生漆、黄豆、茶业、柴炭、木材、皮酒为大宗。近来农村经济破产，市面萧条，营业大都不振，因之各业亏蚀者甚多。全县有交通银行一所，典当一所，前者为商业金融流通机关，后者为平民金融依赖所在。钱币可分为钞票、银币、双角单角铜元五种，铜元最多，银币次之，单角最少。全县货币兑换店甚少，市上多向商店兑换，但必以购物为介，货币兑换价格之规定，每日由商会议定之，即发市单分送各商号，货币行市之涨落，胥决于此云。

下午，访救济院院长洪烈光。据该院包括育婴堂、清节堂二部，共有田产一千余亩。此项田产，均由私人捐助，大多硗瘠，租额低微，全年经费除租额收入外，仅由县府月拨补助费二十四元，故经费异常拮据，常年得勉强维持。去年大旱为灾，田租颗粒无收，以致经费分文无着，日困愁城，现正商请县府设法救济云。按救济院以救济他人为务，现亦需待人之救济，亦一趣谈也。

---

* 南货业是各大商业城市中的一个较大行业，“南货”即现代意义上的“副食品”，它是人们日常生活中不可缺少的一个重要部分。——编者注

三十一日　星期四　晴

为欲明了农村实际苦况，故有意下乡作一观察，惟以人地生疏，只身乏伴为苦。晨至县府，以此意与洪科长商酌，承元介绍乃弟导余至南乡一行，盖洪君有亲戚在平苏山，至则可以托为招待，当议定于午后出发，饭毕洪君令弟前来，座谈片刻，即起身同向目的地进发。平苏山离县城七八里，沿途道路曲折，村庄零落，地势多倾斜，而少平坦。行路颇感乏力，故路中频频休息。

至目的地，由洪君令戚严小峰先生殷勤接待，并导余等至四周村落巡视一周。村落大者有居户二三十家，少者十余家。居民大都以农为业，自耕者居多数，惟农户所占耕地，少者仅及五亩，多者亦不过一二十亩。故生活方面，除少数稍宽裕外，余均贫乏不堪。

据乡人谈，年来旱涝频仍，丰收罕见，耕不足食。啼饥号寒者，时有所闻。苞芦为此间重要食粮。盖以米麦价高，虽自有收获，亦必以之变易苞芦充饥。否则更难维持生活云。乡民除耕作外，亦有以打柴为生者。每日入山打柴，次日挑至城市出售，每担得钱二三角。由此易回粮食。据云，数年前每担可卖七八角，而今价落至二三角，亦觉难于出售。故此辈生活，亦觉困苦不堪。

巡视回来，时间已迟，不克回城，乃蒙严君宿焉。

二月一日　星期五　晴

晨兴，与洪严两君，散步田间。清风拂面，爽气迎人，晓烟笼树，旭日初升，景致佳美。时农夫农妇，口唱清歌，耕作田间。彼辈虽困处穷愁境遇，第以自然环境优美，故精神上仍不减欢乐耳。

早餐后，谢辞严君回城，抵寓已午饭时矣。

下午，参观民教馆。该馆地步狭隘，设备简陋，所存各项书报，皆零乱无秩序，入内令人颇生不快之感。馆内情形如此，馆处成绩，可以想见。建邑民智素称闭塞，如此而希望赖其开发难矣。

二日　星期六

上午至县党部，将前借县志归还。因从方委员口中，探得建邑林业概况。

据在旧严属六县中，林业以建德为最优。木材出产，占出口中重要位置。盖因往昔在上者极力提倡造林所致。当民国六年至十二年间，县知事张良楷*，对于林业极为注意，时订有强制及奖励造林规则。其大意系：

（1）每人每年应种树三百株，三年后按户考成，违者依法处罚。

（2）人民在私有荒山，虽主权属于他人，亦得代为造林。惟至砍伐时，须按照二八分利办法，即造林者得八成，地主得二成是也。

（3）官有荒山，准人民承领造林，彼又将提倡林业之事，令各村董协助进行，并时常亲自出外督促。见有奉行不力者，即惩戒之。

今各处所以不乏苍郁之松林者，率皆当时提倡之功。惟近年人民徒贪目前小利，每多滥伐，伐后又不继续栽植，以致森林逐渐减少，现党部拟会同县建设科，下乡宣传造林之重要，并由省农林场供给树苗，廉价分让于人民栽种，以次挽救云。

下午，在寓检点论文材料。半日未出。

三日　星期日

今日为旧历除夕。上午独步街头，见行人往来如织，竞相料理年事。商店伙友，应接顾客，情境较平时忙碌百倍。虽当今农村经济枯竭，而过年热狂，不减往昔。可见民间对于旧历年节之重视。

下午，洪君遇我，谈及建邑除夕风俗，如换桃符，贴春联，燃岁烛等等。与我故乡情形相类似。而骨肉团坐，守以待旦之风，则为此间所特有。

晚，洪君邀吃年夜饭，坚辞不□。席开谈笑甚欢。然返寓后，只身独坐，当此良宵，未免惨然。终夜四周爆竹之声不绝，尤觉令人难于入寐。

四日　星期一

一觉醒来，时已日上竿头。晨起，出门，见街头巷尾，行人零落。惟面部均

---

* 张良楷（生卒年不详），字端侯，安徽铜陵人。民国六年（1917）一月任建德县知事。张良楷鉴于建德山多田少，又多是童山濯濯，水土流失严重，即倡导植树造林，创立省立甲种森林学校，在乌龙山兴办林场，植树造林。——编者注

带有喜色，相逢俱额手称庆。言多吉利，闻之生厌。街上商店，大都关闭，以致市面冷落，与昨日情况判然不同。惟间由店内发出锣鼓声响，时断时续，聊破沉寂耳。

返寓后，接得由交通银行汇到校中第二期津贴。该款经由兰溪转来，路中计延搁四五日之久，否则早可到达矣。饭后，赴县府与县长及各科科长辞行。归后整理行装，以便明晨离建。

晚，又特赴洪君维清处告别，谈二小时始辞出。

五日　星期二

晨七时半，乘汽车至杭。一路风光，依然如昨。二时许，抵湖滨。因拟取道杭京路赴镇，故寓华兴旅馆一宵。

改订建德乡土地理

原　序

方君及庵，读书种子也。承乃父之庭训，得家学之渊源，广博精通，早已有声庠序前。清末季，知时势所趋，旧学不足以应世，乃稍习科学家言。民国以来，历任地方教务，课余之暇，编葺《建德乡土地理》课本两卷。今年夏，部令小学校加课乡土科，余乃商之方君，出前书增损之，阅三月而脱稿。参阅之下，觉搜罗甚富，眉目分明，词句清晰，令人易晓，诚为教育之善本，而亦小学之要素也。兹因待梓在即，率为之序其缘起云。

民国七年岁次戊午校长蔡汝榕撰

改订建德乡土地理课本弁言

昔德儒弗罗比尔，以乡土知识为寄居社会之基本。金梁氏饮水亦曰："爱乡心扩而充之，即为爱国心。"故乡土观念至为可贵者也。旨哉言乎，诚探源之论也。顾时贤所著，若中国，若世界，举凡地文、人文以及政治、军事，各种地志汗牛充栋，不乏鸿编，而于一邑之土地、人民、政事，除旧式之邑乘外，迄无有辑课本者，不知乡土地理乃小学校之必修科。譬之有巨室于此，自门庭而堂奥，而寝室，布置周详，结构复杂，使进而叩以灶厕溷之所在，床帐几席之所存，乃瞠目挢舌而不能答其方向位置，可乎？此教育部所以有小学校加课乡土科之令也。第质本鲁钝，乃校长蔡松泉先生竟委以编撰之役，固此不获，因出前此未竟之功，略事剌取拉杂成之，聊以报命。固为敢以著作自诩，而贸然贡诸大雅之前也，亦籍以启发儿童之乡土观念而已。

中华民国九年双十节及庵景第识

改订建德乡土地理课本目次*

* 为方便阅读，本目录页码为编者加注。

凡 例

一、本编专供民国学校乡土科之用，即高等一年级。亦可与中国地理间互教授，预算以一学年习完之。

二、本编共分四章，计三十六课，每周约授一课。至时间之分配，则以文字之修短为衡要，以不背本科之额定时数为率。

三、本编以《清一统志》“水陆道里”“舆图记”及省府县志等书为参改。

四、本编调查以民国九年七月为止，间有采录旧说未能吻合者，容日访确再版订正。

五、本编所有附图，一依王子通制图法，收放其星野。经纬则照金华中星谱核算。

六、本编以课余从事纂辑，见闻有限，疏陋缺略之识，自知难免，尚祈阅者谅之。

编辑者识

建德全县比较表

表 6-1

乡名	东西距	南北距	高岭	大溪	庄数	村数	主镇	烟户	人口	学童
城区	15	10	乌头岭	新安江	14	15		2305	14526	2598
泰明	45	55	龙门山	苔溪	6	111	翁村	2710	13616	1068
亲睦	65	55	枫树岭	横港	6	168	大洋	3658	19223	1913
纯善	30	45	旧岭	马目溪	3	78	马目	2234	11939	2067
光华	30	55	高岭	洋溪	3	119	洋溪	2715	15359	2804
龙山	20	65	佑岭	下涯溪	6	115	十里毕	2062	11769	2583
芝川	30	45	胥岭	胥溪	3	133	乾潭	1817	9127	2150
仁行	35	55	安仁山	安仁溪	4	72	安仁	1917	9658	1346

第一章　总论

第一课　乡土地理之名称

乡土者，乃吾侪之先世及本身生长之处，即俗所谓本乡本土是也。吾人之本乡本土，由城而乡，由庄而村。若干里，由东而西，由南而北。又若干里，其间地势、山川及其他天然之状态，固不能无异。即各方之气候，各方之土质与夫物产、风俗，虽弹丸之地，亦不能尽同。吾人生于斯，长于斯，必先明乎本乡本土之天然形状，而后可以支配人民之生活。其关系甚大，为民国者，不可以不讲求，所以谓之乡土地理。

第二课　乡土地理之由来

乡土地理，为小学校乡土科内之一部分。西历十八世纪，创始于德意志之幼稚教育家勿罗比尔。其后一千八百三十七年，乃盛行于菩兰艮、芝加哥等地，遂遍及英美各国。初仅授以乡土地理，后复扩充其范围，兼课乡土历史及自然物与天然的现象，以磨炼记忆，实地观察等之能力，而养成幼生急公爱国，实心争存之思想焉。今则各处学校均有加授乡土者，殆亦知其用矣。

第三课　乡土地理之范围

乡土地理与他种地理性质稍异，以专为记载一邑之文字，举凡疆域之沿革，政治之隆污，气候之寒暑，物产之盈绌，水陆之配布，人口之增减，风俗之厚薄，与夫人民生活之程度，皆在乡土地理范围之内。要之吾人之衣食居处，无一不于乡土是赖。所以总论、分论，但以城区及四乡为限，而不及于邻邑，其范围固不能稍含混也。

第四课　乡土地理之区分

乡土地理之区分，原无一定。兹就现今一般地理学家所公认，约可分为二种：甲，为学问的区分。曰天文学，研究关于星辰、经纬、时日之事；曰地文学，研究关于构成地球表面之事；曰人文学，研究关于政治、风俗、物产之事。乙，为局部的区分。曰城区部，记载城邑人事之现象者也；曰乡庄部，记载各乡形势名称之大概者也。

第五课　乡土地理之关系

西哲利托尔之言曰："乡土地理及于人类之影响，于性格性情上，制造传播上，团体结合上，皆不能无密切之关系。"即吾人不得不认乡土学于人类之身体的、认识的、道德的，有最大之势力者也。又尝闻之刘氏彬曰："必周知乡土之形势，而后可以进论各省及全国之形势，然则欲谋三育之发达，知全国之大略者，安得不于乡土地理肇其瑞耶？"

第六课　乡土地理之标准

学术以竞争而更明，工艺以比较而益精，此天演界之公例也。外国之于中邦，他县之于本邑，断不能毫无轩轾。但乡土地理之范围，既如前述，则自然人为一切现象，当然以一邑为限。是以通例皆以城镇为乡村之标准，作为模范，以资效法。经济、殖产、兴业、交易不致无所适从。此全县比较表所以为本科必要之具也。

第七课　乡土地理之特质

文字浅显不求深奥，叙述简括不尚繁颐，此乡土地理之特质也。至若山岭之高若干丈，河流之长几何里，某物出产于何地，某事通行于何所，原可不需教科书之说明，而为难文僻词之暗记，特于形式的教授上，似不能不有藉乎？课本之指示，要当使幼生于平日所居之学校、讲室、庭园与夫城垣、郊野之地形，习闻熟悉，然后参以课本所授之文字，以养成其自己观察之能力，而收实地试验之效果，此又乡土地理特质也。

第八课　乡土地理之概观

古人不知地球为何物，种种迷信之说所由起。民智渐开、科学渐备，始得共知地球之性质：初为气体，继为液体，递凝递坚，于以构成今日之世界。然苟具混合之见解，而乏个体之知识，殆亦人生之大缺憾。况为学子乎？惟是孜孜不倦，进而求其大概，则世界现势，固因应知悉，更进而考其详细。斯国界省分，又当熟谙。至若一道一县，亦必定其疆界；一食一衣，尤须知其来源。所造益深，所知益广。民智之进步，得不于此操左券哉。

第二章　地文

第一课　位置

《内纬秘言》曰：牛三度，严州府建德县入三分之四。今测建德在斗宿之丑宫一十三度。其实依金华中星谱推算，适在河鼓星之东北十一度五分。强占京兆观象台东经二度五十九分九秒，北纬二十九度三十四分十七秒，位置约在浙江金华道中央之稍北，东北距省垣约水道二百七十里，西北距京师约三千六百里。前临新安江，恰值徽兰二港会和点之西北二里许。

第二课　疆域

东北至桐庐，以距城六十里之安仁牌为界。东至浦江，以距城七十五里之井硎岭为界。南至兰溪，以距城四十五里之荷花塘为界。西南至寿昌，以距城六十里之菱塘为界。西至淳安，以距城六十五里之姚村为界。北至分水，以距城六十里之胥岭为界。若水路，则东北以四十五里之冷水坑界。桐庐西以八十里之禽坑口界，淳安南以四十里之三河戌界，兰溪西南以七十里之白沙埠界，寿昌东西距离最广处约一百里，南北距离约八十里，面积约计六千二百八十三方里强。

第三课　形势

自富春以西，当黟山山脉东西之阶级地，向西层累递高及新安而止。一处非面对重江，背负峻岭，至县治则高峰耸秀于其东。建昌环绕于其西，所谓潭急水深，山峦宏伟。舟航悉辐辏于兹。四达皆险阻之道，非虚语也。更以东据钱塘之上游，当瓯歙之远道，百帆隐隐，千车辚辚，商旅往还，络绎不绝。至七里泷以下，则重冈高坂，夹岸对峙，足为全邑天然之门户。故海禁未开、轮舶未通以前，建德实为七省通衢，良有以也。

第四课　沿革

建德县为禹贡扬州之域，春秋战国时属吴，后又属楚，秦为会稽郡，富春县地。汉永建中，以会稽为吴郡，富春属吴郡，孙吴置新都郡，析富春为建德、桐庐、新昌三县，建德之有县自此始。陈属东阳郡。隋开皇九年，平陈废，入长山县。唐武德四年，改建德县隶睦州。七年省入桐庐。永淳二年，复以建德县隶睦州。万岁通天二年，徙睦州，治建德县。建德之为首县自此始。天祐三年，钱镠取睦州，建德县乃属吴越。宋太平兴国三年，吴越国除，仍隶睦州。政和七年，升睦州为建德军节度使。宣和三年，改睦州为严州军，县隶严州军。咸淳元年，升严州军为建德府，县隶建德府。元至元十四年，改建德府为建德路，总管府县隶建德路。至正十八年，李文忠取建德路，改为建安府，县隶建安府。明洪武二十五年，改建安府为严州府，治建德。清顺治三年，严州归附建德，仍为首县。宣统三年，裁附郭首县，改归府治，兼辖。民国二年，废府留县，隶金华道，为建德县治。

第五课　山脉

建德山脉，以乌龙山为最著。主干曰胥岭，其脉自昱岭分支，东下至城北三里而落脉，旧测高六百丈，周一百六十里。宋宣和初，改名安仁山。明洪武中，封广济王神为乌龙王，仍复今名。山西距城五里，有乌龙岭，驿递往来之要道也。其分支之大者，有秀山、建安等山。城垣及依山建筑，而高峰山、方门山均属之。东南之枫树岭，则来自金华山，其分支有明山、岩山、望城、坠马、橘山、棋枰、白马、石屏、竑岩、塔踏、突山、盘山诸小岭，至西南之旧岭，系由仙霞岭分歧北出，有建昌屯军、西山罾潭、马目平山、青山幽径、洋溪朱池、岩山笔架、铜官、焦山、蛇岭等支脉所在，怪石巉岩，古木丛杂，矫若游龙，郁然蓊翳，冬夏常青，间缀红黄，每逢烟雨景色尤佳。

第六课　河流

新安江一名浙江，又名歙江，亦作清溪，俗称徽港。两岸最阔处约二百步，潭深水碧，明不掩鳞，其源有四：一出歙县黟山；一出休宁率山；一出绩溪障山；一出婺源浙山。山源渐汇，合流至新安为滩三百六十。东经淳安，入建德界，合洋溪、下涯溪、马目溪、绪塘溪、黛溪、派溪、碧溪、苔溪、胥溪诸支流，蜿蜒东行，抵县城东南二里许之鹊溪头东阳江，并婺港、衢港，自兰溪北流入界，形如丁字，下流又合三河溪、麻车溪、大洋溪、小洋溪、洋沸溪、桐溪等山泉汇聚，水势顿大，折东经大浪潭、乌石潭，经过胥口，又合下流坌柏清渚杜息安仁诸溪，出七里泷，入桐庐界。

第七课　湖泊

建邑龙山之水直入大江，是以民贫宦寡，形家谓水分八字之故。昔人因浚治两湖，掖城左右以环绕之。东湖在城东南隅兴仁门内，面积约六十余亩，源出乌龙山，由水戽门受建安山泉至马贺桥入湖。嘉靖中，知府韩叔阳以旱涝不常，筑堤捍之，遂成巨浸，有东西二吐口。东口出水门入江，西口接字民桥西之宋家湖，绕行太平桥下曰玉带水。西流为江家塘，广约十亩，曲折由后历桥右注入蔡家湖，广曰五亩，再西出水门，即为西湖。湖在城西南和义门外，亦导源于乌龙山，西南行，循城入湖，为南唐咸通中刺史候温所开凿，初称明圣湖，原作放生池，广袤五百四十二丈。中有宝华州，西有梁瀛步。湖浅则蓄水利民，涨则由此宣泄入江。至前清一再修筑堤岸，并开流水埠旧濠以导水势。兵燹后，全湖淤塞，经知府宗源瀚修浚后，久亦无过问者。民国八年，知事张良楷捐修湖坝，遂并东西湖，各浚深数尺云。

第八课　区划

旧分全邑为九乡、二十一都、四十里。在城一都为卖犊乡，里三。二都至四都为新亭乡，里五。五都至七都溪东为白鸠乡，里五。七都溪西至八都为孝行乡，里七。九都至十二都为建德乡，里五。十三都至十五都为慈顺乡，里七。十六都至十七都为龙山乡，里三。十八都至十九都为仁行乡，里三。二十都至二十一都为芝川乡，里二。清雍正五年，督院李卫奏请行顺庄法，在城及四乡共分四十五庄，领小村五百六十有六。宣统初年，合西北二乡为同安镇，及县议会停办后仍析为二乡。今自治上分为城区及泰明、亲睦、纯善、光华、龙山、芝川、仁行八乡，都里庄村仍旧。

第九课　城垣

县城一名罗城，亦作梅城。唐中和中，刺史陈晟所建筑。周十九里，高阔各二丈五尺。宋宣和三年四月，平方腊，知州周格重筑，缩为十二里二步，辟门八。绍兴嘉定，一再修筑。元因之。明洪武初，李文忠守严，又缩而小之。西北移入正东三百五十步，正南移出一百六十步，周围计八里二十三步六分，高二丈四尺，阔二丈五尺。为门五：东曰兴仁；南曰澄清；西曰和义、曰武定；北曰拱宸。清道光四年，又即旧址增开福连门，即俗所谓小南门是也。共为六门，各有堞楼，除北门、小南门外，均有月城以护之。今城即道光初年所重修者，计城外七十二假，长二百一十丈，女墙三百二十七丈零。梅花垛一千五百有三个，水门三，上城马道十，炮台二十二。

第十课　气候

建德气候和煦，流水不冰，春芽易发，有类省垣。虽山高水深，并无海氛郁瘴之苦，惟阴历四五月之交，淫雨连旬，山川暴涨，沿岸田畴未免有冲逸排击之患。南路接近兰溪，地气稍暖，常以春社后浸谷种，秋收特早，东西路次之。北路山高水冷，于清明日浸谷种，插秧以芒种为限，秋收较迟。至岁之丰歉，恒视晴雨以为验。老农占岁，方言曰："但得立春晴一日，农夫不用力耕田。"又曰："清明要晴，谷雨要雨。"又曰："芒种无雨空种田。"总之，浸种、插秧皆需雨，阳时若也。过芒种，为入霉，谚云："一日芒种二日霉。"或谓"芒种后逢丙入霉，夏至后逢庚出霉"，"若先小暑一日有雨，则六月淫雨有小暑"，"头上雷一雷，四十九日倒黄霉"之谚。至春雪，则主大水，以一百二十日为期。颇验，亦有以五月二十日为分龙节，宜雨，语曰："二十分龙，念一雨，则岁不旱。"若冬令，往往于冬至以后，行数九法。过九十日为暖期，则春分矣。

第三章　人文

第一课　人口

建德客籍居多，滋生户口册照康熙五十年实在人数为 1921 丁口，内市民 4020 丁口，乡民 15190 丁口。五十二年，诏各省地方官，每逢编番之期，另造实数清册报部其征收钱粮，但以五十年丁册定为常额，将丁税推入田赋中。凡有增益人丁，概入盛世滋生册内，永不加赋，以后仍照旧例。每五年编查一次，将察出丁口，造册申送。嗣后则以无财政关系，率皆意为加减。故于一切行政，均不便利。兹据最近调查：城区烟户 2305 户，男 9483 丁，女 5043 口。东区烟户 2710 户，男 8139 丁，女 5499 口。南区烟户 5892 户，男 18945 丁，女 12217 口。西区烟户 4777 户，男 16537 丁，女 10591 口。北区烟户 3734 户，男 11319 丁，女 7466 口。合计 19418 户。男女老幼共 105217 丁口。较之原定旧额。不啻加多五又十分之二倍，亦云盛矣。

第二课　风俗

建邑风俗，比之他处，有大同而小异者。较之古礼，有名异而实同者。元旦贺年，各处皆同，而建邑于新年客至，必以鸡子款待，谓之捧元宝。清明扫墓，亦各处之所同也。而建邑于清明节前，取米舂粉，和之以青，作为印粿，上坟时即以供其先人。至于七月望日，人咸呼为鬼节，皆须祀其祖先，而建邑于祭毕之后，所焚之金银锞锭，必以纸袋封裹，上书品爵名氏，谓之“烧封套”。平时虽亦祭祀，则不用封套也。婚礼，两姓凭媒撮合。初则传红，送首饰数事，及聘洋若干，此即古人问名之意。继则送担，有酒、肉、鸡、鱼、首饰、衣服之类，此即古人纳彩纳币之意。近来有不备礼物而专送银洋者，名曰“折担”。迎娶前二日，男家必备酒肉若干，送至女宅，名曰“轿后担”。至亲迎之礼，有行有不行，四乡不能尽同。庙见之礼，乡间仍行于庙中，城中则次日就堂前行礼，名曰

“拜大小”，盖亲族中无论尊卑长幼，皆于此日而一见也。丧礼，与他处不甚相远。惟三七之期，必备酒肉饷食客，为吾乡恶习，孝子仁人，必不忍出此，又有于出殡时延僧道行服礼者，则又不知“成服”二字之义者矣。

第三课　物产

农作物与他处同，无特异者。输出品如柴、炭、茶、漆、苎麻之类，虽属大宗，而数有限。至于东乡上姜之榧子，西乡黄饶之棉花，较胜于他处，而所产尤少。此外如三十六桶、老鸭、馒头、观音粉等，则随在有之。岁或不登，农人每藉以救荒，其植物之奇异而罕见者，有越王竹，偶闻人声，辄宿入土中。又有仙人杖，老人持之，行路不致倾跌。然但见于前人记载中，实未尝寓诸目也。动物除有用之家畜外，乡间多野猪、豪猪，反有害于农田。山谷中又有一种两头乌，状颇似猴，掌中有纹如符箓，能炸枪弹，故人无敢以枪击之者。性亦狡诈，人竟不得而计取之。鸟类则七里泷中之白画眉，引吭高鸣，动人清听，为他处不及。鳞族则泷中之鲥鱼、子陵鱼，为食客所赞道。至鲩、鲭、鳊、鲫、鲦、鲙、鳂、鲤则四时皆有，不足异也。介类则黄村之毛蟹，风味尤佳；龙山之无尾螺，形状特殊，此又物产之因地而异者。矿产则五金无论矣，惟石矿久为他处之所垂涎，今由就地人民，集款开采，出货颇盛，殆亦开辟则源之道欤。

第四课　实业

建德农田 163387 亩，连地 84241 亩，基 8382 亩，山 500869 亩，塘 6315 亩，额征三万六千五百余两，每两连附捐一并在内，折收银洋二元七角六分二。但以介居万山之窟，土浅源枯，山多田少。殷实之家，亩不过千。乡民除耕读而外，并无他业。岁或不登，则乞籴邻封，食云艰矣。间亦有从事工商者，惟民间富守成性质，不知进取。凡缫丝、织布、渍麻、炼铁诸大端，概付缺如。此外如制造什物，往往因陋就简。即渔牧之业，亦停滞不进，视为无足重轻。至蚕桑事业，现经县知事极力提倡，聘请技师，购苗传习，成绩颇著。徒以知识幼稚，未识将来能盛行否也。铁山，宋明已盛，尚资课冶。银山、铜山，则矿竭坑存。新苗之发现者，不数数觏，且拘忌太甚，明知弃利于地，亦复阻挠多端，莫之或恤。森林场所，民国七年春始行倡办，其地点以五龙山一带。绵亘二十余里为最大，其他领用官荒，或兼购民地，培苗造林，基础皆立。其各区苗圃，则由自治人员分别承办云。

第五课　交通

旧设驿道三路：一通杭州，曰“胥领驿”；一通金华，曰“三河驿”；一通衢州，曰“朱池驿”。明初改设“富春驿”，而“朱池驿”遂废。今陆路东北自安仁入桐庐，北饶下涯溪过江村入分水，南由罗桐埠入寿昌，东由翁村街过里钱入浦江，西自洋溪经茶园达淳安。至水路除东北抵桐庐，西至淳安，南至兰溪外，皆为溪涧，难以行舟。而全邑位置，实为皖、赣、闽、粤之孔道。且自东关以上至兰溪，水运尤繁。前议疏浚桐江以上之浅潭，俾得驶行小汽船，至东关以上，缘工程未谙法，暂行停办，现在仅有钱江、振兴各公司及商家自办之驳船，按日开行兰溪、桐庐、淳安，较之寻常民船之沿途停泊者，固已便利多多矣。铁路虽有指定之严屯线，自建德至屯溪，然尚未兴筑。电报近已筹办，与兰溪接有单线，下达省垣，上与屯溪互相联络。邮政以旧属府治，光绪末年即有二等局司事驻此。统捐局扼东关要隘，防止绕越，至南门则其分卡也。

第六课　商务

清洪杨之乱，郡城招劫最巨，满地哀鸿，元气骤难恢复。民间生活程度，亦不甚高，以故街市荒落，瓦砾盈眸。店肆除米、盐、药、布而外，寥寥无几。益以世业耕读，往往卑视商人。及光绪间，自治维新商务始觉日有起色，寻又筹办全邑商务分会，主持一切，并得判决债务，于是乃知商业之足以致富争存，稍稍注意焉。寄籍客帮，亦各有分会，以联络乡情，谓之会馆，而宁、绍、徽之团体为最固。货币通用墨西哥鹰洋，及自铸之银元，而以角子、铜板为副币，铜钱竟不多见，钞票以军用兑换券为最多。金融权即操于商会，洋货极行畅销。日用衣食，与夫针线琐屑，几于无一非舶来品。而洋油、洋烟，尤多消耗云。至于四乡之商情，则沿新安江之江村埠、洋溪镇、下涯埠、马目埠、十里埠、东关小里埠、胥口等处，贸易并盛，而尤以东关洋溪为之领袖，其支流苔溪之翁村街附近、胥溪之乾潭镇，生意亦佳。兰溪下游横港经流之域，以三河埠、麻车埠、大洋镇为最繁盛，而小洋、洋费埠次之。

第七课　政治

县署行政，共分三科：曰政务科，考核他科不属之事，其关系政务各机关，有警察所，以县知事为所长，警佐专其责成，警额共五十五名，派出所四处，分驻三都、大洋、洋溪、乾潭，一如昔日之分防然。又有保卫团，以团董、保董、甲长、牌长、团丁等人组成之。至自治委员会，分城乡机关，县公署且设有自治办公处。他若商会、农会、习艺所，与夫牛痘局、施医局、育婴堂、清节堂、孤老院等，间有以县税辅助办理者。二曰财政科，考核会计事宜，其职务为征收国家税、地方税，如地丁钱粮、抵补金、契税、屠宰税、印花税、当税、烟酒牌照税，是为国家税之大宗，须报解省库者也。其自治附捐、抵辅金附捐、学款、警款、公益费、准备金，是为地方税之大宗，仍以用之地方者也。其附属机关，为征收处，以督征及征收员组成之。三曰教育科，考核教育事项，特设主任及助理员，外有县视学为之耳目，巡回视察。其分设机关，有勤学所、教育会及讲演所，为全邑教育之枢纽。司法亦由知事兼理。属下成审员，则由高等审判厅委任。管狱员由高等检察厅委任。此外若书记、录事、承发吏、检验史、司法警察等，或考或委或雇用，各有专司，而看守所、待质所、收状处，又其附属机关也。

第八课　教育

建德风气固塞，诸事落人之后。各种学校，强半由书院改设，或就他种讲学机关，略加扩充而成。其在本邑境内者，有中学校，系清光绪二十九年郡守黄书霖就双峰书院改设，初称“六睦学堂”。继其后者，又复逐改加良，颜之曰“严郡中学堂”。宣统元年，改为省立，次列第九。今则添置校舍，建造讲堂，学制居然大备矣。学生 280 人。省立第九师范学校，初由道立联合讲习所改设，校址原定以旧有之校士馆拨用，今已于武定门内另建，学生约 200 人。省立甲种森林学校，亦在城内，校舍以旧县署空基建筑，附有实习造林场一所，学生约 200

人。其县立者，则有模范小学校，本由宝贤书院改设，民国元年经县议会议决改为县立，学生 170 人。惠英女子小学校，民国二年创办，寻亦改为县立，并附设女子示范讲习所，学生 120 人。以上二校，经费概由县税开支，校规颇为整肃。此外尚有四乡区立高等小学各一所。而全邑国民学校，现已增设 141 所之多。教育之渐臻进步，于此可见一斑。学龄儿童，计 14756 人。教育经费，岁给叁仟伍佰元，除补助各区立高等小学校外，余悉补助城乡各国民学校云。

第九课　宗教

邑人性质纯朴，不事粉饰，昔宗多神教，大都敬神明鬼，讲律悟空。上流社会，向重孔子天机人伦之学，扫除迷信，一以道德为归纳，但宗旨高深，且无宗教仪式，故不能普及一般国民也。孔教支会，现已成立，大约以尊孔明伦、启迪后进为能事。佛教颇占优胜，然末俗所宗仰者，实系净土宗之一派，且中多杂质，而非纯粹的佛教，如拜忏烧香诸事，悉为内典所不载。而妇女之持斋拜佛，尤为恶习。寺院之著者，如报恩寺，在字民桥下水序门，在城东北隅，府庙西首。阿育庵，在乌龙山黄沙里。小里庵，在菜园下，香火并盛。道教则崇尚感应阴骘，且重符箓咒语，妄诞离奇，出人意表，是以信徒者甚少。而邑人则另组有福庆斗坛，自谓龙门的派，每年过关礼斗，极为热闹。若门图道士，则专以诵忏开经为业，其去树功累德之旨远矣。此外天主教，系由外烁，而非我所固有，传入较迟。清光绪间，始有主教简派之神父来邑建堂，徒事传教，徒以不见重于社会，故崇奉者，数极寥寥也。惟主旨则与耶稣教同一劝人为善，脱尽人而能恪遵十戒者，斯孔孟之道，不是过也。天主堂在旧总府东首，耶稣堂在县庙西偏，有内地会之牧师，率眷驻此。至乡曲之愚，尚有以青蛙草木，为有危灵，而畏信之。一如野蛮种族之拜物教然，甚且寄为父母，命名乞寿。扶乩治病者，亦云奇矣。他若土榖社神，各乡均有肸蚃兴盛者，则又非宗教范围所可统括者也。

第十课　古迹

全邑山水清幽，风致特异，向称浙东名胜。境内多湖山池馆，足资游眺，大可涵养公德，并以景仰前贤焉。其亭园之最著者，曰“思范堂”，在旧府署正堂北潇洒楼下，以后人思慕宋范文正公之遗爱，故名。其武定门外西能寺南偏之竹阁，则为希文吟咏之所，逐亦名之曰“思范亭”。前为“思范坊”，曰鸣盛亭，向有钟楼，即洪音楼是也，在建安山上。秦清道光元年，复于其旁筑石亭，而悬钟其上。乃名之为“鸣盛”。此外，又有石屋二：一在乌龙山正中真武殿后，敞若崇轩，可坐十数人；一在云居庵上磨盘石顶，容积差小，采樵者每避雨于此。石洞二：均在胥领狮子檐下之东麓。明者曰“玉泉”，高广各六七丈，有水自石隙涌出，遇游人至，涓滴较急，彼人呼曰“接客泉”，中有悬石二具，形如钟鼓，叩之各肖其声。暗者曰“金粟”，最深处有仙人楼，层级而上，罗列石质之几枰等物，因楼侧有石桂一株，挺生檐岩壁，色如金粟，故洞即以“金粟”名。其间冬暖夏清，气候寒暑，与外迥异。游者必携火具石灰以入，然只能至第五进，再入即须伏行三五里许，故人无敢究奇妙者。或谓近楼有石田四区，以水之有无，可卜各乡之岁事云。至如石壁之字，郡庙之鼎，与夫碑碣茔墓，樟木藤果之属，则又考古家所当探索，以资观摩者，兹不赘述。

第四章　分论

第一课　城区

县城踞新安江之滨，左绕碧溪，后负龙山，城垣半跨山脊。管领富春、富寿、辑睦、里仁、宣化、亲仁、福善、字民、画锦、纯孝、仓前、黄浦、东馆、西湖十四庄。居民 2305 户，人口 14526 人。城内坊巷纵横，街衢宽广，市廛住宅，望宇对衡，城东落园一带，强半空基。惟西南部店肆栉比，尤以正大街、半道硔、磊石巷口及三元坊等处，为最繁庶。至东门、西门、两街，反不如黄浦街有船户往来之闹热也。县公署在北部之偏西处，故府署也。警察所，在团区司令部之西首。省立学校三所：中学校在府文庙之东，师范学校在武定门内，森林学校即旧县署基址。县立学校二所：模范小学校在西门街柳树巷口，惠英女学校即在其西之岳郎庙内。至国民学校及劝学所等机关，则大半租借民房，时有迁徙，不便指定。商会在东门街茅家弄口。平民习艺所在三元坊东首。统捐局在距城五里之东馆镇，旧名东关，钱文肃公更其名曰分舍，绍兴八年改今名，其地适当徽、兰二港会流处，向为水道冲要，市况颇佳，近来有桐、兰驳船停泊于兹，故贸易更形发达。西湖庄在城西五里，裴郭坞、黄栗坪一带皆属之。乡人聚族而居，向无店铺，较之东馆，不啻有上下床之别矣。

第二课　泰明乡

泰明乡，一称“东乡”，在城区之东。东至浦江县，南接亲睦乡，西界城区，北邻芝川乡及桐庐界。管领杨家、上公、下公、梓里、洪领、里周六庄。居民 2710 户，人口 13613 人。主镇曰“翁村”，当苔溪北岸，建东高等小学校在焉。西出小里埠，尚有五里之遥，转运多行不便耳。和村在翁村东南，店肆不多，村中有羊公社，奉祀晋太傅羊祜，甚著灵应。由此经梓里青云桥，过乌祥村，虽可直抵浦江，惟山径崎岖，较之由马宅过横坞口、里钱、里陈，至浦江为难走。姚村在潘岭之西，梓洲村后有香炉峰，巍然圆石，矗立山巅，登高俯视，全村宛然在目。上姜、下姜，附近井硎岭。马岭在梓洲东南，本邑极东地也，所出榧子，松脆远胜伊村。洋峨稍东之雅陈，其村内田地，为建、兰两邑所杂管。不知划界之时，究竟是何缘故。距城颇近，当两港中心处，为双桥头、下塘、大坞山等村，离大坞山里许，则石版矿在焉，体质极为坚致，今由邑人筹款开采，是亦吾乡实业前途之嚆矢也。

第三课　亲睦乡

亲睦乡，一讲“下南乡”，在城区之南。东界泰明乡，南竟兰溪县，西接纯善乡，北枕新安江。管领洋费、麻车、鲍村、南小样、姜山、陈村六庄。居民3658户，人口19223人。主镇曰“大洋”，地当横港左岸，往来船只至此必须少停。里黄在大洋之西南，再南经杨村、下徐，过回龙桥，为通兰溪之孔道。荷花塘在三河埠之东南，由此可至兰溪之女埠，本邑极南地也。小洋在大洋北，附近里外纸坊，昔时所产皮纸，行销甚广，今已失传，而极大之石臼，固依然存在也。洋尾埠距城十五里，在桐溪埠以上，石壁对岸之橘山麓，经外蔡、里蔡至楼厦，原办之南乡高等小学校在焉。附近石屏山天泉寺，前有二井，水味甘洌，大旱不竭。山之西南为洋程村，可达里童、蒋宅等村。外出五里过枫树岭，由麻车埠经杨桥头而至白鸠大厦口，接兰溪县下北乡境。伊村在外方东，所出三代果颇佳。北过柘溪山，可通东乡。高垣在麻车埠之北，村口有孝子坊二，皆村民吴氏之遗迹也。

第四课　纯善乡

纯善乡，一讲“上南乡”，在城区之西南。东依亲睦乡，南近兰溪县，西接光华乡及寿昌县，北濒新安江。管领青山、马目、殿后三庄，而姜山有半庄属焉。居民2234户，人口11939人。主镇曰“马目埠”，地当徽港南岸，因距城颇近，故市况不见十分发达也。浦口有马目庙，与马目山上之高慧庵，香火均极兴旺。稍南曰“旧岭”，本区最高之山也，羊肠曲径，步履难行。稍东曰“新岭”，实则居民就旧岭之背面，另辟小路，藉便樵苏，别乎旧岭而名之者也。化慈坞在山之南麓，芝堰前方等村，与兰溪寿昌毗连。何义门在下河梁源内，当施家埠之东南，明时何永敬遵守父训，昆季并敦礼让。至天顺中，已七世同居，合家大小，都计六百余口，共爨和睦，内外无间。成化间，诏旌其门，故名。今尚存有当日饮用之食镬云。黄仁堂、外吴村、葛家埠，均在青山之下。此外如寺塘、小坛、王山顶、姜坞等村，离城虽有十里，较之邓家、里王各村，其交通尤为便利云。

第五课　光华乡

光华乡，一讲“上西乡”，在城区之西南。东近龙山乡与纯善乡。南入寿昌县，西及北均界淳安县。管领西塘、莲花、西小洋三庄。居民 2715 户，人口 15359 人。主镇曰“洋溪”，地当大江北岸，建西高等小学校在焉。徽帮排船，上下往来，务须经过。盛产茶叶，每年运出，为额之巨。稍东为朱池，汉会稽太守朱卖臣尝寓此，筑室读书，凿池为涤砚处，后人因名之曰“朱池”，并号其里与桥曰招贤。再东即下涯埠，在下涯溪下流，运输极便，土产出水，无不取道于此。北绕陈家村，逾云岑山，经郭村、姚村，可至淳安。东西铜官，跨江对峙。西抵芹坑口，而接淳安县境。稍北有山，曰“高岭”，脉与笔架山连续，极为高峻。东麓之芳村、昴坂，风俗言语，大半同化于淳安。江之南为白沙江村，贸易均佳。甘溪一隅，据艾溪下游，啮入寿昌县界。罗桐埠距更楼底甚近。再西之东森源及郑家村，亦大部界寿昌、淳安间，本邑极西地也。

第六课　龙山乡

龙山乡，一讲“下西乡”，在城区之西北。东联芝川乡，南界新安江，西接光华乡，北负分水县。管领鹤皋、里程、山边、潘村、山路、三台六庄。居民 2062 户，人口 11769 人。主镇曰“十里埠”，地当派溪稍东，街市屈曲而短，陆路经此，可以西至淳安。北抵分水，其派溪口之永济桥，又为通徽、严之孔道。凡远而黟、歙，近而淳、遂，商旅陆行，必须问津于此。绪塘据绪塘溪下游，左至王谢、杨村桥、上山，右至徐闸、大洲、日晒坞，往来均称便利。七岭、牛岭、狮峰岭蟠亘北部，故地势较高。钟潭岭峙立江滨，上有威济庙。乌驻市，向分上中下三市，均在岭北。前溪头，为黄饶十余村出埠处。骆宅有地名沙凸者，福安院在焉。塘村有龙门院，每逢神诞，男女礼拜者踵相接至狮峰、赖源、迤北诸村，则又下涯溪之源底云。

第七课　芝川乡

芝川乡，一讲“上北乡”。在城区之北。东据仁行乡，南连城区，西接龙山乡，北界分水县。管领乾潭、里何、早胡三庄。居民 1817 户，人口 9127 人。主镇曰“乾潭”，地濒胥溪下流之北岸。胥岭一带土产，无不集中于是。胥口在其东南，相传春秋时伍员曾驻兵于此，故名。今有子胥庙。至胥岭之英烈殿，则其别祀也。胥口之西半里许，有石船一，长丈五，宛若小舟，安泊江沿丛草中。春水退时，乡人每见其中沙石之多寡，以卜一年之米价云。胥村土名“大畈”，建北高等小学校在焉，其北龙田里，在长元岭南。再北曰“芝峰山”，过通儒岭，即为胥岭脚。程头在乌龙岭北，东北由祖家可至大畈北径。外章、孙蔡、上徐、早胡、邵家、田包，可至罗村。若牌楼前、仇村、双溪口、町坂、九里坂、钱家、章家、下吴，皆在胥溪左右。

第八课　仁行乡

仁行乡，一讲“下北乡”，在城区之东北。东扼桐庐县，南抵新安江，西界芝川乡，北亦桐庐境。管领施家、庙前、牌楼、余村四庄。居民 1917 户，人口 9658 人。主镇曰“安仁”，地当安仁溪之南岸，东北遥村芝厦镇，往还颇便，本区主要地点也。乌石关在严滩下流，其地有大石，色黑而圆，土人呼为“乌馒头”，故严滩又名“乌石滩”。以下之江南、长淇、坌柏、冷水，皆属芝川乡所领。缘与狄洲之长坑埠，仅隔一江，故亦附列，其下即七里泷出口，子陵钓台在焉。江中产鲫鱼、子陵鱼，味皆佳美。下舍、杨家、王家、坞口等村，皆近安仁。过安仁溪为安仁山，莆田、大溪边、钦堂、施家、上阐均在山北。谢田在余村北，本邑极北地也。西有三条岭，上大阪、庙前之坐山也。胥岭，上在葛塘之西北，其上半庵前方有回龙庵，庵左即为黑洞亮洞。据云，其下可通分水焉。

后　记

土地问题一直是困扰中国社会的问题，也是历来政治与乡村治理的根本性问题。民国二十年（1931），国民党中央政治学校成立地政学院，招考大学毕业生研究土地问题。学生经过一年的学习后，被派往各地进行调查实习，然后返回学校写出调查报告或论文。

从1931年至1940年因战事停办，十年间地政学院先后有学员168人，深入19个省180多个市县进行调查，呈交论文166篇、调查报告178篇。其内容包括各省市县田赋、土地整理、农村经济、租佃制度及房租、土地制度、地价地税、农业金融及土地征收等方面。1977年，这些成果由台湾成文出版社有限公司及美国中文资料中心出版，即《民国二十年代中国大陆土地问题资料》。建德也是当时被调查地之一。

派到建德的是一个叫胡冠臣的大学生。胡冠臣是1月7日到建德，2月5日离开的。尽管他在建德时间只有月余，但由于他接触到较多档案资料，并对全县各级官员均有访谈，掌握了丰富的第一手资料。在建德期间，胡冠臣写了两本书，一是《建德田赋之研究》，一是《赴建德县调查日记》。由于种种原因，这两本书留存甚少。如果说某个大学图书馆有藏，也很有可能束之高阁。至于对作者的了解，就是到了今天，亦所知寥寥。

前年，一个叫徐重光的老先生联系上市政协文史委方韦。电话那头，老先生有些兴奋，说要把他收藏的一些文史资料给我们。考虑到老先生年事已高，于是，我们驱车到杭州。老先生的家，书画盈壁，卷籍满架。在那里，我们聊了很久。老先生讲起他到台湾，到广州，到各地图书馆搜求跟建德有关的资料的事情。他把所藏的《建德县政考察总报告》《建德田赋之研究》《赴建德县调查日记》《改订建德乡土地理》，包括其他一些资料小心翼翼地放进一只布包，然后交到我们手上。我感受到了一个文史工作者对史料的敬畏和重视。

《史记》里有这么一句话："余为太史而弗论载，废天下之史文，余甚惧焉，汝其念哉！"研究历史的人，如果不去做存史的事，丢弃掉前人留下的文献资料，那是很可怕的。

于是，编纂是书的想法就这样形成了。民国，对建德文史研究来说，似乎尚是一片处女地。回看这些当年的第一手史料，或许仍能给人启迪，带来借鉴。

倏忽已是两年。徐老先生交给我们的资料，终于整理成稿。两年不长不短，再见徐老师时，又苍老了许多。

相对无言，惟此以呈。

编者
2023 年 12 月